高等院校电子商务专业规划教材

互联网金融

吕晓永　主编

中国铁道出版社有限公司
CHINA RAILWAY PUBLISHING HOUSE CO., LTD.

内 容 简 介

本书对互联网金融活动涉及的诸多内容，如：互联网金融内容、互联网货币、互联网金融技术、互联网下的传统金融转型、互联网下的新型金融模式、金融业务互联网化与互联网业务金融化等进行了详细的分析与阐述。

本书既适合作为高等学校电子商务专业、金融专业的教材，也可作为相关专业的培训教材，还可供从事互联网金融工作的人员和对互联网金融感兴趣的读者参考阅读。

图书在版编目（CIP）数据

互联网金融/吕晓永主编. —北京：中国铁道出版社，2018.6（2020.7 重印）
高等院校电子商务专业规划教材
ISBN 978-7-113-24254-1

Ⅰ.①互… Ⅱ.①吕… Ⅲ.①互联网络-应用-金融-高等学校-教材 Ⅳ.①F830.49

中国版本图书馆 CIP 数据核字（2018）第 017254 号

书　　名：互联网金融
作　　者：吕晓永

策　　划：周海燕　　**读者热线：**（010）51873090
责任编辑：周海燕　贾淑媛
封面设计：乔　楚
责任校对：张玉华
责任印制：樊启鹏

出版发行：中国铁道出版社有限公司（100054，北京市西城区右安门西街 8 号）
网　　址：http://www.tdpress.com/51eds/
印　　刷：中国铁道出版社印刷厂
版　　次：2018 年 6 月第 1 版　2020 年 7 月第 3 次印刷
开　　本：787 mm×1 092 mm　1/16　**印张：**20　**字数：**429 千
书　　号：ISBN 978-7-113-24254-1
定　　价：52.00 元

前言

近年来，互联网技术、信息通信技术不断取得突破，推动互联网与金融快速融合，促进了金融创新。互联网金融这一新兴金融业态作为传统金融的有益补充，因其所具有的普惠金融和大众金融的特点，在我国呈现出爆发式的快速发展。互联网金融行业的良性可持续发展离不开对互联网金融人才的专业教育。但是，由于互联网金融作为融合信息与金融两个学科的新型领域，在业态模式、政策法规、监管方法等方面一直处于不断的发展、演变之中，互联网金融人才匮乏已成为我国互联网金融发展的瓶颈。因此，建立互联网金融教学体系，培养高等学校互联网金融人才刻不容缓。基于此，我们组织编写了此教材，以期为培养出更多的应用型互联网金融人才贡献一份力量。

目前关于互联网金融的教材较多，我们集众家所长，潜心收集并整合最新资料，尽量做到内容翔实具体。全书分为基础、模式和环境三个层面，第 1 ~ 3 章介绍了互联网金融的基础层面，包括互联网金融概述、互联网货币和互联网金融技术；第 4 ~ 8 章介绍了互联网金融的模式层面，系统地梳理了互联网金融的主要业态，包括传统金融的互联网化、第三方支付、P2P 网络借贷、众筹融资、互联网金融理财等；第 9 ~ 11 章介绍了互联网金融的环境层面，包括供应链金融、互联网金融征信、互联网金融风险与监管。本教材在编写过程中注重理论与实践相结合，除了理论教学，还配有相关的案例和拓展阅读资料，突出理论与实践相结合，通过互联网金融案例的实证剖析，使读者更加深入地理解互联网金融的本质。

本教材由广东科技学院电子商务教研室组织编写，吕晓永主编，教研室大部分老师及我国香港恒生银行技术部开发经理赵浜工程师参加了编写。全书由广东科技学院电子商务专业负责人胡玫艳教授审稿。参与本教材编写的相关人员及其所承担的编写内容列示如下：

第 1 章 互联网金融概述，由广东科技学院电子商务教研室主任吕晓永老师编写；

第 2 章 互联网货币，由广东科技学院陈青梅老师编写；

第 3 章 互联网金融技术，由香港恒生银行技术部开发经理赵浜工程师编写；

第 4 章 传统金融的互联网化，由广东科技学院李英老师编写；

第 5 章 第三方支付，由广东科技学院袁丹老师编写；

第 6 章 P2P 网络借贷，由广东科技学院电子商务教研室主任吕晓永老师编写；

第 7 章 众筹融资，由广东科技学院电子商务教研室主任吕晓永老师编写；

第 8 章 互联网金融理财，由广东科技学院刘静老师编写；

第 9 章 供应链金融，由广东科技学院陈青梅老师编写；

第 10 章 互联网金融征信，由广东科技学院李淑华老师编写；

第 11 章 互联网金融风险与监管，由广东科技学院电子商务教研室主任吕晓永老师编写。

互联网金融在我国是一个快速发展、动态变化的新兴领域，不仅知识更新快，而且观点众多，百家争鸣。因此，在本书的编写过程中，我们参考和借鉴了相关专家学者的大量研究成果，包括著作、教材和网络文献，以期为读者呈现我国互联网金融的全貌。在此，对相关作者表示感谢。另外，由于编写时间有限，以及部分网络文献作者不详，在本书中未能列出部分成果的出处，在此向各相关文献的作者由衷地表示感谢和歉意。本书编写过程中，还得到了广东科技学院教务处、广东财经大学信息学院及中国电子商务协会互联网教育分会等的大力支持，在此也一并感谢！

我国互联网金融仍处于探索与发展之中，囿于时间和编者能力，书中难免有疏漏和不足之处，敬请广大读者批评指正，我们将虚心采纳您的意见，不断完善。同时，我们向所有提出批评和建议的读者表示衷心的感谢。

编　者

2017 年 11 月

目 录

第1章 互联网金融概述

案例导入

阿 里 金 融

阿里金融亦称阿里小贷，为小微金融服务集团下的微贷事业部，主要面向小微企业、个人创业者提供小额信贷等业务。目前，阿里金融已经搭建了分别面向阿里巴巴 B2B 平台小微企业的阿里贷款业务群体和面向淘宝、天猫平台上小微企业、个人创业者的淘宝贷款业务群体，并已经推出淘宝（天猫）信用贷款、淘宝（天猫）订单贷款、阿里信用贷款等微贷产品。截至 2016 年底，阿里金融服务已向全球 6 亿消费者用户提供普惠金融服务，为数千万小微企业提供综合金融服务，覆盖线上和线下。

模式介绍

2010 年 6 月，阿里小贷迎来了第一位获贷小微企业，贷款业务为淘宝订单贷款。阿里小贷所开发的新型微贷技术是其解决小微企业融资的关键所在，数据和网络是这套微贷技术的核心。阿里小贷利用其天然优势，即阿里巴巴 B2B、淘宝、支付宝等电子商务平台上客户积累的信用数据及行为数据，引入网络数据模型和在线资信调查模式，通过交叉检验技术辅以第三方验证确认客户信息的真实性，将客户在电子商务网络平台上的行为数据映射为企业和个人的信用评价，向这些通常无法在传统金融渠道获得贷款的弱势群体批量发放"金额小、期限短、随借随还"的小额贷款。

同时，阿里小贷微贷技术也极为重视互联网技术的运用。其中，小微企业大量数据的运算依赖互联网的云计算技术。阿里小贷的微贷技术包含了大量数据模型，需要使用大规模集成计算，微贷技术应用过程中通过大量数据运算，判断买家和卖家之间是否有关联、是否炒作信用，以及风险的概率大小、交易集中度等。正是应用了大规模的云计算技术，使得阿里小贷有能力调用如此庞大的数据，以此来判断小微企业的信用。不仅保证其资金的安全、效率，也降低阿里小贷的运营成本。

另外，对于网络的利用，也简化了小微企业融资的手续、环节，更能向小微企业提供

365×24 的全天候金融服务，并使得同时向大批量的小微企业提供金融服务成为现实。这也符合国内小微企业数量庞大，且融资需求旺盛的特点。借助互联网，阿里小贷在产品设置中支持以日计息，随借随还，便利小微企业有效掌控融资成本，更提升了自身的资金运作效率，得以在有限资源内为更多小微企业提供融资服务。

微贷产品介绍

阿里小贷相继开发出阿里信用贷款、淘宝（天猫）信用贷款、淘宝（天猫）订单贷款、淘宝（天猫）聚划算专项贷款等微贷产品，且均为纯信用贷款，不需要小微企业提交任何担保或抵押。而针对小微企业资金运用短平快的特点，这些微贷产品在设计上均支持以日计息，随借随还。

1. 阿里信用贷款

阿里巴巴 B2B 电子商务平台上的诚信通（中国站用户）或中国供应商会员（国际站用户）无须提供担保即可申请。在综合评价申请人的资信状况、授信风险和信用需求等因素后核定授信额度。

2. 淘宝（天猫）信用贷款

淘宝（天猫）信用贷款提供给淘宝店主（天猫商户），无须抵押或担保。系统在综合评价申请人的资信状况、授信风险和信用需求等因素后自动核定授信额度。

3. 淘宝（天猫）订单贷款

淘宝（天猫）卖家以个人（企业）名义，用店铺中处于“卖家已发货，买家未确认收货”状态的订单申请贷款，系统会对这些订单进行评估，在满足条件的订单总金额范围内计算出可申请的最高贷款金额，发放贷款。

4. 淘宝（天猫）聚划算专项贷款

淘宝（天猫）聚划算专项贷款是提供给参加聚划算活动的淘宝（天猫）卖家。卖家成功参加聚划算活动，在冻结保证金之前，系统会根据卖家店铺的运营状况以及参团商品属性给予综合评估，最高可以申请到 100 万元的信用额度。聚划算专项贷款只能用于冻结聚划算保证金使用。

（资料来源：百度百科 https://baike.baidu.com/item/阿里金融）

本章重点

- 互联网金融的内涵。
- 互联网金融的模式。
- 互联网金融与传统金融的区别及影响。

1.1 互联网金融的产生与发展

1.1.1 互联网金融的产生

任何事物的产生和发展都离不开社会需求与科技进步的推动，互联网金融业也不例外，互联网金融的兴起是大势所趋，是社会需求推动下时代发展的必然产物。

1. 互联网技术的普及为互联网金融产生提供了条件

互联网技术的进步，尤其是社交网络、搜索引擎、大数据、云计算等技术的普及，使市场信息不对称程度大大降低，通过分析和整理制定风险控制模型，信息处理成本和交易成本大幅降低。信息技术的迅猛发展，不仅降低了处理金融交易过程的成本，而且降低了投资者获取信息的难度，这为互联网金融的产生提供了条件。

以大数据和云计算技术为例，大数据包含了互联网、医疗设备、视频监控、移动设备、智能设备、非传统 IT 设备等渠道产生的海量结构化或非结构化数据，大量的交易数据中囊括了有关消费者、供应商和运营管理方面的信息，运用云计算技术对获取的大数据进行系统地筛选、提炼、统计和分析，不仅能够获取最有效的信息，还能够获取潜在的商业价值。大数据和云计算技术的应用，提高了信息的处理效率，降低了信息处理的成本，增加信息的利用率。

阿里、京东等电子商务企业可以获得商户的日常交易信息、订单信息，通过交易信息数据处理分析可以得出商户基于该平台交易本身的实际资信水平，从而确定是否向商户发放贷款以及贷款额度。在整个过程中增加了可信融资者的范围，之前未被准入的基于平台交易的小微企业群可以获得一定的融资，大数据的运用使得企业获得贷款的过程快捷、灵活。

2. 电子商务的快速发展为互联网金融奠定用户基础

近年来，我国电子商务市场规模持续增长，网络购物逐渐成为消费的潮流。随着电子商务的发展，其对我国工农业生产、商贸流通和社区服务等的渗透不断加深，实现了实体经济与网络经济、网上与网下的不断融合，且跨境合作与全球扩展的趋势日趋明显。电子商务的快速发展引起对便捷网上支付方式的迫切需求，成为互联网金融发展的契机。

在电子商务体系中，互联网金融是必不可少的一环。传统的电子商务包括商务信息流、资金流和物流三个方面，其中，资金流关系到企业的生存和发展，对企业至关重要。新型电子商务所涉及的交易摆脱了时间和空间的限制，对资金流的控制则需要第三方支付和传统渠道之外的资金支持。新型电子商务使得商品交易的时间大大缩短，这也对更加快捷的支付和资金融通提出了新的要求。因此，电子商务的快速发展使得更多的企业对快捷的资金服务需求进一步加大。互联网在居民生活中和企业经营发展中的渗透加深，加之电子商务的发展，促使企业更加需要高效便捷的金融服务，这些为互联网金融的快速发展奠定了广阔的用户基础。

3. 网络渠道的拓展可以降低成本、增加用户数量

自从进入网络经济时代以来，以互联网为主的现代信息和通信技术快速发展。互联网改变了企业与客户间传统的供求方式，扩大了品牌的影响力。越来越多的企业认识到互联网渠道的拓展对企业的重要性。对于企业而言，互联网营销渠道构建的优势主要体现在成本的节约与用户数量的增长上，这两点也是企业长期发展的立足点。

首先是时间成本的节约。通过互联网信息的传播，产品信息可以瞬间到达另一个互联网终端，时间成本趋近于零。其次是营销成本的节约。在网络推广下，销售信息以低廉的成本在互联网用户之间传播，相对于其他媒介的营销推广，互联网低廉的成本显而易见。最后是互联网的应用在一定程度上弱化了渠道中间商的作用，极大地降低了其通路成本。

在用户拓展上，互联网金融突破了地域的限制，所有使用互联网的人群均为互联网金融企业潜在的用户。企业通过对用户的地域分布、年龄、性别、收入、职业、婚姻状况和爱好等基本资料的分析处理，有针对性地投放广告，并根据用户特点做定点投放和跟踪分析，对广告效果做出客观准确的评价。网络营销的精准定位，将部分潜在客户变为企业实际用户，在一定程度上帮助企业拓展了用户群体。

4. 多样化的融资理财需求刺激互联网金融的发展

从 20 世纪 80 年代开始，我国经济就一直处于高速发展状态，GDP 年均增长速度达到 7%以上，经济的高速发展使得居民收入持续稳定增长，居民人均可支配收入不断增长，家庭恩格尔系数不断下降，这些都表明中国居民的生活水平有了实质性的提高，消费领域扩大，并开始由量向质转变。随着经济形态不断演进，消费者对金融的诉求不断提高，我国过去的金融业非常庞大，但服务范围较小，已有金融体系不能满足消费者对金融服务日益增长变化的需求，而互联网金融可以实现资金的合理有效配置，提高金融服务质量，弥补传统金融服务不足，因此有了互联网金融产生的空间。

另外，小微企业在我国国民经济的发展中起着不可替代的作用，传统的金融业更多关注高净值客户群、机构客户，由于小微企业的规模小、固定资产比重低、财务信息透明度低等经营特征使其面临融资障碍。信息不对称所带来的高融资成本更使小微企业外部融资难上加难。从融资渠道来看，目前，我国小微企业仍旧偏向于以内部融资的方式获得资金，仅有少部分小微企业能从银行获得贷款。互联网金融依托计算机网络、大数据处理，大幅扩宽金融生态领域的边界，免于实体网点建设、24 小时营业、准入门槛低的特点使互联网金融平台提高了金融服务的覆盖面。金融平台与电子商务紧密合作，降低了获取小微企业信息的成本，促进了交易的达成。利用计算机系统，任何互联网金融平台都能对订单进行批量处理，从而提高了效率。这些特点均为小微企业融资提供了便利条件，逐步解决了小微企业融资难的问题。互联网金融为小微企业的融资提供了高效、便捷的途径，不断增长的小微企业融资需求又促进了互联网金融的发展。

5. 融资来源及经营地域限制倒逼互联网金融的发展

民间借贷的发展是由于普通个人和小微企业无法从正常的金融渠道获取融资。融资来源和地域的限制已成为制约其发展的瓶颈。

一是融资来源限制。中国银行业监督管理委员会、中国人民银行出台的《关于小额贷款公司试点的指导意见》中规定：小额贷款公司的主要资金来源为股东缴纳的资本金、捐赠资金，以及来自不超过两个银行业金融机构的融入资金；在法律、法规规定的范围内，小额贷款公司从银行业金融机构获得融入资金的余额，不得超过资本净额的 50%。

二是经营地域限制。各地方在成立小额贷款公司时大多规定其不得从事其他经营活动、不得对外投资、不得设立分支机构、不得跨县级行政区域发放贷款。在我国，小微企业数量较多，融资需求也极为旺盛，传统的民间借贷市场信息不对称现象严重，借贷利率有时甚至高于银行利率数倍，导致这些企业往往进入高利贷的恶性循环，最后无法还款，容易发生群体性事件。传统的民间借贷需要中间方，这推高了借贷利率。而 P2P 网络贷款平台的发展则为双方提供了一个直接对接的平台，突破了借款人、出借人的地域和时间限制，引导资金合理高效地配置资源。

1.1.2　互联网金融的现状

1．国内互联网金融的发展现状

（1）传统金融业务网络的发展现状

互联网给传统金融机构造成了新的冲击，传统金融机构纷纷设立电商部门，建设电商网站来销售金融产品：银行广泛通过互联网开展品牌宣传、产品推广、客户服务；保险公司进行网络直销；证券公司推广网上营业厅；基金公司进行网上直销。目前，网络营销已经成为金融机构必不可少的营销方式，从早期的初级应用发展到全面利用互联网技术，通过优化整合内部业务流程及网络销售渠道，建立基于互联网技术的核心竞争优势。

① 商业银行网络化。我国银行业的互联网金融创新已有不短的历史。股份制商业银行率先敏锐地认识到互联网带来的发展机会和拓展空间。早在 1997 年，招商银行率先推出我国第一家网上银行，目前已经拥有包括网上企业银行、网上个人银行、网上支付系统、网上证券系统等系列网站在内的网上银行产品。作为国内首家经批准开展个人网上银行业务的商业银行，招商银行在互联网领域的战略定位、营销手段、产品创新和服务等方面都进行了效果显著的创新。

尽管大型商业银行凭借其客户规模优势保持着市场份额领先的地位，但在应对互联网的冲击时，它们行动相对迟缓，其互联网业务增速要低于创新性中小银行。从实践中来看，中小银行在产品与服务创新方面速度更快，反应更加灵敏，市场份额不断提高，一方面蚕食大银行传统客户市场，另一方面又不断扩大新增客户市场。

整体上，银行业的互联网业务规模仍远大于支付宝等非银行机构。2017 年第一季度，我国网上银行市场交易额超过 539 万亿元，接近支付宝交易额的 43 倍。但从细分领域看，在新兴的互联网金融领域，如个人电子商务支付领域，网上银行的发展速度要慢于第三方支付，客户占有率也低于支付宝。

② 证券业网络化。由于券商不同业务的门槛不一，对应的监管要求也不一样，互联网金融对证券业的影响程度及时间先后有所不同。同质化、低技术含量、低利润率、监管者有意放开的业务会率先受到冲击，而对知识、技术、资本及风控要求高的业务则可能在互联网金融向更高层次发展之后受到影响。经纪业务和资产管理大众市场首当其冲，股权众筹也可能演变成网络首次公开募股 IPO。

大型券商业务结构更加多元化，对传统业务依赖程度更低，即使一些通道类业务受到冲击，对整体的影响也并不大。大型券商拥有雄厚的资本实力、强大的人才储备和较高的品牌美誉度，是参与互联网创新的坚实基础。大型券商在争取互联网合作资源、引入第三方产品等方面也比小型券商更具优势。少数中型券商借助互联网金融实现“弯道超车”也不无机会。

③ 保险业网络化。近年来，保险企业在渠道发展方面面临严峻挑战。经纪公司、银行、4S店等专业和兼业代理存在的成本较高、营销员增长乏力、代理人产能受限、过度营销广受诟病等问题促使保险企业加大互联网、电话等新渠道的开发力度。据统计，目前国内保险行业至少已有16家财险公司、23家寿险公司开设互联网销售业务。国寿、平安、太保、人保、阳光等保险集团已悉数开设了保险超市、在线商城等网上销售专属平台，新成立的险企也已开始部署在线投保渠道。

以中国平安为例，其互联网保险战略几乎渗透到所有领域。寿险产品上，平安推出了移动远程柜面、微信及APP等多渠道服务；平安产险上，实现保单服务、理赔服务移动端客户自助办理，并在2016年推出“平安好车主”APP。此外，平安产险还将利用大数据、巨灾模型等实现精准定价。养老险上，平安搭建了 B2B2C 平台，囊括自助服务、保险、理财和公共服务四大模块。

（2）非传统金融机构互联网业务模式发展现状

互联网金融实质上是将互联网技术应用到金融服务，用互联网理念改变金融服务方式的一种变革。融资与支付是金融服务的主要组成部分，非传统金融机构的互联网金融运营模式主要体现以第三方支付为代表的互联网金融支付模式，以及以 P2P、众筹为代表的互联网金融融资模式。下面用数据直观地介绍这两种非传统金融机构的互联网金融运营模式在我国的发展现状。

① 第三方支付。第三方支付指的是独立于商户和银行并且具有一定实力和信誉保障的独立机构，为商户和消费者提供交易支付平台的网络支付模式。目前，市场上一般将其划分为第三方互联网支付和第三方移动支付。用户通过台式计算机、便携式计算机等设备，依托互联网发起支付指令，实现货币资金转移的行为被称为互联网支付。互联网支付与第三方支付形成的交集即为第三方互联网支付。基于无线通信技术，用户通过移动终端上非银行系产品实现的非语音方式的货币资金的转移及支付行为即第三方移动支付。

2016 年第三方支付交易规模达到近 80 万亿元，同比增长率接近 300%，近年来第三方支付交易规模的快速增长得益于用户支付习惯的养成和不同年代的不同热点。2016年移动支付占第三方支付总交易规模的 74.7%，结构上向移动端迁移，这得益于手机网民的增长和移动支付的便利性。

② P2P借贷。P2P（Peer-to-Peer Lending 或 Person-to-Person Lending）即点对点或个人对个人信贷，国内 P2P 借贷平台最早出现于 2006 年。据统计，截至 2016 年年末，国内正常运营的P2P借贷平台数量为1 600家左右，由于2016年持续一年的整改，不规范平台逐渐被淘汰出局，2017年P2P借贷平台数量回落为1 200家左右。

P2P借贷的特点：一是P2P借贷双方参与的广泛性，借贷双方呈散点网络状的多对多形式，且针对特定主题；二是交易条件具有灵活性和高效性，极大地满足了借贷双方的多样化需求。此外，P2P借贷平台省去了烦琐的层层审核模式。在信用合格的情况下，手续简单直接。在该模式中，存在一个重要的中介服务者——P2P 借贷平台。平台主要为 P2P 借贷的双方提供信息流通交互、信息价值确认和其他促成交易完成的服务，但不作为借贷资金的债权债务方。

③ 众筹模式。众筹模式的特点在于使社交网络与“多数人资助少数人”的募资方式相互交叉，并带有利用互联网资助圆梦的色彩。由于较低的准入门槛和广泛的融资渠道，众筹模式在我国深受青睐。国内众筹平台大致分为凭证式、会籍式、天使式 3 类。由于在我国众筹的回报方式可以是实物，也可以是非实物，但不能涉及资金或股权，所以其融资规模和发展方式仍受制约。

我国的众筹模式远未成熟，和国外的发展水平相差较大，主要是因为缺乏支持这种融资模式的制度环境。这种弱关系下的融资活动在信任机制、权利保障和退出机制上存在着许多现实问题。投资主体的多元化、零散化可能导致众多投资者之间的利益无法协调一致，影响到筹资项目的运营进程。这就需要对众筹参与者实行资格限定，确保只有满足一定要求的投资者才能对具体运营项目进行投资。此外，众筹参与群体之间的信任关系也需要强化，如果参与群体价值观比较相近，将有利于固化利益纽带，实现众筹目的。由于知识产权缺乏制度保障，一旦进入众筹平台，项目创意可能被竞争对手抄袭，所以优质项目大多不愿选择众筹模式融资。众筹网站只能吸引一些刚刚起步的创业者，项目的质量较低，投资周期也不固定，相对而言是个较为漫长的过程，退出机制更是没有固定范式。基于种种原因，我国众筹平台上的项目在数量、质量、筹资金额、用户规模方面还处于较低水平，无法形成规模效应，在金融市场上的影响力有待进一步提高。

2. 国外互联网金融发展现状

（1）传统金融服务的互联网化

国外金融业在互联网出现不久就开始了将业务实现方式向网络方向延伸拓展。传统金融服务的互联网化，互联网与金融之间的关系主要表现为以互联网为代表的多种信息技术手段对传统金融服务的推动作用，即传统金融业务通过互联网手段实现了服务的延伸，呈现出一个互联网化的过程。具体主要表现在国外商业银行传统业务通过互联网和手机、PDA 等终端设备实现银行业务功能；券商建立互联网平台以实现让客户通过网络完成证券交易；保险公司依托互联网交易平台实现保单出单和在线理赔；还有诸如通过互联网平台实现资产管理等业务。这些业务本质上是技术创新带来的银行传统业务渠道的信息化升级。这其中较为典型的早期创新就是美国 Wells Fargo 银行于 1995 年 5 月向公众提供 Web 通道办理银行业务，早期的网页服务在功能多样化和安全性上较如今相差很远，但这拉开了互联网技术在金融业务中长足发展的序幕。

（2）第三方支付

国外第三方支付的概念类似于国内同类型第三方支付产品，但从出现的先后顺序来看，国外第三方支付的起步时间和发展远远领先于国内。

PayPal（中文译名“贝宝”）是到目前为止全球最大的支付业务供应商，成立于 1998 年

12 月，总部设在美国加利福尼亚州圣何塞市，PayPal 在全世界范围内拥有大约 1 亿个注册账户，特点是不仅提供普通的在线支付服务，在跨国交易中，使用 PayPal 付款也是现今最为有效的付款方式。普通用户只需使用电子邮件地址即可进行注册，使用相关服务，包括在线实时付款和收款，收付款均可即时到账。与传统的银行汇款或者采用邮寄方式送出支票的方法相比，PayPal 提供的服务无疑更加安全和便捷。如今 PayPal 的业务范围覆盖了全世界 190 多个国家和地区，是跨国交易中较为理想的解决方案之一。

与 PayPal 相类似的产品还有美国 Google 公司于 2006 年推出的 Google check out 支付平台，以及荷兰的著名支付服务提供商 Global Collect 公司，英国的 Worldpay 公司和 Moneybookers 公司，加拿大的 Alertpay 公司，澳大利亚的 eWAY 在线支付公司、Paymate 公司等推出的支付产品，这些公司在各自第三方支付业务上各有侧重，核心业务均围绕充当第三方的转账支付工具。

（3）互联网货币市场基金

2013 年以来，国内互联网理财产品风生水起，“余额宝”“理财通”等互联网理财产品现如今在广大网民中已耳熟能详，但这类产品有另外一个名字，被人们称作“美版余额宝”。

从产品属性本质上来看，中国国内现有的互联网理财产品都不能算作本土的创新产品，这类业务在很多年前的美国就已经出现。

余额宝类产品的鼻祖是美国 PayPal 公司推出的一款利用用户账户余额投资的货币市场基金。1998 年 PayPal 公司在美国诞生后，该公司于第二年极具开创性地将自身原有的第三方支付业务和金融理财产品相结合，针对账户余额设计出对应的理财产品，只要是 PayPal 的现有用户，PayPal 网站在线向其用户提供货币市场基金购买的业务。该业务的购买门槛较低，初始投资金额大于等于 0.01 美元即可，追加投资的金额也只需大于等于 0.01 美元。用户持有 PayPal 货币市场基金最高额度为 10 万美元。到 2000 年，PayPal 货币市场基金创下了年收益率 5.56%的历史成绩，PayPal 公司运作这支基金采用了连接基金的方式，将自身资产管理公司交给巴克莱的上级母账户进行管理，用户只需要将自己对应的个人基金账户进行激活处理即可享受这种理财服务，收益率每天都有上下浮动，用户账户的余额每月将获得利息收入。

在 PayPal 公司推出货币市场基金的最初阶段，年化收益率曾非常高，一度涨至年息 5.56%，这和国内互联网理财产品极其相似，但是在 2008 年出现了金融海啸，美联储调整利息政策，在随后的几年里维持极低的利率水平，PayPal 公司货币市场基金收益率开始有所下滑，甚至一度跌至 0.04%的水平。到了发展的后期，美国财政部调整了政策，不再担任货币市场基金担保人的角色，这使 PayPal 公司最终于 2011 年 7 月停止了该货币基金的运营。

值得一提的是，PayPal 公司在关闭此项货币基金业务时，已经在利率上倒贴了长达两年的时间。

（4）P2P 平台

P2P 贷款模式最早创始于英国，它较好地利用了互联网技术成本低廉和高效便利的优势，实现借贷双方的信贷需求匹配。P2P 业务是将资金闲置且有出借意愿的个人以及具有贷款需求的个人或企业的信息在其网络平台上发布出来，供需双方根据自身情况自行决定是否达成借贷事实。

在欧美等发达国家，P2P 贷款机构十分普遍，目前比较著名的有美国的 Lending Club 和 Prosper，西班牙的 Comunitae，英国的 Zopa，韩国的 Popfunding，巴西的 Fairplace 和日本的 Aqush 等。以美国的 P2P 贷款平台 Lending Club 为例，截止 2017 年 2 月，Lending Club 自 2006 年成立以来已经发放了近 250 亿美元的贷款，现拥有超过 180 万的借款人。Lending Club 公司的运营方式是交易成功后收取一定比例的中介费用，不为交易双方提供任何担保。

（5）众筹模式

国外的众筹（Crowd Funding）模式，意思为大众筹资模式，是利用互联网传播范围广的特点向大众募集项目资金的一种运作形式，运作方式为团购加预购，让筹资人公开展示自己的项目或创意，从而吸引受众的注意力并赢得支持，进而获得自身所需的资金援助。国外众筹模式的典型代表平台是成立于 2009 年的 Kickstarter（KS）公司，该平台最大的业务特点是鼓励和支持创新，主要服务小额融资项目。

美国政府于 2012 年通过了 JOBSACT（创业企业融资法案），该法案适用范围是美国境内的小型企业，在满足国家证券相关法规要求的前提下，可吸引投资者对其进行投资，从而有利于解决美国国内当时面临的失业问题。此法案将众筹股权融资放开，使众筹模式在法律层面得到认可。JOBSACT 法案还在投资者利益保护方面做出了较为细化的规定。

1.1.3　互联网金融的发展趋势

1. 多层级金融服务体系形成

互联网金融将助力社会形成多层级的金融服务体系，虽然在短期内互联网金融的出现不能使现有的金融机构出现颠覆性的改变，但是由于互联网的理念和模式使资金配置更加直接和自由，再加上大数法则也会降低总体违约率，即使这个过程比较漫长，也可以通过互联网技术手段，最终摆脱传统金融机构在资金融通过程中的主导地位。

作为原有金融体系补充的互联网金融具有多样性和灵活性的特点，既能有效地将金融服务下沉至原本无法服务的广大微小的个体户中去，又能在原来没有涉猎的领域中开展，极大地提高了我国金融体系的灵活性和服务广度。这样多层级、立体式的金融环境可以全方位地满足需求，最终达到从初具想法创业，到企业步入正轨，再到发展壮大上市，甚至股份回购退市都有相应的金融平台支持的效果。

随着互联网金融势力涉足传统金融业的业务领域，其发展使得传统金融业与之竞争加剧，传统金融业面临客户流失严重、资产业务竞争加剧等风险。从互联网金融的发展历程可以看出，互联网金融已从最初的仅提供支付转账业务向提供包括现金管理、余额理财、基金和保险代销、小微信贷等多方面的金融服务在内的一体化模式发展，同时促进了多层级金融服务体系的形成。

为促进中国市场金融结构的转型，不仅需要互联网金融的努力，也需要传统金融机构的支持。未来更可能的是，传统金融机构与互联网金融在更大的范围内和更深的程度上互相渗透和融合，从而提高整体金融效率。

2. 金融基础设施不断完善

金融基础设施是指金融运行的硬件设施和制度安排，其建设的三要素为：法律基础设施、会计基础设施、监管基础设施。金融基础设施越发达，其承受外部冲击的能力就越强，重视金融基础设施建设对一个国家经济发展、新兴经济与转型经济的金融稳定和社会安定有着十分重要的作用。

互联网金融的发展促进法律基础设施的完善。法律基础设施是金融基础设施的核心，完善的金融法律是金融市场正常运转的保证。运行良好的法律体系有利于促进金融市场发展和刺激投资，进而带动经济增长。我国涉及计算机和网络领域的立法工作还相对滞后，有关互联网金融的法律法规较少。以互联网银行为例，《商业银行法》《中国人民银行法》均没有针对互联网银行的有关规定。和网上银行相关的《电子签名法》《网上银行业务管理暂行办法》《电子银行业务管理办法》等法规缺少可以具体实施的规定，并且不能具体到新出现的组织形态及业务类型，使互联网银行在运行过程中游走在已有法律法规的边缘。新互联网金融形态给国家法律调控带来了巨大的挑战，与信息网络在国家发展战略和规划布局中的基础性、先导性地位相比，政策支持力度和投入明显不足，法律基础设施仍不能满足市场发展的需要。随着互联网金融领域的新业务层出不穷，更加完善的法律政策和良好的法律环境呼之欲出，直接促进了法律基础设施的完善。

互联网金融的发展促进会计基础设施的完善。金融基础设施的第二个要素是会计基础设施。会计信息对于做出正确的、具有经济影响的判断和决策来说，是十分有用的。如果对公司的经营状况、个人的信用情况没有充分的信息披露，市场约束就不可能产生。建立在高质量的披露和透明度标准基础上的会计制度，能有效地为投资者提供指导信息，促进市场繁荣。因此，加强会计基础设施的建设是非常必要的。随着互联网金融的发展，以及发展过程中所暴露出的实际问题，越来越多的企业发现，信息的不对称、信用信息披露的不完善是阻碍企业扩大业务规模的最主要阻力，在此背景下互联网金融为征信行业的发展孕育了广阔的市场，对于完善征信系统、加强信息披露力度、进一步降低由信息不对称所带来的风险，进而健全会计基础设施有积极的作用。

互联网金融的发展促进监管基础设施的完善。金融基础设施的另一个重要因素是监管制度，旨在提高金融市场信息效率，保护消费者权益免受欺诈和渎职的侵害，保持系统稳定。构建高效的监管制度，有利于最大限度地发挥监管基础设施的作用。由于互联网金融业务的合法性难以界定，导致部分互联网金融产品游走于合法与非法之间的灰色区域，网络支付平台就有可能成为“帮凶”。如与传统金融业务相比，包括二维码支付、虚拟信用卡在内的创新业务，涉及不少新的流程和新的技术，这些金融创新无法受到既有规则管辖，存在一定风险隐患。目前，对互联网金融监管没有建立相关安全技术标准、统一的业务规则以及相应的消费者权益保护制度，监管部门如果仅通过后续“叫停”的方式，容易引起支付机构的强烈反应及社会的强烈反响。互联网金融的发展无疑给金融监管和宏观调控带来了新的挑战。随着互联网金融涉及的金融相关服务范围逐步扩大，直接涉及公众利益，所以需要监管部门针对互联网金融不同模式的特性以及运营方式，对部分模式探索实施审批或者备案制，设立资本金、风险控制能力、人员资格等准入条件，并对同一模式中不同业务种类实行不同标准的差异化准入要求。从消费者角度看，消费者在权益的分配方面处于弱势地位，是互联网金融的主要风险承受载体。金融发展最终应当服务于实体经济，服务于中小微企业和社会的发展，因此，监管当局有必要重视消费者权益保护，维持金融市场体系的稳定。可以说，互联网金融的发展直接促进了新的监管政策、措施的出台，从长远来看，有利于加快完善整个监管基础设施的速度。

3．移动互联网与金融加速融合

移动互联网是指互联网的技术、平台、商业模式和应用与移动通信技术结合并实践的活动的总称。移动互联网在带来便利的同时也会受到自身技术和移动终端设备能力的限制。移动互联网金融是传统金融行业与移动互联网相结合的新兴领域，在移动互联网的基础上呈现出社交化、个性化的趋势。目前常见的移动互联网金融服务包括移动银行、移动支付、移动证券、移动保险等。

移动互联网金融区别于传统金融服务业，采用不同的媒介，以智能手机、平板电脑和无线 POS 机等移动设备为代表，通过上述移动互联网工具，使得传统金融业务具有透明度更强、参与度更高、协作性更好、中间成本更低、操作更便捷等一系列特征。移动互联网金融突破了互联网金融在时间和空间上的局限性，与我们日常生活更紧密地结合在一起，使人们能够随时随地享受便捷的金融服务。移动互联网在为人们的工作和生活带来极大便利的同时，也会对传统金融行业的不足进行完善。另外，移动互联网金融业逐渐呈现出平台化、社交化、产业化的趋势，在移动端积累的数据对征信体系的建立和完善起到一定的推动作用。

4．大数据技术服务金融行业

随着信息技术和移动互联网的发展、金融业务和服务的多样化、金融市场的整体规模扩大，金融行业的数据收集能力逐步提高，存储了大量时间连续、动态变化的数据。这些大规模的数据经过处理分析之后成为非常有效的信息，为大数据与金融行业的结合奠定了基础。

大数据在加强风险管控、精细化管理、业务创新等业务转型中起到重要作用。首先，大数据能够加强风险的可控程度和管理力度，支持业务的精细化管理。当前，中国银行业利率市场改革已经起步，利率市场化必然会对银行业提出精细化管理的新要求。其次，大数据支持服务创新，能够更好地实现“以客户为中心”的理念，通过对客户消费行为模式进行分析，提高客户转化率，开发出不同的产品以满足不同客户的市场需求，实现差异化竞争。

大数据在小微企业信贷、精准化营销、网络融资等领域加速推进。目前，大数据应用已经在金融业逐步推开，并取得了良好的效果，形成了一些较为典型的业务类型，如小额信贷、精准营销、保险欺诈识别、供应链融资等。表 1-1 是对大数据在不同金融行业应用现状的总结。

表 1-1　大数据在不同金融行业应用现状的总结

行业	应　用	效　果
证券期货	自动化交易	使自动化交易策略的设计可参考更大范围的数据，可更好地把握证券期货市场的规律和趋势
	数据仓库和决策支持系统	有利于提高证券公司的数据分析能力，能帮助证券公司提供更好的客户服务
银行业	客户个性化营销	帮助银行业切实掌握客户的真实需求并做出快速应对，实现精准营销和个性化服务
	风险管理	使银行风险管理的能力大幅提高，帮助建立银行创新风险决策模式，赢得新客户，形成新利润增长点
	电子商务平台和电子银行	使得银行业获得更加立体的客户数据，了解客户习惯，对客户行为进行预测并进行差异化服务
保险业	保险产品营销	帮助保险公司完成寻找目标客户、挖掘客户潜在保险需求等任务，使客户营销策略更加精确直接
	保险欺诈识别	通过数据分析寻找规律，完善欺诈风险信息库，提高识别保险欺诈的数据质量
	互联网保险	为互联网用户提供安全的网络交易服务，使客户享受个性化服务，并且降低保险公司风险
互联网金融	网络信贷与网络基金	有效控制贷款风险问题，使非银行业的网络贷款业务与网络基金迅速崛起

1.2　互联网金融的基本概念

1.2.1 互联网金融的内涵

互联网金融的起源最早可以追溯到 1998 年 12 月 PayPal 公司在美国成立，这代表着第三方支付的出现，之后随着互联网技术的不断发展以及电子商务的普及，P2P 网络贷款、众筹融资等创新模式不断涌现，逐步完善了互联网金融谱系。我国互联网金融的起步稍晚于国外，1999 年 12 月，首信易支付在北京成立标志着互联网金融在我国的第一次出现；2012 年，中国投资有限责任公司副总经理谢平首次提出“互联网金融模式”的概念；2013 年可称为是我国的互联网金融元年。

互联网金融是当下金融行业的热点问题，互联网金融的各种形式也都受到了不同程度的关注。在互联网金融刚兴起阶段，相关人员对互联网金融都有各自的理解。阿里巴巴董事长马云认为，互联网金融并不单纯指金融行业利用互联网手段实现业务，而是两种行业的结合，同时，互联网的融入也给金融行业带来了巨大的变革力量。北京市软件和信息服务交易所编写的《互联网金融》一书中指出：“互联网是利用互联网技术和移动通信技术等一系列现代信息科学技术实现资金融通的一种新型金融服务模式。”该书认为互联网金融与传统金融并列，都可视为金融行业的不同服务形式。另外，在 2012 年 8 月，谢平在“互联网金融模式研究”

课题中首次提到“互联网金融”的概念，他提到：“在互联网金融模式下，支付便捷；市场信息不对称程度非常低；资金供需双方在资金期限匹配、风险分担等方面的成本非常低，可以直接交易；金融中介都不起作用，贷款、股票、债券等的发行和交易以及券款支付直接在网上进行；市场充分有效，大幅减少交易成本。”他认为，互联网与金融相互融合，产生了互联网金融市场。在这种模式下，金融业的分工和专业化被大大淡化了，而互联网企业及其相关技术的融入，也在一定程度上降低了互联网金融行业的门槛，金融不再是由少数精英控制，金融市场也涌入了更多的平民参与者。

广义上来说，现有的互联网金融模式根据施行主体的不同可分为两大类：一是金融互联网模式，如银行、证券、保险等实体金融机构以互联网为媒介开展的线上服务（如网上银行、网上证券等）；二是基于互联网的新金融形式（即互联网金融模式），如各类互联网在线服务平台直接或间接向客户提供第三方金融服务。

在《2014 年中国金融稳定报告》中，广义的互联网金融既包括作为非金融机构的互联网企业从事的金融业务，也包括金融机构通过互联网开展业务。

从狭义的金融角度讲，上述中的后者——互联网金融模式是为了满足用户新的金融需求，互联网技术与金融联姻产生的金融新业态。随着互联网产业的不断发展和成熟，互联网企业不断拓展业务范围，不仅通过传统方式向金融机构提供技术和服务支持，而且不断挖掘数据、创新业务，将业务拓展至金融界，由此产生互联网金融模式。

2015 年中国人民银行等十部委发布的《关于促进互联网金融健康发展的指导意见》中，对互联网金融作了如下定义：互联网金融是传统金融机构与互联网企业利用互联网技术和信息通信技术实现资金融通、支付、投资和信息中介服务的新型金融业务模式。互联网金融的主要业态包括互联网支付、网络借贷、股权众筹融资、互联网基金销售、互联网保险、互联网信托和互联网消费金融等。

随着互联网技术的快速发展，互联网企业不仅没有将发展的目光留在自身业务上，而且没有仅仅停滞在为金融机构输送技术支持和提供技术服务的层面上，而是对长期累积下来的数据信息进行总结、分析，应用在金融业务中，创新出互联网金融模式，这也成为互联网技术与金融资本相结合的一个全新领域。

1.2.2　互联网金融的特征

1. 透明化

在传统金融模式下，金融机构为获得拟投资企业有关经营状况的信息，需要投入大量的成本建立一个评估拟投资企业的部门，派出一个项目小组对拟投资企业进行考察，同时结合大量的真实数据和推测的政策导向，才能出具相关的可行性报告。这一过程可能会持续相当长的时间，耗费相当高的成本。在互联网金融模式下，任何企业或个人的信息都会与其他主体发生联系。移动互联技术又使得金融产品随时随地交易。交易双方借助互联网搜索自己需要的各种信息，这样能够比较全面地了解一家企业或个人的财力和信用情况，可以降低交易双方的信息不对称程度。当贷款对象发生违约时，互联网企业则可以通过公开违约情况和降低评级信息等方式，增加贷款对象的违约成本，从这一角度对贷款者形成制约。

2．去中介化

在原有的金融模式下，资金需求者或持有好的项目但无法取得银行的信赖与支持，或并没有好的项目却能满足银行的借款条件。作为资金供给方的传统银行业，在这样的情形下更倾向于将资金借贷给那些大型的、有国家作保的国有企业，或者处于经济繁荣时期的行业，比如房地产业，即使有的企业老旧、固化、收益率不高，即使有些行业可能存在“过热”的可能，但这样做可以保证银行拥有较低的不良贷款率。互联网金融机构则更多是基于互联网的信息对称性，使得中介机构作为一个互联网平台的角色出现，通过互联网和移动互联网的方式将社会上闲散的、碎片化的资金收集起来，使传统观念里神秘的金融业务平民化。

3．移动化

说到互联网的移动化就不得不提到一件产品——iPhone。2007 年，iPhone 以“重新发明手机”的姿态横空出世，一面市就造成轰动性的影响，互联网的移动化趋势从此显现端倪。数据显示，2016 年中国第三方移动支付交易规模达到 58.5 万亿元，同比增长率超 300%，达 381.9%。随着智能手机的普及和二维码支付市场的爆发，消费者从 PC 端向移动端的迁移速度加快，2017 年中国第三方移动支付交易规模超 90 万亿元，增长率为 68%。从第三方移动支付交易规模的结构分布来看，移动金融和移动消费呈现增长势头。数据显示，2016 年四季度中国第三方移动支付交易规模结构中，移动金融占比 15.1%，个人应用占比 68.1%，移动消费占比 11.6%。

4．覆盖广与发展快

互联网金融在我国的发展，主要以互联网的发展为基础，同时依靠电子商务平台的快速覆盖。网络将自身的特点赋予到互联网金融上，可以对全球进行有效的覆盖，打破传统的地域限制，并且突破时间上的约束。金融与互联网结合，业务覆盖范围将会扩大，将会有更多的客户。

5．低成本与效率高

互联网金融的另一个特征就是在降低交易成本的同时提高了效率。互联网金融业务操作流程趋于规范化、标准化，所有的业务都在计算机或智能手机上进行，客户不需要去银行网点排队等候，降低了时间成本，除此之外，计算机在业务处理上效率更高，可以使客户体验得到改善，提升满意度。

6．管理弱与风险大

虽然互联网金融平台可以通过大数据来进行客户的信用调查，但没有与人民银行征信系统进行对接，大量的数据信息不能够共享。与传统商业银行相比，风险控制能力还不足，加强互联网金融企业的风险控制能力是今后工作的重点。此外，互联网金融在我国发展时间还不长，缺乏必要的行业规范和法律监督，互联网金融面临着法律风险和政策风险。

1.2.3　互联网金融的模式

互联网金融作为一种新型的金融模式，其兴起与发展降低了市场的信息不对称程度，通过实现资金供需双方的网络直接对接，大大降低了交易成本。互联网金融主要有第三方支付、P2P 网络贷款、众筹、互联网货币、互联网金融门户、互联网银行、互联网证券、互联网保险等模式。

1. 第三方支付

20 世纪 90 年代后期，我国银行系统开始逐步开展网上银行业务，并开通了网银支付业务，但问题也随之而来。对于网络商家而言，网银支付的便利度显得不足，网络商家若想简化其客户的支付流程，需要与多家商业银行达成支付结算协议，而中小企业不具备这样的谈判能力，这便导致它们的用户体验较差，从而影响其发展。第三方支付解决了上述问题。所谓第三方支付是指非金融机构在收付款人之间作为中介机构提供下列部分或全部资金转移服务：网络支付、预付卡的发行与受理、银行卡收单等中国人民银行确定的其他支付服务。

第三方支付极大地促进了支付体系与互联网的融合，并已成为金融体系基础设施的重要组成部分。从支付便利性角度看，商户只要与第三方支付达成支付结算的协议，并在第三方支付企业开设结算账户，就可以解决与众多银行网银支付体系的对接。从这个意义上说，第三方支付机构事实上外包了电子商务卖家与各个商业银行分别进行结算的环节。此外，在开展电子商务过程中，买家与卖家之间缺少一种保障机制。为保障买卖双方的利益，第三方支付出面，作为交易的中间人，保障交易的顺利进行。支付宝、快钱等第三方支付机构都是典型的代表。在第三方支付体系中，第三方支付利用了买家付款与卖家收款的时间差，或者第三方支付机构专门设置一定的时间差，对买家的资金进行监管，在买家收到卖家交付的产品后，第三方支付机构再将款项划转至卖家的账户。

根据中国人民银行 2015 年 7 月 31 日发布的《非银行支付机构网络支付业务管理办法》征求意见稿中的规定，第三方支付机构是指依法取得《支付业务许可证》，获准办理互联网支付、移动电话支付、固定电话支付、数字电视支付等网络支付业务的非银行机构。

【拓展阅读】

中国第三方支付的扩张程度超过美国

中国第三方支付是特指具备一定实力和信誉保障的第三方独立机构，一般以银行合作的方式，提供交易支持工具和平台，实现资金的转移。目前，主要媒介有以互联网为媒介的互联网支付和以手机为媒介的移动支付，以及交易量比较小的预付卡支付和银行卡收单业务等。支付工具目前以手机扫描二维码、NFC 近场支付为主。

2010 年以来，中国第三方支付市场的交易规模保持 50%以上的年均增速迅速扩大，已成为全球的领跑者。据《2016 中国第三方移动支付市场研究报告》统计数据显示出，2016 年中国第三方支付总交易额为 57.9 万亿人民币，相比 2015 年增长率为 85.6%。其中移动支付交易规模为 38.6 万亿元，约为美国的 50 倍。

中美两国第三方支付业务的扩张程度与两国各自的金融特点息息相关。在美国，由于传统金融机构对无纸化支付普及的努力以及对普通用户金融服务的重视，美国第三方支付机构无法在用户体验和感知上超过传统金融机构，只能作为传统金融机构的辅助手段而存在。而在中国，由于传统金融机构长期忽视用户体验，不重视普通用户的金融需求，这些因素都给了中国第三方支付独立发展壮大的机会，特别是中国无纸化支付普及的缓慢。由于支付是高频次、高感知的功能，用户不可避免地会在支付工具上存放一定数量的资金。所以，中国第三方支付机构能够以支付功能作为突破口，在用户体验和感知上超过传统金融机构，并能够在支付功能的基础上衍生出更多的增值业务。

（资源来源：未央网 http://www.weiyangx.com/235472.html）

2. P2P 网络贷款

P2P 网络贷款是指通过第三方互联网平台进行资金借、贷双方的匹配，网站平台帮助需要借贷的人群寻找到有出借能力并且愿意基于一定条件出借的人群，既帮助了贷款人通过和其他贷款人一起分担一笔借款额度来分散风险，也帮助了借款人在充分比较的信息中选择有吸引力的利率条件。P2P 平台的盈利主要来源于从借款人收取一次性费用及向投资者收取评估和管理费用。P2P 贷款的利率确定，或者由放贷人竞标确定，或者由平台根据借款人的信誉情况和银行的利率水平提供参考利率来确定。

由于 P2P 网络贷款平台没有准入门槛，也不存在行业标准及相应的监管机构，对 P2P 网络贷款平台尚无严格意义上的概念界定，其运营模式也未完全定型。目前已经存在的模式有两种：一种是纯线上模式，此类模式典型的特点是资金借贷活动完全通过线上进行，不结合线下的审核，通常此类平台采取的审核借款人资质的措施包括通过视频认证、查看银行流水账单、身份认证等；第二种是线上线下结合的模式，此类模式的特点，借款人在线上提交借款申请后，平台通过所在城市的代理商采取入户调查的方式审核借款人的资信、还款能力等情况。从 P2P 的特点来看，其在一定程度上降低了市场信息不对称程度，对利率市场化将起到一定的推动作用。由于参与门槛低、渠道成本低，因此在一定程度上也拓展了社会的融资渠道。P2P 针对的主要客户群是小微企业及普通个人用户。

【拓展阅读】

中国互联网金融海外上市第一股——宜人贷

宜人贷是中国在线金融服务平台，成立于 2013 年，它通过互联网、大数据等科技手段，为中国城市白领人群提供信用借款咨询服务。在公司成立当年（2013 年）8 月，宜人贷针对投资用户推出了智能理财工具 APP“宜定盈”，该产品主打“一键智能投标”功能，能够不间断地将出借人资金与优质借款人标底进行准确对接，让用户仅通过手机便可实现快捷的 P2P 理财体验。该产品推出不到两年，单项累计交易促成金额就已突破 10 亿元。在 2014 年 10 月，宜人贷又针对借款人推出了手机借款端的“极速模式”产品，用户只需提供简单的个人信息，后台将在 10 min 内完成借款审批流程，实时给出授信额度。不足一年时间，该产品的单独累计放款额也突破了 10 亿元。2015 年 12 月 18 日，宜人贷在美国纽交所成功上市，成为中国互联网金融海外上市第一股。

（资料来源：新浪科技 http://tech.sina.com.cn/i/2015-05-14/doc-icpkqeaz4214508.shtml）

3．众筹

众筹主要是指通过互联网形式进行公开小额融资的活动。众筹的目的是融资，但与传统融资方式以货币回报为主不同的是，众筹往往会以感谢、实物、作品、消费券、股权等作为回报。

国外众筹网站的代表是 2009 年创立的 Kickstarter，该平台支持个人发起创新性项目，包括电影、科技、游戏等，进而向公众集资。众筹模式进入中国后，也取得了快速发展。目前，国内主要的众筹平台大致可分为非股权众筹和股权众筹。非股权众筹网站包括点名时间、追梦网、众筹网等，此类网站往往以文化影视及创意项目作为众筹的项目，而回报往往是观影权或者创意作品的分享权利等。股权众筹网站包括天使汇、大家投、人人投等，对于此类网站的创业项目，投资人往往需要以股权方式投入，并在未来获取公司发展、增值所带来的回报。

由于我国金融机构对于创业、创新项目所创设的金融产品有限，传统金融给予此类项目的支持不够。而众筹的优势在于，能够吸收社会闲散的小额资金，支持和帮助孵化创业项目、创新项目，从而给项目发起人提供成功的机会。然而，众筹在发展的同时，也面临定位不清晰、监管不到位等问题。众筹的发展势头迅猛、潜力巨大，但其商业模式也仍在探索阶段。

【拓展阅读】

北大 1898 咖啡馆

2013 年 10 月 18 日，北京大学校园附近出现了一个咖啡馆——北大 1898 咖啡馆，这是一个以熟人圈子为基础，依傍着燕京文化、背景和资源的众筹咖啡馆。发起人是时任北大校友创业联合会秘书长的杨勇。杨勇刚开始创办这家咖啡馆时，并不知道他走的是一条众筹路子、一条适合中国国情的众筹之路。2009 年年底开始，杨勇作为北京大学第一个跨行业校友会（北大校友创业联合会）的秘书长，在每年举办的 100 多场活动中感到，“始终都没有自己的地盘，迫切地需要归属感。”于是寻找归属感就成了北大 1898 咖啡馆的初心。杨勇首先找到一处 400 m^2 左右、可以接受年租金价格的地方确定为咖啡馆的地址。然后他充分调动熟人圈的信任资源：“我们要开一家咖啡馆，大家一人出点钱，有自己的一个地方。你们每年都得接待别人，可以把钱放在一起，我们自己来接待。”这样咖啡馆征集了 200 个股东，“第一批交钱的人，每人 3 万元”，“你出 3 万元，返你 3 万元消费卡。除了自己消费，还能转赠。只要这个咖啡馆生存没问题，你爱怎么折腾就怎么折腾。”第一批股东全部来自创业联合会。主要是点击科技的王志东、创新工场的陶宁、蓝色光标的赵文权，还有拉卡拉的孙陶然等。开业前后三天的盛况，让杨勇意外，甚至是惊喜，“没想到会来那么多人，1500 多人，都挺有来头，北京大学的校领导，中关村管委会的领导，各个协会的会长、秘书长，各个校友会的秘书长，等等，每个股东也都介绍自己的朋友过来。”“很重要的媒介就是微信，大家来了以后会拍照，拍照了之后就发微信朋友圈。”以至于半个月后，杨勇去深圳参加北大全球校友工作会议，全国各地 20 多个城市的校友，都知道了北京这个角落里有一家叫北大 1898 的咖啡馆，校友们已经开始邀请杨勇过去开连锁店，“全球的校友都知道了”。北大 1898 咖啡馆一出生，似乎就风华正茂！

（资料来源：百度文库 https://wenku.baidu.com/view/dc77f942b7360b4c2e3f64da.html?from=search）

4．互联网货币

互联网货币又可以称为虚拟货币，是指随着电子信息技术、互联网技术和电子商务的发展而出现的以不通过金融机构发行、以数字形式存在、通过网络流通转移、具有购买力的虚拟兑换工具。最典型的代表是比特币。

比特币是一种“电子货币”，由计算机生成的一串串复杂代码组成，新比特币通过预设的程序制造，随着比特币总量的增加，新币制造的速度减慢，到 2140 年，将达到 2 100 万个的总量上限。和法定货币相比，比特币并没有固定的发行方，而是由网络结点的计算产生。也就是说，任何人都有可能参与制造比特币，而且制造的比特币可以全世界流通，可以在任意一台接入互联网的计算机上买卖。不管身处何方，任何人都可以挖掘、购买、出售或收取比特币，并且在交易过程中外人无法辨别用户信息。

互联网货币风险较高，各国对持币态度均较谨慎。美国对比特币持观望态度，暂不干预和监管；欧盟对比特币没有法规规定；中国规定比特币不具有货币的地位，不可流通且各金融机构和支付机构不能开展相关业务。

【拓展阅读】

比特币——虚拟货币

比特币（Bitcoin，也称“比特金”）最早是一种网络虚拟货币。它的特点是分散化、匿名、只能在数字世界使用，不属于任何国家和金融机构，并且不受地域的限制，可以在世界上的任何地方兑换它，也因此被部分不法分子当作洗钱工具。2013 年，美国政府承认比特币的合法地位，使得比特币价格大涨。而在中国，2013 年 11 月 19 日，一个比特币就相当于 6 989 元人民币。

2014 年 1 月 7 日，淘宝发布公告，宣布 1 月 14 日起禁售比特币、莱特币等互联网虚拟币等商品。西维吉尼亚州民主党参议员乔·曼钦（Joe Manchin）2014 年 2 月 26 日向美国联邦政府多个监管部门发出公开信，希望有关机构能够就比特币鼓励非法活动和扰乱金融秩序的现状予以重视，并要求能尽快采取行动，以全面封杀该电子货币。2017 年 1 月 11 日，中国人民银行上海总部、上海市金融办等对“比特币中国”开展现场检查，重点检查该企业是否未经许可或无牌照开展信贷、支付、汇兑等相关业务，以及反洗钱制度落实情况、资金安全隐患等。2017 年 1 月 12 日，央行营业管理部也在北京进驻“火币网”“币行”等交易平台。

2017 年 5 月 12 日，全球突发比特币病毒疯狂袭击公共和商业系统事件，全球有接近 74 个国家受到严重攻击。

2017 年 8 月 1 日起，全球比特币交易平台将停充值、提现服务。比特币中国数字资产交易平台 2017 年 9 月 14 日起停止新用户注册，9 月 30 日数字资产交易平台停止所有交易业务。

（资料来源：360 百科 https://baike.so.com/doc/5366227-5601934.html）

5．互联网金融门户

互联网金融门户是指利用互联网提供金融产品、金融信息服务和进行金融产品销售，并为金融产品销售提供第三方服务的平台。

根据相关互联网金融门户平台的服务内容及服务方式不同，互联网金融门户可被分为第三方咨询平台、垂直搜索平台以及在线金融超市三大类。第三方咨询平台是为客户提供全面、权威的金融行业数据及行业资讯的门户网站，典型代表有网贷之家、和讯网以及网贷天眼等。垂直搜索平台是聚焦于相关金融产品的垂直搜索门户。所谓垂直搜索是针对某一特定行业的专业化搜索，在对某些专业信息的提取、整合以及处理后反馈给客户。客户在该类门户上可以快速地搜索到相关的金融产品信息。互联网金融垂直搜索平台通过提供信息的双向选择，有效降低了信息不对称程度，典型代表有融 360、好贷网、安贷客、大家保以及国外的 eHealthInsurance、Insurancehotline 等。在线金融超市汇聚了大量的金融产品，提供在线导购即购买匹配，在利用互联网进行金融产品销售的基础上，还提供与之相关的第三方专业中介服务。该类门户在一定程度上充当了金融中介的角色，通过提供导购及中介服务，解决服务不对称的问题，典型代表有大童网、格上理财、91 金融超市以及软交所科技金融服务平台等。

此外，互联网金融门户又可以根据汇集的金融产品、金融信息的种类不同，细分为 P2P 网贷类门户、信贷类门户、保险类门户、理财类门户以及综合类门户五个子类。其中，前四类互联网金融门户主要聚焦于单一类别的金融产品及信息，而第五类互联网金融门户则致力于金融产品、信息的多元化，汇聚不同种类的金融产品或信息。

【拓展阅读】

金融之家——中国最大的互联网金融门户

金融之家通过其多渠道发布，提供财经、商业、金融等领域有价值、有深度的新闻报道和分析文章，帮助企业和组织与媒体、投资者及普通大众进行充分、及时的动态互动，从而为塑造品牌、提升知名度、推进社会影响、筹集资本提供支持。金融之家隶属于北京融之家网络科技有限公司。

金融之家成立于 2013 年 06 月 06 日，并于 2014 年 01 月 18 日正式上线进入试运行阶段。是一家互联网金融新媒体平台。自成立以来，公司致力于在互联网金融领域做出一些创新与改变，以互联网为主要传播渠道，为投资者提供金融资讯，并每日实时发布，是国内较为成功的互联网金融垂直领域资讯平台。全方位为大众读者提供商业分析与财经资讯，向投资者提供金融数据与分析，帮助用户了解相关金融业务与投资。

金融之家在国内，媒体渠道包括：1 300 多家平面媒体，包括报纸、杂志、商业和行业期刊类出版物；700 多家综合及门户、行业垂直网站；50 多家财经金融领域专业媒体及金融信息终端；140 多家电视和广播电台、通讯社等各类新闻机构；近 20 家移动新闻客户端和微博、微信等移动社交网络，移动订阅用户和微博粉丝总数超过 1 200 000 人，其中微信粉丝接近 1 000 000 人，绝大多数为记者、编辑及业内资深人士。

金融之家特别关注那些具有重大交易价值的、成长性与市场性兼具的商业标的，也重视新兴行业的变迁、组合投资的机会与风险，以及在金融市场的脉动与演进下，对经济动态解析及深度报道。

金融之家的出发点是，为用户甄别那些具有价值的金融信息，并在此基础上，提供独特的金融财经解析，并用心做好优质金融机构和投资者之间的互动服务。

（资料来源：金融之家 https://www.jrzj.com/aboutus/）

6．互联网银行

互联网银行是指借助现代数字通信、互联网、移动通信及物联网技术，通过云计算、大数据等方式在线为客户提供存款、贷款、支付、结算、汇转、电子票证、电子信用、账户管理、货币互换、P2P 金融、投资理财、金融信息等全方位、无缝、快捷、安全和高效的互联网金融服务机构。

互联网银行的概念是由互联网银行的创始人林立人率先提出。互联网银行是对传统银行的颠覆性变革，换句话说，互联网银行将传统银行完全搬到互联网上，并实现了传统银行的所有业务。与传统银行相比，互联网银行没有分行，并通过互联网技术实现了超越时间约束和空间限制，使得互联网银行真正实现了“AAA”式服务，即在任何时间、任何地点，以任何方式为用户开展相关业务和服务。

除此之外，与传统银行不同，互联网银行以客户体验为中心，将互联网精神融入金融行业中，提供更加标准、多样、个性化的服务，更准确、更规范地避免了在传统银行营业点因个人素质和情绪状态不同而带来的服务满意程度的差异。

【拓展阅读】

浙江网商银行

浙江网商银行是中国第一家将核心系统架构在金融云上的银行。基于金融云计算平台研发的银行核心系统，让网商银行拥有处理高并发金融交易、海量大数据和弹性扩容的能力，利用互联网和大数据的优势，给更多小微企业提供金融服务。网商银行董事长井贤栋在开业仪式上表示，希望利用互联网的技术、数据和渠道创新，来帮助解决小微企业融资难融资贵、农村金融服务匮乏等问题，促进实体经济发展。

在开业之前，网商银行行长俞胜法曾表示，网商银行将立足于服务小微企业，不做 500 万元以上的贷款，不做“二八法则”里 20%的头部客户，而是以互联网的方式，服务“长尾”客户。“小微企业、个人消费者和农村用户，是网商银行的三大目标客户群体。”俞胜法说，作为现有金融机构的补充，网商银行要探索一套新的运营方式，来服务好这三类客户，必须要了解他们的真正需求。比如说，小微企业用贷款，最看重时效，希望能“即贷即到即用”，以往，银行的贷款审批流程都比较长。小微企业贷款还看重灵活性，希望能随借随用、随时还款。“网商银行与客户的关系，在信贷关系、合同关系之上，还要加上朋友关系，了解朋友的需求，帮助朋友分担困难。”俞胜法说。网商银行要在提供金融服务的同时，还要陪伴、帮助客户成长。

依托移动互联网“永远在线”的特性，网商银行将真正实现为用户提供“随时、随地、随心”的金融服务。比如，小微企业主或创业者需要贷款时，打开手机，就能获得贷款。就像“自来水”一样，打开龙头，随开随用。同时，提前还款的功能，也让贷款灵活性更高，可支持随时还款。网商银行副行长赵卫星表示，依托大数据的分析与刻画，网商银行会比用户自己更了解用户。“就像是根据天气预报，做到雨前送伞。”赵卫星说，这样做，网商银行就能真正把金融服务融入场景里。

对信用的理解，网商银行希望做一家经营信用的银行。俞胜法说：“以往，银行经营贷款都需要抵押、质押或担保。但是，这些都不太适用于小微企业和个人消费者。”俞胜法表示，他希望网商银行能够建立一套互联网信用体系，帮助用户发现、积累、创造和消费信用，最终让信用等于财富。

（资料来源：希财新金融 http://www.csai.cn/loan/884695.html）

7．互联网证券

互联网证券并不是简单地将传统证券公司的业务线上化，而是在互联网和电子商务条件下证券业务的创新，为网络用户提供一种全新的商业模式，其中包括证券资讯的发布、证券投资顾问、股票网上发行、在线证券交易等多种投资理财服务。

根据我国对证券行业的相关监管条例等，当前互联网证券可以开展的业务范畴和服务内容主要包括：一是网络开户和交易，这种业务使得证券交易更大程度地向移动终端进行转移；二是网络证券投资顾问，证券公司借助互联网平台可以拓宽其营销和服务渠道，使用互联网向用户发布相关的证券资讯和投资建议；三是在线金融产品的销售，券商利用大数据、云计算技术，通过互联网评估用户的风险偏好，为用户提供满足其个性化需求的金融产品，在很大程度上提高了用户体验；四是网上支付。互联网证券通过与第三方支付合作，使得用户只需通过互联网就可以购买相关金融产品，但是这种业务目前只在个别的券商进行试点；五是网络营销，券商通过社交媒体，如微博、微信等方式向用户提供即时信息，并可以充分挖掘潜在的目标客户，拓宽其营销渠道；六是在线发行证券，即通过互联网直接公开发行证券募集资金，而不是普通的投资银行进行路演和询价，这种模式目前在国外已经有了先例。

【拓展阅读】

互联网证券业务放行　国泰君安等 5 券商获试点

金融与互联网行业的竞合状态将进一步加剧。

2014 年，国泰君安等 5 家券商获互联网证券业务试点资格，成为首批开展该业务的证券公司。这也意味着，继互联网机构大举入侵传统理财领域后，传统金融机构的应对即将从防守转为全面反击。《第一财经日报》从国泰君安获悉，其即将开展的互联网证券业务，并不是简单地将线下业务向线上进行平行迁移，也不是对现有平台和信息技术模块做简单整合，而是在"电子化–互联网化–移动化"趋势下，从执行层面对公司传统业务实施从销售渠道、业务功能、客户管理到平台升级的架构重塑及流程优化，架构符合互联网商业惯例和用户体验的综合金融服务体系。

此前，国泰君安董事长万建华曾在接受媒体采访时称，证券公司要回归金融服务本质，在发挥自身投融资方面的专业服务能力、提供综合金融服务之外，还要借鉴互联网企业的思维模式，提升产品和服务的客户体验。而从目前国泰君安的规划来看，综合金融与客户体验确实是其布局互联网金融的关键词：一方面，将通过更全面的金融服务链与完善的适当性服务体系，搭建综合金融服务体系，与互联网企业形成差异化定位；另一方面，则是在用户体验上积极向互联网企业看齐，借鉴互联网思维模式，从互联网客户体验出发，探索适合网络客户的新产品、新服务，不断推动自有互联网平台的开发与完善，以与其他金融机构形成显著区隔。

据介绍，国泰君安将在客户账户开立、资金进出渠道及适当性管理三方面实施创新探索，最大可能地适配互联网用户的客户体验。具体而言，通过账户分层，将传统证券公司的账户开立流程转化为具备互联网特色的注册、开户、激活及充值等流程，推动证券公司与互联网企业的客户体验处于同等水平；借助央行支付系统，丰富资金集聚渠道，提升客户资金使用的便捷程度；以分层设想为基础，探索具备互联网特色的适当性管理形式，针对不同层级的账户权限及产品风险，匹配不同等级、不同方式的适当性管理规范，优化中低风险产品对应的购买流程，完善客户体验。而对客户而言，其未来在国泰君安的互联网平台，可在线实现依托第三方支付完成生活消费、依托数字证书便捷办理业务、依托君弘金融商城简化投资理财、依托自主意愿实现一键下单等综合金融需求。

（资料来源：搜狐财经 http://business.sohu.com/20140408/n397864375.shtml）

8. 互联网保险

2015 年 7 月底保监会发布了《互联网保险业务监管暂行办法》，在该文件中对互联网保险进行了界定，认为互联网保险业务是指保险机构依托互联网和移动通信等技术，通过自营网络平台、第三方网络平台等订立保险合同、提供保险服务的业务。

2012 年，我国有 39 家保险机构经营互联网保险业务，到 2016 年已经有 117 家保险机构经营互联网保险业务，2017 年上半年又新增 12 家保险中介机构获批开展经纪业务，总体来看，开展互联网保险业务的公司数量在不断增加，而且传统的保险公司大都通过自建网站，或者与第三方平台合作等模式开展了互联网保险业务，保险公司基本已全部触网。

2012—2016 年，我国互联网保费收入不断增长，从 106 亿元增长到 2 347 亿元，到 2017 年上半年，互联网保险保费收入达到 1 248.3 亿元，预计全年可以达到 2 496.6 亿元，较 2016

年互联网保险保费收入 2 347 亿元，约同比增长了 6.37%。互联网保险保费规模一直呈现出持续增长的态势，且在过去的 6 年里，互联网保险保费收入实现了 20 余倍的增长。

互联网保险不仅仅是互联网与传统保险简单结合的线下产品网上销售，而是传统保险与互联网技术、互联网精神的结合。在互联网时代的大背景下，产品设计的场景化、营销方式的社交化成为互联网保险发展的新趋势。互联网保险与传统保险的经营模式差异较大，其营销方式引入社交功能，投保过程嵌入网络场景，产品开发迎合消费习惯，将更能体现消费者需求，提高用户的重复购买率。

此外，在大数据时代，技术的革新使海量数据的采集和处理成为可能。利用大数据技术，不仅计算意外事件的发生概率将会更接近实际概率，有利于保险公司精算师计算产品的收益率和产品定价；还可以帮助保险业精准营销，按照客户需要设计、推荐个性化的产品。未来互联网保险业将更重视大数据技术、数据分析等在本行业的应用。与此同时，在未来，互联网保险将结合互联网技术的优势，积极探索 O2O、B2B、B2C、C2B 各种模式创新，与现有的盈利模式形成互补。

【拓展阅读】

互联网保险发展历程

第一阶段：萌芽期（1997—2000 年）

行业背景：据保监会官网数据，1999 年全年保费为 1 393 亿元，2000 年为 1 609 亿元。

互联网发展背景：2000 年年初，我国共有 890 万上网用户，其中 666 万用户用拨号上网。

发展状况：这一阶段互联网在我国普及度并不高，互联网保险也仅仅刚刚萌芽，诞生了互联网保险网站和第一份保单。

第二阶段：起步期（2000—2003 年）

行业背景：2000 年，保费规模为 1 609 亿元，2001 年为 2 116 亿元，增长 32%，2002 年为 3 048 亿元，增长 44%，2003 年，保费规模为 3 840 亿元。

互联网发展背景：互联网网民规模从 2001 年的 3 370 万元到了 2003 年的 8 000 多万元。

发展状况：2000 年很多保险公司建立了网站，意味着互联网保险开始起步，但随着 2000 年互联网泡沫，很多太冒进的公司碰到了问题。

第三阶段：探索期（2003—2007 年）

行业背景：保费规模从 4 000 亿元到 7 000 亿元。

互联网发展背景：网民规模从 8 000 万到 2.1 亿人，国内互联网环境渐渐好转，网购热潮兴起，安全第三方支付也出现了。

发展状况：互联网发展回暖后，保险公司的官网也从产品线、支付与承保优化等方面对保险在线购买进行了有效改善，诞生了保险超市。

第四阶段：积累期（2008—2011 年）

行业背景：保费规模从 9 000 多亿元增长到 1.4 万亿元。

互联网发展背景：互联网普及度从 2.1 亿人到 5.13 亿人，手机网民规模达到 3.56 亿，占整体网民比例为 69.3%。在中国上网用户稳步增长的基础上，在线购物人群呈几何级增长。

发展状况：在该阶段，互联网保险开始出现市场细分，保险中介服务类的网站开始发展。不过，由于互联网保险公司电子商务保费规模相对较小，电子商务渠道的战略价值还没有完全体现出来，因此在渠道资源配置方面处于易被忽视的边缘地带。

第五阶段：发展期（2012—2013 年）

行业背景：保费规模从 1.4 万亿元到 1.7 万亿元。

互联网发展背景：互联网网民数从 5 亿发展到 6 亿，移动互联网从 3 亿发展到了 5 亿，移动支付也得到了快速发展。

发展状况：2012 年，我国全年保险电子商务市场在线保费收入规模达到了百亿元。各保险企业依托官方网站、保险超市、门户网站、O2O 平台、第三方电子商务平台等多种方式，开展互联网业务。逐步探索互联网业务管理模式，包括成立新渠道子公司开展集团内部代理，成立事业部进行单独核算管理。通过优势网络渠道获客，实现线上、线下配合，成立专门的互联网保险公司等。其中，第三方电子商务平台凭借其流量、结算和信用优势，日益成为推动互联网保险快速发展的中流砥柱。大家也认识到了互联网保险绝不仅仅是互联网保险产品的互联网化，而是对商业模式的改进，是保险公司对商业模式的创新。

第六阶段：爆发期（2014 年至今）

电子商务、互联网支付等相关行业的高速发展为保险行业的电商化奠定了产业及用户基础，2014 年互联网保险保费规模实现爆发增长，互联网保险渗透速度加快。越来越多的保险公司意识到互联网保险不仅是销售渠道的变迁，还是依照互联网的规则与习惯，对现有保险产品、运营与服务模式进行深刻变革。

诸如“我来保”APP 这样的第三方互联网保险平台快速成长，入局互联网车险市场并建立口碑营销，既对接大型传统保险公司如人保、太平洋、平安等，又联合新兴互联网保险巨头安心保险，购买车险选择多，也更加方便。同时线上线下双驱动的模式也日渐成型，前景大好。

未来随着移动展业的成熟，传统保险的产品销售、保费支付、移动营销、客户维护服务等都将围绕移动端展开，互联网保险将打破时间和空间的限制迎来全面爆发。

（资料来源：搜狐网 http://www.sohu.com/a/194627265_99956542）

9. 其他互联网金融业态

除了前面介绍的几种互联网金融业态之外，还包括互联网基金、互联网信托和互联网消费金融这几类互联网金融业态。

互联网基金又可分为狭义的互联网基金和广义的互联网基金。所谓狭义的互联网基金是指通过互联网等电子工具，实现基金的申购、赎回、营销、服务、信息安全等基金所需的常规业务活动。而广义的互联网基金则是指基金公司一切通过互联网平台实现的直接借贷。

目前我国的基金业已经由互联网货币市场基金主导。由于目前我国较为流行的多种互联网基金的预期年回报率一般都为 3%～6%，远远高于我国央行所设定的 0.35%的活期存款利率，因此，互联网基金不断吸引着越来越多的投资者。

此外，《关于促进互联网金融健康发展的指导意见》中专门提出了互联网信托的概念。互联网信托是指通过互联网平台进行的信用委托，即通过互联网实现个人和企业之间的投融资，为信托业之后发展互联网相关业务提供了十分宝贵的制度供给。与此同时，信托业也在互联网信托方向上迅速开展了人才招聘。根据相关统计，仅在《关于促进互联网金融健康发展的指导意见》下发不足一个月时间内，至少有 6 家信托公司已经开始招聘互联网信托方面的相关人才，主要涉及互联网技术岗位和产品研发岗，部分信托公司已经完成互联网信托产品的初步设计。目前信托已经发展成为金融行业的第二子行业，所以在互联网金融蓬勃发展的背景下，信托业发展互联网金融已经成为必然的趋势。

互联网消费金融是将传统的消费金融实现了线上化，通过“线下+线上”的方式来为居民个人提供以消费为目的的贷款，这是传统的消费金融在互联网金融大背景下的又一实践创新。目前，互联网消费金融业务的进一步发展主要受制于个人征信数据的缺乏。征信数据的缺乏不仅使个人消费贷款业务违约率随业务的深入拓展而加大，也使互联网消费金融平台所承担的风险增大。从这个角度看，大数据与征信或将成为互联网消费金融厂商竞争的重点。

1.3　互联网金融的理论基础

1.3.1　产业经济学与互联网金融

1．互联网金融中的规模经济与范围经济

规模经济（Economics of Scale）和范围经济（Economics of Scope）是产业经济学的两大重要概念。规模经济分为“供方规模经济”“需方规模经济”，分别指同一供方内部成本随规模扩大而下降，需方所获价值随规模扩大上升。范围经济是指同一供方内部品种越多，成本越低。

互联网金融表现出明显的规模经济和范围经济。供方规模经济与互联网的对接，使信息、知识、技术等要素超越传统经济中居于首位的资本与劳动力要素，打破了边际成本递增、边际收益递减的传统经济学规律。这些信息经济时代的新要素能够零成本地复制与应用，随着其投入的增加，产出增加，供方的成本与收益就分别呈现出递减与递增态势。标准化是实现规模经济的前提条件，否则互联网金融服务就需支付与传统金融服务相当的高单位成本。互联网上开展保险销售业务是供方规模经济的典型案例。互联网保险销售平台不受货架和仓储的物力限制，成本主要有平台建设投入和宣传费用，投入运营后，依托计算机系统推行自助业务办理，打通标准化产品生产与流通通道，实现“批量化生产”“程序化服务”，边际成本

很低，在客户人数增加的同时不断摊薄刚性成本，并通过动态交易产生大量集成资产，形成供方规模经济，进一步提高盈利能力。

需方规模经济存在于市场主体的外部。余额宝等互联网货币基金显示出了较强的需方规模经济性。余额宝问世初期价值并未突显，所对应货币基金的客户数量较少；随后较高的收益吸引客户不断集聚，使边际成本递减的同时也加强了效益示范作用，越来越多的人发现其值得购买。客户数量和产品价值因"正反馈效益"相互助长。当到达客户数量的临界值后，该类经济的规模迎来爆发式增长，价值的增长速度变得非常惊人。网络价值以用户数平方的速度增长，在需方整体角度来看，边际效用递增。

范围经济在互联网金融领域有着众多的体现，如在股权众筹领域，众筹平台新增单个融资方的边际成本很低，融资方越多，吸引的投资者越多，平台成本协同节约能力也就越高。又如，第三方支付平台嫁接了手机话费充值、信用卡还款、公用事业缴费、保险理财、日常生活服务等多元化业务，能吸引更多客户、增加客户黏性，同时，只要妥善解决技术兼容性和安全问题，就能将业务叠加所带来的额外成本控制在较低水平，使平台收入增加。

2. 互联网金融中的长尾经济

长尾理论论述的是利用成本优势打开大量利基市场，其共同市场份额可能等于或超过主流场频的市场份额。长尾经济与范围经济都注重品种的增多和降低协同成本，但前者是就整个市场而言，包含大量冷门需求，后者则是同一企业内部的长尾经济，且限于增加相对热门的品种。

互联网金融居于金融产业的长尾之上，催生出一系列充分满足"普惠金融"需求的产品和服务，提升了金融的便捷性、平等性和开放性。互联网货币基金增加了小额、零散的投资机会，提供了"零门槛"的投资途径，从而开发了那些对手续简便度、额度灵活度十分敏感的尾部客户。互联网微贷公司凭借信息处理优势，全流程、高效率、低成本地把控借款人的信用水平，使微贷业务规模化成为可能，并设置灵活的期限与额度政策，服务人性化、个性化，迅速释放了大量小微借款、甚至碎片化借款的尾部需求，探索出了一条改善传统金融信贷体系信贷配给困难的新途径。

互联网金融的成本优势是其延伸长尾的基础。降低成本的终极办法就是用可以无限复制和传播的字节处理一切。传统银行应用互联网平台打造直销银行，摆脱了物理网点与运输仓储，突破了时空限制，简化了业务流程，减少了基层人员，改变边际成本—效益关系，而节省下来的成本，以更具吸引力的存款利率和服务费率等形式回馈客户，从而吸引新的客户群体——习惯运用互联网、收入较高、追求简便高效的群体，并进一步增加黏性。

1.3.2 信息经济学与互联网金融

起源于20世纪60年代的信息经济学（Economics of Information）以信息不对称为起点，逐渐形成了包括逆向选择与信号传递、委托—代理理论与激励机制设计、价格离散理论与信息搜寻理论等内容在内的庞杂的学科体系。如今，信息经济学在互联网金融的实务中得到了新的延伸。

1．互联网金融中的信息不对称理论

互联网金融与传统金融最大的区别在信息处理方面，信息成为金融行业最重要的资源，改变了产业价值链。凭借信息处理优势，互联网微贷正在探索一种解决借贷前后两大信息不对称问题的全新路径。“阿里小贷”基于卖家自愿提供的基本信息以及阿里系电商平台十几年来数亿笔交易记录所形成的类目庞杂、更新频繁的数据库，自建信用信息体系。信息系统的固定投入较高，但一旦开始使用，运行成本较低。在贷前，从数据库提取数据，导入信用评估模型，并引入交叉检验技术，将隐性的“软信息”转变为显性的“硬信息”，提高了信用水平甄别的精确度；在贷中，分散、无序的信息形成了动态、连续的信息序列，以趋于零的边际成本给出任何借款人处于动态变化中的动态违约概率及风险定价，为远程监测、实时预警提供了可能；在贷后，电商平台和小贷系统设有严格的曝光、禁入等违约惩戒措施，从而减少机会主义倾向。

P2P 网贷也是互联网时代突破传统借贷瓶颈的一大创新。P2P 平台根据借款人上传的身份信息和证明材料，进行信用初评，信用初评结果随着其借款成功次数、逾期率、逾期天数等信用记录的改变而动态调整。在贷前，贷款人通过观察公开的借款人信用评价结果、信用记录、该笔借款特征、借款人的人口统计学特征等“硬信息”来做贷款决策，并可利用互联网社交网络，甚至“人肉搜索”（cyber-manhunt）掌握更多“软信息”，使 P2P 借贷的逆向选择风险得到一定程度的遏制。在贷后，P2P 平台及业内有关第三方组织的“黑名单”“曝光栏”能及时警示失信的借款人情况，较为有效地防止道德风险发生。

2．互联网金融中的搜寻理论

搜寻行为之所以存在，广义原因是信息不对称所导致的“搜索前置”。狭义原因是“价格离散”，即信息在交易双方之间的非均衡分布所引发的同地区、同质量产品的价格差异，信息搜寻因此才有利可图，专业化信息服务机构才得以产生。搜寻成本影响着定价和价格离散程度，搜寻成本越高，价格竞争越弱，离散程度越高，搜寻所获收益就越大。目前，互联网信息搜寻效率已达较高水平。互联网使信息在市场中呈现均衡分布，成本与价格的透明度被提高，从而网上商品价格也趋于收敛。与传统金融市场相比，若互联网金融市场搜寻成本的降幅不大，就会失去发展后劲。

以货币基金市场为例，传统市场上搜寻成本较高，信息扭曲严重，寻找高口碑供方的难度较大，只要低口碑供方有可能凭借降价（即降低利差或手续费）来弥补口碑劣势，高口碑供方受到建立、维护、宣传口碑的成本限制，就不可能占据全部市场，因此会出现高口碑供方的产品价格和市场份额较高、低口碑供方的产品价格和市场份额较低的均衡，价格竞争较弱，离散程度较高。而在互联网市场上，搜寻成本大大降低，高口碑供方更容易被需方选择，供方群体内部将加强价格竞争，均衡时的价格离散程度发生改变；低口碑供方不得不进一步降价，最终可能因产品价格低于成本而难以生存，市场结构发生质变，促成“良币驱逐劣币”的局面。

3. 互联网金融中的声誉机制

声誉机制，也称为 KMRW 模型，建立在信息经济学、博弈论基础之上，证明参与人对其他参与人支付函数或战略空间的不完全信息对均衡结果有重要影响。

只要博弈重复的次数足够多，合作行为在有限次重复博弈中就会出现。该理论解释了当进行多阶段博弈时，声誉机制起到很大的作用，上一阶段的声誉往往影响到下一阶段及以后阶段的收益，现阶段良好的声誉意味着未来阶段较高的收益。

不少学者乐于分析声誉机制在借贷市场上发挥的作用。在 P2P 网贷市场上，借款人的借款记录和还款记录是其“声誉”的主要构成因素。现实中存在借款人凭借小额借款建立“好声誉”后再行诈骗、一旦留下失信记录后伪造身份信息重新“入场”的现象，因此针对 P2P 借款人的声誉机制要想真正生效，必须满足两个基本条件：一是信息高效率、低成本地传播，确保借款人不良声誉被及时披露和识别，促成集体惩罚；二是信息真实、完整，通过建立 P2P 信用信息共享系统、接入我国正式的征信系统，使来自各个 P2P 平台的借款人信息互相补充和校验，构建网上统一联防机制，从而最大限度地提高信息造假的成本、降低信息甄别的难度，切实保障 P2P 贷款人的合法权益。

1.3.3 金融中介理论与互联网金融

1. 金融中介理论概述

金融中介理论（Financial Intermediary Theory）是建立在交易成本和信息不对称的基础上的，金融中介的出现能够降低不确定性、交易成本和信息不对称程度。

由于市场上存在着交易成本和信息不对称，而金融中介可以利用其借贷中规模经济的特点，降低初级证券投资活动中的单位成本。如果没有交易成本、信息成本及市场摩擦性的存在，也就不会有金融中介的存在，而金融中介利用技术上的规模经济和范围经济，将分散的个体交易集合起来，节约交易场所、机器设备、人工费用等方面的投入，以降低交易成本。由于跨期交易往往存在不确定性，银行等金融机构既可以为家庭提供防范消费需求遭遇意外流动性冲击的手段，也可通过向投资者提供存款安排而平滑市场风险，进而改善资源配置，提高市场交易效率。

通常将融资方式分为两种：一是通过商业银行等金融中介的间接融资方式，二是通过金融市场的直接融资方式。据金融中介理论，金融中介是将资金从盈余者转移到需求者的企业，属于间接融资方式。传统的金融中介如商业银行，在提供支付中介、投融资中介服务的同时，还开发了更为复杂的金融产品，例如，具有稳定投资回报的理财产品。由于中介还同时发挥了价值创造、降低参与成本及风险管理功能，因此，进一步加深了投资者对于金融中介的依赖，提升了其在金融交易市场上的重要性。

技术的进步和金融产品的创新，降低了交易成本和信息不对称程度，伴随着金融市场的逐渐开放，促进了直接融资市场的快速发展。全球通货膨胀的出现以及对银行体系的利率和业务管制，也使得银行体系提供的服务不能满足客户日益增长的高收益和风险管理的需要，“金融脱媒”的浪潮在金融中介与金融市场竞争的过程中出现，也使得金融中介的资金来源快速减少，金融中介的重要性开始逐步减弱。

2．互联网金融对金融中介机构的影响

互联网金融的诞生，加速了“金融脱媒”的进程，互联网金融以大数据、云计算等信息技术为支撑，并且依托移动支付、社交网络突破了时间和空间限制，简化了金融交易的流程，降低成本，提高效率和服务水平，因此，在短时间内赢得了广泛受众的欢迎，取得了快速的发展。

互联网金融模式中，第三方支付与微众金融需求结合，为商家和消费者提供支付服务，主要影响了传统金融中介机构的支付功能。比如诞生于 1998 年 12 月的 PayPal 公司，与 eBay 合作，在用户进行购物支付时，先将资金从信用卡转移至 PayPal 公司的银行账户，待买方收到货物并确认无误时，才将货款划至卖家账户。在这个流程中，PayPal 提供了担保的功能，有利于约束买卖双方，第三方支付公司取代了银行的支付和资金托管地位，使得资金交易无须经过银行进行流转，从而提高了交易的效率，降低了成本。第三方支付能够为用户提供便捷的服务，并且相较于传统金融中介机构，其开展和维护业务的成本更低，随着第三方支付的逐渐发展壮大，其业务范围将逐步扩大，并实现从线上向线下的扩展，对传统金融中介机构，尤其是商业银行的业务发展产生威胁。

互联网融资平台如 P2P、众筹主要影响了传统金融中介机构的融资功能。P2P 网络借贷通过第三方互联网平台进行资金借贷双方的匹配，有资金需求的人通过网站寻找有出借能力的资金提供者。作为一种基于互联网的债务融资方式，其替代了资金融通过程中银行的中介地位。众筹则是类似于公开募集在互联网的应用，其募资形式类似于团购，以预约的形式向公众募集资金，采用一对多的形式，多个投资人通过不等的金额投资一个项目，并获得回报。众筹模式作为一种直接融资模式，无须经过金融中介，主要影响了商业银行在小额直接融资市场上发挥的中介作用。

在互联网浪潮的推动下，互联网金融的诞生丰富了金融市场体系，互联网金融在一定程度上改变了原来的金融体系，以高效率执行金融交易，影响着银行等传统金融中介职能的发挥。互联网金融是互联网时代背景下金融中介理论的实践，进一步丰富和延伸了金融中介理论。

1.4　传统金融与互联网金融对比

1.4.1　互联网金融与传统金融的区别

互联网金融与传统金融的区别主要表现在以下几个方面。

1．参与者方面

传统金融模式中，除了股票等直接投资方式以外的所有投融资活动都以商业银行为中心展开，商业银行作为金融中介，在间接融资过程中发挥重要作用。因此，传统金融模式的参与者可分为：投资者、银行、融资者。

互联网金融的发展加速了“金融脱媒”的进程，以银行为主导的经济格局受到了挑战。资本市场上，直接融资取代了间接融资，通过互联网金融平台，参与者（投融资方）直接实现了资金对接，参与者可以只包括投资者和融资者。

2. 服务对象与理念方面

传统金融服务的对象以大中型企业和高收入群体为主，对不同类型的客户提供“差异化”的服务。

互联网金融在服务的过程中，秉承着“开放、自由、平等和分享”的互联网精神，服务的对象包括小微企业和普通大众群体，为所有客户提供需要的服务。

3. 渠道和平台方面

传统金融模式提供的渠道和平台以线下网点为主，辅以网络金融的服务渠道，大部分的业务要求消费者到金融机构网点进行实体操作。

互联网金融为每一位用户提供包括电子商务平台、移动互联网平台在内的自主化财富管理渠道，跨越了时间和空间的限制，实现了足不出户的财富管理目标，大大降低了理财成本，方便了群众的投资理财。

4. 支付和结算方面

传统金融机构利用现金、票据和信用卡等传统的支付工具进行支付，依靠银联及相关的金融系统完成支付和结算的整个流程。

互联网金融模式的支付方式以第三方支付和移动支付为主。互联网金融模式下的支付方式具有方便快捷、费用低廉、可移动性等优势。一方面解决了小额支付下产生的贷款转账不便的问题；另一方面也大大降低了由于信息不对称所导致的互联网交易的欺诈风险，充分保障了消费者的合法权益，促进了支付行业的健康发展。

5. 信用风险和征信体系方面

在征信方面，传统金融主要依靠人民银行的征信系统，由于人民银行的征信系统统计的指标均是商业银行信贷业务审核的重要信息，所以商业银行信贷业务的开展对人民银行的征信体系有着较强的依赖性。但是，传统金融模式的信贷信息的收集与审核易受到人为的影响和控制，而且在实际生活中能获取的数据信息有限，所以传统金融在信贷风险的评估方面受到较大的限制。

6. 信息处理和运行成本方面

传统金融模式下，开展金融业务时，往往需要通过大量的人力、物力以及营业网点进行支撑，在设置网点、维护设备、职工薪资等方面都需要大量的费用。例如，在开展信贷业务时，传统金融机构获取投资企业的信息成本较高，通常需要花费较高的人力、物力以及时间成本进行考察和审核，由于缺乏有效的信息处理工具，在获得信息后，处理信用信息也需要花费较多的时间和精力，同时还无法避免受到人为主观因素的影响，增加信贷风险。

与传统金融相比，互联网金融企业的成本主要集中在大数据的开发与维护，平台的研发与创新；产品创新上，节省了大量的不必要的开支，节约了人力以及时间成本，提高了企业的竞争力。例如，在开展信贷业务时，互联网企业利用搜索引擎进行信贷审查，通过搜索引擎对数据进行有效筛选和组织，迅速找到目标信息，节省决策时间。

1.4.2　互联网金融对传统金融的影响和挑战

1. 互联网金融对传统金融的影响

互联网金融创新对盘活社会资金、加速金融创新和金融机构变革、缓解小微企业融资难提供了契机。

（1）有助于盘活社会资金

互联网金融的发展有助于扩大社会融资规模，提高直接融资比重，盘活社会资金，服务实体经济发展。一是互联网金融大大降低了普通居民进入投资领域的门槛，通过积少成多形成规模效应，撬动更多社会资金。如绝大多数银行理财产品起步资金都在万元以上，而“余额宝”一元起即可购买，有助于吸引以百元和千元为单位的社会闲散资金大量进入。二是互联网金融可以依托资产证券化等手段盘活资产，实现资金快速循环投放。如阿里金融与东方证券合作推出的“东证资管——阿里巴巴专项资产管理计划”，使得阿里小贷能够迅速回笼资金，盘活小额贷款资产，提高资金使用效率。

（2）有助于加速金融创新

互联网金融打通了交易参与各方的对接通道，提供了不同类型金融业态融合发展的统一平台，有助于加快金融机构创新、金融模式创新和金融产品创新。一是互联网与金融的融合发展将重构当前的金融生态体系，新金融机构、泛金融机构、准金融机构等非传统金融机构将不断兴起，集成创新、交叉创新等创新型金融形态将不断涌现。近年来，支付宝、人人贷、阿里小贷、众安在线的出现和发展即为例证。二是在互联网金融的快速冲击下，金融机构既有的盈利模式、销售模式、服务模式和管理模式已经难以为继，倒逼其推动金融模式转型和创新。三是随着信息技术、社交网络技术、金融技术的不断突破，大量基于消费者和小微企业的个性化、差异化、碎片化需求的金融产品由理论变为现实，将大大丰富现有的金融产品序列和种类。

（3）有助于加快传统金融机构变革

互联网金融改变了传统金融机构的资源配置主导、定价强势地位和物理渠道优势，倒逼传统金融机构加快价值理念、业务模式、组织架构、业务流程的全方位变革。一是促进传统金融机构价值理念变革，摒弃以往过于强调安全、稳定、风险、成本的价值主张，更加注重无缝、快捷、交互、参与的客户体验和客户关系管理，真正做到以客户为中心、以市场为导向。二是促进传统金融机构业务模式变革，改变息差作为主要收入来源的传统盈利模式，通过产品创新和提供综合增值服务构建新盈利模式。三是促进传统金融机构组织架构和业务流程再造，加快组织的扁平化、网络化和流程的简捷化、去审批化，从而提高组织效率，快速响应客户需求。

（4）有助于缓解小微企业融资难

互联网金融很大程度上解决了信息不对称引发的逆向选择和道德风险问题，有利于增强金融机构服务小微企业的内生动力，有效缓解小微企业融资难、融资贵、融资无门的问题。一是互联网金融依靠先进的搜索技术、数据挖掘技术和风险管理技术，大幅降低了小微企业的准入成本和融资成本。二是互联网金融的运营特点与小微企业的融资需求具有很强的匹配度。如 P2P 网络贷款服务平台贷款门槛低、覆盖面广、交易灵活、操作便捷、借款金额小、期限短，可以为小微企业提供“量身定制”的金融服务。三是互联网金融引致的激烈市场竞争将推动银行等传统金融机构重新配置金融资源，大量小微企业将得到更多信贷支持。

2. 互联网金融对传统金融的挑战

（1）对金融理念的影响

基于搜索引擎、大数据、云计算、社交网络等现代信息技术和大数定律、概率统计、数据挖掘等行为分析技术支撑，互联网金融极大地改变了传统的金融理念和思维模式。一是边际交易成本和市场参与门槛大幅降低，信息安全保护和风控制度设计不断健全，使得金融需求端和供给端之间的“点对点”和“多对多”直接交易成为现实，实现了封闭式金融向开放式金融的转变。二是第三方支付等互联网金融机构的发展和虚拟货币的出现，改变了银行作为资金交易和支付中介的传统定位，加速了“金融脱媒”和“去中心化”进程。三是社交网络的发展使得平台化应用变成众享众制众筹模式，移动微博等方式使得信息传播速度呈几何级数增长，“自媒体”成为趋势并带动“自金融”时代到来。四是互联网与金融的融合催生了大量需求驱动型的创新金融产品，普通消费者个性化、多样化、碎片化的融资和理财需求得到极大满足且被准确地风险定价，个人金融服务迅猛发展，传统金融向普惠金融转变的趋势日益明显。

（2）对金融模式的影响

互联网金融的快速发展，将对传统金融机构现行盈利模式、营销模式、风控模式和组织模式带来很大影响。一是随着利率市场化进程稳步推进和存贷款利率上下限逐步放开，宜信、拍拍贷、人人贷等 P2P 网络贷款服务平台快速发展，将对银行依靠吸存放贷赚取息差为主的盈利模式造成重大冲击，倒逼银行加快转型。二是互联网金融的不断渗透将隔断银行与客户的联系，导致银行客户萎缩和业务流失。由于难以掌握客户交易行为和信用信息，基于客户信息的产品开发、市场营销和交叉销售等运营模式将愈加困难。三是互联网金融以庞大的电商交易和信用记录为基础，通过数据挖掘、社交网络和行为分析进行风险识别、信用评级、系统化审批和纯信用贷款，对传统金融机构以抵押、质押或担保为主的风险控制模式和信用审核模式产生很大的冲击。四是互联网金融依托信息技术和移动网络平台提供即时、快速、便捷的全天候服务，对银行、券商、保险公司等以物理网点和柜台服务为核心的组织架构和服务模式带来深远影响，促进金融机构传统组织架构由线上向线下延伸、由面对面服务向非现场服务转变。如美国已出现无网点、无 ATM、无信用卡、无支票的“纯网络”银行。

（3）对金融业务的影响

互联网金融对传统金融机构的业务和功能产生极大的替代效应。一是第三方支付从入口处改变用户支付习惯，冲击银行传统汇款转账业务和增值业务。如支付宝、易宝支付、拉卡拉等可为客户提供收付款、转账汇款、票务代购、电费和保险代缴等结算和支付服务。随着身份认证技术和数字签名技术的发展，移动支付将会更多用于解决大额支付问题，替代现金、支票、信用卡等银行现有结算支付手段。二是互联网金融为各类金融产品提供扁平化的直销渠道，弱化了银行、券商、保险公司的传统通道业务功能。如余额宝在支付宝账户内嵌基金支付系统，用户既可以购买货币基金产品享受理财收益，又可以随时赎回用于消费支付，对银行传统代销基金业务产生较大影响。再如，众安在线不设分支机构，完全通过互联网进行保险产品销售和理赔业务。三是随着互联网金融的快速发展，资金、股票、债券、票据、产权、保险、大宗商品等交易方更多通过网上发布信息、磋商谈判、完成交易，给银行、券商、基金公司、保险公司、产权交易中心的存贷款、经纪、资管、投行等业务造成极大冲击。如 Wind 资讯客户可以依托"万得市场"发布项目信息和寻找交易机会，目前，"万得市场"已覆盖固定收益、上市股权、投行销售、理财产品、产权股权等五大类和十五个小类。

（4）对金融监管的挑战

一是互联网金融导致不同金融机构之间、金融机构与非金融机构之间的界限趋于模糊，金融业务综合化的发展趋势不断加强，金融工具和融资形式日益多样化、复杂化，风险跨机构、跨市场、跨时空关联和交叉感染的可能性显著上升，金融风险扩散速度加快，在现行"分业经营、分业监管"体制下，金融监管难度大大增加，给金融监管的统一性和协调性带来较大挑战。二是互联网金融交易的虚拟性使金融业务突破了时间和地域的限制，交易对象的广泛性和不确定性使交易过程更加不透明，资金的真实来源和去向很难辨别，大量无纸化交易给监管机构进行稽核审查带来困难。三是互联网金融作为新兴的金融实践，处于互联网、金融、科技以及通信多个行业的交叉领域，现有金融监管法规体系尚无法完全覆盖，明显滞后于互联网金融创新发展，存在一定的监管缺位，不乏个别公司违规经营，大搞线下业务，违规发行理财产品，甚至触碰"非法吸收公众存款""非法集资"的底线，风险隐患值得高度关注。四是互联网金融违法犯罪日益增加，利用互联网进行洗钱、套现、赌博、欺诈等非法活动的案件比例逐年攀升。公安部数据显示，近几年我国利用互联网犯罪的案件正以每年 30%的速度递增，犯罪数额和危害性不断扩大；金融领域互联网案件占全国互联网案件的 61%，每起金额都在几十万元以上，最高涉案金额达 1 400 余万元，每年造成的直接经济损失近亿元；我国 95%以上的网管中心都遭到过境内外黑客攻击或侵入，其中银行、证券机构是黑客攻击的重点。此外，互联网金融犯罪充分利用互联网"无国界"的特点，大量采用跨国犯罪的形式，加大了金融监管协调和全球犯罪协调成本。

（5）对货币政策有效性的挑战

互联网金融的不断发展使人们的交易和支付方式发生潜移默化的变化。作为一种便捷高效的支付手段，互联网货币提高了资金融通效率，并在一定领域内执行了货币的价值尺度和流通手段职能，代表着货币形态的变化，它改变了货币供给结构，模糊了各层次货币间的界限，进一步加大了货币层次划分的难度。同时，由于互联网货币的发行由互联网服务商自行决定，无对外公开的数据，目前央行还无法准确掌握互联网货币的流通、发行规模等情况，而互联网货币的发行会通过替代流动中的现金和存款、降低存款准备余额，使货币乘数显著增大，增强货币供给的内生性和货币乘数变动的随机性，削弱了中央银行对基础货币的控制能力，增加了中央银行调控货币供给的难度，影响了货币政策的有效性。

（6）互联网金融对金融消费者权益保护的影响

互联网金融作为金融模式的创新，其金融交易内在的复杂多样和专业性仍然存在，再与技术密集的互联网行业结合在一起，进一步加大了金融消费者准确理解和掌握互联网产品和服务的难度。而目前我国社会信用体系尚不完善，对于金融消费者教育和网络交易安全性方面的知识普及力度还不够，金融消费者风险防范意识、网络安全意识和自我保护能力较弱。统计显示，有四成网络支付用户对安全问题没有足够的关注，出现安全问题后，有四成消费者不会采取任何补救措施，个人信息泄露、被不法分子以钓鱼网站骗取钱财、被植入木马病毒获取账号密码、支付数据被篡改等风险也日益暴露，金融消费者权益保护工作任重而道远。

本章小结

本章介绍了互联网金融产生的背景及国内外互联网金融的发展现状，分析了互联网金融的发展趋势。

互联网金融是传统金融机构与互联网企业利用互联网技术和信息通信技术实现资金融通、支付、投资和信息中介服务的新型金融业务模式。互联网金融存在透明化、去中介化、移动化、覆盖广与发展快、低成本与效率高、管理弱与风险大等特征。互联网金融主要有第三方支付、P2P 网络贷款、众筹、互联网货币、互联网金融门户、互联网银行、互联网证券、互联网保险等模式。

互联网金融与产业经济学、信息经济学、金融中介理论等基础理论密不可分。

互联网金融与传统金融的区别主要表现在参与者、服务对象与理念、渠道和平台、支付和结算、信用风险和征信体系、信息处理和运行成本等方面。互联网金融对传统金融产生了影响也带来了挑战。

思考与练习

1. 简述互联网金融产生的背景。
2. 简述互联网金融的内涵。
3. 简述互联网金融的特征。
4. 简述互联网金融的主要模式。
5. 简述互联网金融与传统金融的区别。
6. 简述互联网金融对传统金融的影响与挑战。

第 2 章

互联网货币

案例导入

万维币（Oneforcoin）：数字货币新宠

美国山地时间（加州时间）2016 年 3 月 15 日，全新的开源数字货币万维币（Oneforcoin）诞生。硅谷相关人士分析，该数字加密货币或成为该领域新宠。

万维币 One forcoin（简写：OFC，货币符号：Φ）是一种基于“点对点”（Peer-to-Peer）技术的网络货币，也是 MIT/X11 许可下的一个开源软件项目。它是全球首家开放 ghost boost（幽灵加速器：超级数据链优化方案）技术的虚拟平台，它可以帮助用户即时付款给世界上任何一个人。这就是万维币的核心意图：One for any time, any where, any people，一种可以在任何时间、任何地点，支付给任何人的货币。

万维币受到了比特币（BTC）的启迪，并且在技术上具有相同的实现原理，万维币的创造和转让基于一种开源的加密协议，去中心的区块链技术，不受任何中央机构的管理。万维币旨在改进比特币，与其相比，万维币具有四种显著差异。第一，万维币诞生在与比特币截然不同的“后 4G 时代”和“5G 时代”，全球互联网速度有了大幅的提升，技术上也有大幅改进。第二，万维币直接启用硅谷最前沿科技 ghost boost 技术，网络每 2 min（而不是比特币的 10 min）就可以处理一个区块，因此可以提供更快的交易确认。第三，万维币网络预期产出 6 200 万个万维币，接近比特币网络发行货币量的 3 倍。第四，万维币在其算法中使用了 ghost boost 数据优化，这使得相比于比特币，在普通计算机上进行万维币挖掘更为容易。每一个万维币被分成 100 000 000 个更小的单位，通过 8 位小数来界定。

事实上，数字虚拟货币远非以上这几种。美国《福布斯》杂志列举出截至 2016 年 3 月 10 日，交易的虚拟货币至少有 60 种。

（资料来源：财经网(北京) 2016-03-21
http://money.163.com/16/0321/15/BIMKH1DM00253B0H.html 2017-10-19）

本章重点

- 互联网货币的产生与发展。
- 互联网货币的类型。
- 互联网货币的特征与职能。

2.1 互联网货币的产生与发展

2.1.1 货币形态的演进

货币的演进与发展是伴随着人类社会历史的演变进行的，货币从“真实价值”到“名义价值”的整个演变过程都体现着社会生产力的发展和进步。纵观货币的发展历史，货币形态按货币价值与币材价值的关系，可以分为：商品货币、代用货币、信用货币和电子货币等。

1. 商品货币

商品货币是兼具货币与商品双重身份的货币。它在执行货币职能时是货币，不执行货币职能时是商品。它作为货币用途时的价值与作为商品用途时的价值相等，又称足值货币。在人类历史上，商品货币主要有实物货币和金属货币两种形态。

（1）实物货币

实物货币是货币形式发展最原始的形式，与原始、落后的生产方式相适应。作为足值货币，它是以其自身所包含的内在价值同其他商品相互交换。从形式上来看，实物货币是自然界存在的某种物品或人们生产的某种物品，并且是具有普遍接受性、能体现货币价值的实物。如古希腊时的牛和羊，非洲和印度的象牙，美洲土著人和墨西哥人的可可豆，中国的贝壳和牲畜等。作为一般等价物，这类实物充当货币，同时又具有商品的价值，能够供人们消费。

这些实物货币对人类商品交换来说，很不方便、很不安全。同时，实物货币本身存在着难以消除的缺陷，它们或体积笨重，不便携带；或质地不匀，难以分割；或容易腐烂，不易储存；或体积不一，难于比较。可见，它们不是理想的交易媒介，随着商品经济的发展，实物货币逐渐退出了货币历史舞台。

（2）金属货币

金属冶炼技术的出现与发展，为实物货币向金属货币转化提供了物质条件。凡是以金属为币材的货币都可以称为金属货币，铜、铁、金、银等都充当过金属货币的材料。各国采用何种金属作为法定货币，往往取决于该国的矿产资源状况、商品交换的规模、人们的习俗等因素。我国的金属货币最初由贱金属（如铜）充当，古铜币有刀币、布币、铲币、环钱等，后来逐渐固定在金银上。金属充当货币材料采取过两种形式：一是称量货币，二是铸币。

与实物货币相比，金属货币具备耐久性、轻便性、可分性或可加工性、价值统一或均质性、携带起来较为方便等优势。但是金属货币也有难以克服的弊端，这就是面对不断增长的商品来说，货币的数量却很难保持同步的增长，因为金属货币的数量受金属的贮藏和开采量的先天制约，因此在生产力急速发展时期，大量商品往往由于货币的短缺而难以销售，引发萧条；同时金属货币在进行大额交易时不便携带，仍有笨重之嫌，而且也不安全，这些都影响了金属货币的使用。

2. 代用货币

代用货币，通常作为可流通的金属货币的收据，一般指由政府或银行发行的纸币或银行券，代替金属货币参加到流通领域中。换言之，这种纸币虽然在市面上流通，但都有十足的金银做准备，而且也可以自由地向发行机关兑换金币、银币。可兑换的银行券是代用货币的典型代表。银行券首先出现于欧洲，发行银行券的银行保证随时按面额兑付货币。

代用货币就实质特征而论，其本身价值就是所代替货币的价值，但事实上，代用货币本身价值低于（甚至远远低于）其所代表的货币价值。

相对于金属货币，代用货币不仅具有成本低廉、更易于携带和运输、便于节省稀有金银移作他用等优点，而且还能克服金属货币在流通中所产生的问题，即我们常说的“劣币驱逐良币”现象。代用货币再演化的结果就是信用货币。

【拓展阅读】

“劣币驱逐良币”与“良币驱逐劣币”

“劣币驱逐良币”是经济学中的一个著名定律。该定律是这样一种历史现象的归纳：在铸币时代，当那些低于法定重量或者成色的铸币——“劣币”进入流通领域之后，人们就倾向于将那些足值货币——“良币”收藏起来。最后，良币将被驱逐，市场上流通的就只剩下劣币了，这一现象也称“格雷欣现象”。

“劣币驱逐良币”的现象不仅在铸币流通时代存在，在纸币流通中也有。大家都会把肮脏、破损的纸币或者不方便存放的劣币尽快花出去，而留下整齐、干净的货币。这种现象在现实生活中也比比皆是。譬如说，平日乘公共汽车或地铁上下班，规矩排队者总是被挤得东倒西歪，几趟车也上不去，而不守次序的人倒常常能够捷足先登，争得座位或抢得时间。最后遵守秩序排队上车的人越来越少，车辆一来，众人都争先恐后，每次乘车如同打仗，苦不堪言。再比如，在有些大锅饭盛行的单位，无论水平高低、努力与否、业绩如何，所获得的待遇和奖励没什么差别，于是，年纪轻、能力强、水平高的就都另谋高就去了，剩下的则是老弱残兵、平庸之辈，敷衍了事。这也是“劣币驱逐良币”。

另外，还有一个相反的法则，在一个完全自由的外汇市场，亦即没有任何法律强制干预的市场，在各种货币之间，并没有一定的法定比价存在，而这些货币之间价值各不相同，其中走势坚挺、含金量较高的货币被认为是硬通货，即“良币”；反之，走势疲软的货币被认为是软通货，即“劣币”。在国际贸易当中，人们往往乐意接受硬通货，即“良币”，而不愿意要软通货，即“劣币”。从而优胜劣败，形成了“良币驱逐劣币”的局面。此可谓“格雷欣现象”的反例，也可称为“反格雷欣现象”。

（资料来源：根据网络相关资料整理）

3．信用货币

信用货币就是以信用作为保证，通过信用程序发行和创造的货币。信用货币本身已脱离了金属货币成为纯粹的货币价值符号，是一种债务型的货币。一般而言，信用货币作为一般的交换媒介，须有两个条件：一是人们对此货币的信心，二是货币发行的立法保障。二者缺一不可。

从历史的观点看，信用货币是金属货币制崩溃的直接后果。20 世纪 30 年代，由于世界性的经济危机接踵而至，各主要经济国家先后被迫脱离金本位和银本位，所发行的纸币不能再兑换金属货币，于是产生了信用货币。信用货币是代用货币进一步发展的产物，同代用货币一样，其自身价值也远远低于货币价值，区别在于信用货币不再像代用货币那样，以足值的金属作保证，而是以信用作保证，由政府强制发行，并且是法偿货币，任何人都必须接受。

信用货币的主要形式有纸币、辅币和银行存款货币。

（1）纸币

纸币发行权为政府或金融当局专有，发行机关因各国各异，多数是中央银行和货币管理局发行。其主要功能是承担人们日常消费品的购买手段。我国著名的纸币——四川的“交子”是世界上最早的纸币。

较之实物货币和金属货币，纸币的最大好处就是携带方便，但随着高科技影印技术的发展，伪币的出现使其安全性越来越得不到保证。

（2）辅币

辅币，即辅助货币，是指本位币单位以下的小额货币辅助大面额货币的流通，供日常零星交易或找零之用，它的特点是面额小、流通频繁、磨损快，故多用铜、镍及其合金等贱金属铸造，也有些辅币是纸制的。辅币一般是有限清偿货币，即每次交付的辅币数量有一定限制，超过限额，收方可以拒收。不少国家规定辅币和主币一样具有无限清偿的能力，我国采取了这种做法。

（3）存款货币

存款是货币存在的一种形态，是存款人对银行的债权，对银行来说是银行的债务。在信用发达的国家，交易总量的绝大多数采用银行账户间的相互转账或支票支付。银行存款是一种重要的信用工具。

4．电子货币

电子货币是银行等金融机构发行的具有法币功能的电子数据，是法定货币的电子信息形式。电子货币以计算机技术和网络技术为依托，是一种以电子数据形式进行存储、交易和支付的货币形式，其主要特征是使用简便、迅速和可靠。银行卡是现阶段电子货币使用的主要媒介。

5．虚拟货币

网络虚拟货币是随着网络经济和电子商务的迅猛发展而产生的一种新型支付工具和交易媒介，主要是为了满足互联网用户在购买虚拟商品和服务时的电子化微型支付的需要。它是以互联网电子信息为载体，只具备货币的部分功能和特征，是一种具有购买力的近似货币。

上述的后两种都属于数字货币，也即依赖于互联网而产生的两种不同的货币；而从本质上来讲，货币是一种社会契约和社会制度，是人们的价值共识或约定。货币形式仅仅是体现货币本质的载体，它不完全等同于货币本身。货币形式发展的过程也充分地体现了货币形式越来越表现为货币作为价值共识和社会制度的本质。按照以上所述大致可以把货币形态的发展分为五个阶段，如表 2-1 所示。

表 2-1　货币发展阶段

货币的阶段	货币的性质	货币的表现形式	货币的特点
实物货币	货币发展的最原始形式，用常见的大家都普遍接受的商品作为固有的一般等价物	贝壳、布帛、牛、羊、兽皮、盐、可可豆	体积笨重、不便携带；或质地不匀、难以分割；或容易腐烂、不易储存；或大小不一，难于比较
金属货币	实体货币，其弥补了实物货币的不足，又满足了当时商品交换的需要	铜、白银、黄金	单位体积价值高、价值稳定、质量均匀而易于分，耐磨损、便于储藏
代用货币	实体货币，作为货币物品本身的价值低于其代表的货币价值	不足值的铸币、政府或银行发行的纸币和票据	十足的贵金属符号,可以自由地向发行单位兑换贵金属货币
信用货币	以信用作为保证，由国家强制发行的货币符号，通过信用程序发行的货币	纸币和小面额硬币	完全割断了与贵金属的联系、国家政府的信誉和银行的信用是基本保证
互联网货币	一种抽象的货币概念，以电子信号为载体的货币	信用卡、电子现金、电子支票、比特币、游戏币等	无面额约束，提高货币流通效率、降低货币流通费用

货币虽然产生自商品，但货币的本质并不是商品，而是一种社会契约和价值共识。随着社会经济发展的不断深入，货币形式逐渐从有形货币向无形的电子货币和虚拟货币转化，货币也由此逐步摆脱有形商品的束缚，直接体现出作为社会契约和价值共识的本质。

2.1.2　互联网货币的产生

伴随着网络经济的不断发展，互联网货币内涵逐渐扩大，国内外对互联网货币的界定也在不断更新，不同机构的观点和角度各有不同。1996 年，国际清算银行（BIS）对电子货币产品进行了初步的界定，认为电子货币产品是指将消费者可获得的资金或价值的相关记录保存在消费者持有的电子设备中的“存储价值”或“预付”产品。消费者购买电子价值，并在消费中逐渐减少电子价值。此后，货币与网络紧密联系起来，网络虚拟货币开始出现并迅速发展为互联网广泛使用的支付工具。

1. 互联网货币产生的原因

第一，作为支付工具，方便网络虚拟商品购买的微型支付，减少网络厂商和消费者之间的交易成本。网络游戏及各种在线增值服务平台的持续运营需要通过收费来收回投资成本和进行更好的系统开发，但是网络厂商提供的虚拟商品和服务定价较低，传统的现金支付和转账支付在支付额度较小时需要付出的交易成本相对较高，满足不了用户微型支付的需要。网络厂商通过互联网这个载体向消费者提供虚拟商品或服务，并不直接和消费者面对面进行交易，不适用现金交易这种支付方式。同时，银行的网上支付系统尚不完善，高频率的转账支付会对网络厂商的服务器造成巨大的交易负荷。消费者的多次支付导致手续费上升，购买成本增加，加上对网上支付安全性有所顾虑，这种传统的网上支付方式难以适应网络支付的需要。法定货币在网络虚拟商品和服务领域很难及时流通，于是互联网货币作为一种方便快捷的微型支付工具被引入到网络虚拟交易当中。

第二，作为交换媒介，以促进不同网民之间的虚拟物品交易，降低不同网民之间的交易成本，提高网民的效用水平。网络厂商提供的虚拟商品或服务通常价格较低，单位商品和服务的利润薄或是没有利润，所以要保持盈利就要靠网络厂商不断地发掘和培养用户，想方设法提高用户的效用水平，留住已有用户并不断吸引新用户，形成广大用户群。通过互联网货币进行的支付，过程无须付费，能够吸引并留住用户。如果没有互联网货币这种交换媒介，用户之间通过网上银行的电子货币作为交换媒介，那么交易费用可能高于交易价值本身，这明显会阻碍交易的进行。

第三，作为激励工具，激励网络用户之间的相互合作，促进网络资源共享。一般的社交、科研、信息服务等以交换电子资料、交流各类信息为主要目的的虚拟服务网站会设立互联网货币来激励用户之间的相互合作和各类资源共享。特别是一些虚拟论坛常常通过设立互联网货币系统来鼓励注册用户上传电子资料，用户可以将上传的电子资料设定为免费下载和收费下载两种状态，用户如果要下载收费状态的电子资料，必须向电子资料的提供者支付标注价格的互联网货币。所以，在虚拟论坛上，互联网货币是交流信息资料的媒介，也激励了用户向网络提供资源，进而促进了网络资源在不同用户之间共享。

第四，作为核算与促销工具，对网民的活跃程度进行计量，有助于网络厂商实现对客户关系的区别管理。在营销实践过程中，厂商通常会采取奖励措施来提高客户的忠诚度，从而保持和扩大市场占有率。因此，厂商有必要对客户的交易数据进行记录和计量，对优质客户进行回馈奖励，这是客户关系管理的一个重要手段。互联网货币就是进行客户关系管理的一种重要工具。许多网站发行互联网虚拟货币作为核算工具，通过对用户访问相关网站的频率和在相关网站购物金额的计量，来确定是否对用户进行回馈奖励以及回馈奖励的程度。一般情况下，用户通过访问网站或在网站购买虚拟商品或服务获得虚拟货币，其访问量和购买量越多，获得的虚拟货币就越多。当虚拟货币积累到一定程度时，用户可以向网络厂商换取虚拟商品或者实体商品。因此，互联网虚拟货币成为网络厂商鼓励用户成为忠诚客户的一种促销手段。

2. 互联网货币产生的条件

① 信用的存在是互联网货币产生的基础。互联网货币的表现形式是计算机中的数字账号或是价值符号，是货币流通现代化的产物，是信用制度发展的产物。信用，在现代社会已经被赋予了新的概念，并正逐步被人们所认同。在国外，金融行业已普遍使用信用来评估一个人或一家公司。一个人的信用就是价值。价值最直接的表现形式就是货币。例如：金融机构推出的贷记卡，就是根据每个人的收入、家庭、还款情况等评定出一个信用等级，然后给

予相应的贷款额度。互联网货币为信用从虚拟到真实提供了良好的载体。

② 市场形式的转移和改变使互联网货币有了需求市场。任何一个新生事物的产生和发展，必须有其内在发展的动力。互联网货币的发展是先从商业信用再到银行信用、从先发行信用卡到后发行借记卡，作为支付的手段，互联网货币和货币的职能是一致的。传统意义上的市场是有固定场所，随着银行网络化进程的加快，市场和消费的场所发生了从有形到无形、从固定到流动的改变。以银行卡为载体的网上银行业务得到迅速发展，持卡人可以通过互联网在任何时间、地点和任何形式的金融网络的终端进行交易，互联网货币将自动实现支付。互联网货币这种携带方便、安全性高、支付快捷的支付方式，满足了现代消费者不断提出的高需求，成为经济生活和金融领域不可或缺的产物。

③ 电子技术的高速发展与广泛应用为互联网货币提供技术保障。银行与其他金融产业运用现代科学技术不断改进业务管理和服务系统，推出新的高科技含量的现代金融产品，将现代电子信息技术、管理科学和金融业务紧密结合。电子技术的应用和信息化的发展，是互联网货币产生的必不可少的技术条件。互联网货币已经从原先单纯概念上的信用卡发展到科技含量更浓厚、对网络依赖更强的支付系统。银行的结算、核算、划转无一例外，都需要计算机的支持和安全保障。网络时代的到来，为依赖于银行结算体系的互联网货币的发展提供了通道。无线技术的发展使得手机银行成为可能。科学技术的普及，使更多的消费者能够接受和使用计算机，使电子货币的使用有广阔的空间。电子货币的发展不仅依赖高度发达的商品经济条件，而且更重要的是依托于现代科学技术的进步。

④ 信用卡是互联网货币的雏形，信用卡的出现是互联网货币产生的重要标志。信用卡是随着商品经济的发展水平和科学技术的进步而产生的一种现代支付工具。银行作为买卖双方以外的第三者发行信用卡，使信用卡由过去仅限于买卖双方的信用工具发展成为一种银行信用形式，使信用卡的应用范围迅速扩大，信用实力进一步加强。信用卡在相当一部分国家和地区得到了普及，其取代现金成为交易中介已成为一种必然趋势。尤其是随着现代科技的快速发展，其功能日益增强，使用范围更加广泛，信用卡已经成为电子货币时代的重要标志和主要表现形式。

2.1.3　互联网货币的发展

互联网货币是商品经济发展的内在要求和必然结果，作为货币形态演变最新形式的互联网货币逐步取代传统通货已经成为一种不可逆转的发展趋势。进入 20 世纪中期以后，随着科学技术的进步和生产力的进一步发展，商品生产进入了现代化的大规模生产，经济结构也发生了重大变化，商品流通渠道迅速扩大，交换日益频繁，尤其是科技进步、第三产业以及互联网的迅速发展，使现代市场经济进入了大规模、多渠道、全方位发展的时代。高效、快速发展的大规模的商品生产和商品流通方式对传统的货币提出了新的挑战，对货币支付工具提出了新的要求，迫切需要有一种新的、先进的货币工具与高度发达的商品经济相适应。互联网货币正是适应市场经济的高速发展，能够体现现代市场经济特点的货币形式。

2.2 互联网货币的类型

综合目前国内外学者对互联网上使用的货币定义研究，互联网货币主要包括电子货币与虚拟货币；电子货币和虚拟货币都是基于互联网技术的以电子信息为载体的数字货币，通过信息网络进行传播和使用，在功能和特性上有很大程度的相似性，但是在货币性质、法律地位等方面有着很大不同，必须加以区分。虚拟货币不同于电子货币，电子货币是指银行等金融机构发行的代替纸币流通且具有法币功能的电子数据，而虚拟货币是指在网络虚拟环境中产生，由非金融私人公司发行或没有发行主体的，能购买虚拟商品或服务的充当一般等价物的近似货币。因此，本书在对互联网货币分类时，主要分为电子货币与虚拟货币，电子货币包括银行卡、电子现金、电子支票、电子钱包等，虚拟货币则包括泛虚拟货币、服务币、游戏币以及类货币（如比特币、莱特币等）。

2.2.1 银行卡

银行卡（Bank Cards）是银行或金融公司发行的，授权持卡人在指定的商店或其他场所进行消费的信用凭证。当前，银行卡已成为占主导地位的交易支付方式。银行卡的主要特点如下：

① 多功能：银行卡种类繁多，功能各异，主要具备四种功能，即转账结算功能、消费借贷功能、储蓄功能和汇兑功能。

② 高效便捷：一般来说，发卡人（如银行）可以为持卡人提供高效的结算服务，因此对消费者有较大的吸引力。银行卡支付可以减少现金货币的流通量、简化交易手续。

③ 成本较高：交易中，卖方需向发卡人付手续费，有时，持卡人（买方）也需向发卡人交纳一定的费用，因此，银行卡支付也是一种成本较高的支付方式。

银行卡可分为三种类型：信用卡（贷记卡）、借记卡和记账卡。

（1）信用卡

信用卡（或贷记卡）持卡人可以在发卡人规定的金额内购物，并根据透支金额支付利息。例如 Visa 卡和 Master 卡等信用卡是按用户的信用限制事先确定一个消费额度。在每次结算期内，信用卡用户可以使用信用额度内的金额，并在下一个结算期内偿还；对于未偿还的透支额度，发卡银行会收取一定利息。信用卡被世界各地的商家广为接受，它为消费者和商家都提供了安全保证。在网上购物用信用卡结算同传统商店一样方便。商家也放心接受未曾见面的消费者用信用卡结算。由于在传统商店能够接受信用卡结算的商家已经有商家账户，因此可以立即在网上商店接受信用卡在线结算。在线结算要求更高的安全性，因为消费者不在现场，也不像在传统收款台对面那样容易识别。

（2）借记卡

借记卡的使用很像信用卡，但它不能赊账，即借记卡的持卡人必须在发卡行有存款，在使用借记卡时银行将交易金额直接从持卡人银行的存款账户中减去，转入商家的账户。借记卡由持卡人银行发行，卡上印有发卡行签约的信用卡组织的名称（如 Visa 卡和 Master 卡）。

（3）记账卡

记账卡没有事先确定消费限制，在结算期末要交清所有开销。记账卡没有信用限制，也不收取累积利息。在美国，像百货店、经营加油站的石油公司等都发行自己的记账卡。

2.2.2 电子现金

1. 电子现金概述

电子现金是以数字化形式出现的现金货币，也称数字现金。电子现金指的是只通过电子手段交换的现金。通常需要使用计算机网络、Internet 和数字储值系统。电子现金一般由公司（非政府）发行，以代替政府发行的通货，因此就需要所有电子现金发行公司都遵从共同的标准。这样，一家发行公司就可以接受另一家公司发行的电子现金，但目前还无法做到这一点。每家发行公司都有自己的标准，所以电子现金还不能像政府发行的通货那样被广泛接受。

2. 电子现金的优缺点

（1）电子现金的优点

电子现金的固定成本非常低。传统通货所跨越的距离和其处理成本是成正比的，通货跨越距离越远，移动它所需的成本就越高。但将电子现金从底特律转到旧金山同从旧金山转到北京所需的成本一样。

电子现金适用于小额支付。小额交易对只有信用卡结算方式的商家来说是不盈利的。互联网上存在低额采购的市场，比如采购额不到 10 美元，这就是电子现金发挥作用的地方。

电子现金具有独立和便携的优点。电子现金的独立性是指它同任何网络或储存设备无关。电子现金的转账只需现有的技术设施、互联网和现有的计算机系统即可。人人都可以使用电子现金。企业间的交易可用电子现金来结算，而消费者彼此之间也可用电子现金进行结算。在信用卡交易中，信用卡结算的接收方必须在银行建立商家账户，而电子现金不需要这个前提条件，电子现金不需要信用卡交易所要求的特殊认证。

（2）电子现金的缺点

电子现金有其独特的安全问题。电子现金和实际通货有两个重要的共同特征，首先是只能消费一次，其次是匿名性。换句话说，要采取相应的安全措施来保证在买卖双方之间的电子现金交易确实发生了，以便收付者知道收到的电子现金不是伪造的，也没有在两次不同的交易中重复使用。

首先，电子现金同实际现金一样很难进行跟踪。也就是说，用电子现金支付没有审计记录。买卖双方的合同、票据都以电子形式存在，且电子凭证可被轻易修改而不留痕迹。电子现金的匿名性使税务机关难以掌握纳税人的现金流量，难以获取交易价格及款项支付信息，增加了税务稽查的难度。由于真正的电子现金无法进行跟踪，这会带来另外一个问题：洗钱。用非法收入换得的电子现金可以匿名采购商品和服务，而所购商品又可以公开销售以换得真正的现金。商品的采购和销售可能发生在不同的国家，这又使管辖权复杂化。如果黑客或者其他犯罪分子进入到电子现金系统中去，他们可以马上窃取他人的电子资产。

其次，像传统现金一样，电子现金也可以伪造，尽管难度越来越大，但还是能够伪造并消费。除需要防止伪造外，还有一些对数字经济有潜在威胁的破坏因素，如由于银行向消费者或商家的银行账户贷出电子现金而引起货币供应扩大，会影响中央银行货币政策的制定。在传统的货币流通体系中，中央银行通过控制、刺激和紧缩货币流通数量来维持社会经济的稳定运行。在政府和央行对货币流通数量的控制已经放松的状态下，随着电子现金的持续增加，现金从国内高速涌入、流出，没有任何记录，这将弱化政府对经济的控制能力并减少税收。电子现金系统的无限增加会破坏银行和政府控制的货币系统，造成系统的无效和混乱。

电子现金目前在某些地区取得了成功，但还没有在世界各地全面成功。只有拥有计算机的人才能使用电子现金，而那些没有计算机的低收入家庭就不能使用。电子现金普及的前提是为电子现金的结算和接受制定一个标准，各家提供商提供的电子现金应该能够相互兑换，以方便顾客在需要的时候用一种现金兑换另一种现金。

3．电子现金的交易流程

使用电子现金交易一般包括以下步骤：

（1）购买电子现金

消费者必须亲自到电子现金的发行场所（如发行电子现金的银行或电子现金供应商）去开设账户，并提供身份证明等证件。

（2）存储电子现金

消费者使用计算机上的电子现金终端软件将电子现金取出，并存储在计算机硬盘上（如电子钱包里）。

（3）使用电子现金

当消费者到支持该种电子现金支付的商业网站消费时，就可以将电子现金发送给商家来支付所选的商品或服务的费用。在这一过程中，商家要验证电子现金是否伪造，是否属于该消费者，是否是重复消费。经验证无误后，双方达成交易。

（4）资金清算

当商品或服务送达消费者时，商家才将电子现金交给电子现金的发行场所，电子现金的发行场所收回电子现金，并保留其序列号备查，再将等值的货币存入商家的银行账户，同时收取少量的手续费。

电子现金交易流程图如图 2-1 所示。在这个系统中有一个电子现金发行机构，记为 E-mint，它根据客户所存款额向客户兑换等值的电子现金，所兑换

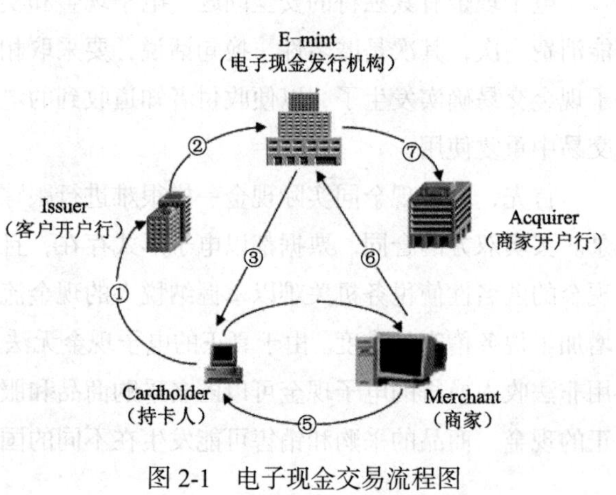

图 2-1　电子现金交易流程图

的电子现金须经它数字签字。客户可用 E-mint 发行的电子现金在网上购物。

① 客户为了获得电子现金，要求他的开户行把其存款转到 E-mint。

② 客户的开户行从客户的账户向 E-mint 转账。

③ E-mint 给客户发送电子现金。客户将电子现金存入其计算机或 Smart 卡。

④ 客户挑选货物并且把电子现金发送给商家。

⑤ 商家向客户提供货物。

⑥ 商家将电子现金发送给 E-mint。或商家把电子现金发送给他的开户银行，由他的开户银行负责在 E-mint 兑换。

⑦ E-mint 把钱发送给商家的开户银行，商家的开户银行为商家入账，并收取服务费。

在整个过程中，必须保证电子现金不被他人盗用和更改。此外，银行和商家必须能确认电子现金是属于付款人的。

2.2.3　电子支票

1. 电子支票概述

(1) 电子支票取代传统纸基支票的原因

传统支票由银行和清算中心进行处理。消费者在零售店签署支票购物后，零售店要将支票存入自己的银行账户，零售店的开户银行再将纸基支票送交清算中心，后者负责从消费者账户到零售店账户的转账。纸基支票接着会转到消费者的开户行，把处理过的支票交给消费者。除了运输成本，纸基支票的处理成本也很高。商家的处理成本包括一些人力资源成本，例如填写信封，输入和再输入支付信息，填写、归类和制作存款单，平账等。银行的处理成本包括填写单据、结算余额、分类、兑现、制作报告书等。

除成本高昂外，纸基支票的另一个缺点是签写支票与支票兑付之间的延时。这种延时使账户余额不够时也能签写支票，只要几天后资金到账即可。结果，银行的客户就可以在这几天免费使用银行的资金，而银行在同期却无法使用这部分资金。尽管延时通常只会持续几天，但有时也会拖延很长时间，给银行带来不同程度的损失。而在电子支票的处理中，借助互联网可以将顾客账户取钱与存入零售商账户两个过程同时进行，这样就不存在交易中的延时。

纸基支票系统的管理较为宽松，因而会发生很多错误。例如，时间、签名、数量都有可能发生错误，自动处理工具也有可能读不出支票上的内容。而电子支票系统管理较为严格，它实际上不允许发生错误。由于电子支票使用数字签名以及软件的自动编辑功能，因而电子支票一定是完全正确的。在电子支票被处理以前，有认证机构保障它的正确性。这将在很大程度上减少电子支票系统的错误，使得系统的成本更低，效率更高。

(2) 电子支票的产生

用电子方式实现纸质支票的功能，并将其应用到银行网络的资金划转乃至开放互联网上，成为一种新型的电子支付方式，即电子支票。

电子支票是纸质支票的电子版本，是一种借鉴纸张支票转移支付的优点，利用数字传递将钱款从一个账户转移到另一个账户的电子付款形式。用电子支票进行支付，事务处理费用较低，且银行可以为参与电子商务的商户提供标准化的资金信息，能够即时查询出票人的信用情况，因此是一种有效的网上支付手段。世界上第一张电子支票于 1998 年 6 月 30 日产生于美国，它对电子商务的进一步发展产生了巨大的推动作用。

2. 电子支票的优缺点

(1) 电子支票的优点

电子支票的优点在于改进了支票支付系统，增强了银行业的核心竞争力；适应现有的商务流程，从而不必进行昂贵的流程再造，它与纸张支票作用类似，但完全以电子化方式进行，减少了人工环节；适应 21 世纪企业和消费者的需要，电子支票使用了最先进的安全技术；它可以被任何拥有支票账户的银行客户所使用，包括那些没有电子支付系统的中小企业；它为现有的银行账户增加了电子商务功能。

(2) 电子支票的缺点

电子支票使用数字签名技术，数字签名的法律效力要由各个国家的数字签名法进行认可。另外，电子支票也带来一系列监管上的难题。

3. 电子支票的交易流程

电子支票交易流程如图 2-2 所示。

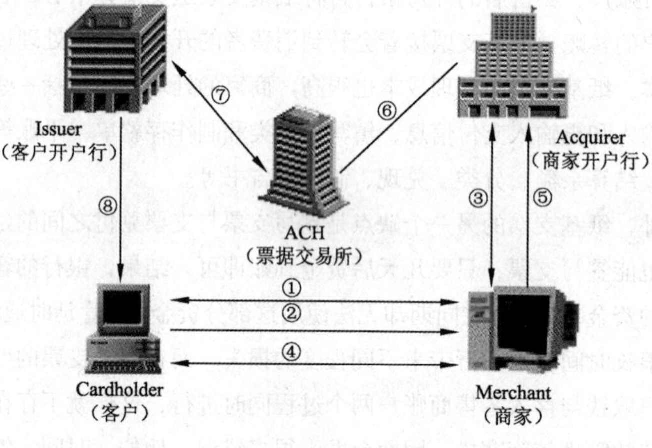

图 2-2　电子支票交易流程

① 客户访问商家的服务器，商家的服务器向客户介绍其货物。

② 客户挑选货物，并向商家发出电子支票。

③ 商家通过其开户银行对支付进行认证，验证客户支票的有效性。

④ 如果支票是有效的，则商家接收客户的这宗业务。

⑤ 商家把电子支票发送到他自己的开户行。至于何时发送，商家可根据需要由其自行决定。

⑥ 商家的开户行把电子支票发送给交易所以兑换现金。

⑦ 交易所向客户开户行兑换支票，并把现金发送给商家开户银行。

⑧ 客户的开户行为客户下账。

电子支票与电子现金的系统架构类似，最大的不同是电子现金需要发行单位为其所发行的现金担保，因此电子现金发行单位在电子现金上的数字签名很重要，而电子支票的开票人即付款人要为其所开出的支票兑现作担保，因此付款人在电子支票上的数字签名很重要。

2.2.4　电子钱包

1. 电子钱包概述

随着消费者对在线购物的热情越来越高，他们开始厌倦每次采购都重复输入送货地址和结算信息，电子钱包应运而生。电子钱包的功能和实际钱包一样，能够存储信用卡、电子现金、所有者身份证书与所有者联系地址等信息。电子钱包让消费者在网上冲浪时也可以使用钱包。消费者不必在每次执行交易时都输入自己的私密信息比如信用卡号码等，银行卡存储在电子钱包里都有昵称以示区别，购物时选择这些昵称就能选中相应的银行卡。除此之外，顾客还可以通过用户界面再次检查所有的确认信息、购买信息和卡信息。

2. 电子钱包的分类

根据存储位置，可将电子钱包分成两类：服务器端电子钱包和客户端电子钱包。

服务器端电子钱包是在商家服务器或电子钱包软件公司的服务器上存储消费者的信息。这种方式最大的缺点在于，客户机－服务器间的安全漏洞可能会导致数千用户的个人信息（包括信用卡号）泄露给未经授权的第三方。服务器端电子钱包一般会采取非常安全的措施杜绝或尽可能减少未经授权的信息泄露。

客户端电子钱包是在消费者自己的计算机上存储消费者的信息。早期的许多电子钱包都属于客户端电子钱包，需要用户自己下载钱包软件。客户端电子钱包的一个主要缺点就是需要将软件下载到每个计算机上。而服务器端电子钱包则是存储在服务器上，不需要下载和安装时间。

3. 电子钱包的优缺点

（1）电子钱包的优点

电子钱包提高了购物效率，给商家、客户和银行都带来了极大的方便。

有了电子钱包，消费者只需输入一次个人信息，不需要在每个网站都重复输入同样的资料。未来的电子钱包还可以跟踪用户的采购并保存购物的发票，它使用网络机器人帮助用户发现经常购买的商品的最低价格。

（2）电子钱包的缺点

如果有人袭击电子钱包供应商的服务器或客户的个人计算机，那么所有敏感信息都会泄露。

4. 电子钱包的交易流程

电子钱包的交易流程如图 2-3 所示。

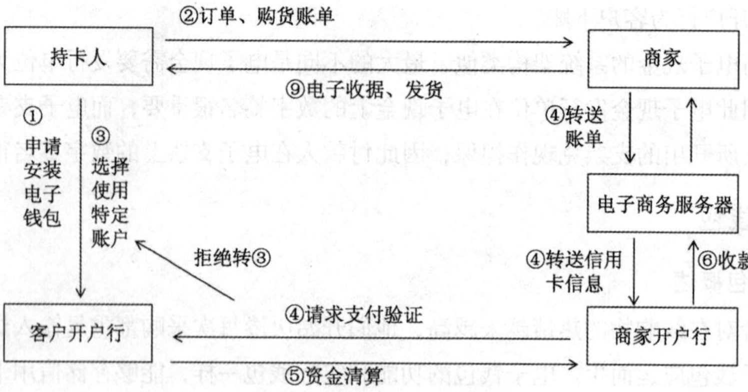

图 2-3　电子钱包交易流程

① 持卡人在交易之前，向自己的开户银行申请安装电子钱包软件，并在电子钱包中添加相应的账户名称、账号等信息。

② 持卡人与商家达成购买协议，下订单。

③ 持卡人选择使用其中特定账户向商家发起付款通知。

④ 商家通过电子商务服务器将账单转送自己开户行，开户行向对方开户行发请求支付验证。

⑤ 或付款方此账户余额足够支付，则付款方开户行与收款方开户行进行资金清算。

⑥ 商家开户行收款成功后，通知商家，商家将电子收据转送付款方，并发货。

如上述第⑤个环节，付款方账户余额不足，则开户行会通知持卡人使用另一账号进行支付。

2.2.5　比特币

1．比特币的概念

比特币（Bitcoin）是虚拟货币的一种特殊形式，基于数学算法，天生独立于国家或机构之外，具有类似贵金融的投资品性质和纸币支付的便捷性，是世界上第一个，也是迄今为止最成功的区块链应用。2009 年，中本聪在其论文《一种点对点的电子现金系统》中，首次提出比特币一词。现有的比特币系统是以中本聪的设计思路为基石，开发出的开源软件以及建构其上的点对点网络。作为一种虚拟数字货币，比特币可以在网上进行交易。2010 年 5 月 22 日，有一位程序员用一万个比特币，买了两个棒约翰比萨。这是史上第一宗用比特币完成的现实交易，因此，这一天被定为“比特币比萨日”。

此外，比特币银行是一家世界银行，它不属于任何权威管辖，由一个去中心化网络构成，比特币银行发行了一个货币，恰好叫“比特币”；同样，比特币也可以被理解为比特币银行的股票。

2．比特币的优点

比特币是有别于其他网络虚拟货币的，其特征主要体现以下几个方面：

① 去中心化。比特币基于 P2P 网络开发设计，任何有意愿加入全网数据运算的人都可

以凭借自身贡献的算力获得比特币。它天生独立于任何国家、任何政府、任何央行、任何企业。比特币的去中心化限制了任何国家或机构超发货币，使其成为人类史上最有可能避免不断贬值的货币。

② 全球参与性。只要有一台可联网的计算机和加入比特币大军的意愿，所有人都能够挖掘比特币。无论身处何方，只要有设备保障，用户可以在众多平台上挖掘比特币，确保了比特币在全球分布的分散性，避免集中于某个地区或某些人群手中。

③ 专属所有权。比特币所使用的区块链是一种非常安全的加密技术，它的交易是由全网比特币参与者共同背书，保证了其自身安全性。另外，比特币采用公开密钥技术，每次交易可以产生新的私钥，且其可以保存在任何存储介质中，携带方便，操作安全。

④ 低成本的独立支付方式。比特币完全可以脱离第三方支付机构或银行，独立承担支付业务。另外，由于比特币应用数字签名原理，其支付安全性能很高。同时比特币交易的手续费极低，通常来说，使用信用卡消费的手续费大约是交易额的 2% ~ 3%左右，使用 Paypal 支付的手续费是每次 0.3 美元加上交易额的固定比例，而使用比特币，交易手续费仅为交易额的 0.1%。

⑤ 稀缺性。比特币是严格稀缺的，因为区块链规则规定了一共只能有 2 100 万个比特币。

⑥ 免于货币政策的影响。比特币的生产基于网络算法，其供给总量一定，且每个时段的比特币增长量被控制，不会骤增或骤减，避免了通货膨胀的风险。这并不是由某个机构或国家作为担保，而是由一个公认的数学公式提供保证的。

⑦ 无国界货币。国际社会对于比特币的态度较为宽容。目前德国、加拿大、比利时、澳大利亚、芬兰、美国部分州等政府已经将比特币定义为虚拟商品或可流通货币。比特币跨越了国界，极有可能成为世界性货币。

⑧ 此外，比特币是一串数字，可以无限分割；具有匿名性，支持支付者和收款方都匿名。

3．比特币的缺点

① 由于交易双方皆可实现匿名性，可能会助长黄赌毒、勒索等地下不良交易的进行。

② 比特币市场结构畸形，规模偏小，波动极为剧烈，风险很大；比特币世界并不单纯，虽然没有中央发行机构，但今天全世界一半的比特币供应来自特定人群，其需求市场也较为集中。

③ 未来可能被政府干预。比特币由算法决定供应，匿名在全世界自由往来，不利于国家政府对国内外经济贸易的监管，也可能政府会慢慢渗透比特币，达到相互制衡的状态。

④ 通货紧缩问题。比特币虽然不会产生通货膨胀的问题，但是其难以逃离通货紧缩的问题。即使在 2 100 万个比特币开发完毕之后，这个问题依然存在。随着经济发展，比特币慢慢被人们所接受，人们开始意识到单位比特币的升值空间巨大，可能会造成延迟消费，原因就在于部分人群为了在未来支付较少的比特币进而选择了延迟消费。

⑤ 普遍接受性问题。比特币的所有问题都建立在一个非常重要的基础之上——普遍接受性。比特币本质上来说是一种经过密码学等技术加工出来的虚拟符号，这种符号的存在对现

实不存在一点影响。一旦比特币成为了大众货币，成为经过市场竞争的产物，那将改变许多东西。而这种巨大的影响的基础就是市场，如果市场的主体最开始不接受这种虚拟符号，那比特币的巨大潜力和价值仅仅是概念的空想。例如，我国对比特币采取的就是一种防范的处理方式，通过发布通知文件规范比特币的风险，一定程度上影响了我国金融市场上比特币的交易和其发展。

4．比特币生态链

比特币源于哈耶克的货币非国家化思想，基于中本聪的去中心化的开源分布式电子支付系统的设计，经由矿工、交易商、比特币基金会及相关比特币从业者的支持，经过不到 7 年时间，成为了一个新的经济增长引擎，形成较为完善的比特币产业链和科学的比特币交易市场。围绕比特币生产、储存、流通、兑换、支付，比特币已经聚拢大量的利益相关者，构建自己独特的权利契约，打造出日益成熟的生态链。比特币生态链及其运行情况如图 2-4 所示。

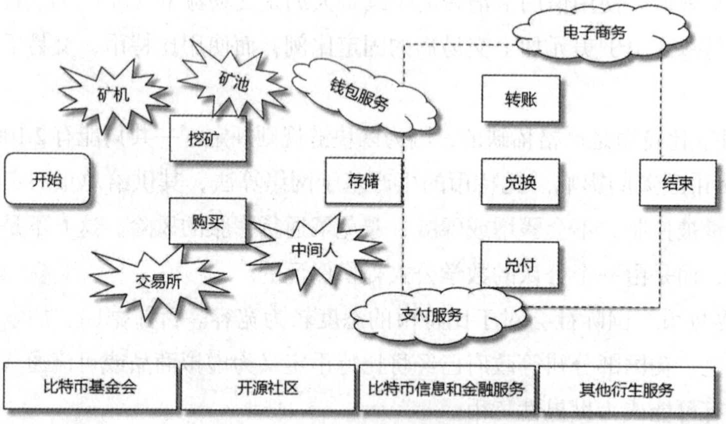

图 2-4　比特币生态链及其运行情况

普通消费者获取比特币的方法一般有三种：挖矿、购买和接受转账。挖矿需要矿机和矿池，矿工利用矿机在矿池里“挖掘”比特币；购买则既可以通过线下交易，也可以通过网上交易和中间人的途径。消费者获取比特币后，可以用比特钱包存储比特币，事实上，由于比特币计算法的特殊性，比特钱包里只储存私钥，用户的比特币具体数额是记录在全网数据库里面的。用户使用比特币的途径目前主要有三种：转账、兑换和兑付。下面介绍比特币生态链中的几个重要环节及概念。

（1）挖矿

挖矿是所有比特币的根本来源，也是用户获取比特币的途径之一，首先涉及的是挖矿软件，这些软件可以从网络上免费下载。早期，个人可以通过计算机的显卡轻易挖掘比特币，但随着比特币的热门，挖矿难度增加，大型矿机开始出现。

（2）购买

直接向他人购买比特币是获得比特币最简单、最直接的方式，省去了挖矿的琐碎。其交易分为两种情况：一是统存中心（网上交易所，如 Bitstamp 或 BTC-e 等）与普通用户之间的交易，二是普通用户之间相互的交易。

（3）存储

比特币官方客户端自带比特币存储功能，即“软件钱包”，也可以通过钱包备份功能把比特币备份在硬盘或其他存储设备上。

（4）转账

比特币官方客户端自带转账功能，但是由于比特币机制的设计，每次转账的时间至少要花费一个小时，这一点严重影响比特币的实时体验。为解决这一难题，许多比特币支付公司开发了新服务，由用户把比特币充值进网站，由网站统一管理，大大缩短了客户等待支付时间。在很多时候，转账是为了实现比特币的支付功能。比特币线下购物类似现金支付的运作方式，比特币的网络购物则类似于电子商务支付系统，只不过不用受制于第三方支付平台，买家和卖家可以用邮件的方式直接收付款。如果商家不愿意接受比特币，将采用“兑付”的方案来解决。

（5）兑换

兑换的方法和途径与购买相似。通过比特币交易所或线下达成的协议，买卖双方可以就比特币和法定货币进行兑换，也可以选择比特币兑换其他虚拟货币。

（6）兑付

兑付包括兑换和支付，两者基本保持时间同步。兑付主要应用于买卖双方一方要求比特币支付，一方要求其他货币支付的情况。比特币支付公司作为中间人，将买方的比特币兑换成卖方要求的货币后，实时转账给卖方。这种方式完美实现了比特币与其他货币在支付中的转换，操作简单，用户体验良好，且打破了地域限制，合法避免了汇率风险，有利于促进国际贸易的发展。

2.2.6　其他类型

除前面所介绍的比特币之外，虚拟货币按照其实现功能及自身特点可以大致划分为以下四类：

第一类是泛虚拟货币，主要是一种积分形式，可抵扣相应现金。比如集分宝，是由支付宝提供的积分服务，它可以作为现金使用，用途范围也非常广泛，可以在支付宝合作网站使用，比如在淘宝网、天猫商城等网站抵扣相应现金进行购物，同时还支持还信用卡、缴水电煤费用、兑换彩票或礼品，也可以捐款献爱心。

第二类是服务币，主要是指虚拟社区运营商为了鼓励用户之间进行资源共享而设立的一种虚拟货币，用户要获得这种虚拟货币，必须按照虚拟社区的规则参与特定的虚拟社区活动。如豆瓣小豆，是豆瓣社区为了促进用户互动而设立的虚拟货币，除了系统的不定期奖励发放外，用户可以通过在豆瓣社区创作优秀的作品来获得小豆，然后通过小豆换取折价券或代金券，去豆瓣合作的网站购买实体商品。

第三类是游戏币，是虚拟社区发行的可以通过现实货币来购买的一种虚拟货币，购买后一般不能或者很难兑换回现实货币。通过游戏币可以在虚拟社区购买虚拟商品或服务，一般不能购买实体商品或服务。如腾讯公司发行的 Q 币，可以用来购买腾讯公司自己提供的虚拟商品或服务。再如 Amazon 为了刺激用户在其市场购买应用程序，进而激励 Android 开发者为其编写应用而推出的亚马逊币（Amazon Coins），用户可以通过亚马逊币来购买 Kindle Fire 里的应用程序和道具。同时也包括像“第二人生”这种大型角色扮演游戏系统中的可以与美元自由兑换并拥有浮动汇率的林登币，不但可以购买虚拟商品和服务，也可以购买实体商品和服务。

2.3 互联网货币的特征与职能

2.3.1 互联网货币的特征

1. 虚拟性

互联网货币是虚拟信用货币。首先要明确的一点是互联网货币是一种完全的虚拟货币的符号或者数字，而且一直以来互联网货币都是以一国国家法币作为基础的，并且互联网货币的持有人都有随时换回纸币的能力。在互联网货币的流通中，无论是互联网货币的消费者还是互联网货币的发行者都没有看见互联网货币，这期间只有互联网货币相关的信息流，没有货币流。仅仅当银行进行货币清算的时候，货币才进行了流通。在此期间，双方都是基于互联网货币和其基础法币的可信性基础上进行交易的。比如，这些代表货币的数字表示单个经济主体（自然人、法人或非法人机构）拥有其所有权，能够自由运用于投资、交易或财富积累（贮藏）价值的工具。

2. 发行主体不定

从发行主体看，传统的通货是以国家信誉为担保的法币，由中央银行或特定机构垄断发行，由中央银行承担其发行成本，其发行收益则形成中央银行的铸币税收入。商业银行即使具有发行存款货币的权利，也要受到中央银行存款准备金等机制的影响和控制，货币发行权控制在中央银行的手中。但是互联网货币的发行机制有所不同，呈现出分散化的趋势。从目前的情况看，发行主体既有中央银行，也有一般的金融机构，甚至是成立特别发行公司的非金融机构。比如信用卡公司和 IT 企业，它们发行电子货币并从货币发行中获得收益，构成了一个特定的电子货币发行市场。在这个市场中，大部分电子货币是不同的机构自行开发设计的带有个性特征的产品，其担保主要依赖于各个发行机构自身的信誉和资产。其使用范围也受到设备条件、相关协议等的限制。互联网货币以类似于商品生产的方式被生产出来，发行主体按“边际收益等于边际成本”的这一规则来确定自己的“产量”。电子货币的总量不再受中央银行控制，其数量规模基本由市场决定。

3. 高度技术性

首先，互联网货币的产生就是技术高度发达的结果，没有技术的发展与进步，就不可能产生互联网货币。其次，互联网货币的运行也离不开计算机、网络等高新技术搭建的平台，没有这个平台，互联网货币根本运行不了。再次，互联网货币的管理等也无处不蕴含着高科技，通过互联网货币的防伪措施即可见一斑。传统货币的防伪主要是采用特殊的纸张、水印、特殊的图案等方式，而互联网货币的防伪则主要采用电子签名、电子密钥、电子水印等方式。最后，互联网货币的监管也离不开技术的支撑。互联网货币是最近这些年伴随技术的进步才发展起来的新事物，它的技术性决定了对其的监管仅采用传统的方式是不够的，监管机构必须依靠高科技，彻底掌握其中的原理，才可能更好地对其进行监管，从而引导其朝着科学合理的方向发展。

4．匿名性

传统货币具有一定的匿名性，但做到完全匿名不是太不可能，交易方或多或少地可以了解到使用者的一些个人情况。而互联网货币支持的交易都在计算机系统和电子网络上进行，没有显见的现钞货币或其他纸基凭证。互联网货币要么是非匿名的，可以记录详细的交易内容、甚至交易者的具体情况（如电子支票、信用卡等）；要么是匿名的，其交易完全以虚拟的数字流进行，交易双方根本无须直接的接触，几乎不可能追踪到其使用者的个人信息，交易的双方皆可保持匿名状态（如电子现金、比特币等）。目前，电子现金采用数字签名的技术来保证其匿名性和不可重复使用，对于交易有一定的隐秘性，为保护商业秘密、尊重交易双方的隐私提供了可行的途径。但绝对的匿名性也带来了消极影响，极易被洗钱活动所利用。

5．安全性

传统的货币总是表现为一定的物理形式，比如大小、重量、印记等，其交易中的防伪主要依赖于物理设备，通过在现钞上加入纤维线和金属线、加印水印和凹凸纹等方法实现。而互联网货币主要是用电子脉冲依靠互联网进行金额的转账支付和储存，其防伪主要采取电子技术上的加密算法或者认证系统的变更来实现，克服了纸币可以伪造、运输和保存难以保障其安全的缺陷。互联网货币下的支付行为，通过安全论证体系（DES、SSL、SET 和数字签名等）和安全支付体系（支付网关）实现其支付过程的全部安全保障，验证交易的合法性。这些措施的安全性要远远高于现钞货币的安全防伪措施，因此其安全可靠程度是更容易被接受的。

6．高效性

互联网货币的产生使得货币履行其职能的效率几乎达到了一个十分完美的境界：

首先，从现金的发行与管理方面看，货币管理当局从发行现金到回笼现金都不必要采用传统的设计、印刷和运输工具进行，而是直接在网络上实现现金的发行和回笼。这样可以完全避免在纸币本位制度下存在的诸如高成本问题、假币问题、安全问题和现金供应量难以确定的问题。其次，从对国家政府的影响来看，电子货币使得央行实施金融监管变得方便、快捷；央行实施货币政策更加有效；进而提高了整个金融体系的工作效率。最后，对整个市场交易来说，支付过程在网上进行，交易的速度大大提升，交易双方资金回笼与流动的速度大幅加快，使得市场运作效率得到全面实现。

7．低成本

传统货币的流通要承担巨额纸币印钞、物理搬运和点钞等大量的社会劳动和费用支出，而互联网货币本质上是一组特定的数据信息，使用互联网货币的交易行为是经由电子流通媒介在操作瞬间借记和贷记货币账户，一系列的识别、认证、记录数据的交易工作时间很短暂。互联网货币的使用和结算不受金额、对象和区域的限制，信息流所代表的资金流在网上的传送十分迅速、便捷。这样的特征使得互联网货币相对传统货币而言，更方便快捷，极大地降低了交易的时空成本和交易费用。

2.3.2 互联网货币的职能

从货币的形态及其内涵来看，货币发展大致经历了四个阶段，包括实物货币、金融货币、代用货币、信用货币以及现在的互联网货币，包括电子货币、虚拟货币等。而实质上互联网货币仍然是基于信用而存在的一种货币，因而，信用货币又包括四种货币形态，除包括银行券、国家发行的纸币、可签发支票的存款货币这外，还应该包括电子技术推动的电磁信号形态的货币。本书中的互联网货币正是一种电磁信号形态的货币，同时又与其他传统的信用货币有紧密联系。

那么互联网货币是否还具备作为货币的核心职能呢？

在解决上述问题前，首先需探讨现代货币的定义和职能。易纲在《货币银行学》中指出，货币是在购买商品和劳务或者在清还债款时被公众广泛接受的任何物品。黄达在《金融学》中提到，货币的产生是与交换紧密相连的。人类从物物交换发展到依赖媒介进行交换，货币由此诞生，交换中的媒介就是货币，如在中国最早出现且接受度较广的货币为“贝”。可见，交易媒介是货币最重要的职能。

马克思从历史和逻辑统一的视角对货币职能做出较为全面的总结，认为货币具有五大职能，分别为流通手段、价值尺度、支付手段、货币储藏和世界货币职能。下面将从五大职能的角度对互联网货币进行分析。

1．流通手段职能

货币的流通手段也称交易媒介或购买手段，是指在连续的商品交换中货币充当媒介的作用。互联网货币根据不同的发行机构可分为权威性的金融机构发行、其他非存款性金融机构企业发行，以及不存在特定发行机构的。第一种如银行或其他非银行金融机构发行的电子货币；第二种典型代表为支付宝、微信钱包等；第三种典型代表为各类服务币、游戏币、比特币等虚拟货币。首先，我们来看第一种，由于商业银行在支付体系中占据主导地位，信用度和接受度较高，加上人民银行统计的货币供应量基本上也是根据其对公众和机构的负债，因此商业银行发行的电子货币流通性非常高，支付范围较广。而对于非金融机构发行的互联网货币，发行机构往往也是电子货币所能消费的产品和服务的提供方，流通性较小。但随着移动支付和网络支付的不断发展，加之支付体系的产业整合，非存款性金融机构发行的互联网货币流通范围也将逐渐增大，如“支付宝”内的货币金额可在“淘宝网”商城之外的许多电子商务平台或缴费平台中使用，甚至可用于生活当中支付的方方面面。而对类似于比特币这种无特定发行机构的互联网货币，其可免于货币政策的影响，是非常理想的跨国货币、无国界货币，在世界贸易中自由流通。因此，互联网货币具有流通手段的货币职能。

2．价值尺度职能

价值尺度，是指货币作为一种社会工具能够衡量不同商品所含价值的大小。

目前的互联网货币并未完全脱离原来的货币体系，如信用卡，其体现的电子货币可以随时转换成等额的具有价值尺度的法定货币，因而可以确定电子货币中所包含或代表的价值，也即互联网货币因其能够与法币自由兑换，而使得现有的互联网货币基本能够发挥价格标准的职能，作为衡量商品的一般等价物，衡量商品的价值高低。

3．支付手段职能

货币的支付手段，是指结束流通过程时货币所承担的作用。一般而言，支付手段蕴含在交易媒介职能中。互联网货币的创立初衷就是为了便利经济生活中的支付行为，大大加快商品流通进程。货币作为延期支付手段的特征是：经济行为的发生与货币支付在时间上有差距，若两者同时发生，货币便是作为流通手段。因而对于互联网货币来说，只要它能够充当流通手段，也必然能够充当支付手段，即可以发挥交易媒介的职能。

4．储藏手段职能

储藏手段，是指货币可以作为一种财富持有方式，主要考察货币的购买力、风险程度和长期稳定性。互联网货币可以充当支付手段职能，那么在作为支付手段被支付之前则可以起到储藏手段的作用，因而具备价值储藏的职能。当前互联网货币在形式、用途、适用范围和流通方式上各有不同，没有相对广泛的接受度，储存价值也难以定论。如一些超市购物卡只能用于购买超市商品，一旦超市倒闭，卡中的金额无法有效赎回。由于电子货币的许多法律法规尚未完善，且其发行机构远没有中央银行的权威性和可信度，没有长久的保值稳定性，因此也不适合作为保值或升值工具储藏。而诸如比特币这种互联网货币，其本身由区块链规则规定的算法决定，具有稀缺性，一共只能有 2 100 万个比特币；且又具备价值尺度与流通手段功能，类似于黄金，显然具有较高的储藏价值职能。

5．世界货币职能

世界货币，是指货币能够在世界市场上流通，被作为真正的货币接受。在流通手段职能中已经提到，部分互联网货币（如超市购物卡、公交卡等）的流通受到发行商设定的产品和服务范围限制，在目前阶段仍不能被定义为世界货币。但是现在很多网络基础的互联网货币已经能实现跨国转账和交易，且随着金融领域的全球化推进，不同国家之间金融壁垒不断弱化，支付方式更加兼容，届时互联网货币将顺应市场需求成为重要的跨国交易货币形态。如上述所提到的比特币，由于本身发行主体不定，不受限于任何国家与政府，完全具备在世界贸易中自由流通的职能。

综上分析，互联网货币包含形式多样，不同类型的互联网货币，其表现出来的职能、特性也不一样。从整体上以及未来发展的趋势来看，互联网货币基本具备货币的五大核心职能，即流通手段、价值尺度、支付手段、储存手段与世界货币的职能。因此，互联网货币是真正意义上的货币，是货币体系中重要的组成部分。

2.3.3　互联网货币与传统货币的差异

货币是在不断地发展和变革之中，进入 21 世纪网络时代，货币的意义和价值也在发生着不断地变化。现阶段的互联网货币正是传统货币的发展和延伸，所以它在具有传统货币所具有的功能之外，同时还存在一些与传统货币不一样的特征。

1. 互联网货币与传统货币的产生背景不同

互联网货币产生的社会背景、经济条件和科技水平不同；传统的货币出现主要是充当一般等价物的流通职能与价值尺度的职能，从实物货币到信用货币，可以单独进行流通与交易，无须依赖于各种设备。而互联网货币是现在电子科技技术发展的必然产物，也是人们对于提升商业贸易效率、加快资金的速度周转，乃至于促进经济快速发展的必然要求，互联网货币为交易带来的便捷性与安全性都是毋庸置疑的，但是，互联网货币的支付过程需要依赖一定的介质，即离不开现代高科技设备，如计算机、手机等，不能单独完成支付功能。

2. 传统货币只能在特定的领域内流通

各国的法定纸币只能在特定的领域内流通，且流通速度远远低于互联网货币的流通速度；互联网货币可以在任何地区流通使用，如比特币可以在全世界范围内自由流通。传统货币是国家发行并强制流通的，对社会的影响范围更广、程度更深。而互联网货币发行主体不定，其使用只能宣传引导，不能强迫命令，并且在使用中，要借助法定货币去反映和实现商品的价值，结清商品生产者之间的债权和债务关系。

3. 互联网货币与传统货币所占有的空间不同

传统货币面值有限，大量的货币必然要占据较大的空间，而互联网货币所占的空间很小，其体积几乎可以忽略不计。一个智能卡或者一台计算机可以存储无限数额的互联网货币。

4. 互联网货币与传统货币传递渠道不同

传统货币传递花费的时间长，风险也较大，需要采取一定的防范措施，较大数额传统货币的传递，甚至还需要组织人员武装押运。而互联网货币可以在短时间内进行远距离传递，借助电话线、互联网在瞬间转移到世界各地，且风险较小。

5. 互联网货币与传统货币计算所需的时间不同

传统货币的清点、计算需要动用较多的时间和人力，直接延缓了交易速度。而电子货币的计算在较短时间内就可利用计算机完成，大大提高了交易速度。

6. 互联网货币与传统货币匿名程度不同

传统货币都有印钞号码，同时，传统货币总离不开面对面的交易，这在很大程度上限制了传统货币的匿名性。而电子货币的匿名性要比传统货币强，主要是加密技术的采用及电子货币便利的远距离运输。

本章小结

互联网货币，又称为虚拟货币、数字货币或者电子货币，这与我们现实中使用的货币全然不同。在“互联网社会形态”里，人们根据自己的需求成立或者参与社区，同一社区成员基于同种需求形成共同的信用价值观，互联网货币就是在此基础上形成的“新型货币形态"。

互联网货币就是采用一系列经过加密的数字，在全球网络上传输的可以脱离银行实体而进行的数字化交易媒介物。主要形式为电子钱包、电子现金、电子支票、比特币等。

思考与练习

1. 什么是互联网货币？举例说明包括哪些种类。
2. 比特币具有哪些特征？
3. 电子支票与纸质支票有什么不同？
4. 什么机构发行电子货币？它对现金市场有哪些影响？
5. 为什么把银行卡也算作一类互联网货币？

第3章 互联网金融技术

案例导入

肖风谈 FinTech：信息社会的金融技术架构

有人说互联网金融是 FinTech 的中国叫法，也有人说互联网金融和 FinTech 不是同一个物种。我认为，互联网金融其实是 FinTech 的初级阶段，或者，把互联网金融称为 FinTech1.0 版，也许更准确。

记得三年前，有人曾质疑当红的互联网金融，认为它根本就不存在，互联网金融只不过是好事者生搬硬造出来的"生词"而已。其中一条理由居然是：用"Internet finance"搜索不到任何相关的英文信息，也就是说在英文江湖里居然没有任何互联网金融的传说!

到底什么是互联网金融？阿里巴巴集团前首席技术官、阿里云的缔造者王坚博士的一段话给了我很大的启发："中文里说的互联网，与之对应的英文应该是 Internet 加上 WWW。这里的 Internet 就是指物理上的连接，这里的 WWW 就是万维网，常被简称为 Web（网页），指的是在线的那些内容。只不过 Web 占据了传统互联网九成以上的连接内容，所以两者经常被混为一谈。"连接只是说你连到了计算机上，"在线必须在互联网上实现"（《在线》，中信出版社出版，王坚著，第 38 页）。我在同样由中信出版社出版的著作《投资革命：移动互联时代的资产管理》一书中也曾经写到："上网"与"在线"这两种与互联网不同的关系状态，意义与价值有云泥之别!

王坚说道："互联网技术，把离线变成了在线，而后者给人类社会带来的变化说不定会超过人类第一次使用火。"互联网金融，核心不是"Internet finance"，而是"Web finance"。一切都因为在线而变得价值非凡!

互联网金融时代的到来，一是有赖于移动通信技术的诞生，二是有赖于智能手机的普及，三是有赖于人们从上网到在线的与互联网发生关系模式的变化。因为在线，所以互金!

在线的本质是人类社会的一场"数字化迁徙"。第一次大迁徙发生在史前，人类先祖从非洲热带迁徙到更适合生存的温带；第二次大迁徙发生在近代，人类从非洲、亚洲迁徙到欧美；第三次大迁徙发生在现代，人类从贫穷的乡村迁徙到富裕的城市；现在，伴随着从工业社会向信息社会的发展，人类正在从物理空间迁徙到数字空间：电子商务帮助我们重构了数字化的商业关系；社交网络帮助我们重构了数字化的人际关系……

（作者肖风为中国万向控股副董事长、万向区块链实验室发起人。节选自：《财经》杂志，2016-12-26，http://magazine.caijing.com.cn/20161228/4217966.shtml）

上述材料告诉我们，互联网金融的核心不是“Internet finance”而是“Web finance”，互联网金融的兴起和普及得益于移动通信技术、得益于智能手机的普及，得益于人们从上网到在线的与互联网发生关系模式的变化。移动互联网技术对互联网金融的发展有着特别的意义。

本章重点

- 大数据技术。
- 云计算技术。
- 区块链技术。
- 移动互联网技术。
- 物联网技术。

3.1　大数据技术

【拓展阅读】

大数据会成为未来互联网金融的核心

在京东做调研时看到一个景象，未来企业或者个人，和金融之间的关系将是交易过程当中的一个环节。京东上所有做贸易的公司都可以向京东短期贷款，所有贷款都不需要担保，因为京东有交易数据，公司的信用在交易过程当中产生。在阿里和京东的平台上，我们可以看到未来金融发生的一个重要的特征，就是它不再是一个交易本身，时间会成为利润衡量的维度之一，这已经超出了银行给企业贷款的基本模式。这是我们在外贸领域看到的一个基本情况。随着中国内贸市场慢慢繁荣，这一部分的变革也会进入到中国的内贸市场。

大数据会成为互联网金融的核心。人工智能和区块链这两个技术，在未来会使数字货币在金融市场当中的使用权重大大增强。同时可以彻底改造人和金融机构之间的关系。所以在大数据意义上，未来的金融机构的核心能力不是存量的改造，而完全是增量的变化。在这种情况下，金融机构的核心能力，无论是网点能力、客户能力还是产品能力，在大数据和人工智能的范畴当中，所有的资产都可能会失去意义。

互联网成为金融社群化试验的工具。经过这几年的发展，陆金所人均年交易量是 5 000～6 000 元。中国的中产阶级开始出现，越来越多的金融衍生品需要向中国的中产阶级贩售，所有这些东西是无法完全通过互联网在线实现的。

如果说通过大数据方式，通过人脸识别方式，可以把高净值、愿意接受新的金融产品的人抓取出来，那很可能现在银行所保有的这一块，现在来看还是一个非常具有竞争能力的私人银行业务，他们自己也是通过社群化的方式，重新打通用户的关系点。

（作者吴晓波。节选自：新华网思客，2016-08-19，http://sike.news.cn/statics/sike/posts/2016/08/219505256.html）

上述阅读材料是知名财经作家吴晓波 2016 年 8 月 18 日在第二届中国（上海）互联网金融峰会上主旨演讲的文字摘录，吴晓波以跨境电子商务的应用场景向我们展示了互联网金融和电商大数据的未来前景：大数据会成为未来互联网金融的核心。

3.1.1 金融大数据概述

当今，信息技术为人类步入智能社会开启了大门，带动了互联网、物联网、电子商务、现代物流、互联网金融等现代服务业发展。“大数据”这一概念的提出可以追溯到 2008 年。当年 9 月，《自然》（*Nature*）杂志出版了《大数据》（*Big Data*）专刊。2011 年 2 月，《科学》（*Science*）期刊联合其姊妹刊推出了一期关于数据处理的专刊——“*Dealing with data*”，从互联网技术、互联网经济学、超级计算、环境科学、生物医药等多个方面介绍了海量数据所带来的技术挑战。与此同时，麦肯锡、IBM 等知名跨国商业机构纷纷提出“大数据”概念和行业展望。在国内外相关领域的共同推动下，“大数据”已从概念演化为集科学原理、信息技术、数据理念为一体的集合体。

1．从资源视角来看，大数据是新资源，体现了一种全新的资源观

自 2000 年以来，以 Hadoop 为代表的分布式存储和计算技术迅猛发展，极大地提升了互联网数据管理能力，引发全社会开始重新审视“数据”的价值，开始把数据当作一种独特的战略资源对待。未来 5 年，全球数据将成指数级增长，根据国际数据公司（International Data Corporation，IDC）统计，2014 年全球数据总量为 8 ZB，预计 2020 年达到 44 ZB。我国数据总量为 909 EB，占全球数据总量的 13%。其中，媒体、互联网数据量占比为 1/3，政府部门、电信企业数据量占比为 1/3，其他的金融、教育、制造、服务业等数据量占比为 1/3。2020 年，我国数据量将达到 8 060 EB，占全球数据总量的 18%。

2．从技术视角看，大数据代表了新一代数据管理与分析技术

传统的数据管理与分析技术以结构化数据为管理对象，在小数据集上进行分析，以集中式架构为主，成本高昂。与“贵族化”的数据分析技术相比，源于互联网的、面向多元异构数据、在超大规模数据集上进行分析、以分布式架构为主的新一代数据管理技术，与开源软件潮流叠加，在大幅提高处理效率的同时，成百倍地降低了数据应用成本。例如，Hadoop 技术可将数据存储和分析的成本由原来的 3 万 USD/TB，压降到 300 至 1 000 USD/TB，新一代计算平台 Spark 进一步将 Hadoop 的性能提升了 30 多倍，类似的开源技术，在极大提高了数据分析效能的同时，大大降低了数据分析的技术门槛，为企业提供了低成本的大数据技术方案。如图 3-1 所示为大数据基础技术图谱。

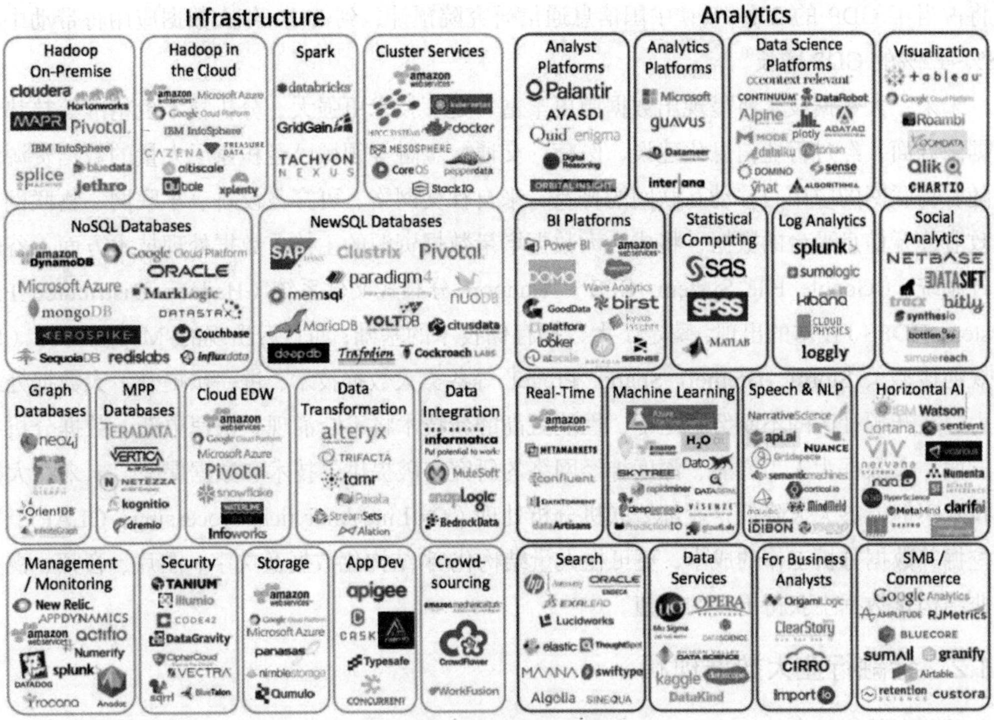

图 3-1　大数据基础技术图谱①

3．从理念视角看，大数据打开了一种全新的思维角度

大数据的应用，赋予了“实事求是”新的内涵，其一是“数据驱动”，即经营管理决策可以自下而上地由数据来驱动；其二是“数据闭环”，互联网行业往往能够构建包括数据采集、建模分析、效果评估到反馈修正各个环节在内的完整“数据闭环”，从而能够不断地自我升级、螺旋上升。

当前，国内外缺乏对大数据产业的公认界定。从技术体系的角度来看市场普遍认同的大数据技术体系，包括以 Docker 为代表的容器微服务技术、以 Hadoop 为代表的大规模分布式存储计算技术、以 Spark 为代表的大规模数据分析建模技术、以 Kafka 为代表的数据总线技术、以 HBase 为代表的非结构化查询语言（No Structured Query Language, NoSQL)技术、以 Redis 为代表的内存数据库等。从数据应用的角度来看，大数据产业既包括在大数据采集、存储、管理、挖掘等环节提供数据资源供给、数据分析服务、数据应用产品的“核心大数据企业”，也包括诸多非信息技术领域中，运用大数据理念、技术来提升运作效率、提高决策水平的“大数据生态企业”。

中国信息通信研究院预计，2017—2018 年，我国大数据核心产业的市场规模将维持 40%左右的高速增长；华沙经济研究院预计，欧盟 27 国因大数据生态的建立，至 2020 年将获得 1.9%的额外 GDP 增长；美国麦肯锡咨询公司预计，到 2020 年，美国大数据应用带来的增加

① Matt Turck. Is Big Data Still a Thing? (The 2016 Big Data Landscape) [EB/OL],[2016-01-01]. http://mattturck.com/big-data-landscape/

值将占当年 GDP 的 2%~4%；中国信息通信研究院预计，到 2020 年大数据应用将带动中国 2.8%~4.2%的 GDP 增长①。

未来，大数据技术将呈现出数据源更丰富、处理技术更强大、分析技术更精准等趋势。数据源方面，经过行业信息化建设，医疗、交通、金融等领域已经积累了大量的数据资源；而随着物联网的应用、移动互联网的普及，来自社交网络、可穿戴设备、车联网、物联网以及政府公开信息平台的数据，将成为大数据增量数据资源的主体。数据处理技术方面，谷歌文件系统（Google File System, GFS）、Hadoop 分布式文件系统（Hadoop Distributed File System, HDFS）技术的出现，奠定了大数据存储技术的基础；而日后出现的 MapReduce（映射规约梭型）、Storm、Dremel、Spark、Pregel 等各类大数据技术，进一步提升了大数据处理能力，在开源社区的不断努力之下，性能更高的新技术将不断涌现、快速更新。数据分析技术方面，大数据为人工智能、深度神经网络的研究突破提供了技术和数据保障。未来，大数据技术不但能够大大降低企业部署联机分析处理（On Line Analytical Processing，OLAP)、数据挖掘等数据分析工作的成本，更可在大量结构化/半结构化数据及文字、图片、音频、视频等非结构化数据中获得更多的价值。

3.1.2　金融行业大数据现状

随着大数据技术的快速发展，大数据在金融业的应用场景正在逐步拓展，在风险控制、运营管理、销售支持和商业模式创新等细分领域都得到了广泛的应用。

1. 金融行业数据源概览

金融行业内部积累的大数据资源、行业外部获取的大数据资源均可为金融行业所用。按照具体的业务场景，可将金融行业内的大数据源划分为银行业数据、证券期货业数据、保险业数据和互联网金融平台数据等方面。

（1）银行业数据

银行业数据主要包括以下五个方面，即客户信息数据、由客户交易获取的结构化数据，银行业务处理过程中采集的用于集中作业、集中授权、集中监控的影像、视频等非结构化数据，银行网站点击中隐含的大量客户需求或产品改进信息，各类媒体、社交网络中涉及的银行信息等。

（2）证券期货业数据

证券期货业的经营对数据的实时性、准确性和安全性的要求较高。证券期货数据包括实时行情、历史金融数据、统计数据、新闻资讯等，数据涵盖股票、期货、基金、债券、股指期货、商品期货等与宏观经济、行业经济息息相关的多个方面。证券期货数据的数据量大、变化快，期货数据每秒更新两次，每日产生上万笔数据。宏观经济数据包括国内宏观经济数据、地区经

① 中国信息通信研究院.大数据白皮书（2016）[M/OL],[2016-12-28]. http://www.cttl.cn/data/bps/201612/P020161228287754680380.pdf

济数据、行业经济数据、国外宏观经济数据四大类，涉及超过 13 万个经济指标、670 万条经济数据。新闻资讯不仅包括新闻信息和机构研究报告，还包括论坛、微博发布的网络舆情信息，这些数据需要采用网络爬虫、语音分析等非结构化数据处理方法进行数据挖掘。

（3）保险业数据

保险业数据包括保单、理赔单、电话营销录音、保险业相关行业业务数据、与具体险种相关的行业外数据（气象、经济指标、区域统计指标等）、医疗保险记录和病历、汽车险及投保者的驾驶违章记录数据等。保险业的非结构化数据多为影像数据。这些数据为保险公司的各类决策提供支持，支撑保险营销、定价等业务的开展。

（4）互联网金融平台数据

互联网金融平台数据包括支付数据、网络融资数据等方面。支付数据即用户的转账汇款、机票订购、火车票代购、保险续费、生活缴费等支付服务数据，网络融资服务数据主要是贷款方的财务报表、运营状况、个人财产等资信相关数据、投资方的个人基本信息和行为信息及偏好信息。互联网金融公司除了在自身服务平台上搜集数据外，还可以在互联网上获取如用户的网页浏览数据、其他平台交易数据、网络言论等数据资源，对客户的行为进行交叉验证。

2．国内金融行业大数据应用现状

由于行业的特点，金融行业在“大数据”概念提出之前，一直是数据治理、数据分析领域的积极实践者，并在数据仓库、数据分析平台、数据挖掘等领域进行了卓有成效的实践。近年来，金融行业积极吸纳、学习“大数据”理念和相关技术，结合自身业务将既有的数据分析工作推向了新的高度。目前，大数据治理和分析能力已经成为各类金融机构的核心竞争力和发展的重要推动力。

以下是国内金融行业大数据的一些典型应用场景。

（1）银行业的大数据应用

国内商业银行对数据的集中、规整、分析、挖掘可以追溯到 2000 年前后。近年来，银行 IT 系统建设积极采用大数据所带来的开放、聚合、互联、智能的理念和相关技术体系，取得了一系列应用成果。

① 大数据平台建设：

实现目标：基于既有的数据仓库或内部数据分析挖掘平台，及时跟进、评估开源社区和大数据行业的技术发展进展，搭建融合数据仓库和开源技术的大数据处理平台，使得商业银行有能力基于行业内外的数据源开展各类大数据应用。

具体内容：在现有统一的数据库架构下，逐步审慎评估、纳入 Hadoop、YARN、Spark、Tez、HBase、Kafka、OceanBase、NoSQL、内存计算、流计算和图计算等技术，使用个人计算机架构服务器搭建更具经济性的计算集群，以期在数据吞吐量、处理速度、数据源多样性、IT 运维成本等方面获得较高提升，有效支持商业银行在线上、线下各类业务的效率提升和融合。

② 大数据产品创新：

实现目标：基于商业银行多年积累的海量内部数据，纳入合规合法的外部数据，开发出门槛更低、更加便捷高效的创新产品，提升产品的竞争力。

具体内容：在多年积累的产品体系基础上，进一步提高内部数据的打通、整合、挖掘水平，纳入覆盖面更广、颗粒度更细的内部数据，借助特征工程、机器学习等大数据分析技术，结合征信、税务、互联网公开数据等外部数据源，在个人/对公信贷、供应链金融等业务场景中进行产品创新尝试，开发出线上申请、快速审批的互联网信贷产品。

③ 大数据风控尝试：

实现目标：利用大数据的先进技术，打通内部、外部数据，提升内控合规、反欺诈、信用风险管理等方面的技术水平。

具体内容：采用大数据总线技术，提升数据获取的颗粒度和数据更新速度，借助网络爬虫、图数据库、机器学习等大数据技术，提升数据分析的精度和场景匹配度，全面掌握客户风险情况，提升非现场审计的业务占比，在提高风控质量的同时，有效提升业务效率，减少时间、资金和人力资源的支出。

④ 大数据营销服务探索：

实现目标：利用行内积累的客户数据，结合大数据分析技术，准确理解客户需求，发掘潜在客户，提升对客户的感知能力和个性化营销、服务水平。

具体内容：引入非结构化数据处理技术，结合大数据总线技术、机器学习建模、个性化营销技术，利用内部各渠道积累的数据，强化客户行为数据的收集利用，提升数据获取的颗粒度和数据更新速度，通过线上或线下客户经理等通道，准确感知客户的实时需求，并实现全渠道的伴随式服务和营销。

（2）保险业的大数据应用

① 费率计算模型优化：

实现目标：利用过往业务中积累的真实理赔数据，结合内部和外部大数据，通过构建更加精细的模型，实现保费的精准差异化定价，提升盈利能力。

具体内容：利用大数据平台，将内部的客户属性信息、外部获取的客户行为习惯信息与真实的客户理赔数据进行关联，进而使用因子分析、特征工程、逻辑回归、决策树、随机森林等算法，经过多轮数据建模与场景化调优，构建出基于大数据的保费定价模型，对不同理赔概率的客户提供差异化的报价。

② 客户结构优化：

实现目标：利用历史积累数据，从既有的客户群中，探索出高价值客户群，为进一步优化客户结构提供决策参考。

具体内容：借助关联分析、回归建模、机器学习建模等方法，结合业务规则，对赔付率正常、件均保费高、库存高的客户群体进行精确定位设计专项营销，提升高价值客户群的业务转化率。

③ 好名单优选：

实现目标：利用数据挖掘方法进行客户营销转化率分析，区分目标客户的营销转化率，提升营销成功率。

具体内容：使用回归分析、决策树建模等多变量分析技术，利用既有数据和外部数据资源，对客户进行精准画像，进而以转化率为优化目标，建立营销转化率预估模型，发现转化率高的客户，优先实施营销。

④ 基于客户行为的营销资源优化：

实现目标：基于历史数据和客户行为数据，实现营销资源的合理配置和有效使用，从而提升营销效果。

具体内容：对营销资源管理系统及历史数据进行分析，结合外部数据，分析客户行为偏好，找出投保最优配置，同时对投保系统进行优化，逐步形成投保全生命周期管理的完整流程。

（3）证券业的大数据应用

证券业是典型的数据生产行业和数据驱动型行业，无论是经纪业务中更好地获客、为客户提供投资咨询和辅助决策，还是资产管理中的量化投资模型的建立，都已经离不开大数据的支撑。

① 大数据经纪业务：

经纪业务作为典型的通道中介，券商服务标准趋同，陷入价格竞争的红海，而大数据的引入为券商提供差异化服务提供支撑，助力券商将经纪业务由通道类业务转变成包含增值服务的金融服务，深刻改变着行业竞争格局。

客户营销：建立潜在客户识别模型和新增客户质量评估模型，制定针对性的营销方案，大大提高拉新效率；对于存量客户，通过建立客户渠道偏好模型、客户购买倾向预测模型、客户投资能力评价模型、产品关联分析模型、客户满意度评价模型和客户忠诚度评价模型等，制定针对性地促进客户活跃度的应对方案，开展相应的营销活动，提高客户活跃度和贡献度。

客户转化率提升：通过对客户交易习惯和行为分析，提升客户交易的频率、客户的资产规模，从而提升业务收益。具体而言，就是根据客户的行为偏好，推荐不同的服务：对于交易频率低且年收益率较低的客户，推荐理财产品：对于交易频率高、收益水平高的客户，推送融资服务；对于交易频率低、资金量大的客户，主动提供投资咨询服务。

证券咨询服务：利用大数据技术提升投资咨询服务水准，增强客户黏性，例如，基于每日实时抓取的新闻资讯和股票、政经相关数据，通过大数据分析，帮助用户快速获取全网关注的投资热点。

② 大数据资产管理业务：

实现目标：通过构建大数据模型，理顺主力资金与散户资金、主力行为与市场走势、散户情绪与市场走势等的关系，从而增加投资胜率：利用大数据技术，建立针对各个市场、面向不同用户的交易策略，让投资者能够科学稳定地在全球市场投资。

具体内容：利用大数据建立算法交易与量化投资平台，为证券公司资产管理部、证券投资部提供包括高频行情、智能策略交易与交易报盘绿色通道等在内的更加丰富、高效的策略化投资手段；借助大数据技术挖掘历史数据、高频数据和实时分析当前流式数据，通过交易策略的多维运算发现获利机会，根据设定策略全自动委托下单，从而快速完成交易服务，保证执行效率，降低冲击成本，同时实现高端客户的个性化营销，提升客户价值。

(4) 基金业的大数据应用

大数据一个重要的应用是用来进行辅助投资、制定投资策略。具体来看，大数据可以用来进行选股和择时。选股方面，就是利用大数据甄选出基本面向好或投资方关注度较高的股票并形成投资组合，前者如根据电商网站统计数据购买近期销售向好、价格提升的产品品类的股票，后者如根据财经网站股票板块不同股票浏览数据筛选出近期关注度较高的股票。择时方面，可以利用大数据捕捉投资者的市场情绪，例如根据财经网站股票板块的点击量、关键词如“股票”的搜索量、博客中股票市场文章的发表和点击量等构建情绪指数，在市场情绪上涨时提升组合仓位、在市场情绪回落时降低组合仓位。

(5) 互联网金融的大数据应用

互联网金融企业多数为纯线上服务，与客户没有直接接触，它收集客户数据的来源主要分为如下几类：第一类是自身积累的数据，这主要包括客户在金融服务类网站的行为记录，如电商的交易日志、支付的流水记录，以及一切登录浏览等行为；第二类是通过各类线上线下的合作伙伴处获取的数据，如行业黑名单、法院审判结果、第三方信用评估等；第三类是通过爬虫从互联网上采集的公开数据，包括新闻、各种空间自媒体、微博；第四类是客户授权从其他系统获得的数据，如客户的信用报告、联系人、工资单、银行流水、电商记录、信用卡流水、通话记录等。这些信息单独存在的价值都不大，但当它们汇聚成海量信息，成为大数据，经过数据采集、清洗、分析，建模、机器学习等一系列步骤，就可以建立集中式大数据平台提供服务。目前大数据在互联网金融行业的应用较为突出的领域有授信、风控反欺诈、营销、动态定价等。

① 用户画像。无论是借钱还是投资，企业都需要深入了解客户，包括收入水平、偿还能力、消费偏好、资产配置等，甚至还包括他的心理状况、社会关系、所处行业的趋势等。这些对于客户投资借贷行为的预测都有着至关重要的意义。通过大数据分析，互联网金融企业可以把客户的属性标签从几十个扩展到几百甚至几千个，从而 360° 无死角地描述一个客户。

② 快速授信。互联网金融通过大数据等技术手段降低了征信成本和营销成本，使更广泛的人群也拥有了贷款/投资的机会，现在行业小额贷款的审批速度已经普遍达到了十秒甚至秒级。

③ 风控/反欺诈。互联网在降低金融服务成本的同时，也给金融欺诈打开了方便之门。各种以“钻补贴推广空子”获利的“羊毛党”日益猖獗。身份伪造、恶意逾期等行为使互联网金融行业损失数以十亿元计，每个企业都为如何堵住漏洞发现欺诈绞尽脑汁。

通过对用户网络行为、设备动态、平台行为、交易行为，及整体行为的分析，可以形成一个用户的行为数据图片。例如，通过大数据业务分析和技术分析手段特别是特征工程能力对这些海量数据进行处理；通过对大数据关联叠加后利用特征工程可以找出各种“羊毛党”的行为规则。在识别“羊毛党”后，平台需对“羊毛用户”进一步细化分析，综合评判各细分人群对平台的影响，并依照平台的目标制定差异化运营措施，并从技术和业务角度制定相应的运营措施。

欺诈行为包括伪造信息提高授信，利用流程漏洞套利，甚至盗窃、伪造身份骗贷。由于互联网的非接触性和便捷性，使得这种欺诈实施起来更隐蔽，完成起来更迅速。在进行大数据反欺诈时，通常需要多个风控模型协同工作，这里包括基于用户个人申请信息的模型、基于用户社交关系的模型和基于用户历史交易的模型等。同时，还可以使用机器学习模型来自动挖掘非线性的特征组合，提高识别的准确率。大数据反欺诈的一个明显优势是，当模型众多、计算量达到一定程度时，结论和数据之间的关系已经无法靠人类经验来解读，这种情况下任何针对单一风控模型的造假就变得极为困难甚至毫无可能。例如，对一些有组织的骗贷行为，比如使用多个手机号登记、用多个空壳公司为其提供在职证明、填写不同的亲属关系等，利用人工手段进行甄别费时费力。通过大数据分析就很容易发现这些数据之间的关联，从而进行预警。

④ 大数据营销。对于互联网金融服务机构来说，它的一个永远的痛点是：如何在第一时间洞察客户的金融需求，使用有效手段触达客户，推荐最适合的产品，引导客户在本机构完成贷款或进行投资。

大数据在营销方面的一个解决方案包括分析信贷产品、洞察目标客群、做客群画像；通过意愿预测模型，预测客户意愿；对客户进行分层，不同价值等级采取不同的营销手段；结合客群共同特征进行营销模板的设计；实时性的数据反馈，进行模型的优化迭代；对客户的动态分析，帮助风控建模及交叉营销。由于结合了大数据的精准营销模式，整体响应率、符合率都比传统模式有较明显的提升，模型逐步的优化迭代，各环节营销效果也是呈上升趋势。

⑤ 动态定价。动态定价是指抛开传统的围绕产品的固定定价模式，将价格与服务的场景、对象绑定在一起，更精准地用价格杠杆应对风险，达到提高收益的目的，这个应用的典型例子是运费险：通过大数据分析，让保险公司能够针对具体的人和商品来进行定价。具体来说，就是通过对退货风险的大数据分析，发现退货概率和消费者属性和消费场景的内在关联关系，例如，女性更容易退货，鞋类退货率高。再通过数据建模和深度学习，制定出总收益最高的保险费策略。于是，对低退货风险的人和商品，运费险只要几毛钱，而在高退货风险的情况下，运费险甚至可能比商品价格还贵。最终保险公司提高了收益。另一个目前开始流行的动态定价的应用是动态利率。对于同一类信贷产品，针对不同用户，甚至针对不同场景下的同一个用户，都可以实现利率实时计算，而不是基于某种预先设置的静态策略。

（6）大数据的流通

随着大数据时代的来临，金融、商贸、医疗、教育、人工智能等产业对数据流通共享的需求日益增长。IDC 报告显示，工业和信息化部电信研究院《中国大数据发展调查报告（2017 年）》显示，我国 59.2%的受访企业已成立数据分析相关部门，35.1%的企业已经应用了大数据。其中 64.9%的受访企业选择本地部署大数据平台，另外 33.1%的企业倾向于通过采购云

服务方式应用数据[①]

国外大数据流通市场始于 2008 年前后，得益于较为完善的法律制度、信用体系和数据开放环境，企业间数据交易较为活跃。根据《2016 大数据全景图》（马特 · 图尔克，美国第一标记（First Mark）风险投资公司），国外大规模以上数据经纪服务企业有 70 多家，包括推特（Twitter)、领英（Linkedln)、甲骨文（Oracle)、微软、富士通（FUJITSU)等企业都已涉足。

国内大数据流通市场起步于 2010 年，尚处于初始阶段。在交易所建设方面，2015 年 4 月 14 日，全国首个大数据交易所——贵阳大数据交易所正式挂牌运营并完成首批大数据交易。由上海经济和信息化委员会指导的上海大数据交易中心也于 2016 年 4 月 1 日挂牌成立。此外，诸如北京数海科技、数据堂、北京腾云天下科技有限公司（TalkingData）、中关村大数据产业联盟等企业和产业联盟在数据交易流通领域开始布局。

对于敏感度较高的金融行业大数据，其流通价值是可以预见的。业界普遍认为，必须要依托政府和市场的双重力量。由数据供方、数据平台、数据需方和监管机构四方参与的数据交易机构作为兼具“技术、信息安全和法律保障”的数据价值转化渠道，可以有效规范数据交易行为，实现商业价值、个人隐私和公共利益的平衡。

3.1.3 金融大数据发展展望

1. 金融行业内部、外部数据的融合力度进一步加强

金融行业的信息化程度较高，并已在多年的数据治理过程中积累了丰富的数据资产。近年来，一些金融机构已经尝试多种跨界合作的场景，并在其中尝试接入税务、工商、运营商等外部数据，实现内部金融数据与外部行业数据的融合，已经初步发掘了大数据融合的协同价值。

与此同时，一批非金融企业进入金融服务领域，这些“外来者”过去往往在行业中已经有很深的沉淀，或多或少也积累了一定量的数据。进入金融领域后，原有数据被重新梳理，从而从另一个角度审视其数据价值。原有行业数据的金融短板也要求企业引入更多的数据，通过跨界融合产生新的数据应用场景。

未来，金融行业内部、外部数据将进一步融合，大数据应用将获得更全面、细致的数据基础，从而推动更多基于大数据的金融业务创新。

2. 大数据对金融业务的驱动作用进一步显现

近两年，金融机构在充分消化、吸收大数据技术的基础之上，利用大数据的理念与技术，开展了一系列的大数据应用，从用户画像深入到用户特征分析，并通过不同角度的业务特征分析把数据应用扩展到从日常运营、产品创新、风险控制、个性化客户服务等主要的业务领域。在一些业务领域中，大数据已经深度融入业务流程的计划、执行、监控、评估解释环节，

① 中国信息通信研究院. 中国大数据发展调查报告（2017）[M/OL],[2017-03]. http://www.zhuzhou.gov.cn/articles/628/2017-3/133344.html

形成了业务大数据的完整闭环。通过大数据闭环，可以快速验证数据应用的效果和价值①。

大数据与人工智能将推动新一波金融创新。诸如深度学习、图分析、自然语言处理、语音识别、图像内容理解等技术也在快速演进，将会逐渐发展成为金融细分业务的数据驱动引擎。智能投资、精准营销、反欺诈、反黑产等数据引擎已经进入实战阶段，显现出很高的业务价值。未来，越来越多的精细化、全流程的闭环业务驱动引擎将会出现，在金融经营活动的各个领域发挥价值，提升金融机构的经营效能。

3．金融机构与大数据服务机构的合作进一步深化

近年来，一些金融机构与专业的大数据服务机构合作，将自身对金融业务、客户市场的深度理解与大数据服务机构的数据资源整合能力、大数据技术实践能力结合起来，共同研发出了新颖、实用、高效的大数据金融应用，获得了市场与客户的共同认可。在这一过程当中，一批技术过硬、依法合规开展大数据服务的新型专业机构逐渐涌现，这类以大数据服务作为主营业务的新兴机构，往往在金融机构的细分业务领域提供数据技术层面上的各种技术工具和技术服务。

金融大数据的应用开发唯快不破，面对激烈的市场竞争，越来越多的金融机构将与数据交易币场、数据应用提供商，数据驱动引擎开发商等专业大数据服务机构进行合作，从数据获取、存储、分析、呈现等各个层面上开展协同创新，共同发掘金融服务的新价值。新兴大数据服务机构将由此成为金融大数据生态的重要组成部分。

3.2　云计算技术

【拓展阅读】

云计算打开互联网金融巨大的想象空间

浙江省金融业发展促进会秘书长汪炜：5 年，金融机构会将数据抛到云中。

很高兴来到马云的一个新的地盘，阿里云创业创新基地。大家都知道马云是预言大师，一个企业家过冬问题，一个改变银行的预言，虽然都引发了巨大争议，但都已被市场所验证。我在这里也学一下马云，说一个大胆的预言：5 年以后所有的金融机构都将会把数据抛到云上面。

为什么能够有这样的一个预言？因为互联网金融，金融的互联网化已经成为一种趋势，云计算必然成为为未来金融机构提供金融服务的一个非常重要的手段。原因有三个：

第一，云计算是互联网金融战胜传统金融的一个核心技术。因为，只有在互联网上，才可以真正去运用大数据云计算技术。而大数据才是真正的金融的核心资源。云计算一定会成为金融的核心技术。如同阿里小贷，有大量的交易数据，而交易数据就是一种能够对企业未来的经营收入做前瞻式的预测数据。以前所有的预测都是后瞻式的。在未来，更重要的是要

① 陈静.中国金融科技发展概览[M].北京:电子工业出版社,2017-4

很好地运用前瞻的数据，进行更加理性的预测。而前瞻式预测的数据支撑，主要是来源于互联网。

第二，云计算是互联网环境下避免金融危机的关键性技术。经济危机，往往是由金融危机、金融活动的不确定性引发的，金融波动具有非线性，这是人类很难把控的问题。金融危机到目前为止主要有货币危机、债务危机、银行危机、次贷危机等类型。无论是哪种类型均需有一种新的、更有效的、处理突发事件的新技术和服务方式。而云计算平台能有效缓解交易容量，将在有效避免金融危机中发挥重要作用。

第三，云计算是互联网时代金融机构高效的技术后台。金融机构设备投入比较多，从使用的效率来，存在大量的 IT 成本。传统的 IOE（"IOE" 是对 IBM、Orade、EMC 的简称）结构，后台的资源容量超过 60%，庞大的基础设施建设的投入，普遍利用效果不好，一个系统锁定一批资源，没有办法动态资源共享。而且金融机构是广泛经营的一种生态。在各地开营业部，分支机构，建设自己的 IOE，投入资金量非常大。未来，金融业发展需要更多地去考虑更低成本的开放式存储，分布式计算。

事实上，云计算在金融机构运用当中面临非常严重的制约。最突出的是监管政策的限制，加上对安全政策的忧虑。这是现实情况。但云计算进入金融业，本身也是一次边缘革命。未来，金融会有三大"革命"：第一是民间金融走向民营金融；第二是金融业务交叉深入，比如原来个人理财是银行或者银行商会来做，但未来可能是资本市场也可能是证券公司来做；第三是互联网金融走向金融的互联网化，我们绝大部分的金融业务都将在互联上得以实现。

（节选自：CSDN 网站，2013-10-28，http://www.csdn.net/article/2013-10-28/2817312/1）

上述阅读材料以马云的互联网技术颠覆和改变金融生态环境的预言为榜例，预测道：5 年以后所有的金融机构都将会把数据抛到云上面。说明云计算技术是未来金融机构举足轻重的一种技术类别，云计算将打开互联网金融巨大的想象空间。

3.2.1 金融云计算概述

云计算是一种 IT 资源的交付和使用模式，是指通过网络以按需、易扩展的方式获得所需的硬件、平台、软件及服务等资源。它是由分布式计算（Distributed Computing）、并行处理（Parallel Computing）、网格计算（Grid Computing）发展来的，是一种新兴的商业计算模型。

云计算是推动信息技术能力实现按需供给、促进信息技术和数据资源充分利用的全新业态，是信息化发展的重大变革和必然趋势。发展云计算，有利于分享信息知识和创新资源，降低全社会创业成本，培育形成新产业和新消费热点，对稳增长、调结构、惠民生和建设创新型国家具有重要意义。当前，云计算已引发金融领域重大变革，是金融科技的重要组成部分。

1. 云计算加速金融行业 IT 架构转型

受多种因素的影响，长期以来我国金融业的关键核心业务信息系统、灾备系统等主要基于国外高端软硬件。这些高端软硬件有力地推动了我国金融业的发展。然而，在"互联网+"时代，业务的转型发展对 IT 系统的安全性、可用性与业务持续性提出了更高的要求，基于上述因素，国外高端软硬件技术架构的弊端逐渐显现。

一是建设和运维成本偏高。多数金融机构一直以来采用最成熟、可靠的 IT 技术路线，通常使用国外主流厂商提供的信息技术和商业产品进行集中式部署，在信息技术实施、支持和保障上很大程度依赖于信息技术供应商，存在技术标准不统一、新技术应用和技术创新缓慢、投入产出比低下等问题，也使得金融机构自身缺乏核心技术积累，在技术路线选择上受制于国外厂商，被几大国外公司垄断。随着基础设施规模不断扩大，数据中心建设成本不断攀升。

二是资源交付效率低。在金融服务互联网化、移动化发展趋势下，以及互联网金融公司竞争、利率市场化等挑战下，金融机构从战略和战术积极应对，提出了互联网金融、大数据、电子商务等新的战略目标，并以此加速业务模式创新。但这些目标所需要的海量信息技术处理能力往往无法通过传统 IT 基础设施解决方案有效满足，即使传统方案能够实现，企业也难以承受漫长的建设周期。因此，要满足新业务发展的响应速度，探索、采用新技术已经成为必然选择。

三是资源调整不灵活。金融机构在传统系统架构下资源分配往往是固定的，是按照单个应用系统资源需求进行建设和部署，资源之间形成孤岛，不能灵活调整，例如在淘宝“双 11”促销和电商秒杀等业务需求中，传统技术架构只能按照业务峰值配置基础设施资源，造成巨大的资源浪费。随着互联网金融、电子商务等业务快速发展，对基础设施资源的灵活调整、弹性伸缩提出了更高的要求。

四是运行风险日益突出。金融机构数据中心作为“金融业跳动的心脏”，稳定运行和控制风险是第一要务。一方面，基础设施故障、突发业务压力、频繁变更上线等均可能影响系统的稳定和服务质量，而随着业务部门和金融监管机构要求的不断提高，对数据中心高可用性的要求日益严格；另一方面，数据中心对外部基础设施、外部技术和服务的依赖性不断增强，网络入侵、信息泄露等安全风险日益突出。

相反地，近几年来国内外云计算发展十分迅猛，除了新兴的云计算厂商在大力推动云计算发展之外，一些传统 IT 厂商也纷纷向云计算转型，云计算技术和服务越来越成熟、越来越开放和标准化，逐渐在多个领域广泛应用。

正是在这种新旧技术交替发展的过程中，我国金融业也在悄然发生改变，一些新兴金融机构迫于成本、人力的压力，直接使用云计算服务，有力支撑了业务快速增长。与此同时，一些传统金融机构为应对移动互联网时代下的金融业务发展需求，也在探索向云计算、分布式架构转型。

2. 金融云计算部署模式

根据使用云计算平台的客户范围的不同，云计算部署模式可以分为公共云、行业云（如金融云）、专有云和混合云。公共云指不限制客户范围的云计算平台。专有云指专为某个机构服务的云计算平台。混合云指前述几种部署模式的组合。金融云（属行业云）主要指仅限于为金融行业服务的云计算平台，包括金融机构自建的专有金融云、云服务商为金融业提供的公共金融云，以及上述两种模式组合的混合金融云。图 3-2 所示为典型金融行业云架构。

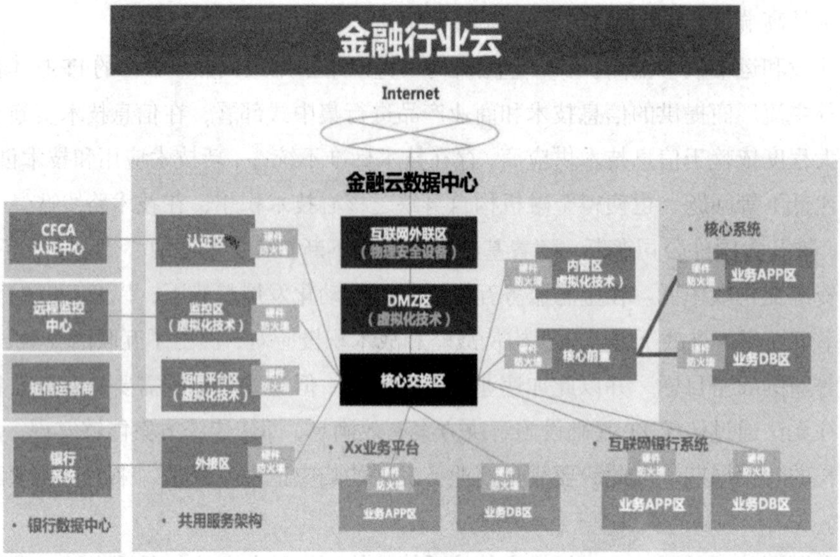

图 3-2　典型金融行业云架构

3. 金融云计算服务模式

同其他领域的云计算服务模式一样，金融云计算服务模式也是由云服务商提供的资源类型来决定的，主要分为软件即服务（Software as a Service，SaaS）、平台即服务（Platform as a Service，PaaS）、基础设施即服务（Infrastructure as a Service，IaaS）三种模式，在 SaaS 模式下，云服务商向客户提供的是运行在云基础设施之上的应用软件。在 PaaS 模式下，云服务商向客户提供的是运行在云计算基础设施之上的软件开发和运行平台。在 IaaS 模式下，云服务商向客户提供虚拟计算机、存储、网络等计算资源，提供访问云计算基础设施的服务接口①。

4. 金融机构应用云计算服务的好处

金融机构应用云计算服务，可获得如下四大益处。

一是减少开销和能耗。采用云计算服务可以将硬件和基础设施建设资金投入转变为按需支付服务费用，客户只对使用的资源付费，无需承担建设和维护基础设施的费用，避免了自建数据中心的资金投入。云平台使用虚拟化、动态迁移和工作负载整合等技术提升运行资源的利用效率，通过关闭空闲资源组件等降低能耗。多租户共享机制、资源的集中共享可以满足多个客户不同时间段对资源的峰值要求，避免按峰值需求设计容量和性能而造成的资源浪费。资源利用效率的提高可以有效降低运营成本，减少能耗，实现绿色 IT。

二是增加业务灵活性。对于使用公共云服务的客户，不需要建设专门的基础设施，缩短业务系统建设周期，使客户能专注于业务的功能和创新，提升业务响应速度和服务质量，实现业务系统的快速部署。对于部署专有云平台的企业，通过云服务供给方式，和一键式部署，提高了资源的交付效率，以及业务的灵活性。

① GB/T 31167 信息安全技术——云计算服务安全指南

三是提高业务系统可用性。云计算的资源池化和快速伸缩性特征，使部署在云平台上的客户业务系统可动态扩展，满足业务对 IT 资源的迅速扩充与释放，从而避免因需求突增而导致客户业务系统的异常终端。云平台的备份和多副本机制可提高业务系统的健壮性，避免数据丢失和业务中断。

四是提升团队专业性。云计算技术发展迅速，需要有专业技术团队及时更新或采用先进技术和设备，以提供更加专业的技术、管理和人员支撑，使用户能获得更加专业和先进的技术服务。通常只有公共云服务商或大型金融机构具备这些技术能力。

当前我国仍有大量小型或微型金融机构，缺乏完善的基础设施和充足的科技人员，使用公共云服务可以使这些机构在短时间内具备原先只有大机构才能具备的技术能力。

3.2.2　金融云计算发展情况

近年来，我国金融监管部门逐步明确对云计算的支持，公共云服务商进一步加大在金融领域的投入，越来越多的云服务商建设了专门为金融机构服务的金融行业云。同时，越来越多的金融机构开始考虑使用公共云服务或自建专有云平台，金融业的云计算市场在逐步扩大。

1．金融业云计算部署模式

行业云为主，公共云、专有云、混合云并存。

2016 年，在使用云计算的金融机构中，多数机构选择使用金融行业云，以进一步提高安全可靠性，满足金融监管的要求。一些大型机构尝试使用专有云，以提高自身对云平台的可控性。一些互联网金融公司由于长期没有受到严格的监管而选择使用公共云。个别机构尝试混合云，在提高核心数据安全可控性的前提下通过混合云来达到资源弹性伸缩的目的，灵活应对“流量洪峰”。

2．金融业云计算服务模式

IaaS 为主，PaaS、SaaS 为辅。

2016 年，金融机构在采购云计算服务时，仍然以 IaaS 服务模式为主，实现资源虚拟化。一些机构也在尝试使用 PaaS 服务，为网络金融相关的业务系统构建分布式和服务化系统架构，支撑弹性伸缩和敏捷 IT。一些云服务商还通过云市场的方式为金融机构提供第三方的 SaaS 服务。

3．金融业云计算服务的主要场景

保险业已有全面应用，银行业、证券业多在外围应用。

（1）保险业核心业务系统

由于保监会发布了明确支持云计算的指导文件，因此一些网络保险公司或新兴保险公司已把核心业务系统运行在了具有较高安全保护等级的云平台上。

（2）非核心系统

对于云计算，金融机构（尤其是银行业金融机构）多数还处于试水的阶段，尚未把核心业务系统和数据库部署到云平台上。大部分金融机构选择采用 X86 服务器搭建云计算平台，将原来承载在主机或小型机上的一些外围应用服务改造为集群化部署方式，使其不会因硬件故障导致系统运行中断，之后得以将改造后的应用服务迁移到云计算平台。而核心系统仍采用相对传统的部署方式。

（3）互联网业务接入的前置系统

近年来，由于电子商务等互联网相关业务的快速发展和爆发特性，金融机构内部 IT 系统越来越难以支撑相关业务。例如，“双 11”大促销，部分金融机构为了支撑“秒杀”类的业务，只能将部分业务压力进行转移，为缓冲系统压力，降低系统风险，金融机构开始将部分网络业务的前置系统转移到云计算平台上来抵抗峰值压力，才能更为从容地应对业务的峰值冲击。

（4）企业互联网网站系统

互联网网站由于技术相对简单、受众覆盖范围广、不涉及太多金融交易、需要高质量的互联网网络平台来提升用户体验，所以一些机构将企业的互联网网站部署在云计算平台。利用云计算平台高质量的网络环境和全方位的地理覆盖，能够为这些机构带来更好的用户体验，同时降低这些机构的互联网带宽需求，节约 IT 运行成本。

（5）证券业务行情系统

由于证券业务的行情系统只有公开信息，不涉及客户隐私，且对互联网资源要求很高，特别适合使用云计算方式来提供服务。一方面是云平台通常具有很高的带宽，另一方面使用云计算能满足行情淡季和旺季对资源弹性伸缩的需求。

（6）互联网金融服务系统

互联网金融系统包含微贷、消费金融等相关业务系统。对于互联网金融服务初创企业，由于其系统需要新建，没有历史技术包袱，通过云服务商提供的云服务，可以快速搭建业务系统，降低前期投入，并且天然的互联网业务特性适用于云计算相关技术。

（7）网络学习等辅助系统

企业的网络学习系统是企业内部员工的培训系统，要通过互联网进行访问，并不涉及金融业务，安全等级要求较低，但对用户和系统性能要求较高，因此部分金融机构将此类系统部署在云平台，不仅提高了系统管理灵活性，降低了运营成本，还大幅改善了用户体验。

（8）企业开发测试环境

一些金融机构（尤其是银行业金融机构）在试水云计算时，早期仅仅把云计算系统用于开发测试环境，进行应用系统的开发和测试。通过云计算平台的搭建，这些机构的 IT 部门开始逐步体会到云计算平台实现 IT 资源服务化带来的好处，能够大幅降低系统环境准备的时间和应用上线周期，使得整个开发测试过程更为敏捷。

4. 金融云计算多层次发展方向

云计算将促进金融信息技术和数据资源的充分利用，并推动金融服务的持续创新。金融行业云计算服务下一步的重要发展方向是实施架构转型、提升资源效率、推进业务创新、提升用户体验、增强安全防控。其整体发展将包含三个层次。

第一个层次是金融机构实施架构转型，并完成开发测试及运行环境、金融服务场景、金融应用的云化。

第二个层次是形成金融机构的开放服务平台。金融机构要有策略、有计划、有针对性、安全合规地对金融服务进行开放。通过金融机构自身的信用认证、接口等公共服务应用程序接口（Application Programming Interface, API)、第三方合作伙伴 API 的开放和融合，将金融服务结合或植入合作伙伴所提供的服务场景中，形成多种创新的金融 SaaS 服务，提升金融机构业务创新、数据分析、安全防控的能力。

第三个层次是形成金融机构间共建共享的云生态。通过金融机构间、互联网企业、云服务商、第三方金融软件应用提供商的合作，实现服务资源集中共享，建立灵活高效的金融应用市场。通过金融机构服务能力的输出和外部服务能力的引入，实现合作共赢，形成有利于各参与方的生态化体系。以阿里云为例，其于 2016 年 4 月推出阿里云开放生态体系（也称“云市场”)，提供不满意退款、全程担保交易与软件交付全程监管支持，打造公平、便利的软件市场环境，实现云计算生态各方的能力和资源共享。截至 2016 年 8 月，已有近千家软件服务提供商提供了超过 3 000 款软件，涵盖企业应用、服务市场、网站建设、云安全、基础软件、数据市场和行业解决方案 7 种市场类目，全面覆盖创业、上云、电商、金融、直播等 20 个行业市场，实现了云软件统一的交付标准，支持镜像、编排、容器、API、SaaS、服务、下载 7 种交付方式，实现了近百种阿里云产品、4 000 多个渠道商和 230 多万用户之间的资源共享，提供了一键开通“软件+云计算资源”的功能，使软件开发商转变为一站式集成、实施、交付服务提供商。

多个金融机构尤其是中小型金融机构可以采用“合作建立、共同经营”的机制建立联盟云（行业云联盟）：一方面，在提升自身机构的云化开发、升级、部署、管理、创新效率的同时切实降低成本；另一方面，利用基于联盟云的生态体系，既聚合机构间力量，又能够根据自身特点获取所需外部资源，形成差异化竞争优势。

5．云计算的典型应用

（1）业务背景

近年来互联网金融行业飞速发展，对 IT 平台的快速构建、高并发访问、风险控制和安全防护提出了非常高的要求。传统的金融 IT 系统已经很难满足互联网金融的快速发展，必须通过互联网技术和云计算架构来满足要求。

（2）部署架构描述

互联网金融系统的技术架构，需要能支持高并发的用户访问，需要采用去中心化的企业级分布式应用服务（Enterprise Distributed Application Service，EDAS）集群架构，结合分布式关系型数据库服务（Distributed Relational Database Service，DRDS）及分库分表策略，以彻底解决架构中的单点和热点问题，实现全链路监控，并根据用户流量动态扩容和高峰限流。同时实现以下方面：

① 根据系统特点，采用同城容灾架构。

② 前端接入高防集群，提供海量的抗攻击能力。

③ 通过 EDAS 和 DRDS 实现应用和数据库层的弹性扩展，随时应对更大、更具偶发性

的业务压力。

④ 关系型数据库服务（Relational Database Service，RDS）、消息通知服务和键值存储服务等更多服务化的云产品，让业务构建更简单、更快速、更稳定。

（3）成功案例

红岭创投电子商务股份有限公司（以下简称红岭创投）是 P2P 行业领跑者。一直以来，红岭创投网站总交易量及月均交易量都远远高于同行其他网站。随着红岭创投步入了快速发展的轨道，为满足日益增长的需求，平台需要新的系统架构以保证网站安全高效地运行。为此，红岭创投联手云服务商，运用全新的云计算技术和去中心化的互联网分布式集群架构，对现有系统进行全面深度的改造，彻底解决了原有架构中的单点和热点问题，实现全链路监控，并根据用户流量动态扩容和高峰限流。在 2015 年“双 11”期间，红岭创投平台在短短 35 min 就突破 1 亿元的成交量，全天最终交易额达到 29.34 亿元，全天成功投标 96 099 次，成交 49 410 笔借款，平均每 1.7 s 就有一个满标。

3.2.3 金融云计算发展展望

云计算从原来的一种可能性变成了必然的趋势，各机构将不再讨论是否应该使用云计算，而是应该如何用好云计算技术。

1. 金融机构将进一步扩大云计算技术的应用范围

随着监管部门态度的逐渐清晰，金融机构将更加放心地使用云计算来构建新型 IT 系统，主动探索利用云计算技术实现架构转型，逐渐从辅助系统、外围系统扩大到关键系统甚至核心系统。

2. 公共云服务商将继续加大投入

随着金融业云计算市场的逐渐升温，云服务商在未来必将加大在金融业的投入，IaaS 服务竞争将逐渐白热化，PaaS 服务的竞争将逐步开始，部分企业还将开始提供 SaaS 服务。

3. 云计算领域新技术将继续演化

由于研发运维一体化（DevOps）逐渐深入人心，容器技术将成为热门并快速普及，它能带来快速部署和持续交付的能力。虽然容器技术在隔离性和成熟度方面仍不完善，但已经成为云计算技术领域来来的发展趋势之一。微服务和分布式技术架构将逐渐成为未来应用架构发展的趋势。同时，亚马逊推出的无状态事件驱动计算服务展现了无状态计算的潜力，以及对未来云计算发展方向的影响。

3.3 区块链技术

【拓展阅读】

制造一夜暴富神话的 ICO，很可能是一场骗局

ICO，是 Initial Coin Offering 的缩写，意为初始代币发行，对应股票市场中 IPO（首次公

开募股）的概念。只不过它发行的不是证券，而是加密数字货币。一般而言，一个完整的 ICO 项目需要 3 个步骤：

① 一家公司或团体表示自己计划或正在研究区块链技术，同时在公有链上内置可转让流通的代币（加密数字货币，与比特币类似）。

② 投资者以比特币、以太币等虚拟货币换取代币，以此作为其权益凭证。

③ 项目发行的代币登上交易平台，投资人进行买卖（这是制造暴富神话的关键一步）。

代币是否有价值，取决于其背后的区块链技术是否有价值。区块链技术，维基百科对其定义是：基于去中心化的对等网络，用开源软件把密码学原理、时序数据和共识机制相结合，来保障分布式数据库中各结点的连贯和持续，使信息能即时验证、可追溯、但难以篡改和无法屏蔽，从而创造了一套隐私、高效、安全的共享价值体系。

说人话——它就是利用计算机程序记录全网所有交易信息的“公开大账本”。比如你从市场上买了一个比特币（典型的区块链货币），千万台计算机都会记录你收到了一个比特币。这样的数据记录非常安全，因为除非所有的计算机都完蛋，不然数据不会丢失，也不会出错。

从这个角度看，区块链技术是有价值的：它可作为可靠的数据库来记录各种信息，也是存储永久性记录的理想解决方案，还能解决多点信息交互过程中的信任问题。

然而，区块链技术有价值，并不代表所有的 ICO 项目都有投资价值。据业内人士介绍，过去的 ICO，企业需要自行建一条公链，而写一条公链的代码需要几个月的筹备，而现在以太坊（一家美国公司）提供了更好的区块链基础设施，只要写一个智能合约，企业就可以发行自己的代币，而且迅速进入流通。很多企业盲目制造无用代币，只是为了融资圈钱，如一些美容、社交、白酒、竞技等 ICO 项目也开始发行代币。

更重要的是，区块链技术虽然有应用前景，但仍需解决网络安全和区块容量等诸多问题，能否成功应用有待验证，即使投资良心企业推出的 ICO 项目，短期内也难有多少收益。如果项目失败，代币成了垃圾币，投资者更会血本无归。

（节选自：腾讯新闻今日话题，2017-09-01，http://view.news.qq.com/original/intouchtoday/n4001.html）

上述阅读材料阐释了区块链技术的概念、价值和应用，以及 ICO 代币发行在我国被取缔的原因。区块链技术作为新一代数据库的底层记录技术，具有很广阔的应用前景，不但造就了比特币等虚拟货币，还将对包括互联网金融在内的金融应用、财会记录、维权确权应用等产生划时代的影响，将会在诸多社会经济领域创造出诸多细化的应用场景。

3.3.1　区块链概述

区块链技术起源于 2008 年由化名为“中本聪”（Satoshi nakamoto）的学者在密码学邮件组发表的奠基性论文《比特币：一种点对点电子现金系统》（*Bitcoin: A peer-to-peer electronic cash system*）[①]，不过该文重点讨论比特币系统，区块链被描述为用于记录比特币交易的账务信息。比特币是数字货币的一种应用形态，采用去中心化的运作模式，每笔交易被记录在区块上，具有公开性、透明性。但是随着比特币区块链的扩容，交易费用开始升高、价格波动性强、容量限制、确认时间变长等缺点开始显露，区块链技术结合智能合约的应用空间打开，优点开始展现，区块链技术开始独立于比特币获得更大产业应用空间。作为比特币运行的底层支撑技术——区块链是一种极其巧妙的分布式共享账本技术，对金融乃至各行各业带来的潜在影响甚至不亚于复式记账法的发明。2014 年前后，业界开始认识到区块链技术的重要价值，并将其用于数字货币外的应用领域。2015 年，《经济学人》（*Economist*）杂志在封面介绍区块链为创造信任的机器，即区块链可以在没有中央权威机构的情况下，为交易双方建立起信任关系。

区块链的实质是由多方参与共同维护一个持续增长的分布式账本（Distributed Ledger），其核心在于通过分布式网络、时序不可篡改的密码学账本及分布式共识机制，建立彼此之间的信任关系，利用由自动化脚本代码组成的智能合约来编程和操作数据，最终实现由信息互联向价值互联的进化，如图 3-3 所示。

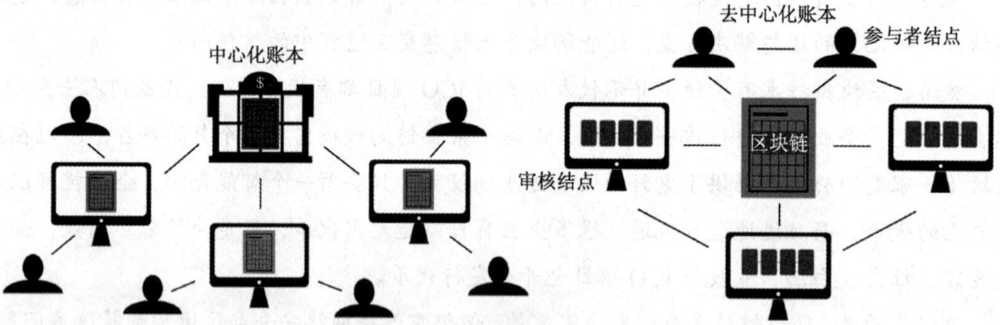

图 3-3　从中心化账本（左）到去中心化账本（右）

区块链技术作为创造信任的机器，主要有以下特点：

1. 去中心化

区块链构建在分布式网络基础上，网络中没有中心化的物理结点和管理机构，网络功能的维护依赖于网络中所有具有维护功能的结点完成，各个结点的地位是平等的，一个结点甚至几个结点的损坏不会影响整个系统的运作。

2. 建立中介信任

区块链采用基于协商一致的规范和协议，通过数学原理和公开透明的算法，使得整个系统中的所有结点能够在去信任的环境中自由安全的交换数据，实现交易双方在不需要借助第三方权威机构（如中央银行等）信用背书下通过达成共识建立信任关系。

① Satoshi nakamoto. Bitcoin: A peer-to-peer electronic cash system [EB/OL],[2008]. https://bitcoin.org/bitcoin.pdf

3．公开透明

区块链作为共享账本，除了交易各方的私有信息被加密外，区块链的数据对所有人公开，所有参与者看到的是同一账本，能看到这个账本所发生和记录的每一笔交易，能查询、验证区块链上的数据记录。

4．时序且不可篡改

区块链采用带有时间戳的链式区块结构存储数据，具有极强的可追溯性和可验证性。系统中每一个结点都拥有最新的完整数据库拷贝，一旦信息经过验证添加到区块链上，就会永久存储。

3.3.2　区块链系统的运作

区块链是比特币的底层技术，它可以理解为一种公共记账的机制，它并不是一款具体的产品。其基本思想是：通过建立一组互联网上的公共账本，由网络中所有的用户共同在账本上记账与核账，来保证信息的真实性和不可篡改性。而之所以名字叫做“区块”链，顾名思义，是因为区块链存储数据的结构是由网络上一个个“存储区块”组成一根链条，每个区块中包含了一定时间内网络中全部的信息交流数据。随着时间的推移，这条链会不断增长。

比特币是迄今为止最为成功的区块链应用场景。2008 年底，比特币之父中本聪发表了一个关于他研究的电子现金系统的九页白皮书，2009 年初，中本聪在位于芬兰赫尔辛基的一个小型服务器上挖出了比特币的第一个区块——创世区块。

中本聪很清楚建立一个支付系统的信用必须解决防止“重复支付”问题，即不能造假币。中心化的信用系统是靠国家机器防止造假币。而中本聪的伟大创新是给每一笔交易“盖时间戳”（timestamp）。每十分钟一个区块（block：相当于网络账本），把这十分钟的全网交易都正确地盖上时间戳。根据亚当·斯密的观点：市场上的人是贪婪的，贪婪的“矿工”们会去竞争这十分钟一个区块的记账权，竞争的规则就是正确记账的同时要去解 SHA256 难题，谁能证明自己的计算机算力最快（所谓 PROOF OF WORK 机制），他就能竞争到这十分钟区块的合法记账权，并得到二十五个比特币的奖励。这就是所谓的“挖矿”过程，实际是建立一个全网总账——区块链的去中心化信用过程，所以矿工更本质的职能是“记账员”。

中本聪在其比特币白皮书中，比较详尽地叙述了这个信用系统建立的过程：

第一步：每一笔交易为了让全网承认有效，必须广播给每个结点（node：也就是矿工）。

第二步：每个矿工结点要正确无误的给这十分钟的每一笔交易盖上时间戳并记入那个区块（block）。

第三步：每个矿工结点要通过解 SHA256 难题去竞争这个十分钟区块的合法记账权，并争取得到二十五个比特币的奖励（头四年是每十分钟五十个比特币，每四年递减一半）。

第四步：如果一个矿工结点解开了这十分钟的 SHA256 难题，他将向全网公布这十分钟区块记录的所有盖时间戳交易，并由全网其他矿工结点核对。

第五步：全网其他矿工结点核对该区块记账的正确性（因为他们同时也在盖时间戳记账，只是没有竞争到合法区块记账权，因此无奖励），没有错误后他们将在该合法区块之后竞争下一个区块，这样就形成了一个合法记账的区块单链，也就是比特币支付系统的总账——区块链。

一般来说，每一笔交易，必须经过六次区块确认，也就是六个十分钟记账，才能最终在区块链上被承认合法交易。所以所谓“比特币”，就是这样一个账单系统：它包括所有者用私钥进行电子签名并支付给下一个所有者，然后由全网的“矿工”盖时间戳记账，形成区块链。图 3-4 更直观地解释了区块链的运作。

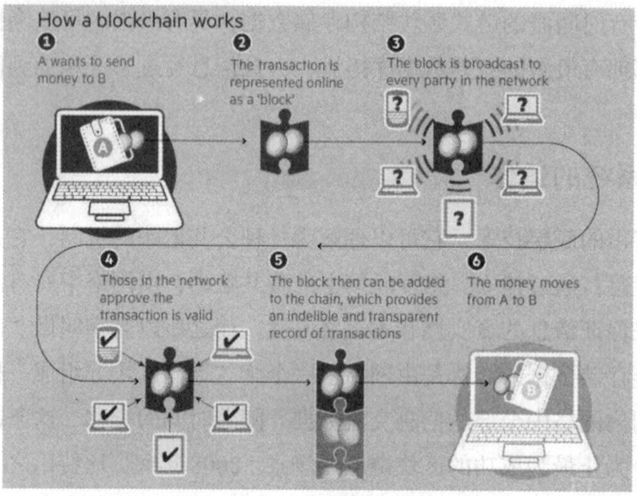

图 3-4 区块链的运作

3.3.3 区块链对金融业的影响和作用

2015 年被业界视为区块链元年，全球掀起了区块链技术研发和投资热潮。2016 年是区块链产业深化发展和全面加速前行的一年，全球已有超过 24 个国家正在投资区块链技术，80%的银行已在 2017 年前启动区块链项目，50%的第三方数据存证机构已经或正在进行区块链存证的应用尝试，90 多个中央银行加入了区块链讨论，90 多个公司加入了区块链联盟，产生了超过 2 500 项区块链相关专利。

区块链之所以引起金融界的一致关注，在于它改变金融的巨大潜力，有可能给金融业带来新机遇、新挑战。互联网巨头微软、阿里、IBM 等公司也都有围绕区块链技术采取行动；高盛集团更是称区块链技术将“颠覆一切”。国际货币基金组织（International Monetary Fund，IMF)在《虚拟货币及其扩展的初步思考》（*Virtual Currencies and Beyond: Initial Considerations*）[①]报告中指出，区块链技术具有改变金融的潜力。英国政府发行的《分布式账本技术：超越区块链》（*Distributed Ledger Technology: beyond block chain*）[②]提出将优先在传统金融行业应用区块链技术。

① International Monetary Fund. Virtual Currencies and Beyond: Initial Considerations [M/OL],[2016-01-20]. http://www.imf.org/~/media/Websites/IMF/imported-full-text-pdf/external/pubs/ft/sdn/2016/_sdn1603.ashx

② UK Government Chief Scientic Adviser. Distributed Ledger Technology: beyond block chain [M/OL],[2016-01-19]. https://www.gov.uk/government/uploads/system/uploads/attachment_data/file/492972/gs-16-1-distributed-ledger-technology.pdf

1. 区块链技术使中央银行发行法定数字货币成为可能

比特币是一种基于区块链（或分布式）支付体系的货币或交换价值，它是一种由私营机构或网络社区发行的私营数字货币，也是一种创新的支付系统。各国央行均认识到数字货币能够替代实物现金，降低传统纸币发行、流通的成本，提高支付结算的便利性；并增加经济交易透明度，减少洗钱、逃漏税等违法犯罪行为，提升央行对货币供给和货币流通的控制力；同时，通过发展数字货币背后的区块链技术应用，扩展到整个金融业及其他领域，确保资金和信息的安全，提升社会整体效能。

2. 区块链技术具有提升金融机构协同服务能力的潜力

银团贷款、供应链金融、贸易融资等业务可能涉及不同国家的多家金融机构、多家企业，需要相互之间较长时间的协调，业务办理过程也较为复杂。通过区块链的平台，不但可以减少中转费用，还因为区块链安全、透明、低风险的特性，提高了资金的安全性，以及加快结算与清算速度，大大提高资金利用率。区块链技术具有提升不同金融机构间开展业务的自动化程度、简化协同流程、加快协同效率的潜力。

3. 区块链技术具有降低金融运营成本的潜力

金融机构各个业务系统与后台工作，往往面临长流程多环节。现今无论 VISA、Master Card，还是支付宝都是中心化机构运营，资金转移要通过第三方机构，这使得跨境交易、货币汇率、内部核算等时间花费的成本过高，并给资本带来了风险。区块链技术能够优化金融机构业务流程，减少前台和后台交互，节省大量的人力和物力，有望降低金融运营成本。

4. 区块链技术具有改善业务审计系统的潜力

当前在业务审计过程中，需要花费大量人力、物力去核查被审单位资金余额及交易合同或资金等数据的真实性。区块链的技术特点使得所有交易数据都公开透明、不可篡改地记录在区块中，任何交易数据都可以被查询和追溯，从而提高审计效率，降低审计成本，提升审计结果的可靠性。

5. 区块链技术将有助于金融监管及合规性检查

区块链技术的公开透明、时序不可篡改等特性可以帮助金融监管机构监控每一笔资金的流入流出，从而有助于管控金融资产，增强打击反洗钱、地下黑产等违法犯罪活动力度，防范金融市场中的系统性风险。区块链的技术特性也可以改变现有的征信体系，比如在银行进行“认识你的客户”（Know Your Customer，KYC）时，将不良记录客户的数据储存在区块链中。通过区块链的智能合约技术可自动验证交易和用户合规性，提高合规性检查效率，降低合规性检查成本及出错概率。

3.3.4　区块链技术在互联网金融行业的应用与发展

中国人民银行早在 2014 年起就开始研究数字货币。2016 年，区块链引起国内媒体、风险投资和金融界的一致关注。金融机构，以 BAT 为代表的互联网公司等纷纷投入力量，探索区块链在金融领域的应用。

1．数字货币

区块链的技术特性为我国数字货币发行可能性提供一种可选的底层技术支撑。我国中央银行——中国人民银行在2016年1月20日召开的数字货币研讨会上肯定了数字货币在降低传统货币发行等方面的价值，并表示中央银行在探索发行数字货币。2月，中国人民银行行长周小川表示：数字货币作为法定货币必须由中央银行来发行，要保留货币主权的控制力，数字货币的发行、流通和交易，都应当遵循传统货币与数字货币一体化的思路，实施同样原则的管理。区块链技术是一项可选的技术，中国人民银行部署了重要力量研究探讨区块链应用技术，但是到目前为止区块链占用资源还是太多，应对不了现在的交易规模，未来能不能解决，还要看看再说。2016年9月，中国人民银行数字货币研究团队指出由中央银行推动发行法定数字货币势在必行，并分析了法定数字货币运行的关键和竞争优势、数字货币核心技术体系、中央银行数字货币使用对现行支付体系的影响，并给出了中央银行数字货币原型的构想[①]。

2．数字票据

目前票据业务主要存在三方面问题：一是票据的真实性，市场中存在假票、克隆票、刑事票等伪造假冒票据；二是划款的即时性，即票据到期后承兑人未及时将相关款项划入持票人账户；三是违规交易，即票据交易主体或者中介机构，存在一票多卖、清单交易、过桥销规模、出租账户等违规行为。

区块链技术的特性能够消除票据市场的中介乱象，通过智能合约编程的方式提高票据交易的效率，降低监管成本。2016年，金融界、互联网金融企业及科技公司对于应用区块链技术开发票据系统充满期待。例如，中国互联网金融协会区块链研究工作组牵头“区块链技术与数字票据”课题，课题组从实际业务需求和区块链技术特征出发，完成了数字票据发行、流转、贴现、承兑等核心环节设计，搭建了数字票据联盟链，在测试环境下模拟核心企业、财务公司、银行等多个分布式验证结点，实现了概念验证。测试结果证明了可编程数字票据的可行性，体现了 KYC 平等性、流动性和分布式共享总账等方面的优势。但同时私钥使用安全、智能合约嵌套、多资产复杂性等可能成为新的挑战。又如，恒生电子试验区块链票据应用，进行试用场景研究、技术问题分析、业务问题分析。在试用场景研究上，完成了区块链在票据背书转让场景、贴现转贴交易场景应用分析；在技术问题上，分析了区块链部署的成本性能、安全、智能合约等问题；在业务上分析了链上数字资产与实际金融资产锚定、资产转让涉及资金清算等问题。目前，中央银行正在牵头研发数字票据。

3．跨境支付

当前，跨境支付清算都需要借助第三方中介，经过开户行、中央银行、境外银行等多道程序。由于每一机构都有自己的账簿系统且互相隔离，彼此之间需要建立代理关系、在不同系统进行记录、与交易对手进行对账和清算等，可能导致一笔汇款需要2～3天才能到账，在

① 姚前. 中国法定数字货币原型构想[J]. 中国金融，2016（17）

途资金占用量极大，而且需要支付大量的手续费。成本和效率成为跨境支付汇款的瓶颈所在。

区块链技术可以摒弃第三方中介的角色，实现点到点快速且成本低廉的跨境支付。不但可以全天候支付、实时到账、提现简便及没有隐性成本，也有助于降低跨境电商资金风险及满足跨境电商对支付清算服务的及时性、便捷性需求。2016 年 4 月，我国初创公司 OKCoin 推出了基于区块链技术的小额跨境支付平台 OKLink，试图解决跨境汇款时间长、手续费高、透明性低等问题。

4. 数字资产

传统的资产服务如资产所有者证明、真实性公证等，均需要第三方的介入才可以完成，只有通过资产发行方、资产接收方、流通平台的三方介入，资产才可以完成整个流通过程。当前资产流通渠道有限，导致资产服务流通成本增加。此外，当资产进入流通后，需要依赖资产发行方完成使用和转移，从而限制了资产流通只能在发行方系统用户群内。

基于区块链技术能提高数字资产流通效率，降低流通成本，扩大流通范围。资产发行方均可在区块链上登记、发行任何可数字化的资产。一旦数字资产进入区块链流通，便不再依赖于资产发行方，扩大了流通范围。流通渠道由原来的中心控制变为分布式流通，降低了流通成本。区块链的交易即结算功能使得实时清算成为可能，大幅提高数字资产流通效率。例如，太一云、布比、维优、好扑等公司探索基于区块链的数字资产管理平台，实现数字资产登记、交易和查询等功能。太一云为北方工业股权交易中心及沈阳金信商品交易中心设计了基于区块链技术的交易系统，在数字资产交易领域提供商品流通全程区块链登记、产品溯源及防伪服务。

5. 金融交易

目前，证券的登记、清算和结算涉及中央结算机构、银行、第三方支付平台、证券和交易所等多个机构，交易过程需要层层中介传递以及权威机构公证，效率低、成本高，限制了全国市场的整体发展。

区块链有望为证券市场交易带来新变革。例如，2016 年 6 月，微众银行联合腾讯打造“区块链云服务 BaaS”。针对在“微粒贷”对账清算流程中效率不足的技术瓶颈，微众银行充分利用区块链技术的不可篡改、增加信任、有效共识、智能合约、交易快速确认、可追溯等特性，与华瑞银行共同开发了基于区块链的联合贷款备付金管理及对账平台。合作行通过此系统可以在 Web 页面上准实时查看备付金账户的当前余额、今日放款总金额、今日还款总金额、今日其他划入和今日其他划出总金额；可按天查看经过对账后的每日汇总信息（昨日余额、当日余额、当日放款、当日还款、当日其他划入和当日其他划出金额）及流水对账结果；可查看对账异常的详细信息。

该备付金管理及对账平台的最大优势在于，让机构与机构间的互信关系转变为共同对技术的信任关系，从而把此前需要 T+1 的对账周期缩短到准实时。该系统提供全面统一的备付金管理及对账信息管理视图，合作行可全面实时了解信贷及资金交易信息，进行实时的头寸监控，提升运营效率。而且，除需进行基础设施资源申请、网络配置等运维支撑型工作外，合作行无须进行额外系统开发工作。该系统的数据在生产区加密上链，在生产区解密查看，链上数据的传输和存储全部加密。上链数据亦不包含用户和合作行相关信息，仅有完成对账功能所需的最小数据元素（交易流水号、交易发生时间、交易金额、交易标示）。目前，微众区块链结点部署在腾讯云上,合作行结点可以选择部署在腾讯云,也可以部署在行内机房，由合作行自主评估。此外，通过智能合约的使用还可实现实时流水对账、准实时发现对账差异、实时计算合作行备付金账户当日发生额与当日余额等功能。

又例如，厦门国际金融技术资产交易中心、深圳瀚德创客投资有限公司及深圳农村商业银行共同开发的 K 块链金融交易平台，于 2016 年 9 月 7 日完成了区块链资产收益权转让交易。2016 年 4 月，由太一云研发设计的基于区块链商品交易中心——沈阳金信商品交易中心官方门户网站上线试运营，并开启商品登记服务。锐波天下（北京）科技有限公司也正在构建以区块链为基础的新型股权交易平台，构建一个介于一级市场与二级市场之间的“1.5 级”市场，将实体世界的资产和权益数字化，以点对点的方式，让个体可以在网络中直接进行登记发行、转让交易、清算交割等金融业务，缩短传统金融校式的运营成本和生态链条。

6. 融资众筹

区块链技术在股权登记管理、股权转让流通、智能合约等方面为融资众筹带来了深刻的变化。使用数字货币进行众筹，采用区块链协议发起和管理众筹项目，费率低、易流通、透明、稳定、可审计，智能合约还可以保证未达到预定目标时资金自动退回。币众筹依托我国数字货币门户巴比特，支持比特币/人民币两种支付形式与回报型/股权型两种众筹模式，目标是通过闪电网络与侧链技术建立股权众筹区块链解决方案，在区块链上实现股权众筹的登记、发行、转让、清算等金融业务。截至 2016 年 10 月，币众筹已经陆续完成巴比特社区股、比特大陆蚂蚁 R1 路由器、比特币 to da moon 耳机、邻萌宝等 140 多个数字货币和区块链行业项目众筹，总众筹金额超过人民币 2 486 万元。小蚁将实体世界的资产和权益进行数字化，发布了通过点对点网络进行登记发行、转让交易、清算交割等金融业务的分布式网络协议。2016 年 8 月 8 日，小蚁正式启动国内面向全球的 ICO 众筹项目，并支持可退回机制和多重签名担保来保证资金安全透明；至 2016 年 9 月 7 日计划截止，共筹得 6 129 个比特币。金股链是基于布比区块链平台构建的股权众筹平台,通过不可算改权凭证来增强股权登记的公信力，追踪股权交易历史，促进股权的交易和流转，保障私人股权交易转让的参与方公开、透明、共建、共享、共监督；通过将智能合约与数字股权凭证绑定，创建出一种智能股权形态，替代线下纸质协议和中介机构；同时，易于扩展支持股权交易的合规性，利于监管部门监督、审计，提高股权管理效率。金股链已于 2016 年 5 月完成第一版系统开发，7 月成功完成 500 万元天使轮融资资金。为落实中国人民银行、银监会等中央金融管理部门关于“P2P 网络借贷”相关管理规定，北京市金融工作局和北京阿尔山金融科技有限公司正在共同推动基于区块链技术的网贷风险监管系统建设。该系统区块链底层采取超级账本技术，并对多个功能模块进行了系统改进，提高区块链账本记录效率，增加了监管结点；设计分层式、模块化的系统结构，利用成熟的容器技术、集群技术和 DEVOPS 开发运维自动化等技术，增强了系统的可拓展性，提高系统的稳定性和持续运维能力；系统整合了区块链、云计算、大数据等信息技术，采用了国产密码算法，从物理安全、网络安全、系统安全、管理安全、代码安全等多个层次，保障了系统的安全可靠性。

7. 供应链金融

目前国内贸易融资市场已达到 10 万亿元人民币，预计到 2020 年可增长到 20 万亿元。然而在可观的规模和增长背后，我国从供应链金融 1.0 的“1+N”商业模式发展至今的供应链金融 3.0 历经了十几年，仍然面临许多瓶颈：供应链上信息不对称导致授信对象局限、链上的采购信息与销售信息透明性、可信赖性差导致的科技整合局限等。

区块链技术开放性、多方确认、账户透明、真实验证、不可篡改等特性，成为突破瓶颈的最佳选择。在供应链溯源方面，区块链可以实现从原材料生产、采购到商品的加工、包装、运输、销售，真实信息分布式记录、删改可查、包装数据源真实有效可追踪查验。在供应链金融数字化方面，区块链将能大幅减少人工的介入，将目前通过纸质作业的程序数字化、透明化，极大地提高效率及减少人工交易可能造成的失误。2016 年 5 月，基于区块链技术的正品身份防伪识别和透明供应链管理平台“唯链”发布，生产商、渠道商、零售商、海关、商检、用户等所有角色同时接入，生产、分发、物流、销售、审验、消费等所有环节同时记录，同时还提供了智能合约模板实现生产流程中对产品权限的管理。物链是由布比（北京）网络技术有限公司开发的供应链管理云平台，并由 2016 年 5 月宣布完成数百万元天使轮融资。

8. 互助保险

区块链能够实现对新兴保险业务模式的革新，增强保险市场对风险的记录能力、透明度、识别准确度和反应速度。劳合社保险市场、安联保险、基石保险、阳光保险等众多保险公司纷纷启动区块链应用计划。区块链技术可以实现真正的 P2P 或众筹保险模式，基于智能合约建立按需定制的保险合约，替代传统的保单协议，使管理过程更简单、更自动化、更透明、成本更低；使合约执行速度更快；同时保险公司的角色也将逐渐变为专业咨询和互惠池机制管理，而不是直接承担风险。

2016 年 3 月 8 日，阳光保险集团采用区块链作为底层架构帮助寿险公司推出“阳光贝”积分，7 月 28 日，再次帮助寿险推出基于区块链的保险卡单“飞常惠航空意外险”。该产品 1 份可使用 20 人次，可自用或通过发红包功能赠予他人，激活后立即生效。

“水滴互助”是一个针对重大疾病推出的互助保障平台，于 2016 年 5 月 10 日获得了美国国际数据集团（International Data Group，IDG）、腾讯、真格等机构的 5 000 万元风险投资。7 月初，“水滴互助”与易安保险、慕尼黑再保险、宜信保险等机构共同成立了区块链保险实验室，将在该领域进行更多探索，进一步提供给用户更安全可靠的服务。“众托帮”产品“众托 1 号抗癌互助医疗计划”于 2016 年 7 月正式上线，截至 9 月 28 日，用户成功破 200 万大关。“众托帮”利用区块链技术解决自证公正性、假理赔等传统保险行业的信任难题。2016 年 7 月 9 日，基于区块链技术的互联网创新互助保障服务平台“同心互助”正式上线，提供针对 30 种重疾、意外伤害、过劳猝死等的互助保障计划。

9．其他方面的应用

2016年底前，我国的中银香港拟开始运用区块链技术于按揭业务，利用技术进行物业估算的数据传输，香港的两家物业估算公司也将参与其中。将区块链技术引入物业估算工作，不仅可以节省使用纸张及时间、提升效率，而且更为安全。在按揭申请流程中，牵涉递表及审批等，文件繁复，在区块链“去中心化”下，参与这项业务的各方人士获得所需文件之余，亦能确保文件真实，而过往纪录几乎不能窜改，亦可以追溯，大大提升伪造文件难度。在按揭业务中引入区块链技术，除了审批速度加快以外，客户感受并不会很明显，因为区块链属于后台技术，但随着加入的机构越来越多，未来的发展和创新空间很大。与此同时，中银香港正在与香港应用科技研究院一起研究区块链技术在贸易金融等领域的创新。

3.4 移动互联网技术

3.4.1 移动互联网金融概述

移动互联网金融是传统金融行业与移动互联网相结合的新兴领域。近年来，移动互联网在我国发展迅猛，伴之而来的是金融行业各种模式的创新也层出不穷，移动互联网金融（即“互联网+”移动终端应用于金融行业）应运而生，并且得到快速发展。随着大数据、云计算、社交网络等新一代互联网技术的迅速崛起，移动互联网金融涌现出更多的新模式、新产品和新公司，不难想象，移动互联网金融的未来前景将会更加乐观。

1．移动互联网

20世纪出现并且广泛普及的互联网让人们的学习、工作以及生活方式、思维理念受到越来越深刻的冲击和改变，人们也因此充分享受到社会进步和科技发达带来的各种方便和快捷。但是，随着宽带无线接入技术和移动终端技术的不断发展，人们越来越不满足于静态固地方式，更希望随时随地甚至移动过程中的随时从互联网获取信息和服务，移动互联网在这种背景下脱颖而出。移动互联网是一种采用移动无线通信方式，通过智能移动终端获取业务和服务的新兴业务模式。移动互联网包含终端（包括平板电脑、智能手机、电子书等）、软件（包括操作系统、数据库、中间件和安全软件等）和应用（包括工具媒体类、休闲娱乐类和商务财经类等不同应用与服务）三个层面。

2．互联网金融新模式

互联网金融是实现资金融通的新兴服务模式，它是以依托于互联网的云计算、社交网络以及搜索引擎等工具，实现资金支付、融通和信息中介等业务的一种新兴金融。作为内生性金融创新模式，互联网金融是为适应新的需求而产生的新模式及新业务，它利用互联网技术与通信技术等现代信息技术手段，通过与传统金融业务互相渗透、互相融合，实现共融性发展。目前，互联网金融的创新主要集中在理财领域，随着余额宝等参与者的不断增多，互联网金融的优势更加得到凸显，它降低了理财门槛，减少了金融交易成本，撬动了投资理财、电商消费等大众化领域，提升了新的消费层次，塑造了新的商业模式，打造了新的金融服务格局。

3．移动互联网金融

移动互联网金融是传统金融行业与移动互联网相结合的新兴领域。移动互联网金融以平板电脑、智能手机和无线 POS 机等各类移动设备为媒介工具，实现资金支付、股票交易、基金买卖、购买保险等业务的新兴金融模式。从广义上来说，移动互联网金融从属于互联网金融，但从实际效果来看优于互联网金融，因为移动互联网金融和互联网金融虽然都是基于互联网平台，但是有线互联网是人随网走，网线在哪儿，就只能到哪儿上网，而移动互联网是网随人动，人在哪儿，网络就到哪儿，就能够在哪儿上网。移动终端的高度便携性让移动互联网金融具备更多的优越性，并且使之成为传统金融机构与互联网企业等多方市场主体为了在移动互联时代生存和发展需要竞相抢夺的“制高点”。

3.4.2　移动互联网对金融服务的影响

1．操作更便捷

随着智能手机、平板电脑的使用越来越便捷、应用越来越广泛，用户可以因为它们的操作简单、随时上网、携带方便的优点，更好地享受互联网提供的金融服务。当前，只要通过在手机等移动终端上按键就能及时、快捷地实现资金转账、支付以及证券交易等金融功能。并且，时下移动网络具有的推送功能，更能让广大客户在较短的时间内获得自己想要的金融信息，当用户看到某个喜爱的商品，借助手上的移动设备就能够很快识别商品的基本属性、价格情况以及购买渠道,客户只需借助移动终端按几个键就能购买并完成所有金融服务流程。

2．参与度更高

移动互联网使众多用户能够直接参与金融生产。以用户购买商业银行理财产品为例，在传统的银行服务 B2C（这里 B 指商业银行，C 指手机用户）模式下，只有银行发行标准化的产品后，用户再进行选择和购买与自己最接近的需求产品。但在移动互联网金融时代，商业银行可以基于大数据分析，有针对性地邀请用户主动提出需求，比如金融产品的期限、金额以及风险偏好等，当具有同类需求的用户达到一定数量时，商业银行可以根据客户需求来发行相应产品，从而实现商业银行与客户的价值共创。

3．中间成本更低

传统线下的 POS 刷卡器的硬件成本不低，交易还受场地固定的约束。而作为硬件终端的手机，不但更便宜，并且使用更方便。移动互联网使得品牌商与移动用户更容易建立长期联系，方便买卖双方直接交流沟通，使得品牌商与移动用户之间制定游戏规则，加快摆脱中介平台和加速商业民主化进程，直到彻底抛弃中介平台。因此，移动互联网金融让股票、期货、黄金等金融产品的交易可以变得随时随地进行，让品牌商与移动用户对中介平台逐渐摒弃，不但减少了中间环节，而且提高了效率，大大地降低交易成本。

4．协作性更好

移动互联网金融融合了通信、IT、信息和金融等多个行业，比如：通过移动终端，实现水、电和煤气等费用缴纳的移动支付，实现股票类交易的移动证券，实现购物消费的移动电子商务，实现行内或者跨行不同账户间的移动转账等，这些业务都需要以银联为代表的金融机构、通信运营商、信息网络安全企业和掌握移动互联网入口的互联网公司、以支付宝为代表的第三方支付机构等多个参与方的合作，在共生互赢的模式和机制上，为了彼此的利益和发展，势必培育和建立各行各业更为紧密的协作和配合关系。

5. 透明度更强

移动互联网金融将过去固化的生活方式转变成移动化，将传统的金融经营和管理模式变得更加开放透明。在移动互联网，有些用户愿意在一些群体里暴露自己的行踪和经历，比如在微理财上获得一笔授信，会主动将体验过程与人分享，这就提高了自己的透明度，增强了朋友对自己的信任度，提升了自己的个人信用，从而获得金融行业的更高授信。并且，移动互联网用户通过移动终端能够实时地了解到通过哪家银行的信用卡能够享受优惠，能否申请消费贷款等金融信息，这将会促进各种金融信息变得更加透明和公开。

3.4.3 移动互联网技术架构

移动互联网的出现带来了移动网和互联网融合发展的新时代，移动网和互联网的融合也会是在应用、网络和终端多层面的融合。为了能满足移动互联网的特点和业务模式需求，在移动互联网技术架构中要具有接入控制、内容适配、业务管控、资源调度、终端适配等功能。构建这样的架构需要从终端技术、承载网络技术、业务网络技术各方面综合考虑。

如图 3-5 所示为移动互联网的典型体系架构模型。

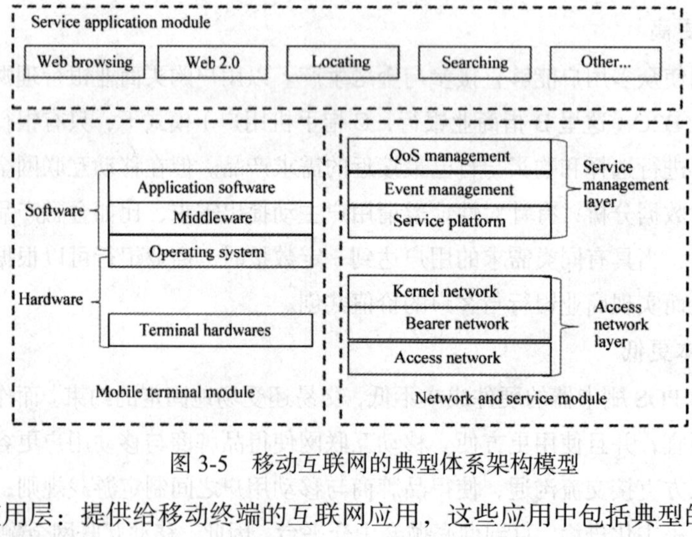

图 3-5　移动互联网的典型体系架构模型

① 业务应用层：提供给移动终端的互联网应用，这些应用中包括典型的互联网应用，比如网页浏览、在线视频、内容共享与下载、电子邮件等，也包括基于移动网络特有的应用，如定位服务、移动业务搜索以及移动通信业务，比如短信、彩信、铃音等。

② 移动终端模块：从上至下包括终端软件架构和终端硬件架构。

- 终端软件架构：包括应用 APP、用户 UI、支持底层硬件的驱动、存储和多线程内核等。
- 终端硬件架构：包括终端中实现各种功能的部件。

③ 网络与业务模块：从上至下包括业务应用平台和公用接入网络。

- 业务应用平台：包括业务模块、管理与计费系统、安全评估系统等。
- 公共接入网络：包括接入网络、承载网络和核心网络等。

从移动互联网中端到端的应用角度出发，移动互联网的业务模型可分为 5 层：

① 移动终端：支持实现用户 UI、接入互联网、实现业务互操作。终端具有智能化和较强的处理能力，可以在应用平台和终端上进行更多的业务逻辑处理，尽量减少空中接口的数据信息传递压力。

② 移动网络：包括各种将移动终端接入无线核心网的设施，比如无线路由器、交换机、BSC、MSC 等。

③ 网络接入：网络接入网关提供移动网络中的业务执行环境，识别上下行的业务信息、服务质量要求等，并可基于这些信息提供按业务、内容区分的资源控制和计费策略。网络接入网关根据业务的签约信息，动态进行网络资源调度，最大程度地满足业务的 QoS（Quality of Service）要求。

④ 业务接入：业务接入网关向第三方应用开放移动网络能力 API 和业务生成环境，使互联网应用可以方便地调用移动网络开放的能力，提供具有移动网络特点的应用。同时，实现对业务接入移动网络的认证，实现对互联网内容的整合和适配，使内容更适合移动终端对其的识别和展示。

⑤ 移动网络应用：提供各类移动通信、互联网以及移动互联网特有的服务。

另外，技术团队要始终把安全放在第一位，竭尽全力保障投资人的资金安全与信息安全。参照国家信息系统安全等级保护的要求，制定综合的安全治理措施，主要应该包括 3 个方面：

① 基础技术设施安全建设：采用企业级防火墙，HTTPS 数据传输加密，分布式数据存储与备份，抗 DDOS（Distributed Denial of Service）服务，跟踪最新漏洞，及时系统升级。

② 提高代码的安全性：制定代码规范和各种开发规范，确保开发人员能够写出安全的代码；开发代码扫描工具，扫描代码；代码审查，代码交叉审核；单元测试与自动化测试。

③ 建立监控与反馈系统：及时发现潜在的问题，化被动为主动；为可能发现的问题制定应急预案；监控重点敏感数据与功能，发现异常及时进行阻断和报警。

技术团队要为整个技术平台制定出长期的改善目标，比如应该包括：

- 持续改善系统架构，更好地支持业务扩展。
- 降低系统耦合，提升对变化的响应速度。
- 建立更完整的公共平台、基础框架、基础类库，提高开发效率。
- 合理地增加或减少系统间交互，提升系统性能、稳定性。
- 完善配置、监控、预警、日志系统，提升系统运维效率及发现问题的速度。

3.4.4　移动互联网金融发展前景

1. 手机上网人数的增长提供了有利条件

据工业和信息化部最新发布的通信业经济运行情况的数据显示，当前我国移动电话用户规模达 12.9 亿户，普及率达每百人 94.6 部，移动互联网用户总数超过 8.99 亿户，其中，使用手机上网的用户总数达到 8.58 亿户，占总网民数的九成多，手机保持第一大上网终端地位。数据表明，我国移动互联网发展已进入全民时代，这是移动互联网金融能够加快发展的强有力支撑。

2．移动支付设备和平台的创新发展奠定了坚实基础

通过可穿戴移动设备的推出和应用，支付方式将更具多样化和便捷化，如声波支付、虹膜识别等先进技术将使金融变得无处不在，金融和个人之间的关系也将是如影随形。并且，伴随着中国金融移动支付公共服务平台的建立和不断完善，联网通用、安全可信的中国移动金融可信网络已形成，这也为广大手机用户提供一个安全、快捷的移动支付环境，也必有效地促进移动互联网金融产业的规范、有序发展。

3．新产品和服务的探索应用注入了持续动力

信息技术以及移动互联网的飞速发展，让越来越多的企业、创业者进入移动互联网金融领域，伴生了更多产品和服务的创新推出。随着微信的普及，微信银行、微信理财、微信支付深受广大用户欢迎；社交化是移动互联网的重要特征，如微博的出现为人们提供了一个即时发言平台，人们只要带上移动终端，就可以随时随地和朋友交流金融体验、分享金融资讯、建立金融社交；余额宝、百度理财等创新型移动互联网金融都具有需求引致的特点，不但营销费用低，而且效果很好。各种金融产品和服务的不断创新，打破了传统金融格局的垄断局面，同时，也为移动互联网金融的发展注入了生机和活力。

3.5 物联网技术

【拓展阅读】

物联网与金融模式新革命

信息技术给社会及经济生活带来了深刻影响，如时下热议的互联网金融，而物联网的发展又会给金融行业带来怎样的变化呢？

我们认为，物联网以其全新的架构体系，让实体世界实现有组织、主动的感知互动，让虚拟经济从时间、空间两个维度上全面感知实体经济行为、准确预测实体经济的走向，让虚拟经济的服务和控制融合在实体经济的每一个环节中，这必将推动传统金融模式的一场新革命，并催生一种全新的金融模式——物联网金融。

物联网——主动、有组织地感知互动。

我们知道，传感器采集信息、通信传输、中心进行处理的架构是传统智能化的测控系统。而物联网是以实体世界的感知互动为目的，以社会属性体系架构为核心的全新综合信息系统。如果把传感器比作人的鼻子、眼睛、耳朵的话，神经是传输系统，大脑就是指控中心，传统的测控系统是把系统比作一个人，物联网则是由这些“人”组成的团队、社会，“他们”有协同、有分工、有组织地去完成实体世界的感知互动。测控系统能完成人为的一些简单的测控场合，比如工业自动化。只有物联网的社会属性架构的高自适应的体系，才能满足纷繁复杂的实体世界的感知互动的要求。

物联网是信息技术发展第三次产业浪潮的推动者。以 PC 为代表的信息处理推动信息产业进入第一次产业浪潮——智能化时代；移动通信、互联网为代表的信息传输推动信息产业进入第二次产业浪潮——网络化时代；物联网使信息获取产生革命性的变化，正推动信息产业进入第三次产业浪潮——社会化时代。

物联网面向实体世界，对实体世界进行追踪历史、把控现在、预测未来，改变的是实体产业的本身。比如，物联网让传统智能安防监控从事后追踪变革为事前预警；让传统智能交通的红绿灯控制车流量变革成车流量控制红绿灯；让传统基于 RFID、条码、二维码的物流信息化被动管理变革成主动无遗漏环节监管等。物联网对传统产业的变革将远远超过互联网的影响。

（节选自：《光明日报》，2014-05-29，http://epaper.gmw.cn/gmrb/html/2014-05/29/nw.D110000gmrb_20140529_1-15.htm）

上述阅读材料展示了物联网技术是如何改变实体经济、如何改变现代金融体系的。物联网面向实体世界，改变的是实体企业本身，物联网对传统产业的变革将远远超过互联网的影响，那么物联网对互联网金融的影响也将是广泛和深远的。物联网以其全新的架构体系，正在催生一种全新的金融模式——物联网金融。

3.5.1　物联网概念

物联网（Internet of Things）通过传感器、射频识别技术（Radio Frequency Identification，RFID）、全球定位系统（GPS）等技术，实时采集任何需要监控、连接、互动的物体或过程，采集其声、光、热、电、力学、化学、生物、位置等各种需要的信息，通过各类型的网络接入，实现物与物、物与人的链接，实现对物品和过程的智能化感知、识别和管理。在这个网络中，物品彼此进行“交流”，实现自动识别和信息的互联共享。

从技术的角度来说，物联网技术主要有四个层面。第一层是设备层，就是“物”的层面，此层面包含传感器、网关、终端硬件等。物联网的数据在这个层面从各种设备中被感知和产生。第二层是网络层。各种物理设备，通过各种方式进行组网，形成了物联网的初级形态。第三层是数据采集和分析层。数据在第三层中被集中采集到一个计算中心，通常是云计算平台，进行数据整理和计算而得到有用的分析结果。可以说第三层是物联网的灵魂。第四层是分析结果的展现和应用。这一层完成物联网结果的反馈和与其他系统的对接，给生产、生活带来实质帮助。以上四个层面组成了在各行各业实现物联网方案的基本技术框架。

物联网作为继计算机、互联网后信息产业革命的第三次浪潮，早已蔓延到社会生产经营的方方面面，更是对社会经济中枢的金融行业也将产生深远影响。金融物联网是指物联网技术在金融行业的全部应用。从一项或一组物联网技术对金融企业的内部管理支持和流程优化，到完整的物联网商业应用场景与金融企业具体业务的结合，再到多维度、全链条的智慧网络建设及数据应用推动的金融模式变革与创新，物联网技术在金融领域的应用不断深化，相关产业也呈现出强劲的发展势头。图 3-6 所示为物联网产业全景图。

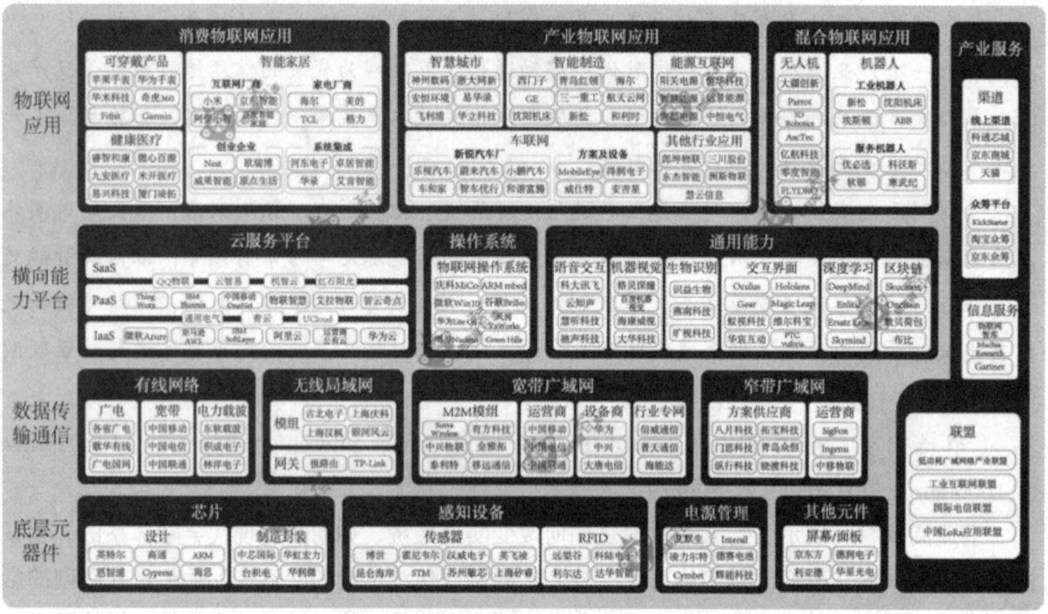

图 3-6 物联网产业全景图①

金融机构利用以物联网为核心的信息技术，进行金融信用、杠杆、风险和服务的创新，从而将深刻变革银行、证券、保险、租赁、投资等众多金融领域的原有业务模式。

其中，物联网技术之于金融信用体系的创新，在于金融机构在物联网技术支撑下，重构其与监管部门、非金融企业、服务对象等相关参与者之间的新型信用体系；物联网技术之于金融资本杠杆的创新，在于金融机构通过构建物联网技术应用场景来引导更多的参与者投入实体经济，推动单一的金融资本杠杆向多样性的资本、技术等资源组合杠杆的转变；物联网技术之于金融风险管理的创新，在于金融机构通过共享实体经济的物联网数据信息，实现智能客观的风险定价；物联网技术之于金融产品服务的创新，在于金融机构利用物联网技术实时地获取客观的市场需求，进而动态地调整金融服务，推动被动的融资服务向主动的融资融智服务转变。

金融物联网包含了物联网技术、金融服务以及实体经济的生产运营场景等基本要素，其中金融和物联网技术是金融物联网的两个核心要素，相辅相成，互为支持；而实体经济的生产运营场景则是金融物联网的现实载体，金融服务与物联网技术将在其中作为基础要素融入实体经济的商品或服务中。金融物联网构成的新型生产关系，因其高度的开放、协作以及全面的去中介化，使得信用、跨期价值交易的成本无限下降，产品服务边际成本趋近于零，业

① 物联网智库. 2016 中国物联网全景图谱报告

态边界也将趋于无穷大，可以扩张到所有的社会生活、生产和运营中，囊括所有的商业和非商业参与者。

3.5.2　物联网对金融的影响和作用

物联网和金融相互影响、渗透并不断进行跨界融合已经成为必然趋势。物联网对金融的最大价值是提供了对客户和交易进行客观观察的手段，金融机构可以利用物联网技术和信息通信技术，提高自己的风险识别和控制能力，并推动金融产品和服务创新，提供新型的支付、资金融通、投资、资产管理及信息中介等各种金融服务，扩大金融服务的广度和深度①。

1．有效解决交易信息不对称问题

随着物联网技术的突飞猛进，世界本身正在成为一种信息系统。物联网提供物与物、物与人的交互信息，通过对海量数据信息的存储、挖掘和深入分析，金融机构随时随地掌握"人"和"物"的形态、位置、空间、价值转换等信息，并且充分有效地交换和共享，从而有效克服信息不对称问题，为大到服务战略、小到业务决策提供全面、客观的依据。以汽车保险市场为例，由于保险人和投保人之间信息不对称，骗保时有发生。如果保险公司在投保车辆上安装物联网终端，对驾驶行为综合评判，则可以根据驾驶习惯的好坏确定保费水平。出现事故时，物联网终端实现远程勘察，实时告知保险公司肇事车辆的行为。保险员不到现场即可知道车辆是交通事故还是故意所为，不但解决了骗保问题，还可以快速赔付、提升赔付效率。

2．促进信用体系更加客观化

物联网数据是通过底层传感器采集的实实在在的客观数据，它克服了互联网数据存在的社交数据多、交易数据少、采集方法主观因素多等问题。借助物联网技术，金融机构对于客户前端信息的主观调查被传感器实时采集的客观数据所代替，从而获得更加真实有效的数据，以这些数据为基础的风控模式将从滞后的、基于主观的信用评价进化为实时的、基于客观数据的信用评价。此外，物联网还将促进信息量和维度大大提升，能够更加全面地反映企业和个人的自然属性和行为属性，提高信用体系的可靠性。物联网对金融的革命性影响在于信用体系的夯实，未来甚至可能重塑社会信用体系。

3．优化金融资源配置

物联网技术的进步将大大改善信息不对称，使金融机构能够以更加精细、动态的方式对信息流、物流和资金流进行"可视化管理"，在此基础上进行智能化决策和控制，合理引导资金流向和流量，促进资本集中并向高效率部门转移，从而达到优化资源配置的目的。

融合了物联网技术的金融服务，全过程电子化、网络化、实时化和自动化，能大大降低运营管理成本。此外，得益于"物联网+大数据+预测性算法+自动化系统"，采集信息的边际成本近乎为零，服务长尾客户再无边界限制，金融服务将可以惠及更广泛的企业和人群。

---

① 陈静.中国金融科技发展概览[M].北京:电子工业出版社,2017-4

4．促进智慧金融的发展

智慧金融表现为金融机构可向客户提供与其日常生活内容紧密相关的洞察、建议、产品或服务，真正交付定制化体验。以金融支付为例，随着移动通信、互联网和近场通信技术的融合发展，利用指纹、虹膜、掌纹、掌静脉、声纹等进行个人身份鉴定的生物识别技术日趋成熟，传统密码支付将逐步被识别支付替代。物联网技术在支付中应用后，会感知消费者的周边环境和自身的状态，以确保支付者的资金安全、人身安全，还可通过透彻感知，将支付行为与企业运营状态、个人健康、家庭情况的动态变化相关联。这意味着，无论是面对个人或企业，金融机构不仅可以预测客户的需求，还能够根据客户不断变化的情况做出积极响应，及时提供相关的解决方案，助力客户实现目标，带来全新的智慧式金融体验。

3.5.3 金融物联网发展情况

随着信息化发展、“中国制造 2025”等国家战略的推进，物联网产业进入飞速发展阶段，金融物联网应用方案逐步丰富，相应金融业务模式渐成体系。物联网技术与金融的结合，涉及银行、保险、融资租赁等多个业务方向，既有对这些机构内部运营管理的提升，也有金融模式的创新。

1．物联网技术在金融企业内部运营管理的应用

目前，物联网在金融企业运营管理方面的应用从功能上主要可以分为两个维度。

（1）提高企业内部管理能力

物联网感知设备能够实时不间断地对物体状态信息进行反馈，对金融企业的安全防卫、突发事件反应、提升内部运营效率等提供了很好的帮助。例如，航天信息提供的 RFID 银行运钞箱管理系统采用远距离射频感应技术，通过安装在运钞箱的电子标签与安装在金库的读写器之间的射频通信，记录和管理运钞箱出入金库的业务流程，通过网点的手持便携设备，记录和管理各个营业网点的运钞箱，实现了银行运钞箱在金库与营业网点间的自动化管理，提高了银行运钞箱管理效率与安全性，提升了银行的综合竞争力。

另外，金融物联网还能提升金融企业内部重要资料的管理能力，比如部分银行和保险公司采取的档案盒电子标签，不但可以实现业务进度查询、处理意见读写和流程时效管理，还能为内部服务计价、风险追责等提供佐证。

（2）提升服务质量和客户体验

物联网信息的传送是建立在物与物之间，减少了人为的影响，对保障金融信息传输安全有很好的效果，例如，集成电路卡（IC 卡）、移动支付的兴起以及指纹、虹膜支付的逐步应用都是物联网技术在金融支付安全领域的应用体现。物联网不但保障信息传输的安全，还可以利用感知设备收集的真实数据集，延伸出更多的、特色化的应用形式，极大地提升金融企业的客户体验。例如，远程开卡机通过摄像等读取设备提高了客户开卡的效率；微软研发的金融产品信息桌通过物联网技术可以智能地向客户展示金融产品信息及提供更多金融服务资讯，客户甚至可以在信息桌上完成金融产品或服务的购买。

2. 物联网技术与供应链金融业务的结合

物联网技术在帮助不同产业优化升级的过程中，发展出来的管理功能和数据信息可以帮助金融企业优化风险管理、简化业务操作流程，并推动产品创新。RFID、智能视频、工业二维码等物联网技术能够对商品流转、仓储进行实时的识别、定位、跟踪、监控等系统化、智能化管理，使得金融机构能够从时间、空间两个维度全面感知和监控动产的存续状态和变化过程，有效地提升了供应链金融业务风险管理和操作效率。

（1）物联网在汽车供应链金融中的应用

平安银行依托自身在汽车供应链金融领域的优势，在“车厂—供应商”供应链融资环节，引入了物联网传感系统和智能监管系统，开创了物联网技术下“智能监管库存融资”模式，实现了技术监管对人工现场监管的优化升级、银行信贷业务模式的重塑和优化，极大地降低了人力成本和道德风险，并为银行风险管理提供了强劲的大数据支撑。

（2）大宗商品动产融资

平安银行与大型港口、公共仓库等仓储物流企业建立战略合作，采用智能仓储监管方案，对钢铁、有色、石油、化工等大宗商品仓库进行物联网改造升级，实现对动产融资业务项下抵质押物的实时动态监管，赋予动产以不动产的属性，囊括静态仓储和动态物流中的大宗商品，真正激活交易商品的金融属性。

（3）交易见证及配套金融服务

伴随商品交易线上化的全面普及，贸易真实性问题成为限制交易配套金融服务发展的主要因素。电子交易平台、仓储物流企业、金融机构等应用物联网技术将线上信息化交易过程与线下商品实物的交割连接在一起，使得商品交易、实物交割与金融机构的资金监管、支付清算等服务匹配，达到交易信息流、物流和资金流的统一。

海格物流将 RFID、重力感应器等物联网设备应用在高价酒类的仓储物流中，实时读取线下交易商品品名、规格及数量等信息，准确监测货物的库存和物流状态，并将物联网化的仓储、物流信息系统与线上交易信息系统直连，为买卖双方动态掌控交易商品、快速判断交易时机提供了有效支撑，由此配置的交易见证、支付结算及供应链融资等金融服务也得到了很好的发展。

（4）仓单认证、交易及配套金融服务

仓单的交易及融资由于近年来的虚假仓单、重复质押及监管过失等问题陷入了发展困境，频发的风险事件影响行业信用体系的同时，也影响了商品交易的活跃度。交易市场、交割仓库、期货公司及银行等应用物联网技术将大宗商品实物与电子仓单绑定，使得仓单信息能根据实物的物理变动、权属变化等进行实时调整，并用套期保值交易锁定仓单价值，进而实现大宗商品实物交易及融资的单证化和线上化。

目前已有多家机构在进行仓单物联网化的研究和推动工作，其中有仓储机构、有大宗商品核心厂商，也有一些其他第三方机构，都致力于通过互联网、物联网及大数据等新兴技术，对仓单及其项下货物的相关信息进行动态、持续、统一的登记公示，逐步形成了集仓单认证、仓单征信、仓单保险、仓单交易及投融资于一体的仓单服务方案。

3. 物联网技术与保险的结合

对保险业来讲，精算最大的困难是无法获得准确全面的风险数据，物联网技术的应用和普及，将深刻地改变保险业态，让消费者更受益的精准定价保险产品时代已经开始萌芽，实时核保、实时定价等新技术应用，将使一车一价车险、带病投保健康险、弹性保额重疾险、防误导销售等变得可行。

平安产险、百度与车载诊断系统（On-Borad Diagnostic，OBD）制造商元征科技在车联网保险方面建立了合作，共同推出基于 OBD、基于位置服务（Location Based Service，LBS）技术的车联网智能硬件——百度地图版，通过对车主行驶数据的持续分析，为其提供便捷、快速、个性化的车险服务，并通过与汽车产业链上各方参与者的信息共享，围绕汽车的“买，卖、养、用、玩”等场景，提供汽车按揭、安全咨询、加油、洗车等多元化服务。

此外，针对个人的寿险和健康险方面，保险行业也已开始尝试运用物联网技术，并催生出新的商业价值。例如，众安保险推出的一款基于日常慢跑的重疾险产品，就是将客户每天慢跑达标情况与保费优惠结合起来。这一看似简单的变革，却是保险精算传统的一大突破，改变了传统保险产品固定费率、固定保障、无法细分人群的旧模式，极大地提升了客户体验。

本章小结

本章概述了大数据技术、云计算技术、区块链技术、移动互联网技术、物联网技术等支撑互联网金融创新发展的相关技术及其应用场景。为进一步学习和把握互联网金融的行业特征及其运行发展规律提供科普支持。

思考与练习

1. 简要论述互联网金融科技创新的时代特征。
2. 简述互联网金融科技的发展历程。
3. 图示大数据金融生态链。
4. 描述你所用智能手机拥有的互联网金融功能。
5. 中国金融监管层为什么突然宣布停止 ICO 平台交易活动？

第 4 章

传统金融的互联网化

案例导入

中国工商银行发布互联网金融品牌 e-ICBC

2015 年 3 月 23 日，中国工商银行正式发布了互联网金融品牌“e-ICBC”，成为国内第一家发布互联网金融品牌的商业银行，标志着工行已经加快落实互联网金融战略。未来，消费者可以通过“e-ICBC”的三大平台、三大产品线等一系列互联网金融产品，将实现线上买房、买车、投资、贷款、缴费等，真正体验互联网和金融的融合和创新为日常生活带来的便利。

工行发布的“e-ICBC”互联网金融品牌主要包括“融 e 购”电商平台、“融 e 联”即时通讯平台和“融 e 行”直销银行平台三大平台，支付、融资和投资理财三大产品线上的“工银 e 支付”“逸贷”“网贷通”“工银 e 投资”“工银 e 缴费”等一系列互联网金融产品，以及“支付+融资”“线上+线下”“渠道+实时”等多场景应用。

其中，定位于“名商名品名店”的“融 e 购”电商平台，对外营业 14 个月时间，注册用户已达 1 600 万人，累计交易金额突破 1 000 亿元，交易量进入国内十大电商之列。具有小额、快捷特点的新型支付产品“工银 e 支付”，经过一年拓展，账户数超过 5 000 万户，交易额 650 亿元，并发交易处理能力达到每秒 1 120 万笔。基于客户线上线下直接消费的信用贷款产品“逸贷”余额超过 1 700 亿元，2014 年累放贷 2 300 亿元，与全国 P2P 网贷成交额之和基本相当。契合小微企业“短频急”融资需求的互联网贷款产品“网贷通”，已累计向 6.9 万客户发放贷款 1.6 万亿元，余额近 2 500 亿元，是目前国内单体金额最大的网络融资产品。用于贵金属、原油等投资交易的“工银 e 投资”平台客户超过 15 万户，是目前国内银行业唯一面向个人投资者的产品交易平台。针对年轻客户群体推出了“大学生 e 服务”，针对商旅客户打造了“商友俱乐部”平台，契合不同客户群体需求的差异化服务得到较快发展。

业内人士指出，此次全面启动互联网金融战略不仅对工商银行是一件具有里程碑意义的大事，而且对于整个互联网金融业态来说也具有划时代的意义。截至目前，工、农、中、建、交五大国有商业行都把互联网金融提升到了战略地位。中国银监会更是在 2015 年年初的改革中，专门新成立一个部门——普惠金融部，首次将互联网金融纳入普惠金融渠道。可以预见的是，未来传统银行将加快与互联网的融合与创新，消费者也将通过互联网金融享受更加便捷的客户体验。

（资料来源：张添，肖钢. 中国工商银行发布互联网金融品牌[news]http://news.sina.com.cn/o/2015-03-23/214831636614.shtml）

本章重点

- 理解互联网银行的价值和效应。
- 理解互联网证券交易的发展和风险。
- 理解并掌握互联网保险模式。

4.1 互联网银行

在我国，银行业一直是金融业的主体。互联网金融的快速发展给传统金融业带来越来越大的影响，以商业银行为代表的传统金融机构正面临前所未有的挑战和冲击。面对这一新变化、新挑战，传统银行正发生新的变化。

4.1.1 商业银行电子化、网络化历程

银行属于商品经济的产物。自从 1580 年在意大利威尼斯诞生第一家银行起，随着商品交换、货币流通的迅速扩大，以及国际贸易的迅速发展，银行业获得了飞速的发展，银行业的地位、作用日益加强，其工作效率和货币流通能力成为整个经济发展速度的重要决定因素之一。科学技术是人类现代文明的基石，是社会发展的推动力。20 世纪 50 年代计算机的发明及广泛的应用前景为银行业的发展奠定了坚实的基础，一些大银行纷纷将这一新技术运用于银行业务的改革和银行业工作方式的更新，从此银行业迈出了电子化的步伐，使具有数百年历史的银行业发生了本质性的变革。

1. 银行电子化发展历程

（1）美国银行业金融电子化

美国作为信息技术极为发达的国家，在银行业竞争加剧以及客户多元化需求的压力下，大力发展银行电子化事业，不断开拓新的服务领域，投入巨资建立了以计算机网络为支撑的全开放、全方位、全天候的现代化银行体系。

第一阶段：20 世纪 60 年代的后台电子化。

第二阶段：20 世纪 70 年代的前台电子化。

第三阶段：20 世纪 80 年代的网络化发展。

第四阶段：20 世纪 90 年代以来，美国银行业利用外部集成服务来增加以前内容信息技术处理的价值，通过综合内外各方面的资源，从各种专业角度打破了银行的常规，进行创造

性思考，更加注重创新，使新的金融产品和服务不断涌现。

（2）日本银行电子化

比起美国银行，日本银行电子化稍有落后，但紧跟计算机技术、通信技术和金融工程发展步伐，为日本金融事业称雄亚洲起到了举足轻重的作用。日本银行界一般把全国计算机系统划分为行内系统（Inner Bank system）和跨行系统（Inter Bank system）。

（3）我国银行电子化

我国银行电子化的发展，相对发达工业国家而言起步较晚，从 20 世纪 70 年代开始至今短短不到半个世纪的历程，但发展速度较快。我国银行电子化建设经历了三个重要的、具有历史意义的发展阶段。

第一阶段：起步阶段。20 世纪 70 年代中后期到 80 年代初，以中国银行引进第一套 RICOH-8 型主机系统为标志，我国银行电子化建设进入试点。

第二阶段：推广应用阶段。从 20 世纪 80 年代后期到 90 年代初，商业银行以全面实现柜台业务处理计算机自动化为目标，开发了许多业务应用系统，这一阶段主要还是以计算机代替手工操作为主，进一步在大中城市推广应用各类柜台业务处理系统。

第三阶段：发展创新阶段。20 世纪 90 年代中期至今，是我国银行电子化建设发展的高潮，不仅体现在计算机数量规模的扩大上，而且还体现在网络框架建设的统一性和标准性上，更主要体现在应用的深度和广度上都有极大的拓展。

2. 网络银行的发展趋势

网络银行是现代银行业的发展方向，指引着银行未来的发展趋势。在全球化的金融浪潮下，网络银行是国际上各银行业面对日趋激烈的国际竞争谋求变革、谋求生存、谋求发展的必然选择。在国际银行业竞争不断加剧的情况下，银行业开拓业务受到阻碍，促使金融机构努力拓宽服务领域和提供便捷服务手段，现代化的通信和信息技术的高速发展使网络银行成为必然选择。随着我国金融市场的逐步开放，金融一体化进程不断加快，银行、证券、保险、信托之间的业务混合经营趋势加剧，面对来自其他行业的竞争，突显出现代市场格局的繁荣。为了提升自身在市场中的份额，各金融机构都使出了浑身解数，不断推出金融创新产品，抢占市场份额，然而，传统银行要在市场竞争中领先，则必须抢占互联网金融的高地，利用强大的用户群体，推出适合于现代消费者的消费服务。但是，金融机构不是互联网公司，也成为不了互联网公司，在这名为“互联网金融”的战场上，银行要做的不是拥抱互联网，而是改进自身的业务体系。因为和互联网公司相比，虽然他们拥有的网上客户数据和消费信息强大，但是和银行数百年来积累的信誉优势和强大网店带来的储户数据资料相比，显得更加微不足道，甚至在这场“战争”中，银行占据的优势更为明显，因为在消费者的消费观念中，银行仍然是首选的，互联网公司如今的火热之势迎合了广大消费者中的从众、好奇心理，一旦用户对某一项体验感到疲惫时，大规模的用户便会流失。

当今金融经济活动中，网络银行已经越来越多地成为企业和个人生活资金管理和资金转移的必要工具。随着信息技术的不断进步发展，网络银行必将降低经营成本、超越时空限制，

成为人们信息生活中不可缺少的一环。其趋势也将主要呈现以下几个方面:

（1）未来的网络银行交易会更加安全

安全问题是网上银行的一个基本问题，也是一个突出问题。机密交易资料被盗用或改变、客户账户密码被窃取或非法篡改、账户资料被挪用等情况时有发生，诸如此类的安全问题已经成为网上银行风险防范的重点。目前，各银行虽然都采取了各种安全手段，例如，设立防火墙，采用数字证书、CA 认证等加强身份识别，使用密码数字键盘、验证码、加密狗等加强信息传输安全，但是安全事故仍然不能避免，采用诸如更复杂的加解密算法、指纹识别等更加安全的技术措施和风险管理方案，进一步加强安全风险监控，仍将是各网络银行的重点关注点。发展互联网的核心要素便是对安全的更高要求。随着计算机网络安全技术的不断进步，从网络银行客户到服务器的整个环节将会采取更加安全的加密、传输、存储、验证技术来保证交易过程的安全。用户的安全意识、银行的风险监管将会在网络银行的使用过程中得到加强。

（2）具有合规与标准化

网上银行以虚拟化方式方便快捷地为客户提供丰富的金融产品和服务，与传统银行传统业务相比，网上银行具有新渠道、新产品、新特性，也面临新问题、新风险、新环境，过去制定的相关法律法规、流程规则已不能满足需要，制定和完善适当的行业标准，业务流程、法律法规，采用标准的网络、软硬件平台和工具将是网上银行的一大发展方向。随着各家银行对网络银行应用技术的认知程度不断加深以及开发技术的优选创新，用户的网上冲浪行为越来越多地突破终端环境配置水平的限制，从而更好地体验网络银行功能简便性所带来的方便。

（3）交易的内容更加丰富

互联网的发展，就是为了应对人们日益变换的消费需求。消费者的需求是不断变化的，未来能在竞争不断激烈的市场环境中抢占市场高点的公司必定是能够为消费者提供交易内容更加丰富的产品的公司。随着金融活动在普通居民中变得日益频繁，银行业务将会被不断改进和创新。网络银行的使用，将驱使银行整合尽可能多的银行业务提供给网上用户使用。同时，银行也会在成本、质量、客户满意度和反应速度上有所突破，继而能够集中核心力量，获得可持续竞争的优势，最终使网上银行进一步加快向业务综合化、国际化和高科技化的方向发展。这就是人们常说的金融创新带来的业务突破。

（4）交易介质发生变化

网络银行发展到现在，为了保证用户消费时的安全，用户在网上使用支付转账、汇兑、结算等功能时，必须输入动态口令或者交易密码等作为防伪的标志，这在一定程度上保证了用户的个人信息不被他人非法窃取。随着未来互联网技术的高速发展，技术的不断进步，用户进行交易时的介质会不断升级，往更安全更便捷的方向发展。

（5）金融服务线上化

随着视频通信技术的成熟，数据传输速度的加快，远程面对面的人工服务得以通过网络实现，过去受制于物理空间的金融服务开始通过网络技术向线上延伸，突破了电子银行只能做标准化程度较高、程序比较固定的业务模式。金融服务的线上化，将对未来银行业带来三种变化：首先，银行线下渠道将弱化业务办理的功能，而强化金融服务的功能。线下渠道将更多地为电子银行提供支持，当用户对电子银行新业务存在疑虑时，线下渠道将有效为之解答和做详尽的介绍；其次，由于视频技术突破了人工智能的束缚，使得未来银行所有的业务都可以从线上渠道办理，因此会有更多更复杂的金融服务通过线上办理；最后，金融服务线上化使用户行为习惯数据能够得到完整记录和积累，后期银行通过数据分析将进一步优化已有的复杂金融服务流程，进一步提高现有金融服务的合理性和办理效率。

4.1.2　传统商业银行的互联网应用

1．互联网银行

（1）概念

互联网银行又称网络银行、在线银行，是指银行利用 Internet 技术，通过 Internet 向客户提供开户、销户、查询、对账、行内转账、跨行转账、信贷、网上证券、投资理财等传统服务项目，使客户可以足不出户就能够安全便捷地管理活期和定期存款、支票、信用卡及个人投资等。一般来说网上银行的业务品种主要包括基本业务、网上投资、网上购物、个人理财、企业银行及其他金融服务。

（2）发展背景

比尔·盖茨曾经预言，“传统商业银行是要在 21 世纪灭绝的一群恐龙”。预言是否成真现无从判断，但是就目前互联网行业进军金融领域的趋势来看，传统商业银行面对的将是一个根本性的挑战，挑战的根源来自于互联网技术在现代社会的应用，互联网技术不仅仅改变了传统的信息传播形式，而且逐渐影响着现代人的思维方式，“互联网+”的混业创新发展也成为“新常态”经济背景下中国经济转型升级的新引擎，具有互联网色彩的新金融生态环境为网络银行的“出世”提供了外在有利条件。1995 年全球第一家网络银行——“安全第一网络银行”诞生于美国，其超越时空的服务特点立即受到了美国民众的强烈追捧，随后英国、瑞士和日本纷纷效仿。我国网络银行起步较晚，1998 年 4 月招商银行率先推出具有网络银行性质的网上支付业务。目前，我国的传统商业银行提供的网络银行业务已经有了较快的发展，特别是招商银行更是在国内同行业中遥遥领先。而且，其网络银行业务已经初步形成了比较完备的体系，而且业务分类和市场定位日益清晰和成熟。比如，工行、建行和招行的业务都包括了个人网上银行、企业网上银行等。这些体现出当前我国各类商业银行都对网络银行业务的发展给予了充分的重视和足够的资金、技术、人才的投入。

（3）特点、优势与风险

① 特点。与传统的银行业务相比，网上银行业务有以下特点：

a. 以计算机技术为基础，以网络为媒介。

b. 灵活便捷的 24 小时服务。

c. 客服自助服务。

d. 边际经营成本低。

e. 业务综合性强。

② 优势。互联网银行的出现，改变了商业银行的竞争方向和发展模式，也改变了商业银行风险管理的范畴。与传统银行相比，网上银行的优势有：

a. 打破地域和时间限制，在降低服务成本的同时，提升了服务的便捷性和可访问性。

b. 采用网络化、无纸化运作，提高了服务的速度和效率。

c. 扩展了服务范围，有利于服务创新，向客户提供个性化、多样化服务。

d. 服务更加标准、规范，避免了人工服务质量参差不齐的不足。

e. 减少了银行的网点、人员、设备等投入，节省了银行成本。

f. 有利于银行业务向大范围开拓以及全球化目标的实现。

③ 风险。在经营管理活动电子化、网络化的大趋势下，银行对计算机的依赖程度越来越高，业务应用的范围越来越广，新的金融经营管理模式也必将衍生出与传统金融风险不同的风险，网上银行操作风险与信用风险、市场风险等传统金融风险相互依存、相互影响、相互制约，形成了以信息技术为主要特征的操作风险。这些风险具有与传统风险不同的特征与内涵。

a. 易受攻击，案发率高。由于网上银行业务基本上是人机对话，客户自助交易，交易过程中几乎无人监管，这就给犯罪分子有了可乘之机。没有经济成本和现场作案的心理恐惧，作案者只需按动键盘和点击鼠标，就有可能获得巨大收益，并且由于作案隐蔽，不受地域限制，查处困难，继而导致犯罪率不断攀升，比如在美国，计算机犯罪的破案率还不到10%，其中定罪的则低至3%。在国内，据人民银行统计，计算机犯罪每年以30%的速度递增。而在这些案件中，金融行业案件占60%。

b. 风险广泛，监控困难。网上银行操作风险广泛存在于银行产品开发、内部管理、日常运营、系统操作等各个层断和环节，存在于软、硬件环境、网络环境和运行环境等各个环节，存在于电子化建设的规划、实施、维护和应用等各个阶段。不仅如此，网上银行提供的每天24小时的服务，使整个业务时刻都存在着发生风险的可能性。

c. 事件概率小，经济损失大。网上银行业务，近年来呈爆炸式发展，业务量激增，每一秒钟都在发生业务，日常运营一旦出现问题，将会给客户和银行带来无法估计的损失。同时，商业银行数据处理中心逐步集中到总行层面，这虽然减少了中间环节，降低了风险发生的概率，但是当这些数据中心一旦出现问题，就有可能带来灾难性的后果。

d. 偶然发生，负面影响大。近年来，网上银行的发展一再受到资金安全问题的困扰，尽管银行已经使用了足够多的安全机制来保证资金的安全。一旦发生客户密码被盗、假网站、银行操作导致资金发生差错等问题，虽然是偶然事件，金额不大，但是由于媒体的宣传，致使用户对网上银行运行安全有一定担忧，使这些问题在无形中扩散，给网上银行业务和银行机构的声誉带来一定的负面影响。

2．直销银行

直销银行是互联网时代应运而生的一种新型银行运作模式。这一经营模式下，银行没有营业网点，不发放实体银行卡，客户主要通过计算机、电子邮件、手机、电话等远程渠道获取银行产品和服务，因没有网点经营费用，直销银行可以为客户提供更有竞争力的存贷款价格及更低的手续费率。降低运营成本，回馈客户是直销银行的核心价值。

直销银行是几乎不设立实体业务网点的银行，主要通过互联网、移动终端、电话、传真等媒介工具，实现业务中心与终端客户直接进行业务往来。直销银行是有独立法人资格的组织，其日常业务运转不依赖于物理网点，因此在经营成本费用支出方面较传统银行更具优势，因此能够在经营中提供比传统银行更具吸引力的利率水平和费用更加低廉的金融产品及服务。

虽然随着互联网技术和电子商务的发展，国内大部分银行均设立了网上银行、手机银行、电话银行等业务，业务的电子替代率持续上升，但这些业务依然作为传统银行整体的一部分而存在，更多的是充当对传统物理网点的补充，并没有完全脱离实体网点而独立存在。随着国内金融改革的推进，开设直销银行成为广泛关注的焦点。

（1）特点

直销银行模式充分利用现代化信息通信技术，借助互联网开展金融业务，具有低成本和方便快捷的优势，具有广阔的市场发展前景。直销银行模式具有以下特点：

① 几乎没有实体营业网点，运营成本低。

② 以低价格、高收益的金融产品和高质量服务吸引客户。

③ 通过大数据技术进行准确的客户定位，提高交易效率。

④ 简单舒适的交易体验。

（2）模式

作为主要依托电子手段的销售渠道，在内部竞合关系中，建立针对目标客群、独立封闭的渠道体系是直销银行模式成立的关键。

从当前国际直销银行的实践来看，直销银行主要有以下几种模式：

① 纯粹的网络银行。以美国的 Security First Network Bank（SFNB）为代表，它是全球第一家纯网络银行。纯粹的网络银行建立之初，以服务网民为宗旨，其业务模式和用户体验更贴近互联网用户习惯，更能吸引年轻的个人用户。但是，由于完全缺乏母银行的品牌、安全的基因，在商业模式、信息安全和客户服务方面，纯粹的网络银行面临更大的挑战，对所在国网络用户普及率和监管政策依赖度较高。

② 全球性的直销银行。以 ING Direct 为代表。在成立 ING Direct 前，荷兰国际集团在海外的对公业务和保险业务已占据一定的市场规模，但尚无零售业务。1997 年，在加拿大首创大获成功后，迅速向全球多个国家复制。ING Direct 通常是目标国家市场的首位直销银行，三年左右即实现盈亏平衡。经历 2008 年金融危机后，ING Direct 逐步收缩，出售了在北美和英国等多处的直销银行业务，专注在欧洲的业务发展。

从发展海外零售业务开始的 ING Direct 模式，成为目前直销银行的样板，但是由于直销银行的市场份额和先发营销模式，ING Direct 模式是很难复制的。

③ 作为子品牌的直销银行。依靠母公司集团，针对独立的客户群，建立独立的子公司和子品牌，通过电子渠道进行直接销售，这是目前欧洲国家比较多的直销银行模式。如德意志银行集团下除德意志银行外，还有 Postbank 和 Norisbank 两个独立的银行品牌，其中 Postbank 中低端客户居多，大量依靠邮储的网点开展银行业务。Norisbank 是德意志银行集团的直销银行品牌，瞄准数字精英，曾经有过网点但已经关闭。与 ING Direct 不同，作为子品牌的直销银行，没有建立完全独立的组织架构，基本上是前台独立，中后台与母银行共享。依托母银行集团的品牌影响、企业信誉、资金实力和后台支持，作为子品牌的直销银行模式得以大力发展，在北欧等互联网渗透率高、市场集中度低的国家成为主流。

④ 作为事业部的直销银行。以汇丰 Direct 为代表。汇丰 Direct，仅作为客户的附属增值账户，关注能带来存款额的客户，强调模式创新和低成本。汇丰 Direct 发展的初衷，和目前我国中小银行面临的负债压力大、网点偏少的情况有些类似。但是，作为事业部的直销银行，如何真正建立独立的网络用户群接受度高的品牌，仍然是一个挑战。

结合国内电子银行发展和监管实际，我们认为，将具有独立银行牌照作为直销银行模式成立的主要标准并不合适。直销银行模式成立的关键，应该是具有独立的门户、独立的客群、独立的产品体系、独立的核算体系，特别是前台销售渠道一定要独立。

（3）发展现状

截至 2016 年 3 月 1 日，中国已推出的直销银行服务的商业银行数量已达 55 家，参与主体多为股份制商业银行及城市商业银行，这两部分性质的银行占总数的 81.8%，如图 4-1 所示。

图 4-1　我国直销银行的性质分布情况

从目前我国各家直销银行推出的主要业务来看，60%以上的直销银行推出了货币基金、银行理财及存款产品，其中货币基金产品甚至达到 81%，其次是贷款、转账、缴费及贵金属业务，少数直销银行还推出了保险及信用卡业务，而作为融资平台使用的直销银行也有不少，其中 21%的直销银行推出了网络投融资服务。另外，虽然直销银行的数量获得了较大的增长，但在实质方面仍未能构成很大的差异，产品特色不明显，同质化严重，且多数尚未实现独立运营。

4.1.3　互联网银行的价值与效应

互联网银行作为一个全新的概念出现在人们面前，颠覆了传统银行的操作概念，给广大的用户带来了全新的体验模式。它通过互联网与银行的直接相连，在网上使用各种支付命令，给人们的消费方式带来了革命性的体验。互联网银行所产生的价值和效应主要有：

① 节约客户和银行的成本。以往客户办理银行业务，必须到银行的营业网点去，工作日往往时间不够充裕，而在周末去办理则需要等待很长的时间，这既是对银行工作人员的业务挑战，也是对客户的挑战。但是互联网银行的设立，很大程度上解决了这些问题。一方面，客户在网上可以全天候、24 小时随时随地办理自己的业务。另一方面，银行也可以根据自己的需要随时随地为用户提供更加个性化的体验。

② 增加客户数量，提高服务水平。由于互联网有许多优势，所以客户数量在不断迅速增长，据有关数据统计，用户数量以每年 15%的速度增长。

③ 平台化效应，更方便银行实施混业经营，提供各种金融服务，提高银行的竞争力。互联网银行的快速发展，使得金融行业更像是一个巨大的“产品超市”，在这个琳琅满目的金融产品的“购物平台”上，众多的互联网银行不断地创新自己的产品，提升自己的服务水平。因为未来的互联网银行为银行混业经营提供了极大的便利：一方面，互联网银行有平台效应，在这个平台上，证券公司、保险公司、信托投资公司可以借助自身的优势，出售理财产品，银行从而收取中间服务费用；另一方面，银行也可以吸取广大的同业金融机构的长处，提升自身的竞争力。在平台效应发挥作用时，未来便会是充满竞争活力的金融市场的天空。

4.2　互联网证券

4.2.1　互联网证券概述

1．互联网证券的概念

互联网证券亦称网上证券，是电子商务条件下的证券业务的创新，网上证券服务是证券业以因特网等信息网络为媒介，为客户提供的一种全新商业服务。网上证券包括有偿证券投资资讯（国内外经济信息、政府政策、证券行情）、网上证券投资顾问、股票网上发行、买卖与推广等多种投资理财服务。

2．互联网证券的作用

① 对投资者来说，利用证券电子商务可以得到比较公平、公正、高效的证券行情、信息和交易服务，可以减少因行情延迟、信息时差或交易不及时等引起的交易损失。

② 对证券商来说，证券电子商务的实现，一方面可以大幅度降低成本，减少基础设施和人力资源的投入，另一方面可以方便扩展业务范围，通过远程证券交易的手段占领更广大的市场。对交易所来说，支持证券电子商务的发展，积极向电子商务靠拢是非常必要的，国

际证券市场已广泛实现了电子商务，中国加入 WTO 必然对中国证券市场产生巨大的压力。

③ 中国的证券交易所应尽早开展证券电子商务，不仅有利于与国际接轨，也可以使我国证券交易所在国际市场竞争中处于有利地位。

3．互联网证券产生的条件

互联网证券产生的条件主要有以下几个方面：

（1）互联网的发展与渗透

在互联网环境优化和终端技术进步的推动下，互联网的渗透率不断提升，互联网已成为生活的一部分，移动互联网的崛起，LBS（手机定位）技术、移动支付、二维码等技术的应用，大大提高了用户的便利性，越来越多的用户开始由线下转移至线上。互联网这个新兴行业是在第三次工业革命中诞生的，信息技术独特的技术平台和底层架构赋予了互联网强大的连接功能，这种连接摆脱了传统的时间、地点的限制，并且有着覆盖范围广、传输效率高、时效性强等特点，相对传统行业的信息连接有着极大的优势。慢慢地，这种具有极强连接性的互联网技术开始影响到各个行业，各个行业之间相互渗透和交叉越来越多，原来的产业界限也日益模糊化，新产品和新服务往往都是多个产业融合的结果。这又逐渐引发了一场新的产业革命。而金融业对这种融合有着天然的适应性，证券公司的产品没有实际货物，不需要配送运输，主要都是以数据的形式存储在系统后台。同时证券公司的产品从产生之初就有着电子化和虚拟化的特征，也完全可以通过远程实现，这使得互联网技术可以很好地应用到证券公司的产品上，利用互联网技术可以有效提高证券市场的效率。

（2）电子商务的发展

电子商务在我国发展得如火如荼，如今各种电商平台及垂直行业电商都已经非常普及，这使得在互联网上进行选购和支付成为用户易于接受的事情，而互联网化证券产品类似于电商产品，在这过程中也逐步为客户所接受。另外，一些大的电商在稳步推进传统电子商务的同时，也开始逐步涉足互联网金融，包括互联网证券，这也将倒逼证券公司互联网化，以应对互联网企业涉足证券行业的竞争。

（3）政策的支持

随着我国金融体制改革的进一步深化，一系列规范、鼓励互联网金融和互联网证券的政策密集出台。2015 年 3 月 5 日，在第十二届全国人民代表大会第三次会议的开幕会上，李克强总理提出制定“互联网+”行动计划。在这次政府工作报告中，“互联网金融”作为新业态，国家层面已经将其定义为“大力调整产业结构”的新动力。2015 年 3 月 11 日，中国证券业协会互联网证券专业委员会正式成立，聘请了 40 多位来自政府机构、券商、互联网公司、技术公司、学术研究机构的行业专家及学者作为委员及顾问，这是这一协会首次将互联网证券放到如此重要的战略地位，证监会主席助理在成立仪式上还提出“用 3 年到 5 年的时间把互联网证券业务做大做强”。这天同时还发布了《关于开展中国证券业协会 2015 年重点课题研究的招标公告》，以“互联网金融背景下的证券业创新发展”为主题提出了多个方向，其中“互联网证券”排名最靠前，互联网对于证券行业未来发展的重要性似乎已经提到了前所未有的高度。

4．互联网证券的特点

（1）即时性

计算机客户端软件的出现使得即时性成为可能，而移动设备及移动互联网的发展使得即时性逐渐成为互联网证券的最大优势，当前用户可以通过各种软件或者移动设备，随时随地实现转账、证券交易、产品购买等各种证券服务。而如今的各种软件及客户端还有许多信息整合及推送功能，让用户省去自己整合信息的时间，在最短的时间内获得所需信息。

（2）移动化

随着智能手机的发展和移动互联网络的发展，移动互联网金融也获得了快速发展，同时有了更多产业生态。目前支付宝和财付通等第三方支付平台的业务都在逐渐往移动端转移，目前，支付宝交易移动支付的比例占支付宝总体交易的比例已经超过 50%，超过 4 500 万笔。而其中某些细分业务，如转账，已经有 97%的支付宝用户通过移动端来进行操作了。互联网金融的移动化也将带动证券产品的移动互联网化，各大券商也纷纷推出手机客户端。而4G 等移动互联网技术的不断发展也使得通过移动互联网办理证券业务越来越有吸引力，未来将很难想象人们还需要通过营业网点购买证券产品，而更多的证券业务，如证券开户、证券交易等都将可以通过智能手机及其他移动设备随时随地实现。

（3）低成本

2007 年以后，中国证券业的交易佣金率一直在稳步下降，证券行业的佣金战在逐步推进。佣金自由化本身就是金融自由化的一部分，互联网券商的出现，只不过是加速了这一过程。日本从 20 世纪末到 21 世纪初推行的金融自由化和网络券商革命的叠加，网络券商的佣金率短短两年左右的时间下了一个台阶，跌去 60%以上，并在 2014 年达到约万分之二的水平。我国券商行业整体佣金率水平也因网络开户降至新低。目前华泰证券、国泰君安、海通证券等大型券商已经通过自有网络平台开通网上开户，网上开户的佣金率为 0.03%；国金证券也与腾讯合作，开放了网上开户业务，推出“佣金宝”，佣金率仅为 0.025%，基本上已经达到网上开户的成本线。而在未来，网上开户将一步普及，而营业部也会往轻型营业部发展，进一步降低成本，券商佣金率还有继续下降的可能。

【拓展阅读】

广发证券互联网金融布局五大案例

广发证券易淘金电商平台在业界已经小有名气，这一综合理财服务平台自 2013 年 11 月上线以来，成交量呈现爆发式增长，2014 年平台的销售量达百亿元，2015 年上半年平台的销售量已突破 250 亿元。经券商中国记者走访广发证券互联网布局的核心人物后，了解到这家有 20 多年历史的 A+H 股上市券商，如何用互联网思维武装自己。

1. 互联网推动券业经纪变革逻辑

“传统证券经纪业务以线下网点布局和线下营销为重点，形成了目前网点众多、队伍庞大、运营成本高企的软肋，且无法给客户提供良好的服务体验。因此，证券公司经纪业务应充分利用互联网技术尤其是移动互联技术和互联网理念，优化客户体验，优化资源配置，提升效率，降低成本，并建立更高效的商业模式。广发证券相关负责人向记者介绍了广发证券传统业务商业模式转变的"e"思路。

首先从理念上，广发证券认为，互联网时代，企业面临的最大变化和挑战是零距离。互联网冲击的本质，就是由于网络特别是移动互联网消除了信息不对称和时间空间的隔离，为企业运营效率和客户体验的大幅提升打开了空间。

其次结合券商的实际，传统业务特别是经纪业务存在的问题主要体现在两个方面：一是长期以来，以线下网点布局和线下营销为重点，形成了目前网点众多、队伍庞大、运营成本高企的软肋。同时，公司内部的管理组织从总部到分公司，到营业部，再到员工，形成了多级的管理组织形式，运营效率低下。

二是传统经纪业务服务模式下无法给客户提供良好的服务体验。这又主要体现在3个方面：首先是消息不对称。传统的单向广播式的信息传播形式，使得证券经纪客户获得信息的渠道非常有限，且是被动接收，而客户个性化的问题不能及时得到解答；其次是服务资源不匹配。以营业部为单位、以固定客户经理服务大量零售客户的模式，将因客户分布不均、客户经理分布不均带来服务资源的错配、服务标准不统一 、服务效率低等问题；最后是服务时间的不对应。根据研究统计，客户在业余时间有服务需求的占40%以上，而这个时间段，线下网点的员工已下班，客户的服务需求无法得到及时满足。

因此，近年来广发证券在经纪业务互联网转型方面积极探索，并确定了经纪业务互联网转型的三个维度：一是互联网服务，是传统证券业务的电商化，即通过互联网平台，解决客户关于投资、服务、产品的需求，最大程度地提高客户体验；二是互联网运营，也可以叫证券互联网，即以互联网的思维、去中心化的思想、分布式管理的理念，驱动运营效率的进一步提升；三是互联网商业模式，是真正意义上的互联网证券，即以平台化为主题，整合互联网金融生态体系当中的各类参与者，与合作伙伴、员工、客户共建互联网金融生态圈。

2．互联网服务产品化五大案例

服务产品化是互联网产业的基础，但却是证券业的短板。不过，在互联网服务产品化方面，广发证券率先突破了行业瓶颈。

广发证券电子商务部总经理说，广发证券秉承"以客户为中心"的核心理念，近年来在互联网业务创新方面积极探索和实践，从平台、终端、产品、账户、服务以及运营管理模式和机制等多个维度推进公司业务的互联网转型。目前，广发证券已面向广大投资者推出了多项业内领先的基于互联网创新的业务和服务：

一是面向互联网用户的交互式五大终端。广发证券目前已经建立起包括广发手机证券APP、广发官方微信、广发易淘金网站、网上交易金融终端和Web金融交易端等在内的五大互联网客户端，为客户提供证券市场实时行情、投资资讯、股票交易、金融产品交易等业务和服务，并在五大终端中都建立了对话功能，使五大终端成为双向交互式终端，让客户随时随地与客户经理沟通，及时解决投资中遇到的各类问题，实现了客户与客户经理的移动互联。

二是金钥匙移动服务系统。广发证券利用移动互联技术和互联网众包的理念，自主研发了“金钥匙移动服务系统”，向互联网用户推出了业内领先的顾问式服务——“广发必答”服务。客户通过公司的五大终端的“有问必答”，可以随时随地向客户经理和投资顾问发出咨询需求，金钥匙系统将全公司 7 000 多名客户经理和投资顾问全部连到线上，直接与线上客户的咨询需求对接。在运营机制上，公司内部也利用互联网思维进行了创新，打破传统的客户经理与客户固定对应关系的模式，在全系统内建立抢单服务的机制和电子钱包及时奖励的市场化激励，使公司的投顾资源与线上客户高效匹配，并实现 7×24 小时在线、秒级响应、实时解答等互联网的特点，总部通过后台运营平台数据，可以直接管理一线员工的服务情况，实现扁平化管理。该项业务已成为广发证券极具特色的互联网顾问式服务模式。

三是社交化投资平台“淘金圈”。淘金圈是互联网证券服务的开放式平台，平台以社交化投资为方向，旨在聚合大众专业能力与投资需求，并促进专业能力与投资需求的资源高效匹配，为具备专业能力的个人或团队兑现价值提供平台服务。投资顾问在淘金圈平台可以构建个人的投顾网店，以自身专业能力生产资讯、服务产品，以点对点的方式为平台用户提供服务；个人投资者在淘金圈可以与符合自己需求的投顾建立服务关系，同时也可以分享个人投资组合，以汇聚自己的投资社交圈。客户在投资交易的过程中，可以很方便地根据自己的需要以匿名的形式分享以下部分或者全部信息：账户收益率，账户持仓品种，交易明细。也可以查看他人的晒股信息（有时可能需要付费），包括账户收益率（含或不含账户持仓品种、交易明细等）。

四是手机快捷开立账户。基于证券账户开户模式的创新，广发证券推出了手机快捷开户业务，为投资者打造快速便捷的网上开户业务。客户不需再跑实体营业部，只需在手机 APP 上操作便能完成开户全过程。在手机快捷开户的背后，是公司在运营模式上去中心化的改革。公司打通线下网点柜台开户业务，打破区域的限制，调动全系统线下网点的人力资源参与线上开户的后台审核工作，将网上开户后台运营工作由传统的集中式向分布式模式变革，确保了大开户量下的快速开户及避免后台人员的大规模扩充，降低运营成本。

五是互联网理财“淘金钱包”。针对客户投资理财需求的不同，广发证券进行账户分类设立的创新，对互联网理财客户推出了便捷的理财账户，基于理财账户的进一步创新，广发证券推出了面向互联网理财客户的“淘金钱包”。“淘金钱包”具有可充值、余额增值和理财支付等功能，其 1 元起存，7×24 小时灵活存取，高于活期存款收益以及可用于购买其他理财产品的支付等特性，使“淘金钱包”成为业内独具特色的余额理财的互联网金融产品。

（资料来源：http://stock.hexun.com/2015-10-11/179733389.html）

4.2.2　互联网证券在我国的实践

自从 2012 年券商创新大会以来，我国证券行业从 2013 年起积极探索利用互联网进行业务创新，2014 年 4 月，中国证券业协会向银河证券、中信证券、国泰君安、长城证券、平安证券以及华创证券等 6 家券商下发了同意开展互联网证券业务试点的函，这标志着我国证券行业正式加入互联网金融竞争与发展的大潮。2014 年 9 月 19 日，中国证券业协会公布了“关于互联网证券业务试点证券公司名单的公告”（第 1 号）增加了部分券商开展互联网证券试点，除前述中信证券等 6 家券商将可以开展试点之外，广发证券、海通证券、申银万国证券、中信建投证券、国信证券、兴业证券、华泰证券、万联证券等 8 家券商也获准试点，“第 1 号”名单总计包括 14 家券商。2014 年 11 月 24 日，中国证券业协会又公布了“第 2 号”名单，财富证券等 10 家券商获批第三批互联网证券业务试点资格；12 月 26 日，又公布了“第 3 号”名单，华宝证券等 11 家券商获准试点。2015 年 3 月 2 日，中国证券业协会公布“第 4 号”名单，包括财达证券等在内的 20 家券商获准进行互联网证券业务试点。截至目前，总共获准开展互联网证券业务试点的券商达到 55 家。

由于我国证券行业开始发展的时间正好是信息技术开始高速发展的时期，证券公司的发展的最初阶段就伴随着最先进的信息技术的使用。我国证券托管、交易、结算、支付等基础功能和体系的快速建立得益于最先进的信息技术和网络技术的应用。在包括移动支付、社交网络、搜索引擎和云计算等新一代的网络信息技术获得快速发展互联网金融的背景下，证券行业一方面要发挥自身优势，做大机构客户，另一方面应该继承其对高科技积极应用的传统，广泛使用新一代互联网技术，在针对中小客户的证券交易、客户服务、产品销售、营销推广等方面重塑现有的商业模式，提升核心竞争力。因此，当前及未来一个时期内互联网证券可以开展的业务范畴和服务内容包括以下几个方面：

（1）网络开户（转户）和交易。随着监管层对非现场开户管制的放开，未来通过网络进行非现场开户和证券交易将大大降低证券交易和客户营销服务成本。另外，智能手机终端的进一步普及将进一步提升移动终端在证券交易中的使用。

（2）网络证券投资顾问。互联网技术的进一步发展将大大丰富证券公司的客户服务和营销渠道，可以通过短信、微信、微博、电子邮件等多种网络渠道向客户推送资讯和投资建议，提供投资顾问服务。

（3）金融产品网上销售。通过无线和有线的互联网终端向客户销售各类金融产品，风险偏好的评估、产品的选择、交易合同的签署、支付的环节均通过非现场的网络进行，无须到营业部，将大大提升产品销售过程中的用户体验。

（4）网上支付。通过与第三方支付合作，用客户保证金账户进行网上支付，提高客户资金的使用效率。该业务目前仅在个别券商进行试点。

（5）网络营销。通过微博、微信等现代信息和社交网络平台的海量信息，充分挖掘目标客户，拓展营销渠道，扩大潜在客户群。通过互联网平台销售证券类金融产品是未来互联网金融的又一发展方向。

（6）证券网上发行。未来可通过网络直接公开发行证券募集资金。该种模式在国外已有先例，Google 在 IPO 时采用了在线荷兰式拍卖方法，而不是通常的投资银行路演和询价方式。

未来可能的情景是股票、债券等的发行和交易在社交网络上进行。

4.2.3　互联网金融对证券行业产生的影响

互联网金融可以达到并实现与当前直接和间接融资一样的资源配置效率，并在促进经济增长的同时，大幅减少交易成本，这将对证券行业的发展产生深远的影响。

1. 改变证券行业价值实现方式

互联网金融的虚拟性为证券行业带来了前所未有的价值创造速度，必然导致价值的扩张，同时互联网金融也引发交易主体、交易结构上的变化和潜在的金融民主化，引发券商传统的价值创造和价值实现方式的根本性转变。

一方面，互联网技术能最大限度减小信息不对称和中间成本，把所有的信息由原先不对称、金字塔型转化为信息的扁平化，最终个体可在信息相对对称中平等自由地获取金融服务，逐步接近金融上的充分有效性和民主化，从而证券行业的服务边界得以扩大。当前券商积极布局的非现场开户、搭建网上平台以及移动终端产品等正是券商引入互联网展业模式的尝试，这为券商带来了新的盈利增长点。

另一方面，社交网络、电子商务、第三方支付、搜索引擎等互联网技术形成的大量数据产生价值，云计算、神经网络、遗传算法、行为分析理论等更使数据挖掘和分析成为可能，数据将是金融的重要战略资产。阿里小贷正是基于大数据挖掘小微企业信用完成的价值实现。未来券商的价值将更多通过充分挖掘互联网客户数据资源，并开发、设计针对性满足客户个性化需求的证券产品或服务来创造和实现价值，从而实现“长尾效应”。

2. 引发证券经纪和财富管理“渠道革命”

证券与互联网的加速融合，有助于券商拓宽营销渠道，并优化现有经纪业务和财富管理业务传统的运营管理模式，进一步扩大服务边界。与此同时，网上开户和网上证券产品销售将使得券商的地域和物理网点优势不再明显，佣金率进一步下降，新产品经纪和资管业务的地位逐步提升，这将迫使券商经纪业务由传统通道向信用中介和理财业务终端转型。在不久的将来，网络将成为券商发展经纪业务、财富管理业务的主要平台。随之而来的将是目标客户类型的改变，市场参与者将更为大众化和普及化，追求多样化、差异化和个性化服务是客户的基本诉求。客户的消费习惯和消费模式的改变，要求券商经纪和财富管理业务适应互联网金融趋势，从过去通道中介定位向客户需求定位转型。以客户需求为中心的转型，本质上要求证券公司能够根据不同的客户类型，通过一个对外服务窗口，为客户提供包括融资、投资、理财咨询等一揽子的服务。这意味着证券公司需要对原有的组织模式进行重构，加强各条业务线的协作，提升现有业务的附加价值，实现客户与证券公司共同成长。

互联网理财产品推出一年多时间，用户规模达到 6 383 万，使用率达 10.1%。互联网的便捷性打通资金链条，降低了理财产品管理及运营成本。互联网的“长尾效应”聚合个人用户零散资金，既提高了互联网理财运营商在商业谈判中的地位，也使个人零散资金获得更高的收益回报。

3．弱化证券行业金融中介功能

雷德里克·S.米什金（Fredcric S.Mishkin）指出，金融中介的存在主要有两个原因：第一，金融中介有规模经济和专门技术，能降低资金融通的交易成本；第二，金融中介有专门的信息处理能力，能够缓解投资者和融资者之间的信息不对称以及由此引发的逆向选择和道德风险问题。媒介资本、媒介信息正是证券行业作为金融中介最为基础的两个功能。

媒介资本、媒介信息、挖掘信息等功能的发挥，在根本上都依赖于各类信息的搜集和处理能力，而这正是互联网金融的强项。互联网金融与证券行业的结合，会使得交易双方的信息不对称程度降低、在金额和期限错配以及风险上分担的成本非常低，证券机构发挥的资本中介作用也日益弱化。未来股票、债券等的发行、交易和全款支付，以及投资理财等都可直接在网上进行。比如，Google上市时就没有通过投资银行进行相关上市服务，而是应用了互联网金融，其股票发行采用荷兰式拍卖的模式在自身平台上发行。另外，在国外，基于社交网络构建的选股平台，投资收益跑赢大盘，这也一定程度上取代了券商投资理财的业务。

互联网金融模式下，资金供需双方直接交易，可以达到与直接融资和间接融资一样的资源配置效率，市场有效性大大提高，接近一般均衡定理描述的无金融中介状态，这将极大地影响证券金融中介功能的发挥。

4．重构资本市场投融资格局

互联网金融平台为资金供需双方提供了一个机会发现的市场，同时，现代信息技术大大降低了信息不对称性和交易成本，双方对各自信息基本实现完全了解，证券行业投融资格局中，资金中介将不再需要，取而代之的可能将是一个既不同于商业银行间接融资、也不同于资本市场直接融资的第三种金融运行机制，可称之为“互联网直接融资市场”或“互联网金融模式”。P2P、众筹融资，正是这种互联网金融新模式的代表。不同于传统借贷模式，在P2P、众筹的借贷环节中，由网络平台充当中介的角色。借贷双方在网络平台上自主发布信息，自主选择项目，基本不需要借贷双方线下见面，也无需抵押担保。平台公司则为借贷两方提供咨询、评估、协议管理、回款管理等服务，并相应收取服务费。网络信贷的兴起，打破了传统的融资模式，在解决中小企业融资难题的同时，引领着资本市场投融资领域的革命性创新，这一代表着未来趋势的投融资创新实现了社交网站和种子基金、股权投资的融合，是投融资业务脱媒的开端。

5．加剧证券行业的业务竞争

互联网金融以其先天的渠道和成本优势迅速改变资本市场的竞争格局，随着监管的放松，这种竞争还将进一步加剧：一是互联网技术会降低券商业务成本，加剧同业竞争，如各大券商积极布局的证券电子商务，这只是网络经纪业务第一步，非现场开户全面放行后，证券业能以更低成本展业，这不可避免引发新一轮的佣金价格战，通道型经纪收入将更加难以为继；二是互联网金融会改变券商业务模式，催生网络经纪等新业态，这将带来新的竞争机会，使得未来竞争更加复杂化；三是以阿里巴巴为代表的互联网公司携带客户资源、数据信息积累与挖掘优势向证券行业渗透，加剧行业竞争。近年来高速发展的互联网平台为互联网金融奠定了比传统证券行业更广泛的客户资源基础。互联网公司在运作模式上也更强调互联网技术与证券核心业务的深度整合，凸显其强大的数据信息积累与挖掘优势。比如，以阿里小贷为代表的网络贷款正在冲击证券行业资本中介业务模式。以人人贷为代表的 P2P 模式则正在绕开券商实现投融资直接匹配，以余额宝为代表的互联网理财产品更是直接冲击券商理财产品市场。

4.2.4　互联网证券发展趋势

李克强总理在 2014 年的政府工作报告中提出要促进互联网金融健康发展，完善金融监管协调机制，让金融成为一池活水，更好地浇灌小微企业、“三农”等实体经济之树。这是历届政府工作报告中首次提到互联网金融，充分体现了国家领导人对于互联网金融的高度重视和积极肯定。中央政府对于互联网金融的发展总体上是鼓励和支持的，但同时又是谨慎的。互联网金融的发展有利于打破传统金融业的垄断地位，促进我国金融行业的创新与发展，更好地服务于实体经济。因此，未来我国互联网金融发展前景极为广阔。

受互联网金融的影响，我国证券行业商业模式发展趋势将主要体现在以下几个方面：

1. 盈利模式多元化，行业发展将进一步趋向差异化

在互联网高度渗透、信息量大增的背景下，目标客户的信息更容易获取，渠道也更加宽泛，证券公司可以选择适合自身特色的盈利模式。传统券商可以选择借助更加广泛的渠道，在更大的范围内拓展符合自身业务定位的目标客户；也可以选择在小范围内对目标客户提供低成本的、以提供交易通道为主的盈利模式。在美国互联网证券的发展时期，除佣金策略不断呈现差异化的趋势之外，为获得客户青睐，进而提供全面且具有鲜明特色的差异化服务是美国各证券公司所主要采用的经营策略。如为获得高净值人士的认可，嘉信（Charles Schwab）及 TDAmeritrade 分别在 2009 及 2011 年收购了 Option Xpress 和 Thinkorswim，来增强自身在相关领域的专业化程度；Zecco 专门研发了浏览器插件，使得客户在使用浏览器阅读新闻、广告或其他网络内容时，一旦网页文字中出现了可交易的品种的名字，便可直接点击打开该证券的交易界面，为客户交易提供充分的便利条件；Scottrade 除提供线上交易服务之外，还在北美开设了超过 500 家线下轻型网点，为本地用户提供培训、使用帮助、投资分析等增值服务，试图获取轻量级的网络用户（可以上网、但不习惯或不擅长使用互联网）。总体而言，从美国的发展经验来看，互联网领域的探索并未使得行业在价格及业务上的竞争不断趋同，而是朝着多元化、差异化的方向不断演进。

2. 证券交易佣金竞争将进一步激烈，价格战将走向差异化定价

互联网的核心优势在于解决了传统客户所面临的地理区位差异及信息不对称问题，使得客户可以通过网络清晰地比较各家券商的服务内容及服务价格，传统地区展业及佣金方面的管制将不再适用。从美国的发展经验来看，20 世纪 90 年代，在网上交易推进之初，类似嘉信等折扣经纪商一方面通过网络化运营实现了自身成本的优化，另一方面，则积极推行低佣

金策略，在实现自身迅速崛起的同时，迫使其他券商不断跟进，最终使得行业的佣金水平迅速下滑。对比十余年前 30 美元左右的交易佣金，2011 年美国网上股票单笔交易的平均佣金仅为 8.27 美元，下滑了 72.4%。截至目前，美国经纪业的互联网交易佣金仍处于下降通道之中，但其降低幅度已显著减慢。尽管基本交易佣金随着证券公司互联网探索的深入而不断下滑，但从美国的实践来看，激烈的竞争并没有把全市场的佣金拉到成本线上，反而促使证券公司走向了差异化的定价策略，各家均涉及了复杂的收费标准，除基本的佣金之外，还有月费、季费、增值项目及各类优惠等，不同的最低投资金额和最低交易频率等限制均会大幅影响客户的实际佣金支出，从而使得普通投资者很难明确比较哪家证券公司的服务价格更为低廉，投资者必须根据自己的实际交易情况进行选择，同时，这也促使证券公司更好地匹配资源，一定程度上保护行业的合理利益。

3. 营销和服务模式将更加多元化和精细化，对数据和客户信息的挖掘更加深入

随着客户对互联网形成高度依赖，其信息来源更加广泛，远远超出居住所在地的范围。证券公司传统的以区域性驻点证券经纪人为主的营销模式和基于当地物理网点的客户服务模式必然遭遇发展瓶颈，证券公司必须通过信息传播速度最快、客户最容易接受的互联网渠道为存量客户提供服务，并通过更多元化的渠道挖掘增量客户源。通过利用微博、微信等社交网络平台，证券公司可以实现营销和服务的地域限制，同时由于通过互联网产生和传播的信息具有留痕的特征，证券公司通过利用先进的云计算和数据挖掘技术对海量信息进行分析，并将结果应用在营销和客户服务实践中，实现精准营销和个性化服务。国外成熟的金融机构对客户信息的挖掘已经渗透到客户服务和战略决策的各个环节中，数据挖掘在成熟市场金融机构多年的实践证明基于数据挖掘和决策支持和营销服务体系能产生巨大的价值。美林证券在 20 世纪 90 年代耗费巨资打造的 MIDAS 系统专门从事对其客户信息和数据的分析，从而能准确地捕捉客户的需求，及时将合适的产品推送给客户，显著增加了其产品销售量，同时也改善了客户体验。

4.3 互联网保险

互联网保险随着网络经济的兴起而不断壮大，但是由于互联网保险发展速度快，发展模式处于不断演变之中，在实践中，对互联网概念的理解，不同国籍、机构和个人存在着较大的差异。2015 年 7 月 25 日中国保监会印发了关于《互联网保险业务监管暂行办法》（以下简称《办法》）的通知。《办法》对行业属于给予官方定义：互联网保险业务指保险机构依托互联网和移动通信等技术，通过自营网络平台、第三方网络平台等订立保险合同、提供保险服务的业务。互联网保险的具体内容如图 4-2 所示。

1. 数据收集和分析

同其他互联网子行业一样，数据对于互联网保险具有重要的价值。对消费者行为数据、消费数据等互联网数据加以收集，并运用保险精算技术，可以开发出更具需求针对性的保险产品。

2．保险产品个性化设计和精准营销

销量是影响保险公司盈利水平的关键。在这个环节中，互联网保险的优势是非常明显的，基于互联网技术的精准营销的运用已经十分成熟，通过互联网搜索引擎（如谷歌、百度等）进行定向推广已经被广泛使用。

3．提供专业的保险需求分析

互联网保险公司只需要通过网页上提供的保险需求评估工具对投保人的消费能力、风险偏好等信息进行评估，就能确定符合客户需求的保险。这种网上评估方式能有效降低客户选择困难，既专业又易于被客户接受。

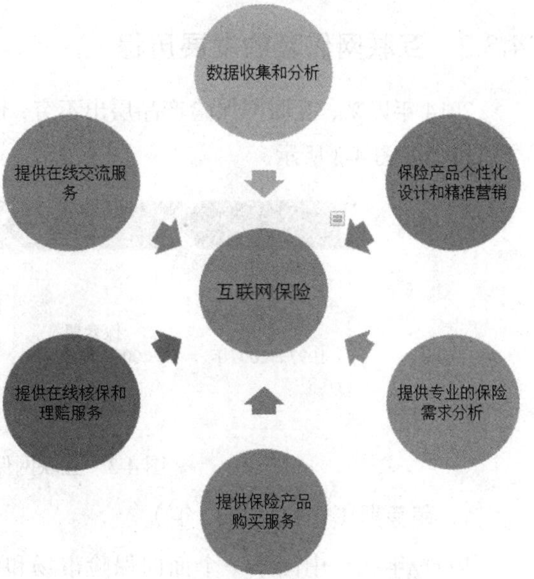

图 4-2　互联网保险的具体内容

4．提供保险产品购买服务

客户在确定自己需要的保险产品之后，下一步就是进行网上购买。这要求互联网保险公司做好网上购买对接服务，提供网上购买入口，开发购买网站和移动客户端。

5．提供在线核保和理赔服务

通过推出在线核保和理赔的作业流程、争议解决办法、理赔所需单证、出险联系电话和地址等透明化信息，客户可以方便地办理理赔业务。

6．提供在线交流服务

提供在线交流、售前咨询和评估以及售后保障和理赔服务，有效化解客户购买保险产品的疑虑。

4.3.1　互联网保险的兴起

2000 年 8 月，国内两家知名保险公司太保和平安几乎同时开通了自己的全国性网站。太保的网站成为我国保险业界第一个贯通全国、联接全球的保险网络系统。平安保险开通的全国性网站 PA18，以网上开展保险、证券、银行、个人理财等业务被称为“品种齐全的金融超市”。

同年 9 月，泰康人寿保险公司也在北京宣布：泰康在线开通，在该网上可以实现从保单设计、投保、核保、交费到后续服务全过程的网络化。与此同时，由网络公司、代理人和从业人员建立的保险网站也不断涌现。当前，互联网保险又出现新的趋势。互联网保险出现市场细分。另外，还有专门销售个人人寿保险网站等。有些网站还获得了风险投资，在风险投资的推动下，互联网保险将取得更大更快的发展，竞争也必然加剧。一场互联网保险的市场争夺战在全国范围打响。

4.3.2 互联网保险的发展历程

2014 年以来，互联网保险产品层出不穷，而中国互联网保险的发展基本可以分为以下四个阶段，如图 4-3 所示。

图 4-3 互联网保险发展的阶段

1．萌芽期（1997—2007 年）

1997 年底，中国第一个面向保险市场和保险公司内部信息化管理需求的专业中文网站——中国保险信息网诞生。2000 年下半年，太平洋保险、平安保险和泰康人寿也相继开通了自己的保险网站。随后，各类保险信息网站不断涌现。然而，鉴于当时互联网和电子商务整体市场环境尚不成熟，加之受第一次互联网泡沫破裂的影响，受众和市场主体对互联网保险的认识不足，这一阶段互联网保险市场未能实现大规模发展，仅能在有限的范围内起到企业门户的作用。

2．探索期（2008—2011 年）

阿里巴巴等电子商务平台的兴起开启了中国互联网的新一轮发展热潮。伴随着新的市场发展趋势，互联网保险开始出现市场细分。一批定位于保险中介和保险信息服务的保险网站开始涌现，有些网站借助风险投资快速脱颖而出。在这个阶段，互联网保险公司通过电子商务渠道收取的保费规模依旧较小，其战略价值还没有完全体现，因此在渠道资源配置方面仍然处于边缘地带，在政策层面也缺少产业政策的扶持。

3．全面发展期（2012—2013 年）

进入全面发展期后，保险企业通过不断摸索发展出多种互联网业务管理模式，官方网站、保险超市、门户网站、离线商务平台、第三方电子商务平台等多种互联网保险模式纷纷出现。其中，在被称为互联网金融元年的 2013 年，保险行业也获得跨越式发展，以万能险为代表的理财型保险引爆第三方电子商务平台市场，引领互联网保险全面发展的潮流。

4．暴增期（2014 年至今）

历经十几年的不断积累，电子商务正潜移默化地深刻改造传统行业，保险行业也不可避免地被改造 。电子商务、互联网支付等相关行业的高速发展为保险行业的电子商务化夯实了技术、产业及用户基础。“互联网+”保险时代已经到来。截至目前，获得互联网保险牌照的企业共有 4 家，分别是众安在线财产保险股份有限公司、泰康在线财产保险股份有限公司、安心财产保险有限责任公司、易安财产保险股份有限公司。互联网保险能否完全替代传统保险尚需观察，但不可否认的是互联网保险行业孕育着巨大的潜力。艾瑞咨询公司预计，2017 年中国保险电子商务市场在线保费收入规模将达到 590.5 亿元，渗透率将达到 2.6%。未来，在移动电商的领域中互联网保险行业将揭开新的发展篇章，它将围绕移动终端开展全方位的保险业务员，包括产品销售、保费支付、移动营销及客户维护服务等一系列业务活动。

4.3.3　互联网保险的模式

保险行业的商业模式关乎整个行业的综合竞争力，是行业转型升级的重要推进力量。经过十多年的发展，截至目前，我国互联网保险已建立起以官方网站模式、第三方电子商务平台模式、网络兼业代理模式、专业中介代理模式和专业互联网保险公司模式等五种模式为主导的基本互联网保险商业模式体系。

1．官方网站模式

互联网保险的官网模式是指在互联网金融产品的交易平台中，大、中型保险企业、保险中介企业等为了更好地展现自身品牌、服务客户和销售产品所建立的自主经营的互联网站。建立官方网站的公司需要具备以下几个特点：一是资金充足。企业建立自己的官网，更多的是为了展现品牌，销售产品。为此，企业需要雄厚的资本，获取更多的流量和广告投入。二是丰富的产品体系。互联网金融中，很多企业是利用产品优势获得成功的，拥有几个或一系列完整的产品体系，满足客户在不同时期、不同状态下的需求，一直是选择官网模式的企业所追求的目标。三是运营和服务能力。一个官方网站要长足经营，需要充分建立和使用互联网快速、便捷、安全的线上管理信息系统、客户关系管理系统、企业资源计划系统等，对运营流程进行改造。

2．第三方电子商务平台模式

第三方电子商务平台，是指独立于商品或服务交易双方，使用互联网服务平台，依照一定的规范，为交易双方提供服务的电子商务企业或网站。通常来说，第三方电子商务平台具有相对独立、借助网络和流程专业等特点。

从金融监管角度看，第三方电子商务平台模式存在着诸多漏洞。很多在售保险产品的第三方平台网站没有保险中介资质，在实际意义上不受监管约束，从而给消费者带来一定的风险。

3．网络兼业代理模式

互联网时代衍生出网络化的兼业代理模式，逐渐成为目前互联网保险公司中介行业最主要的业务模式之一，以其门槛低、办理简单、对经营主体规模要求不高等特点而受到普遍欢迎。

保监会下发《保险代理、经纪公司互联网保险业务监管办法（试行）》文件：只有获得经纪牌照或全国性保险代理牌照的中介机构才可以从事互联网保险业务；另一方面，大量垂直类的专业网站在不具备上述监管要求的条件下，以技术服务形式使用兼业代理的资质与保险公司合作开展业务。

4．专业中介代理模式

继下发《保险代理、经纪公司互联网保险业务监管办法（试行）》后，保监会在 2012 年

2月正式向社会公布了第一批包括中民保险网等19家企业在内的获得网上保险销售资格的网站，互联网保险公司中介网销的大门就此打开。此后保险中介业务规模得到高速发展，但诸多问题也随之显现：

a. 产品单一。目前线上保险中介销售的产品同质性严重，各家都均以一年期短期意外险为主。线上保险中介没有很好地了解市场和客户。

b. 销售规模受到限制，很多公司担心线上销售收入扣除成本后不足以维系公司运转，故对该模式的投入停留在初期阶段。

c. 运营模式有待创新，虽然某些线上保险中介是互联网公司，但在公司内部的组织架构及业务运营基本走的是线下传统模式，运营方式创新有限。

5. 专业互联网保险公司模式

2013年10月9日，俗称“三马同槽”的纯互联网保险公司众安在线成立，保险行业吹响了正面争夺互联网市场的号角。根据保险公司经营业务主体的不同，专业互联网保险公司大致分三种：产寿结合的综合性金融互联网平台、专注财险或寿险的互联网营销平台和纯互联网的“众安”模式。

虽然专业互联网保险公司模式已得到社会广泛关注，但目前其线上成交的保费规模比较小，运营模式也都在不断地探索和尝试之中。随着互联网金融环境的逐步成熟，专业保险电子商务公司的不断创新，预计在不远的将来，线上交易会逐步以其独特的优势成为保险公司金融互联网的中坚力量。

【拓展阅读】

互联网保证金保险——“众乐宝”

2015年3月28日，“2014年中金在线财经排行榜”颁奖盛典上，国内首家互联网保险公司众安保险旗下互联网保证金保险——“众乐宝”凭借其帮助数百万淘宝中小卖家释放资金且操作嵌入场景、简单便捷，荣获“最具创新性保险产品大奖”。

作为国内首个保险业“互联网+”公司，众安保险成立一年多来已累计服务客户数超过3.3亿，累计投保件数超过14亿。而众乐宝作为众安保险旗下首款产品、国内首款针对电商场景打造的保证金保险，亦可谓保险业“互联网+”的首款产品样本。截至目前，众乐宝已累计服务中小卖家超过160万，众安保险旗下保证金保险系列已合计释放卖家资金规模超过270亿元。

据悉，由中金在线主办的“2014年中金在线年度财经排行榜”是面向全国财经及相关行业的大型财经类评选活动，已连续成功举办五届，在业界具有极高的认可度和广泛的影响力。作为权威网络财经媒体，中金在线秉持公开、公平、公正原则，通过设置专业机构提名——网络投票——专家复评——终评四个评选环节，确保每一个奖项实至名归。

而此次获得大奖的众安保险，成立一年多以来已在诸多领域突破创新。其中，众乐宝作为众安保险旗下首款产品、国内首款针对电商场景打造的保证金保险，更是帮助了数百万中小卖家释放流动资金。淘宝卖家加入众乐宝，自行选择保险额度后，无须缴纳消保金,即可获得消费者保障服务资格、消保标示，并获得详情页面最高可达 20 万元保障额度的展示，在帮助卖家减负的同时，亦确保给予买家良好的购物保障。

（资料来源：http://www.xuezizhai.com/fanwen/84550.html）

4.3.4 互联网保险的发展趋势

2017 年 11 月 21 日，中国保险行业协会正式发布《2017 中国互联网保险行业发展报告》。《报告》指出，2016 年中国互联网保险保费收入达到 2 299 亿元，同比增长 65 亿元，同比增幅为 3%，但相较于 2015 年 160%的增幅，互联网保险保费收入增速明显放缓。与此同时，互联网保险的渗透率亦有所下降，2016 年为 7.43%，比 2015 年的 9.2%降低了 1.8 个百分点。

我国互联网保险正在经历从表层渠道变革向中层模式优化的发展，网络比价平台、直销网站、APP 等模式基本已经落地，而基于线上场景的拓展和新技术的应用，包括从数据来源的扩展到业务流程数据的获取为风险定价、核保、理赔流程再造提供支持等内容，已成为现阶段互联网保险发展的重要内容。中国平安集团总经理、中保协互联网分会会长任汇川表示，从全球保险业发展态势来看，传统保险公司、大型互联网公司、保险科技创业企业以及监管机构共同参与的，一个全新的保险科技生态系统正在形成。传统保险公司在已有的数据资源和风险保障能力基础上，加大科技投入，将有望获取明显的竞争优势；科技的兴起扩展了保险产品和服务范围，也为一些互联网公司带来发展机遇，通过保险产业链的解构，此类公司有望构建起保险科技基础设施，为保险公司提供技术支撑并开展合作。

趋势一：保险产品创新空间、保险市场范围将不断扩大

互联网快速改变了消费者的生活，也在推动保险产品创新、引导和创造客户需求、提升公众特别是年轻消费群体保险意识方面蕴藏巨大潜力。保险公司基于大数据、云计算，能够对消费者行为数据、消费习惯、支付偏好进行深度挖掘与分析。这为精准营销、精准定价提供了可能性，也为制定个性化、定制化、差异化的保险产品提供了数据基础。2010 年，华泰保险与淘宝合作在“天猫”交易线中“嵌入式”运营“退货运费险”，并根据出险率进行保险定价。这是国内首个针对网络交易而设计的创新险种，也是首个实现保险产品动态定价的创新产品。未来，类似“退货运费险”这类保障消费者互联网消费、支付行为的创新型保险产品将大量涌现。

同时，互联网伴生的移动终端和大数据优势将持续拓展保险市场范围。消费者能够利用网络随时随地进行购买和支付，网络消费、网络支付等网络行为中蕴含的风险能够派生出新的保险需求，为保险行业开辟出新市场；并且随着大数据技术的深入应用，保险公司能不断提升风险定价与风险管理能力，可以将以前无法或难以有效管理的风险纳入保险公司能力范围。随着经济形势变化和市场化发展，保险市场还将出现大量的细分领域，保险公司能够借助移动互联发展和大数据技术优势，在实现对原有消费者资源的深入挖掘的同时，也覆盖了不同地域、不同行业的消费者，提供传统上规模不经济的产品和服务，从而占领广阔的“蓝海”市场，进而获得更多的消费者资源和行为数据，形成发展良性循环。

趋势二：互联网保险进一步场景化，更多碎片化的保险需求将得到满足

互联网不断普及和发展的伴生产物就是高频化、碎片化的各类需求，而场景化则是挖掘、满足这些需求的有效途径。线下场景产生的保险需求催生了传统保险产品的发展，而伴随着互联网技术的不断普及和发展，很多线下场景逐渐迁移到线上，线上场景的出现为互联网保险产品异军突起提供了契机。

未来，保险公司将会更多地基于互联网生态圈的高频化、碎片化风险需求，开发出可以嵌入互联网生态圈中某一个环节和应用场景（或者多个环节和应用场景）的“碎片化”创新产品，实现互联网保险产品设计和营销的突破，将互联网保险产品“无缝式”嵌入互联网消费的购买、支付、物流等各个环节，从而在不影响用户体验的前提下，以较低成本满足消费者的高频化、碎片化的保险需求。如对持有保险牌照的电商平台而言，不论是采用与传统保险公司合作的方式，还是自行开发的方式，可以向电商平台上下游合作方提供关于满足其产品开发、支付、物流等方面保险需求的保险产品；可以针对电商平台销售的产品设计个性化保险产品，在消费者支付时进行推送；亦可以根据消费者的消费习惯、支付习惯以及其他关联性资料，预判消费者潜在的保险需求，通过邮件、短信、网站弹窗等方式推送。

趋势三：互联网保险与其他互联网金融业态深入融合，风险不容忽视

随着互联网金融逐渐被消费者认可和熟知，互联网金融各业态之间开始逐步融合，部分保险公司开始向众筹、个体网络借贷（P2P）等行业提供保险服务，衍生出新的保险产品，为投资者权益提供保障。为规避众筹项目发起方逾期违约风险，增强客户体验，缓解项目方因为逾期而可能承担的延期赔付压力，京东众筹于 2015 年携手京东保险、中国人寿，推出了国内首例众筹跳票险。众筹跳票险由项目方投保，一旦项目发起方发生延期发货及跳票现象，则由中国人寿对用户先行赔付，保障投资者权益。在 P2P 去担保化的大趋势下，部分 P2P 平台开始借鉴国外平台的做法，寻求与保险公司合作，通过保险公司提供的保证保险服务，为平台投资者购买违约保险。比如北京财路通与民安财险、国寿财险的合作，保证在发生逾期或坏账时，P2P 平台会以风险准备金进行垫付。

互联网保险的风险保障功能使其能够为互联网金融投资者的权益提供保障。随着互联网金融的快速发展，互联网保险必将更频繁、更深层次地与其他互联网金融业态融合，同时也将面临更大的潜在风险，互联网金融业态之间的风险交叉影响不容忽视。这也就决定了未来互联网保险的监管有必要建立在金融协调监管的基础上，在明确互联网金融各业态监管主体的前提下，提升监管规则的一致性，加强各监管主体信息共享、协同处置风险的能力。可以考虑建立金融监管部门联席会议机制和宏观审慎监管部门，以促进互联网金融规范、健康发展。

趋势四：保险产品销售渠道将更加丰富多样，费率空间得到进一步释放

由于保险公司营销体系中代理人制度的存在，支付给代理公司、代理人的手续费及佣金等构成了保险公司财务成本的重要组成部分。而随着保险行业市场化程度的持续加深和互联网保险的不断冲击，代理人在传统保险营销体系中的地位和话语权将不断被弱化。有研究表明，互联网可以使整个保险价值链的成本降低 60%以上。未来保险产品多样化的销售渠道，将保险产品的销售环节转移到网络上，可能比传统保险行业营销方式节省 58%～71%的费用，从而使保险行业进一步摆脱传统营销体系中代理人制度的束缚和制约，进而极大地减少销售成本。显而易见，销售成本的减少可以让保险公司让出部分利润用于降低各险种的保险费率，从而让消费者受益，同时也使保险公司在销售、理赔、管理和产品管理等方面的效率得到极大的提高。

趋势五：数据作为保险行业“核心资产”的地位将进一步加强

在未来互联网充分普及的大环境下，数据成为了构建核心竞争力的关键。对保险公司而言，数据就是核心资产，数据分析能力就是核心竞争力。保险公司能够通过数据处理、分析、整合、挖掘等技术获得价值信息。从数据收集来看，要借助互联网不仅获得消费者的行为数据，也要获得潜在消费者的行为数据，为将来拓展市场、开辟新的市场需求做准备；从数据应用来看，保险公司应利用大数据分析能力充分挖掘消费者需求，通过数据采集了解每位消费者的特征及需求，为其提供更具个性化、定制化的服务与产品。

而消费者可能采用不同的支付方式在任何时间、任何地点使用不同的移动终端进行消费，从而形成了大量不规则的、碎片化的消费信息，对保险公司收集、整合、处理、分析信息的能力提出了巨大挑战，也对保险公司复杂灵活的运营能力提出了极高要求。保险公司应充分认识到移动互联、大数据等新兴互联网技术发展对保险行业带来的深刻影响，应清楚地看到这种深刻影响的发展趋势，进而加快自身创新步伐。

趋势六：互联网保险将从深层次更新保险行业的服务模式

互联网技术的发展可以进一步突破保险服务的时间、地域限制，为服务模式创新提供无限可能。通过穿戴式设备、手机健康监测软件等获得消费者身体状况信息，可以让保险公司随时提供个性化的健康风险管理方案；通过物联网终端能够对承保财产实施实时的管理和控制，可以让保险公司以更加精细和动态的方式管理承保财产，提供更加精细化、个性化的防损减损方案；通过车联网获得驾驶行为信息和车辆、道路状态信息和事故信息，可以创新产品定价模式，提供驾驶行为管理、主动救援等服务。

趋势七：“以消费者为中心”的理念将进一步凸显

随着互联网深入人们生活的各个领域，保险的销售模式产生了根本性的变化，由原先以保险产品为主导的销售模式将逐渐转化为以消费者需求为核心的销售模式。互联网使得消费者不再被动接受保险公司推送的信息，消费者的需求成为新险种出现的原动力，消费者的行为数据成为保险产品设计的基础，这也意味着消费者能够化被动为主动，参与保险产品设计和服务的全过程。保险公司应积极融入这一潮流中，利用自身原有优势，培养大数据分析能力，针对目标消费者、潜在消费者的需求，设计定制化保险产品，同时主动促使保费更加透明，保障权益更加清晰，这不仅可以吸引更多的消费者，也可以让保险销售的退保率大大降低。

趋势八：借助互联网技术，保险公司经营管理将不断优化改善

互联网技术能够提升保险公司的市场反应速度和能力，能够及时掌握保险市场发展新动向、挖掘潜在的消费者群体、发现市场上出现的各种创新产品，并随时采取适当的经营策略；互联网技术的运用将使得保险公司核心运营流程和客户服务实现网络化和自助化，可以提高保险公司处理保险业务的效率、降低成本，提高管理水平，提高客户满意度；互联网技术动摇了传统保险营销体系的代理人制度，使得保险公司能够直接面对消费者，可以让保险公司大幅减少销售费用与管理费用。

趋势九：保险行业将更加注重保护消费者权益，加强信息披露

互联网正在快速改变人们的生活，保险标的、属性和风险因素随时根据互联网技术的发展而发生变化。保险已经不是传统意义上只能保障生、老、病、死、残的产品和服务，而是发展到与消费者日常生活、工作、消费行为息息相关的各个领域，保险产品的形式、品种、保障范围、保障程度等都有巨大的创新空间。但中国金融消费者整体知识水平偏低，人民银行金融消费权益保护局于 2013 年开展的消费者金融素养调查显示，我国消费者金融知识客观题的平均正确率仅为 55.9%。消费者知识水平滞后于互联网保险创新水平，可能会造成消费者权益受损、创新保险产品市场认可度低等一系列问题的发生，故而，如何提高消费者认识、选择保险产品的能力，提升消费者对风险的辨识与防范的能力，对保险行业未来的健康发展来说无疑是一个不可回避的重要问题。

另外，保险公司应借助互联网技术细化互联网保险产品的信息披露规则，在保险责任、告知义务、免责条款、退保的权利义务等方面明确披露要求，防止避重就轻、销售误导。通过机制设计，保险公司应开始尝试整合线上线下资源，在投保、查询、理赔等方面建立信息公开标准，保障消费者的知情权和选择权，不断提高市场透明度。

本章小结

1. 互联网银行的定义、特点和发展历程。
2. 互联网证券的定义、发展环境和交易风险。
3. 互联网保险的发展时期和模式、发展趋势。

思考与练习

1. 互联网保险的模式有哪些？
2. 互联网银行的定义是什么？它具有哪些特点？
3. 互联网证券的发展历程是什么？
4. 你觉得我国互联网保险目前发展过程中存在什么问题？
5. 互联网保险的发展趋势是什么？

第 5 章

第三方支付

案例导入

中国第三方支付的扩张程度超过美国

中国第三方支付是特指具备一定实力和信誉保障的第三方独立机构，一般以银行合作的方式，提供交易支持工具和平台，实现资金的转移。目前主要媒介有以互联网为媒介的互联网支付和以手机为媒介的移动支付，以及交易量比较小的预付卡支付和银行卡收单业务等。支付工具目前以手机扫描二维码、NFC 近场支付为主。

2010 年以来，中国第三方支付市场的交易规模保持 50%以上的年均增速迅速扩大，已成为全球的领跑者。据《2016 中国第三方移动支付市场研究报告》统计数据显示出，2016 年中国第三方支付总交易额为 57.9 万亿人民币，相比 2015 年增长率为 85.6%。其中移动支付交易规模为 38.6 万亿元，约为美国的 50 倍。

2017 年中美第三方支付比较如图 5-1 所示。

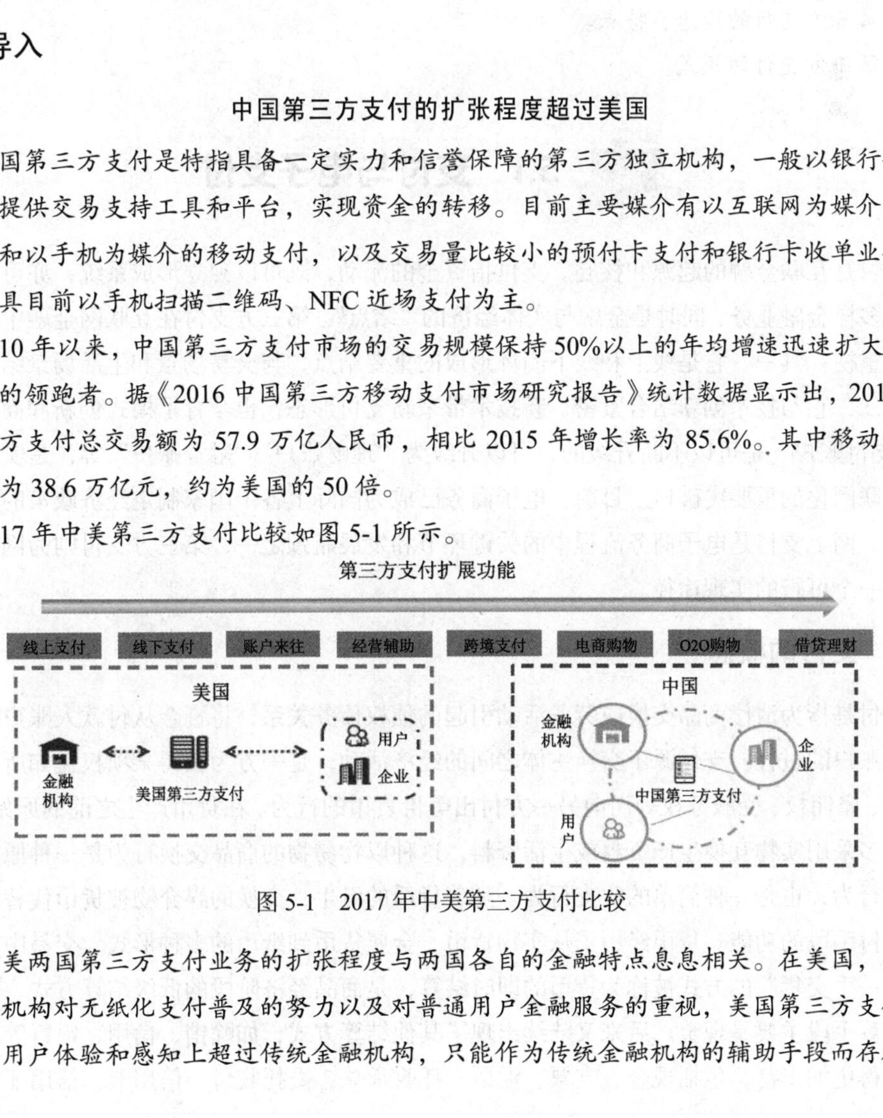

图 5-1　2017 年中美第三方支付比较

中美两国第三方支付业务的扩张程度与两国各自的金融特点息息相关。在美国，由于传统金融机构对无纸化支付普及的努力以及对普通用户金融服务的重视，美国第三方支付机构无法在用户体验和感知上超过传统金融机构，只能作为传统金融机构的辅助手段而存在。而在中国，由于传统金融机构长期忽视用户体验，不重视普通用户的金融需求，这些因素都给了中国第三方支付独立发展壮大的机会，特别是中国无纸化支付普及的缓慢。由于支付是高频次、高感知的功能，用户不可避免地会在支付工具上存放一定数量的资金。所以，中国第三方支付机构能够以支付功能作为突破口，在用户体验和感知上超过传统金融机构并能够在支付功能的基础上衍生出更多的增值业务。

（资料来源：艾瑞网（www.iresearch.cn））

本章要点

- 电子支付的相关概念、类型。
- 电子支付系统的基本流程、组成。
- 第三方支付的产生历程、发展现状趋势。
- 第三方支付的概念、特点。
- 第三方支付的模式。

5.1 支付与电子支付

支付是互联金融的起源和核心。支付指资金的流动，既可以独立形成系统，亦可在系统上衍生多样金融业务，同时是金融与实体经济的“结点”。第三方支付在互联网金融中的地位也需要重视：其一，它是线上和线下闭环形成的重要结点，与交易场景和生活场景结合最紧密；其二，它与技术创新结合紧密，新技术带来新支付形态，也孕育了模式创新和商机；其三，“支付账户”是可以不断升级的，可以升级为“理财账户”“融资账户”等，是实现金融全面互联网化的重要突破口。目前，电子商务已成为国际上各个国家制定经济政策的主要依据之一。网上支付是电子商务流程中的关键环节和发展瓶颈之一，第三方支付则为网上支付提供了一个可行的实现途径。

5.1.1 支付的概念

支付是指为清偿商品交换或劳务活动引起的债权债务关系，将资金从付款人账户转移到收款人账户的过程。支付源于交换主体之间的经济活动，是一方为获得某项权益如所有权、使用权、雇佣权、受服务权等而向另一方付出等价货币的行为。在货币产生之前的原始社会，人们大多采用实物互换生产资料或生活资料，这种以物易物的商品交换行为是一种原始的商品交换行为，也是一种简单的收支行为。随着货币的诞生，交换的媒介物被货币代替，货币有了支付手段的功能。货币经历了从实物货币、金属货币到纸币的多种形式，交易中“一手交钱，一手交货”的方式被称为货币的即时结算，是商品经济阶段的低级结算方式，其中采用的结算手段主要是现金。后来又陆续出现了其他结算方式，如赊销、信用、银行等。支付手段变得更加丰富，包括现金、支票、汇票、托收承兑、委托收付、信用卡、信用证等。

一般而言，支付与结算的含义基本相同，支付与结算可直接理解为支付结算或结算。在我国《票据法》和《支付结算办法》中规定，支付结算的含义是指单位、个人在社会经济活动中使用票据、信用卡和汇兑、托收承付、委托收款等结算方式时进行货币级支付及资金结算的行为。通俗地说，就是一方得到另一方的货物与服务后所给予的货币补偿，以保证双方的平衡。据此，支付结算一般有以下四个特征：

① 支付结算须通过中央银行批准的金融机构进行。

② 支付结算是一种基于一定法律形式而进行的行为。

③ 支付结算的发生取决于委托人的意志。

④ 支付结算实行统一和分级管理相结合的管理体制。中央银行负责制定统一的支付结算制度，组织、协调、管理和监督所发生的支付结算工作。

5.1.2　传统支付的运作模式

经济的不断发展和 IT 技术的应用使得人们对支付的运行效率和服务质量的要求越来越高，现在电子支付的发展也随之日趋成熟，支付系统的现代化指日可待，传统的支付方式也正面临着前所未有的巨大冲击。整体而言，随着商品社会及商品经济的发展，传统的支付体系主要经过了以下演变过程：

1．原始社会的支付方式——以物易物的支付方式

在原始社会中支付是以最原始的交换方式进行的，即便有交换，也是一种直接的以物易物。交换过程和支付过程同时发生，这时不存在支付工具。

2．自然经济社会中的支付方式——以货币为媒介，实行等价交换

自然经济社会中对应的是以实体货币为媒介的支付方式，这时的交换是以某种物质（主要是贵金属）作为一般等价物进行交换，货币由此产生。交换和支付也是同时发生的，货币作为支付工具，初级的支付系统已形成。

3．工业经济时代的支付方式——建立以银行信用为主的支付系统

在工业化经济社会联系中，信息传播媒体多样化，各种形式的信息收集、加工、传播的壁垒被打破，信息具有了社会化性质。作为信用中介的银行则在社会交换和支付中起到了关键的作用，以银行信用为主的支付系统也随之应运而生。此时也产生了最为典型的支付工具——支票。买方将资金存入银行，在商品购买过程中，用银行的信用工具——支票进行支付，卖方则通过支票得到所售商品的现金。商品的交换过程与支付过程出现了分离，也产生了各种具有银行信息性质的支付工具，如支票、汇票、本票等。此时已建立了较完善的支付系统。

4．网络经济社会的支付方式——金融电子化系统

由于信息化技术的不断发展，信息采集、加工、储存和传递依靠计算机、现代化通信手段，由此产生多媒体以及网络等多种现代的信息技术，整个社会商品交换速度加快，与之相应的支付方式也发生了革命性的改变，产生了现代化的支付系统——金融电子化系统，实现了整个社会支付的自动化、快速化和安全化，也产生了与之相应的网络银行、手机银行等新型支付手段。

人类文明的不断发展，社会的不断进步，科学技术的日新月异，促使了支付方式从原始的实物对换到现代的无纸化蜕变。这一变化的标志就是金融电子化。金融电子化实际是 20 世纪下半叶，随着信息技术的不断发展与金融业的广泛应用而兴盛起来的。它的发展不但极大地改变了金融业的面貌，扩大了金融业的品种，而且也改变了人们的经济生活方式和社会生活方式。

5.1.3 电子支付与电子支付系统

1. 电子支付的相关概念

电子支付（Electronic payment）是在货币数字化以后形成的支付方式，主要是指电子交易的当事人（包括消费者、厂商或者金融机构），使用安全电子支付手段，通过网络进行的货币支付或资金流转。电子支付是电子商务系统的重要组成部分，主要经历了以下发展阶段：

① 银行利用计算机处理银行间业务，办理结算。

② 银行计算机与其他机构计算机之间的结算，如代发工资等。

③ 利用网络终端向客户提供各项银行业务，如客户在 ATM 上取款、存款、转账等。

④ 利用银行销售点终端 POS 机向客户提供自动的扣款服务。

⑤ 网上支付（又称电子支付）可随时随地通过 Internet 进行直接转账结算，这也是 21 世纪的主要电子支付工具。

2. 电子支付的相关协议

（1）SSL 协议

安全套接层（Secure Socket Layer, SSL）协议是由 Netscape 公司 1995 年研制推出的用于浏览器和 Web 服务器之间的安全连接技术，它面向 TCP/IP 的 C/S 应用程序提供了客户端和服务器的鉴别、数据完整性及信息机密性等安全措施。该协议已成为事实上的工业标准，广泛应用于互联网/Intranet 的服务器产品和客户端产品中，也是国际上最早应用于电子商务的一种由消费者和商家双方参加的信用卡/借记卡支付协议。

SSL 协议提供的服务主要有：

① 认证性。SSL 使用数字证书来验证客户机和服务器的合法身份，确保数据发送到正确的客户机和服务器上。

② 保密性。SSL 客户机和服务器之间通过密码算法和密钥的协商，建立一个安全通道，在安全通道中传输的所有信息都经过了加密处理，以防止数据中途被窃取。

③ 完整性。SSL 利用密码算法和 Hash 函数，通过提取传输信息特征值保证信息的完整性。

（2）SET 协议

安全电子交易协议（Secure Electronic Transaction, SET）是 Visa 和 MASTCARD（Master Card）在 1996 年提出的标准协议模式，它采用公钥密码体制和 X.509 数字证书标准，主要应用于保障网上购物的信息安全。目前已被 IT 的企业和金融业认可，成为公认的信用卡/借记卡的网上交易的国际安全标准。

基于 SET 的安全电子数据交换系统是一套网络动态认证过程，这个过程概括起来为以下三个步骤：

① 注册登记（Registering）。首先，由社会权威部门成立网络动态 CA。所有希望今后在网络空间上从事商务活动的买卖双方以及双方的发卡机构和代理银行等都必须事先将自己的详细情况在网络动态 CA 进行注册登记。只有进行了注册登记的用户才能够安全地在网上从事支付活动。

② 加密处理（Encryption）。每个进行了登记的用户都会得到两个加密处理的钥匙，一个是公钥，一个是私钥。公钥用于提供对方解密有关的信息内容和加密回馈的信息内容。私钥用于自己解密得到的信息和加密发出的信息。

③ 动态认证（Dynamic Authentication）。有了上述两个步骤以后，剩下的问题就是在实际网上交易过程中如何才能确认对方的身份，以及如何动态地得到对方的公钥并进行上述加密过程。这个问题可以通过网络动态认证的方式来解决。即交易双方在完成了商品供需信息的沟通和商贸磋商以后，系统立刻会通过网络自动地对双方的身份进行动态认证，同时使双方获得对方的各相关单位的公匙，最后才开始实质性的商品交易和支付过程。

3. 电子支付的类型

（1）按支付的时间分类

① 预支付。即先付款、后购买。预支付系统基本上是通过将电子货币保存到硬盘或一张智能卡上的方式来运行的。包含电子货币的文件称为虚拟钱包，可在任何时候使用这些电子货币为商品和服务完成在线支付。

② 即时支付。即交易时付款。因为必须直接访问银行内部数据库才能实现即时付款，其安全措施必须比其他付款类型更严格，可通过借记卡或直接借记实现。

③ 后支付。即先购买后付款。

（2）按支付的工具分类

随着计算机技术的发展，电子支付的方式越来越多样化，主要可分为三大类：

① 电子货币类，如电子现金、电子钱包等。

② 电子信用卡类，如智能卡、借记卡、电话卡等。

③ 电子支票类，如电子支票、电子汇款、电子划款等。

（3）按支付指令发起的方式分类

① 网上支付。网上支付是以互联网为基础，利用银行所支持的某种数字金融工具，在购买者和销售者间进行金融交换，从而实现购买者与金融机构、销售者之间的在线货币支付、现金流转、资金清算、查询统计等过程。

② 电话支付。电话支付是指消费者使用电话或其他类似电话的终端设备，通过银行系统从个人银行账户里直接完成付款的方式，是电子支付的一种线下实现形式。

③ 移动支付。移动支付是使用移动设备（如手机等）以无线方式完成支付行为的一种

新型支付形式。

4．电子支付与传统支付的比较

电子支付是在货币数字化以后形成的支付方式，与传统支付相比优势明显，主要体现在：支付成本降低，节省人力物力；业务随网络覆盖面同步增长；哪里有互联网，哪里就有电子支付。

具体而言，电子支付与传统支付的区别主要体现在以下三方面：

（1）货币形式不同

电子支付都是采用数字化的方式进行款项支付，而传统支付方式则是通过现金、票据及银行汇兑等实体货币来完成款项支付的。

（2）工作环境不同

电子支付的工作环境是基于互联网等开放性的通信网络环境，而传统支付则是在较为封闭的系统中运作。

（3）通信手段不同

电子支付要求有提供网上银行服务的金融环境，对软硬件设施的要求很高，一般要求有联网的计算机、相关的软件及其他一些配套设施；而传统支付使用的则是传统的通信媒介，对软硬件设备的要求并不高。

5．电子支付系统的组成

电子支付与结算过程涉及客户、商家、银行或其他金融机构、商务认证管理部门，因此支撑电子支付的体系可以说是融购物流程、支付与结算工具、安全技术、认证体系、信用体系，以及金融体系为一体的综合系统。其中客户与商家分别代表在网上开展商务交易的双方，即买方与卖方；客户的开户银行又称为支出行或付款行；商家的开户行又称为接收行或执行行；认证中心 CA 是商务活动的第三方认证机构，向商务活动的各参与者发放各种认证安全工具。

基于互联网公共网络平台的电子商务电子支付体系的基本构成主要涉及七大要素，如图 5-2 所示。

① 客户。客户一般是指利用电子交易手段与企业或商家进行电子交易活动的单位或个人。他们通过电子交易平台与商家交流信息、签订交易合同，用自己拥有的网络支付工具进行支付。

② 商家。商家是指向客户提供商品或服务的单位或个人，能够根据客户发起的指令向金融机构请求结算。这一过程一般是由商家设置一台专门的服务器来处理，包括身份认证及各种不同电子支付工具的处理。

③ 认证中心（CA）。认证中心是交易各方都信任的公正第三方中介机构，是安全电子交易的核心环节。它主要负责为参与电子交易活动的各方发放和维护数字证书，以确认各方的真实身份，确保电子支付与结算等交易活动的安全有序进行。

④ 支付网关。支付网关是完成银行网络和互联网之间的通信、协议转换，进行数据加

密、解密，保护银行内部网络安全的一组服务器。它是互联网公用网络平台和银行内部金融专用网络平台间的安全接口。电子支付的信息必须通过支付网关进行处理后才能进入银行内部的支付结算系统，进而完成安全支付的授权。

⑤ 客户开户行（发卡行）。客户开户行是指为客户提供资金账户和网络支付工具的银行。客户所具有的电子支付工具主要是由开户行提供。在利用银行卡作为支付工具的网络支付体系中，客户开户行又称为发卡行。客户开户行根据不同的政策和规定，提供银行信用，即保证支付工具的真实性，并保证对每一笔的认证交易进行付款。

⑥ 商家开户行（收单行）。商家开户行是整个支付与结算过程中资金流向的地方。商家将客户发送的订单信息留下，同时将客户传送的支付指令提交其开户行后，就由开户行进行支付授权的请求，以及进行商家开户行与客户开户行之间的清算工作。

⑦ 金融专用网。金融专用网是银行内部及各银行之间交流信息的封闭专用网络，通常具有较高的稳定性和安全性。

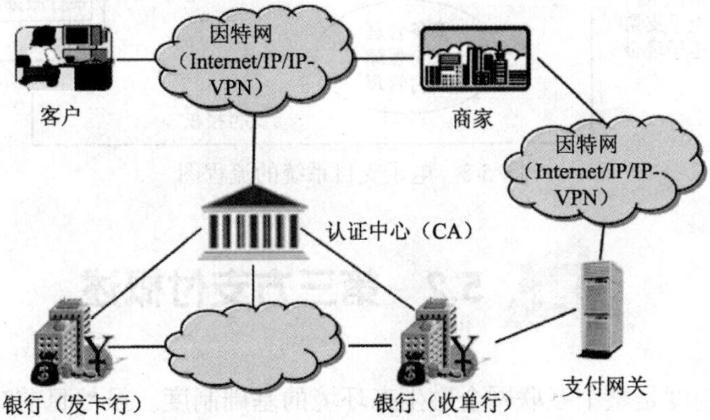

图 5-2　电子支付系统的基本组成示意图

6. 电子支付系统的基本流程

在处理电子支付时借鉴了很多传统支付方式的应用机制和过程，基于互联网平台的电子支付结算流程与传统的支付结算过程类似。其一般流程如下：

① 客户连接互联网，进行商品的浏览、选择与订购，填写网络订单，选择应用的电子支付工具，并且得到银行的授权使用，如信用卡、电子钱包、电子现金、电子支票或网络银行账号等。

② 客户机对相关订单信息进行加密处理，在网上提交订单。

③ 商家服务器对客户的订购信息进行检查、确认，并把相关的、经过加密的客户支付等信息转发给支付网关，直至银行专用网络的银行业务后台服务器进行确认，以期从银行等电子货币发行机构验证得到支付资金的授权。

④ 银行验证确认后通过建立起来的经由支付网关的加密信道，给商家服务器回送确认及支付信息，同时给客户回送支付授权请求，以进一步确保安全。

⑤ 银行获得客户传来的进一步授权结算信息后，把资金从客户账号拨至商家银行账户，

借助金融专用网进行结算，并分别给商家和客户发送支付结算成功的信息。

⑥ 商家服务器收到银行发来的结算成功信息后，给客户发送网络付款成功的信息和发货通知。

到此，一次典型的电子支付结算流程结束。商家和客户可以分别借助网络查询自己的资金余额。具体的流程图如 5-3 所示。

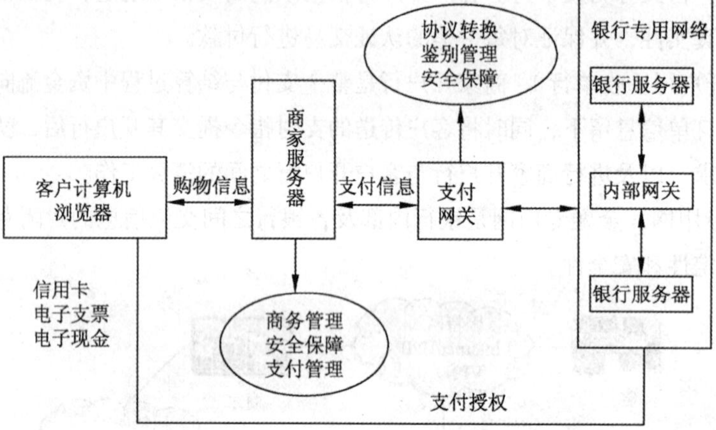

图 5-3　电子支付系统的流程图

5.2　第三方支付概述

第三方支付制度是整个互联网金融生态环境的基础制度。虽然目前对互联网金融的模式分类还存在很多争议，但不论支付功能本身、互联网金融产品的销售渠道、基于互联网的融资服务还是虚拟货币，都离不开第三方支付。第三方支付的作用不仅体现在其与电子商务的结合中，在供应链金融模式构建、支付清算体系的完善、货币结构改变等方面都具有相应作用。

5.2.1　第三方支付的概念

随着阿里巴巴、淘宝网等第三方电子商务平台的迅猛发展，如何解决人们对电子支付的信任问题成为电子商务发展新阶段的难题，为了解决这个难题，第三方支付应运而生。

在第三方支付发展起来之前，并未产生第一方和第二方支付的概念。所谓第一方支付就是现金支付；第二方支付则是依托于银行的支付，如银行汇票、银行卡支付等。作为两种传统的支付方式，它们在国内有着悠久的发展历史。随着信息技术的发展，现金支付和银行卡支付在实际使用过程中开始面临地域、距离、网点、时间等方面的限制，在有着更加快捷便捷的选择后，这两种支付方式逐渐开始淡出舞台。现金支付逐渐成为第三方支付的辅助手段，依托于银行的支付也更倾向于巨额交易的场景。

图 5-4 所示为中国支付发展史。

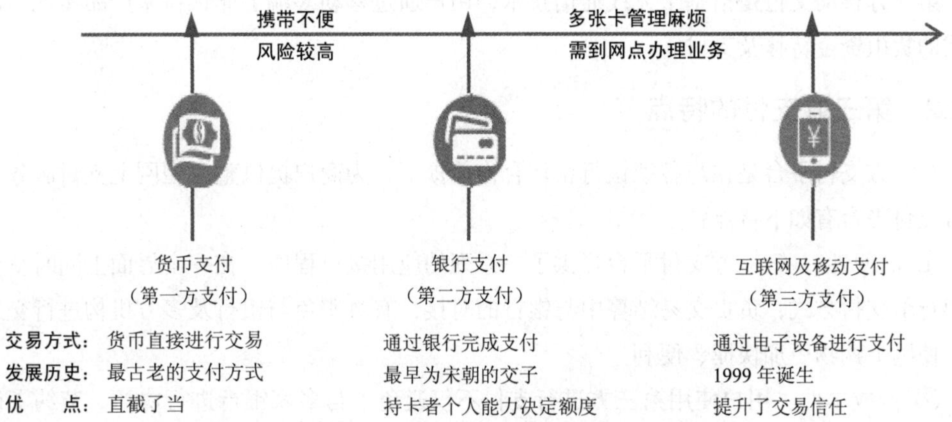

资料来源：艾瑞网（www.iresearch.cn）

图 5-4　中国支付发展史

所谓第三方支付，就是一些和各大银行签约，并具备一定实力和信誉保障的第三方独立机构提供的交易支撑平台。第三方支付平台作为网络交易的监督人和主要支付渠道，提供了丰富的支付手段和可靠的服务保证。在第三方支付平台上，客户选购商品后，使用第三方平台提供的账户进行货款支付，由第三方平台通知商家货款到达、进行发货；客户检验商品后，就可以通知付款给商家，第三方再将款项转至商家账户。第三方支付企业的作用就是通过搭建一个公用平台，将成千上万的小商家和银行连接起来，为商家、银行、消费者提供服务，从中收取手续费。

相对其他的资金支付结算方式，第三方支付可以更有效地保障货物质量、交易诚信、退货要求等环节。在整个交易过程中，均可以对交易双方进行约束和监督。在不需要面对面进行交易的电子商务实践中，第三方支付为交易成功提供了必要的支持。因此，随着电子商务在国内的快速发展，第三方支付行业也发展迅猛。根据艾瑞网《2017 年中国第三方支付市场监测》数据报告显示，2016 年中国第三方支付转账规模 37.7 万亿元，增长率 15.3%。2012—2016 年中国第三方支付转账规模及增速如图 5-5 所示。

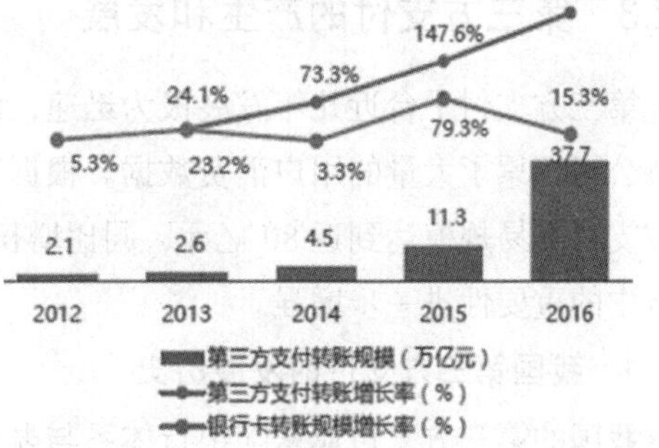

资料来源：艾瑞网（www.iresearch.cn）

图 5-5　2012—2016 年中国第三方支付转账规模及增速

据艾瑞网研究报告，第三方支付指的是独立于商户和银行并且具有一定实力和信誉保障的独立机构，为商户和消费者提供交易支付平台的网络支付模式，并可划分为：第三方互联网支付和第三方移动支付。其中，第三方互联网支付是指用户通过台式计算机、便携式计算机等设备，依托互联网发起支付指令，实现货币资金的转移。互联网支付与第三方支付形成的交集即为第三方互联网支付。

第三方移动支付是指基于无线通信技术，用户通过移动终端上非银行系产品实现非语音方式的货币资金转移及支付。

5.2.2 第三方支付的特点

第三方支付平台是在与各家银行密切合作前提下，为商户提供整合型网上支付服务。第三方支付平台有如下特点：

① 简便性。第三方支付平台提供了一系列的应用接口程序，在一个界面上同时整合多种银行卡支付方式，负责交易结算中与银行的对接，有效避免与银行及多方机构进行交易谈判，使网上购物更加快捷、便利。

② 低成本性。用户使用第三方进行支付不仅避免了与多家银行进行协商，节约了谈判成本。另外，第三方支付平台的收费也较低，有些甚至是免费的，这样可以帮助用户降低运营成本，也降低了银行的网关开发费用。

③ 安全性。第三方支付一般有较成熟的技术支持，资金也可以在第三方账户上保留一定时间，为发现交易是否正常提供了时间支持。另外，第三方支付平台本身依附于大型门户网站，其信用依托也来自于与其合作的银行的信用，较好地突破了网上交易中的信用问题。

④ 多功能性。第三方支付平台提供了更多样化的增值服务，比如：帮助商家网站实现实时交易查询和交易系统分析，提供方便及时的支付和退款服务，维护客户和商家的利益。

⑤ 通用性。第三方支付服务系统很好地打破了银行卡壁垒。目前我国实现在线支付的银行卡各自为政，每个银行都有自己的银行卡，这些自成体系的银行卡纷纷与网站联盟推出了在线支付业务，客观上造成消费者要自由地进行网上购物，手里须持有多张不同的银行卡，商家也必须装有各个银行的认证软件，这样极大地制约了网上支付业务的发展。第三方支付平台则很好地解决了该问题，只要商家和消费者在第三方平台上有自己的账户，就可以自由的进行交易。

5.2.3 第三方支付的产生和发展

第三方支付平台近几年发展极为迅速，已经成为了大多数用户的消费端口，也为互联网金融公司积累了大量的用户消费数据。根据 iResearch 艾瑞咨询网统计数据显示，2016 年第三方支付交易规模达到近 80 亿元，同比增长率接近 300%，整体市场持续增长，在整体国民经济中的重要性进一步增强。

1. 我国第三方支付的发展历史

我国的第三方支付业紧随银行体系与电子商务的变革，主要经历了萌芽、发展、转型升级、制度化监管四个阶段。

（1）萌芽阶段（2000—2003 年）

有效解决电子商务中出现的资金流问题，2000 年左右环迅支付和首信易支付 2 家企业成为了首批提供第三方网上支付平台的企业，搭建了在线支付平台，为初生的中国电子商务提供网关和基础应用服务。一年后，环迅支付成为国内唯一支持 Visa 和 MasterCard 的在线支付服务平台。2003 年，环迅支付已成功地与国内 20 家主流银行建立了支付接口，成为当时国内签约银行最多的支付企业。同时环迅支付平台于 2003 年投入运营并完成首次在线支付。同一年，支付宝等支付企业相继成立，加入了中国网上支付行业的大家族。随着越来越多支付企业的进入，中国第三方支付行业从萌芽阶段渐渐发展起来。

（2）发展阶段（2004—2006 年）

当时国内网络购物市场暂处于萌芽期，整个市场规模只有 10 亿左右，买卖双方间缺少信任，支付方面也存在着巨大瓶颈，这些都严重阻碍了国内电子商务的发展。对此，支付宝在 2003 年年底，率先推出了"担保交易"模式。买家先把账款打到支付宝，支付宝通知卖家发货，买家收到货后确认付款，再由支付宝将款打给卖家。这一担保交易模式的推出，有效解决了网上交易及付款中的信任问题，为网上信任文化的推广普及奠定了基础，很好地促动了中国电子商务发展。

（3）转型升级阶段（2007—2010 年）

随着越来越多的支付企业加入第三方支付大家庭，第三方支付市场的竞争加剧。在竞争过程中，第三方支付企业也开始意识到，不同行业对于资金安全、风险控制、资金管理和行业应用在内的复合需求在不断增加。为了满足来自各行业的呼声，网上支付行业开始不断深入到不同的行业中，开发定制化的行业资金解决方案。第三方支付平台开始独立运作，逐步向淘宝之外的商家开放。以支付宝为代表的第三方支付企业，开始将第三方支付平台独立运作，并向其他行业开放。短短几年内，第三方支付业务范围已经覆盖了 B2C 购物、航空机票、旅游、房产等众多领域。支付宝也凭借其创新，一跃成为中国最大的第三方支付平台，其市场份额占中国整个市场份额的 50%以上。

（4）制度化监管阶段（2010 年底至今）

2010 年 6 月，中国人民银行颁布《非金融机构支付服务管理办法》（中国人民银行令[2010]第 2 号），2010 年 12 月，中国人民银行又颁布了《非金融机构支付服务管理办法实施细则》。这两个办法对第三方支付的定业和性质、申请和许可、监督与管理及罚则进行了详细规定。这两个规定的出台，对第三方支付产生了深远的影响。随着第三方支付平台的普及，第三方支付行业风险的监管也在不断升级。2017 年 1 月颁布的《中国人民银行办公厅关于实施支付机构客户备付金集中存管有关事项的通知》，让互联网金融支付机构交付客户备付金。7 月中旬，召开的全国金融工作会议进一步指出，要把主动防范化解系统性金融风险放在更加重要的位置，科学防范，早识别、早预警、早发现、早处置，着力防范化解重点领域风险，着力完善金融安全防线和风险应急处置机制。这些明确强调，各第三方支付企业在努力发展业务的同时，还必须按照规定要求，规范业务，申请许可，深化改革，适应监管的需要。

2．我国第三方支付的发展现状

目前，第三方支付正处于监管加强和行业突围阶段，现阶段我国的第三方支付发展呈现如下几个方面的特点：

（1）市场规模不断壮大

根据艾瑞资讯网发布的统计数据，2016 年中国第三方支付交易规模达到 80 万亿元，同比增长率接近 100%。2016 年第三方支付转账规模同比增长 235.0%，而银行卡转账增速为 15.3%，第三方支付转账也开始成为个人转账首选。市场规模不断壮大的主要原因：一是第三方支付逐步渗透到网络购物、旅行预订、生活缴费等各领域，推动了整体市场交易规模的上涨；二是相关规定的出台，使得第三方支付企业获得了更加宽阔的市场发展空间；三是电子商务、旅行预订等支付相关行业的繁荣发展，推动支付电子化进程，带动第三方支付行业的快速成长。

（2）竞争加剧，交易依然较为集中

在中国整个第三方支付市场迅猛发展的同时，一大批第三方支付企业成长壮大起来。从 2011 年 5 月到 2015 年 3 月，央行分 8 批发放了 270 家支付业务牌照。这一方面得益于用户支付习惯的养成，另一方面也受益于不同年代的不同热点。2013 年以前，中国第三方支付的增速主要由以淘宝为代表的电商引领。2013 年余额宝出现后，金融成为新的增长点。2016 年，以春节微信红包为契机，转账成为交易规模的增长动力。

根据艾瑞咨询发布的 2016 年第四季度的统计数据显示，支付宝的市场份额达到了 55%，财付通市场份额约为 37%，其他众多支付企业的市场份额之和约为 8%，如图 5-6 所示。在行业整体规模增长迅速的同时，支付宝和财付通拥有庞大的用户群体和丰富的支付场景，占据了绝对的市场优势，并且仍在不断培养用户黏性、开拓新的支付场景以巩固行业地位。

支付企业	交易规模（亿元）
壹钱包	4963.37
联动优势	1694.03
连连支付	1647.43
京东钱包	1621.50
快钱	1315.28
易宝支付	1184.30
苏宁支付	710.60

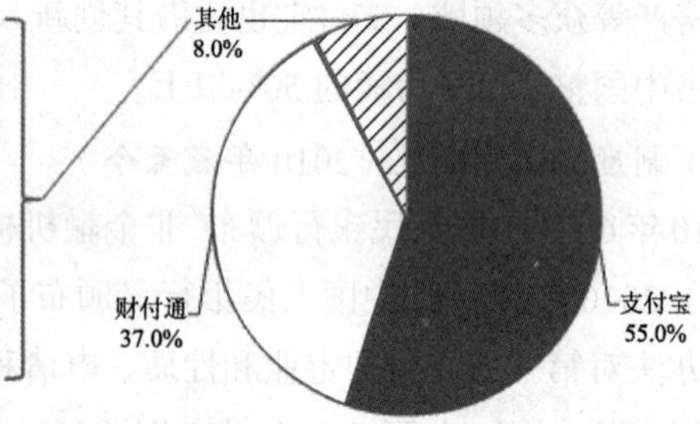

资料来源：艾瑞网（www.iresearch.cn）

图 5-6 2016 年第四季度中国第三方移动支付交易规模市场份额

（3）服务不断深入

随着计算机技术、网络技术和通信技术的不断进步，第三方支付工具不再局限于为电子商务提供基础服务，它不再仅是一个网络购物的支付工具，为网络购物提供支付瓶颈解决方案，而是在不断扩大其服务范围。如今，人们可以足不出户，通过网络、手机、电话，甚至 E-mail 的方式进行预订机票及缴纳水电费、煤气费、教育培训费等，也可以通过第三方支付工具进行收款、信用卡还款等。可以说，第三方支付提供的服务种类的不断丰富正日益影响和改变着人们的生活方式，在方方面面为人们的生活提供便利和贴心服务，正逐渐成为人们的生活助手。

图 5-7 说明了 2017 年中国移动支付场景的丰富化。

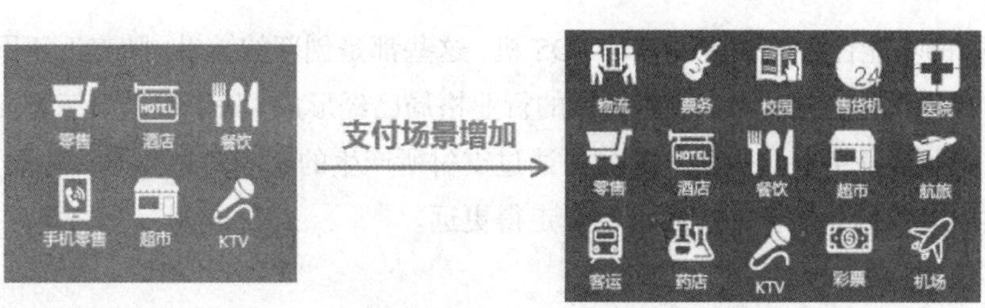

资料来源：艾瑞网（www.iresearch.cn）

图 5-7　2017 年中国移动支付场景的丰富化

（4）创新与风险并存

随着我国网上支付产业深入发展，第三方支付企业为突出自身核心竞争力，追求差异化发展道路，纷纷进行创新，使得第三方支付创新得到迅猛发展。目前，第三方支付行业的创新主要朝着两方面发展：一是更注重工具的通用性，面向用户需求，提供大众需要的更好的通用服务解决方案；另一个是追求细分市场创新，争取从行业或是客户群的特点出发，提供最优的服务解决方案。例如，随着团购网站的发展，越来越多的第三方支付企业开始与团购网站合作。与此同时，由于第三方支付机构爆发的重大风险事件，监管层的处罚频率和力度明显增加。据《中国支付清算行业运行报告（2017）》显示，因注销、主动申请注销、不予续展和续展合并等因素，270 家非银支付机构在 2016 年缩减为 255 家。

3．我国第三方支付的发展趋势

今后，随着人们生活方式的改变和创新的深化，第三方支付还会获得新的发展机会。将来，我国第三方支付将呈现以下发展趋势：

（1）推进普惠金融的发展

第三方支付积累了大量的用户数据，完成了互联网金融征信和风控数据池的原始积累，为后续金融服务的开展铺平了道路。余额宝的到来，正式点燃了互联网金融的星星之火，教育了用户，使其从小众走向大众。由第三方支付开启的普惠金融，将高高在上的金融变成了平易近人的邻家业务，用户通过手中的智能终端便触手可得。

（2）国际化趋势明显

随着贸易和结算的国际化发展，第三方支付将会在国际贸易和国际结算中发挥越来越重要的作用。第三方支付企业将改变目前主要集中在国内发展的格局，有实力的企业将会扩展业务范围，走出国门，为国际贸易和国际结算提供支付清算服务。较为可行的两种拓展方式：一是通过战略投资，技术、运营经验输出，入股并扶持国外本土移动支付企业，建立全球化用户移动支付服务；二是通过剧增的中国游客出国消费行为，向国外商家推广移动支付服务，并通过国外商家的改变来进行国外本土化市场教育，并增强国外本土对移动支付的认知程度，建立全球化商户移动支付网络。

（3）创新不断加强

随着技术的进步和客户需求的多元化，创新将会不断加强。2011 年以来，支付宝推出了条码技术，商户通过扫描用户手机上的条码即可向用户发起收银。快钱也推出了“快刷”产品，一插即刷的功能让手机变成了移动 POS 机，这些都是创新的结果。随着近年网联的建立，以及监管方式强化与更加灵活，优胜劣汰的行业格局已经形成。除了提供第三方支付服务外，第三方企业必须在业务上进行创新，如：通过支付所产生的实际交易数据，深入了解企业端需求，提供更多定制化服务才能在市场上走得更远。

（4）并购潮起

《非金融机构支付服务管理办法》的颁布，显著提高了第三方支付行业的准入门槛。根据该办法，要在全国范围内从事支付业务，其注册资本最低限额为 1 亿元，拟在一省范围内从事支付业务的，注册资本最低为 3 000 万元。央行于 2016 年 10 月开始对非银行支付机构进行风险专项整治工作。截至 2017 年 1 月底，全国已经清理出 239 家无证非法从事支付业务的机构。对于这些不能获得牌照的企业，将会逐步被“大鱼”吃掉。如：支付宝已收购了安卡支付，上海富友金融技术有限公司完成了与福建信和通商务有限公司“佰通卡”的并购，国美控股旗下的我国香港上市公司国美金融科技公告称，将斥资 7.2 亿元收购天津冠创美通电子商务有限公司全部股权。如今，随着央行对第三方支付的不断调整，支付机构牌照价格水涨船高，支付机构牌照价格已从 2015 年前的 5 000 万元，飙涨到 7 亿元以上。相信在未来一段时间内，并购的浪潮仍会持续，有可能愈演愈烈。

【拓展阅读】

国内第三方支付大事件

- 1999 年，第三方支付企业诞生。
- 2010 年，网上支付跨行清算系统（俗称“超级网银”）正式上线，提供 7×24 小时全天候服务，处理网银贷记业务、网银借记业务、第三方贷记业务以及跨行账户信息查询业务。
- 2011 年，央行颁布了首批《支付业务许可证》，加强对从事支付业务的非金融机构的管理。
- 2011 年，人民银行下发第一批支付牌照，包括支付宝、银联商务、财付通、快钱等在内的 27 家企业获得第三方支付牌照。
- 2013 年，支付宝上线余额宝业务。通过“余额宝”，用户存留在支付宝的资金不仅能拿到“利息”，而且和银行活期存款利息相比收益更高。
- 2014 年，微信红包上线，央行暂停二维码支付业务。央行下发紧急文件《中国人民银行支付结算司关于暂停支付宝公司线下条码（二维码）支付等业务意见的函》，暂停支付宝、腾讯的虚拟信用卡产品，同时叫停的还有条码（二维码）支付等面对面支付服务，并要求支付宝、财付通将有关产品详细介绍、管理制度、操作流程等情况上报。
- 2014 年，人民银行第 6 号文《支付机构客户备存金存管方法》，以保障消费者合法权益为根本，从严管理客户备付金的存放和使用，确保客户资金安全。
- 2015 年，移动支付爆发式增长，2015 年中国第三方移动支付交易规模达 12.2 万亿元，同比增长 103.5%。

- 2015 年，《非银行支付机构网络支付业务管理办法》出台，第三方账户实名制及个人支付账户分Ⅰ、Ⅱ、Ⅲ类，以保证账户安全，维护正常经济秩序，有效防止洗钱、恐怖融资等行为。
- 2016 年，Apple Pay 入华，Apple Pay 在中国的合作方是银联，上线后，将支持 19 家银行借记卡和信用卡，除“五大行”中农工建交外，还包括民生银行、平安银行、招商银行等。
- 2016 年，中国银联正式发布《二维码支付标准》，扫码支付市场步入“规范时代”。采用支付标记化技术，通过制定统一的技术安全机制，确保持卡人账户、资金等关键要素的安全。
- 2017 年，《中国人民银行办公厅关于实施支付机构客户备付金集中存管有关事项的通知》，纠正和防止支付机构挪用、占用客户备付金，敦促第三方支付机构回归支付业务本源。

（资料来源：艾瑞网（www.iresearch.cn））

5.3　第三方支付模式

第三方支付制度是整个互联网金融生态环境的基础制度。虽然至今互联网金融的模式分类还存在一定分歧，但无论支付功能本身、互联网金融产品的销售渠道、基于互联网的融资服务还是虚拟货币都与第三方支付有着千丝万缕的联系。

5.3.1　第三方支付的结构模式

作为资金支付结算的环节，按发展历程，第三方支付可分为线下支付（收单业务）、线上支付和移动支付。据相关资料统计，第三方支付起于线下支付，兴于线上支付，并将迎来移动支付的曙光。2016 年移动支付交易规模为 58.8 万亿元，较 2015 年同比增长 381.9%，占第三方支付行业的主要组成部分。

第三方支付是电子商务产业链中重要的纽带，一方面连接银行，处理资金结算、客户服务、差错处理等一系列工作，另一方面又连接着非常多的商户和消费者，使用户的支付交易能顺利接入。目前，第三方支付可分为支付网关模式和平台账户模式两种。

1. 支付网关模式

支付网关模式只是一个简单的通道。第三支付平台为商家提供了一个可以兼容多银行支付方式的接口平台。它将多种银行卡支付服务整合到一个界面上，充当电子商务交易各方与银行的接口，负责交易结算中与银行的对接，然后消费者通过第三方支付平台付款给商家。

2. 平台账户模式

为了增强线上交易双方的信任度，更好地保证资金和货物的流通，充当信用中介的第三方支付服务应运而生，开始实行“代收代付”和“信用担保”。在此背景下，平台账户模式又可细分为监管型账户支付模式和非监管型账户支付模式。两种模式的区别主要在于第三方支付平台是否暂时保管货款，在买方确认收到商品前，代替买卖双方暂时保管货款，充当信用中介。

在监管型账户模式下，第三方支付平台在商家与客户间搭建了安全、便捷、低成本的资金划拨通道。一般会捆绑大型的电子商务网站，并同各大银行建立合作关系，凭借其公司的实力和信誉充当交易双方的支付和信用中介。支付宝就属于典型的监管账户模式。而快钱则属于典型的非监管型账户支付模式，其第三方支付平台完全独立于电子商务网站，仅为用户提供支付产品和支付系统解决方案，不具有担保功能。第三方支付的分类结构图如图 5-8 所示。

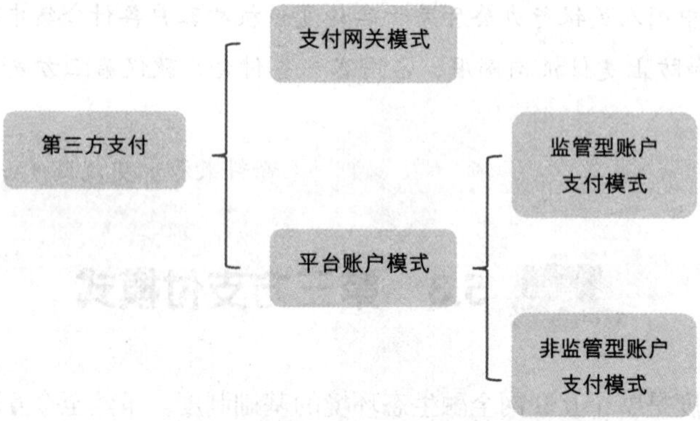

图 5-8　第三方支付的分类结构图

5.3.2　第三方支付的业务模式

第三方支付其实出现得很早。1999 年，易趣网、当当网相继成立，网络购物产生了网上支付需求。于是，首信易支付成立了，这也是中国第一家第三方支付公司。但实际上，它并不能算真正的第三方支付，因为其只是单一地把用户需求告知银行，转接到银行的网上支付页面。随着第三方支付技术的不断成熟，其业务模式也越来越流程化。目前主要有两种较常见的业务模式：

1. 收取交易费

第三方支付平台先与银行确定一个基本手续费率，然后在这个费率基础上加上自己的毛利润，在每次转账时向客户收取一定的费用。第三支付平台服务商的政策也各不相同，有些只对企业收费，个人免费，有些则施行完全免费。

2. 沉淀资金利息

转入第三方支付平台账户里的资金并非都立即用完，这样留存的资金就保存在服务商的账户里，形成沉淀资金利息收入。对第三方支付平台而言，沉淀资金可分为两大类：一类是待清算资金（如用来支付水电煤气费、还信用卡和银行卡转账），由于第三方支付平台通过银行代付一般有一定周期，因此这些资金在被划走前就会成为沉淀资金；第二类是中间账户资金，第三方支付平台的一大功能是信用中介，顾客利用第三方支付平台在网上购物后，资金首先被划拨到第三方支付平台中间账户，顾客收到货物再主动或被动确认付款。第一类资金的沉淀周期太短，因此备付金账户的利息收入主要还是来自于第二类沉淀资金。

然而自 2010 年 6 月起，央行前后四次共发放了大约 200 张类型各异的支付牌照，市场竞争越来越激烈。以往可以获得交易金额的 0.5%～1%的交易佣金，由于互联网支付市场一时间涌入了各方资金力量，短时间内盈利空间被大大压缩。

为了摆脱瓶颈，第三方支付企业也纷纷开始拓展新业务，先后推出了理财服务、行业解决方案、移动支付、跨境支付等结算业务，并开始在支付基础上叠加营销和类金融服务，通过与财务管理、金融服务、营销管理等各类应用叠加，让支付的效应得以延伸，并从产业链金融、精准营销等方面获得相应的收益。其中，以大数据为基础的创新业务可能是最具潜力的发展方向。原因在于，互联网支付行业走过多年的发展，积累了一定的用户数据和交易数据，这些数据能够成为包含巨大价值的“金矿”。未来第三方支付企业最重要的核心业务很可能就是基于数据挖掘和加工商业创新应用，传统的支付结算地位会降为“副产品”。但传统的支付结算也不会完全消失，因为它可以源源不断地为企业提供市场数据。

实际上，国内的第三方支付企业已经认识到了蕴含巨大价值的大数据，也开始采取系列变革措施。最为典型的是阿里巴巴集团。它用支付宝把淘宝、天猫和阿里巴巴 B2B 旗下的几个平台都打通了，在网络小贷服务上也获取了巨大利润。此外，其他第三方支付企业也开始了积极探索。譬如，主要集中在企业应收应付账款融资服务研发的快钱。其和合作银行之间采用将企业的应收账款或应付账款信息与产业链上下游企业一段时间内的资金流转数据统一的方法来合作，企业客户可以此从银行贷到款项。这种基于大数据的独特业务模式在未来会越来越多，第三方支付企业要进一步推进，需注意两个关键点：一是通过产品和服务创新来吸引客户，以构建巨大的数据源；二是积极扩展新型的业务，推动数据资产的开发和利用。

5.3.3　第三方支付的支付模式

在实现支付结算服务的整个过程中，第三方支付主要提供中介服务，实施担保资金转移安排，防范资金和货物安全的风险，并提供方便、快捷的通道服务。

一次成功的第三方支付主要经过以下流程，如图 5-9 所示。

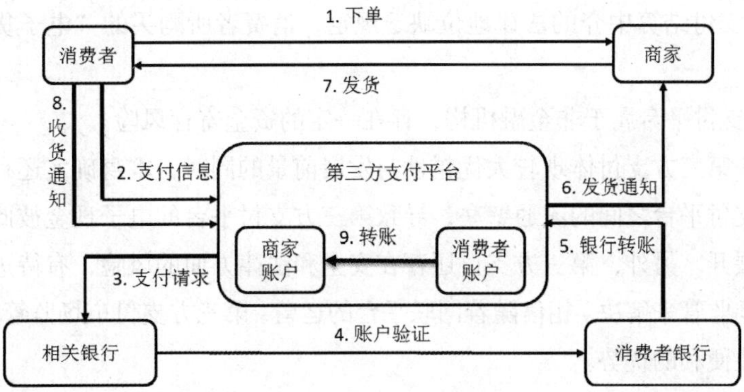

图 5-9　第三方支付交易流程

① 消费者浏览、检索商户网站，选择商品，提交订单。

② 消费者向第三方平台提交支付信息。

③ 第三支付平台获取消费者支付信息并向相关银行发送支付请求。

④ 相关银行验证消费者的银行账户信息。

⑤ 通过第三方平台将资金从消费者银行账户转到第三方账户。

⑥ 第三方支付平台将成功转账信息告知商家。

⑦ 商家收到转账成功信息后，准备发货。

⑧ 消费者收到并验证商品后，向第三方支付平台发送确认支付请求。

⑨ 第三方将消费者信用账户上的货款划入卖家账户中，完成交易。

商家可以将账户中的款项通过第三方支付平台和实际支付层的支付平台兑换成实体货币，也可以用于购买商品。

第三方支付作为主要的网络交易手段和信用中介，起到了在网上商户和银行之间建立起连接、实现第三方监管和技术保障的作用。第三方支付模式优点主要体现在四方面：

① 安全。信用卡信息或账户信息仅需要告知支付中介，无须告知每一个收款人，极大降低了信用卡信息和账户信息失密的风险。

② 支付成本较低。支付中介集中了大量的电子小额交易，形成规模效应，可以显著地降低支付成本。

③ 使用方便。对使用者而言，他面对的是友好的界面，无须考虑背后复杂烦琐的技术操作过程。

④ 目前第三方支付模式中较常见的为有担保功能的第三方支付结算支付模式，其在很大程度上保障了收款人的利益。

与此同时，其也显示出了以下几方面的缺点：

① 这是一种虚拟支付层的支付模式，需要其他的“实际支付方式”完成实际支付层的操作。

② 付款人的银行卡等信息将暴露给第三方支付平台，有可能给付款人带来相关的风险。

③ 第三方支付结算中介的法律地位缺乏规定，消费者所购买的“电子货币”缺乏一定的法律保障。

④ 第三方支付平台属于非金融机构，存在一定的资金寄存风险。

整体而言，第三方支付体现较大优越性与发展前景的同时，本身确实还存在一些不足。譬如，第三方支付平台之间的流通壁垒，导致第三方支付平台的电子现金彼此不互通，限制了交易的广泛展开。另外，第三方支付还存在安全和法律方面的风险，有待进一步利用技术创新和法律法规监管来解决。相信随着网联平台的运营，第三方支付市场监管将进一步升级，极大发挥其快捷便利的优势。

本 章 小 结

目前电子商务已成为国际上各个国家制定经济政策的主要依据之一。网上支付是电子商务流程中的关键环节和发展瓶颈之一，第三方支付则为网上支付提供了一个可行的实现途径。

所谓第三方支付，就是一些和各大银行签约，并具备一定实力和信誉保障的第三方独立机构提供的交易支撑平台。第三方支付具有简便性、低成本性、安全性、多功能性和通用性等，可有效地保障货物质量、交易诚信、退货要求等环节。目前，国内第三方支付主要有支付网关模式和平台账户模式。在具体的结算支付环节中，第三方支付主要提供中介服务，实施担保资金转移安排，防范资金和货物安全的风险，并提供方便、快捷的通道服务。

第三方支付正在逐步替代现金，发展迅猛，也展现了较大的优越性，但第三方支付仍然存在一定风险，有待进一步提升技术与业务创新，加强法律法规的监管力度。

本章基于对支付与电子支付相关概念与流程的诠释，重点对第三方支付模式进行深入分析，展现了第三方支付的概念与特点，对第三方支付的发展历程进行了回顾和展望。结合第三方支付的结构模式与业务模式分析，最后提出了第三方支付的一般流程及优劣势分析。

思考与练习

1. 什么是电子支付？电子支付有哪些特点？
2. 电子支付系统的组成要素包括哪些？
3. 第三方支付的概念和流程是什么？
4. 简述第三支付存在的必要性和重要性。
5. 简述第三方支付平台的功能及优缺点。
6. 论述我国第三方支付发展中面临的问题。
7. 登录艾瑞网（www.iresearch.cn）、中国电子商务研究中心（www.100ec.cn），查找我国第三方支付市场的最新研究报告，了解我国第三方支付的现状。

第 6 章 P2P 网络借贷

案例导入

拍拍贷

拍拍贷成立于2007年6月，公司全称为“上海拍拍贷金融信息服务有限公司”，总部位于上海。是国内首家P2P纯信用无担保网络借贷平台，同时也是第一家由工商部门批准，获得“金融信息服务”资质的互联网金融平台。除普通散标投资项目外，还为用户提供拍拍宝、拍小宝两款组合投资工具，方便用户使用。现有员工逾1 000人。截至2014年上半年，注册用户近360万，是国内用户规模最大的P2P平台。

与国内其他P2P平台相比，拍拍贷的最大特点在于采用纯线上模式运作，平台本身不参与借款，而是实施信息匹配、工具支持和服务等功能，借款人的借款利率在最高利率限制下，由自己设定。而这也是P2P网贷平台最原始的运作模式。

1．两大投资工具

（1）拍拍宝

拍拍宝于2014年7月上线，以其相对固定的投资期限和可观的投资收益立即获得广大投资用户认可。拍拍宝的资金会用于低风险资产的投资，保障借出人资金安全。

（2）拍小宝

2014年9月，拍小宝正式上线，这是继拍拍宝之后拍拍贷推出的又一款简化投资过程的投资工具。由于是等额本息的收息方式，拍小宝每月都能收到回款，收益率相较拍拍宝高了近50%。

2．产品六大优势

拍拍贷定位于一种透明阳光的民间借贷，是中国现有银行体系的有效补充。我们知道，民间借贷基于地缘、血缘关系，手续简便、方式灵活，具有正规金融不可比拟的竞争优势，可以说，民间借贷在一定程度上适应了中小企业和农村地区的融资特点和融资需求，增强了经济运行的自我调节能力，是对正规金融的有益补充。而拍拍贷具有一些独特之处:

① 一般为小额无抵押借贷，覆盖的借入者人群一般是中低收入阶层，现有银行体系覆盖不到，因此是银行体系的必要的和有效的补充。

② 借助了网络、社区化的力量，强调每个人来参与，从而有效地降低了审查的成本和风险，使小额贷款成为可能。

③ 平台本身不参与借款，更多做的是信息匹配、工具支持和服务等一些功能。

④ 由于依托于网络，与现有民间借款不同的是，其非常透明化。

⑤ 与现有民间借贷的另一大不同是借款人的借款利率是自己设定的，同时网站设定了法定最高利率限制，这有效地避免了高利贷的发生。

⑥ 由于针对的是中低收入以及创业人群，其有相当大的公益性质，因此具有较大的社会效益。

（资料来源：360 百科 https://baike.so.com/doc/1945523-2058497.html）

本章重点

- P2P 网络借贷的概念、业务流程、特点。
- P2P 网络借贷的模式。
- P2P 网络借贷的风险。

6.1　P2P 网络借贷概述

互联网金融的发展不仅促进了电子货币和电子支付等金融模式的发展，也催生了一种新的借贷方式——网络借贷。在这种借贷方式下，借贷双方消除了对传统金融机构的依赖，依托互联网平台实现高效对接。相比于传统借贷方式，借贷者可以用更便捷的方式和更低廉的价格筹集到自己所需资金。

6.1.1　P2P 网络借贷的概念

P2P 是英文 Peer to Peer 或者 Person to Person 的缩写，意即“点对点或个人对个人”贷款，国内又称为“人人贷”。P2P 网络借贷是指资金供给方与资金需求方借由第三方网络借贷平台实现资金的借贷流通过程，即互联网上个人与个人，或个人与企业之间的资金借贷过程。

P2P 网络借贷的参与者主要包括资金需求方（借款者）、资金供给方（投资者）以及第三方网络借贷平台，通过互联网上的资金借贷活动，资金需求方的资金需求得到满足，资金供给方获得相应利息收入，而第三方网络借贷平台在借贷过程中，作为撮合成交的中介，不介入交易，不集合资金，只是负责对双方的身份、经济实力、信用状况进行审核，并向借贷双方收取中介服务费等相关费用。

P2P 网络借贷将先进的互联网技术、小额信贷、电子商务技术等基本要素有效地整合到一起，从而产生了新的商业模式。这种创新模式的借贷过程不依赖于传统的金融机构，而是依托第三方互联网平台实现对借贷双方的信息、资金、合同等相关操作，促成交易的实现。

6.1.2 P2P 网络借贷的业务流程

P2P 网络借贷的核心理念是借由互联网技术实现资金的快速流通，它摒弃了传统金融中介机构，简化了借款流程，借贷过程的本质是互联网时代的“金融脱媒”，它的运营比较简单，通过一个网络平台来实现借款人与出借人的自行配对。其借贷业务的一般流程是：

① 借贷双方在 P2P 网络借贷平台注册，并上传个人信息，借款人在 P2P 网络借贷平台发布个人的借贷金额、借款用途、还款期限、还款方式、个人能承担的最高利率等信息，同时，网站会提供一个最低利率或固定利率。

② 第三方平台对借款人的个人信息进行审核，当网络借贷平台获得借款者的用户信息和借款信息后，平台根据用户信息，确定借款人的信用评级，对借款人的借款信息进行审核。由于目前 P2P 网络借贷行业尚未形成权威的信用评级体系，因此有时候还需要与专业的机构进行合作，以防范信用风险。

③ 投资者了解借款人的信用情况及借款信息后，根据个人风险承受能力和偏好，决定是否借贷以及借贷额度。

④ 根据利低者得的原则，如果较低利率的投标组合达到了借款人的需求，则借款成功，借贷双方达成交易，电子借贷合同成立。由于我国用户的投资理念比较保守，为了尽量规避信用风险，除了贷前审核，许多网络借贷平台还会引入担保机构，以保障用户的资金安全。

⑤ 合约到期后，借款人依据事先约定的还款方式将一定数量的金额返还投资方，这时可能会出现两种情况：①借款人履约，按约还本付息，在这个过程中，P2P 网络借贷平台向借款人和投资方收取一定的服务费，具体收取的费用和收取方式会根据服务协议而定；②借款人违约，网络借贷平台要进行追讨，如果有担保则会进行赔付，如果没有担保，那么投资方就需要自己承担损失。

P2P 网络借贷流程示意图如图 6-1 所示。

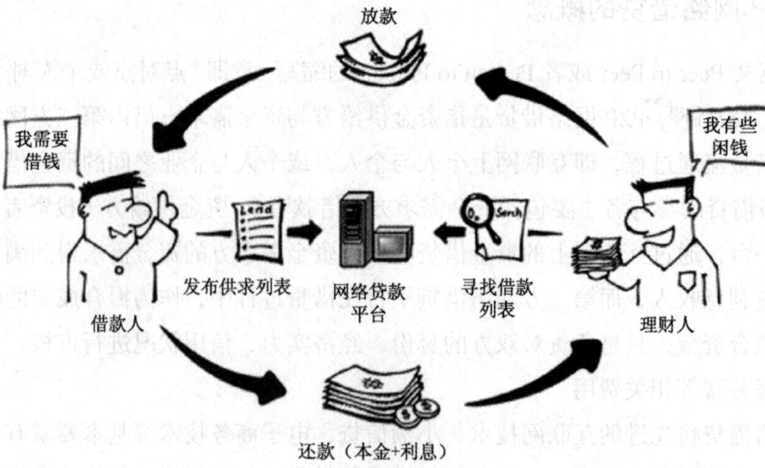

图 6-1 P2P 网络借贷流程示意图

P2P 网络借贷平台中的借款利率一般有三种模式：一是平台给出利率主导范围，由贷款人自行决定比例，如人人贷、拍拍贷等；二是平台根据借款人的信用水平决定借款利率，而信用级别较低的借款人则会被固定较高的利率，如合力贷；三是贷款利率的确定是根据出借人的投标利率的范围而确定，投标利率最低者获得签订借款合同的资格。

6.1.3　P2P 网络借贷的特点

1. 准入门槛低

（1）对借款人而言，贷款门槛低。P2P 平台的服务对象，往往是无法提供足够抵押担保条件、被传统金融服务拒之门外的借款人。借款人只需要在 P2P 平台注册，完成身份验证，即可成为该平台的会员，随后即可按照平台规定发布标的开始借款。在申请过程中，用户需要向平台提供身份证明、收入来源证明以及信用证明等信息，平台结合线上、线下方式核实信息真伪，通过这些信息设定用户的借款额度。

（2）对投资者而言，投资门槛低。传统的投资渠道，如银行和信托机构，都设置了较高的投资门槛，然而 P2P 的投资准入条件非常宽松。大部分的 P2P 平台推行的都是“小而分散”的原则，投资者的投入甚至可以低至几十元。

2. 互联网技术的运用

（1）信息流通速度提高

P2P 网络借贷依托互联网平台，利用了现代通信技术，可以极大地提高信息传播的速度和扩大覆盖面，吸引更多的用户进行投融资活动，最大限度地降低信息传播成本。P2P 网络借贷的实质就是为借贷双方提供快捷便利的交流平台，通过平台展示的信息进行了解，双方可以快速掌握对方的信息，以促使交易快速达成。贷前，交易双方可以理解对方的身份信息、信用信息、资金供求信息等；贷后，投资者可以掌握资金流向、追踪还款进度等。由于平台发挥的中介作用，在整个借贷过程中，借贷双方无须进行面对面的交易，在网络上即可完成全部的交易手续。网络媒介不仅仅在撮合成交的过程中发挥作用，平台用户身份信息的认证、个人信用的评估等借贷程序，都可以完全借由互联网渠道完成。信息的快速流通，交易手续的方便快捷，使 P2P 平台模式迎合了现代商业和网络时代的要求。

（2）搜索引擎提高匹配效率

在 P2P 网络借贷平台上，通过设定搜索条件，搜索引擎能够自动过滤不符合条件的冗余信息，借贷双方可以迅速获取与自身期望相符合的标的，提高信息检索效率及匹配率，高效撮合成交。

（3）大数据征信

互联网金融的一大特色即大数据、云计算等高新科学技术的运用，大数据能够通过用户以往的交易数据、浏览记录、检索历史、社交网络，获取用户的交易信息，再通过云计算技术对庞杂的数据进行分析，获取潜在信息，构建基于真实数据技术的征信系统，最大限度地规避信用风险。

3．交易的灵活性

借款人可以根据自身的需要设定借款的金额、期限的长短以及利息的计算方式，还可以自行选择还款方式、担保方式等，这种“定制化”的交易能够充分满足借款人的资金需求，也产生了多样化的P2P借贷产品。

投资者可以根据自己的目标收益率及未来的资金需求情况选择不同的投资期限，有些平台还允许投资者转让其持有的债券。这种做法保障了资金的流动性，也使得投资者的变现需求能够及时满足。

P2P网络借贷的手续简单方便，平台对借款人进行信用评级时，个人借款仅需向平台提供个人身份证明、工作证明、中国人民银行出具的个人信用报告、收入证明，个体工商户则需要提供营业执照、经营场地租赁合同等。审核通过后，借款人就可以发布借款信息，相对于银行等金融机构烦琐的层层审批的贷款模式，P2P平台简化了流程，能够简单、快速、及时地解决需求者的资金问题，满足市场需求。

4．投资收益稳定

（1）涉及金额小，借贷期限短

P2P的前身为小额贷款，作为传统金融信贷业务的补充产品，它的一大特点就是每笔贷款的金额比较小、借贷参与人数多、借贷期限较短。国内的P2P网络借贷平台所设置的借款额度基本设置在数百元到几十万元之间，最长的期限也不超过5年。较小的借贷金额、较短的期限设置在一定程度上有利于控制借贷风险以及对借贷过程的运营管理。

（2）风险分散化

P2P借贷的借贷双方是一种非特定的主体之间的多对多的关系，其参与者分散，也极为广泛，部分P2P网络借贷平台作为债权人出借资金，再通过分割借款，将不同额度、不同期限、不同利率的借款组合起来，再将这些组合后的债权转让给其他投资者，实现风险的分散化。不过这种方式已被叫停，同时，大部分平台还要求借款人按月还本付息，这种做法可以尽早发现还款问题，有利于降低贷款违约率。

（3）投资收益较高

P2P平台的利率往往高于商业银行，但低于传统高利贷公司。P2P借贷中的借款者往往是无法在传统金融机构中获得贷款的个人或个体工商户，为了能够及时获得贷款满足资金需求，他们倾向于承担更高的利率。同时，作为新兴的互联网金融产品，为了获得更高的公众认知度，打响品牌，许多平台往往采用提高利率的方式吸引投资者，只有在出借人可以获得高于银行存款利息的情况下，才能促使更多的个体愿意参与P2P投资。

5．覆盖面广

P2P网络借贷的借贷双方是一种非特定主体之间的多对多关系，由于P2P网络借贷的准入门槛低，不同于一般的银行贷款需要抵押担保，借款者和投资者只需具有良好的信用，就可以参与其中，所以其参与者极为广泛，有资金需求的一般弱势群体、中小微企业以及资金盈余者都可以成为P2P平台的用户。另外，由于这种借贷模式的交易方式非常灵活，参与者可以依据自身需要“定制化”产品，灵活选择借款资金额度、借贷期限长度，可以满足用户多样化的需求。同时由于 P2P 借贷设计的资金额度小，风险高度分散化，同时又能获得较高的收益，吸引了许多投资者的目光。

6.1.4　P2P 网络借贷的发展状况

1. 国外发展状况

P2P 网贷发源于英国，后因在美国的巨大发展而引起广泛关注。应该说，除了较为完善的征信体系外，发达国家 P2P 网络借贷发展空间不大。因为其国内早已完成利率市场化，商业银行对小企业和个人的贷款支持较好，因此发达国家的 P2P 平台数量并不多，金额也不大，但单个平台的规模较大。

英国是 P2P 网贷的发源地，宽松的政策、良好的环境使得英国 P2P 平台内容丰富、形式多样，影响较大的平台有 Zopa、Funding Circle 和 RateSetter 等。第一家 P2P 网络借贷平台（Zopa）诞生在英国的原因是：英国是银行业相当集中的国家，与美国有几千家商业银行、百花齐放的现象不同，英国有 5 家大型银行，几乎垄断了整个行业。这种垄断增加了个人与企业的贷款难度：贷款速度慢、贷款种类太少、贷款难、贷款手续冗长，店大欺客，银行体制已存在诸多问题。对比个人消费市场，个人贷款市场缺少一种直接连接需求资金的借款人与供给资金的投资者的桥梁，于是结合前两者的优点，在 2005 年 3 月，Zopa 于英国伦敦成立，P2P 借贷行业的帷幕就此展开。

国外 P2P 网贷企业主要存在 4 种运营模式：

（1）Prosper 模式

出借人根据借款人的个人经历、朋友评价和社会机构的从属关系来进行判断。对于借款人，可以创建最高 2.5 万美元的借款条目，并设定一个愿意支付给出借人的最高利息率。像拍卖一样，出借人开始通过降低利息率进行竞拍，拍卖结束后，Prosper 将最低利率的出借人组合成一个简单的贷款交给借款人。据了解，Prosper 的收入来自借贷双方，从借款人处提取每笔借贷款的 1%～3%费用，从出借人处按年总出借款的 1%收取服务费。Prosper 模式是比较单纯的信贷中介模式，出售平台服务并收取服务费。

（2）Zopa 模式

Zopa 起源于英国，并在美国、日本和意大利推广。Zopa 提供的是比较小的贷款，在 1 000～25 000 美元之间，他们运用信用评分的方式来选择他们的借款人。Zopa 希望能用各种保护措施降低出借人的风险，比如强制要求借款人按月分期偿还贷款、借款人必须签署法律合同、允许出借人将一笔钱贷给几位个人借款人。Zopa 的收入来源于收取借款人每笔 0.5%以及出借人年借款额 0.5%的服务费。Zopa 的模式获得了业界的认可，在 2007 年分别获得了 Webby Award 的“最佳金融 / 支付网站”奖和 Banker Award 的“最佳在线项目”奖。Zopa 模式的特点在于分散贷款、划分信用等级、强制按月还款，网站担负了更多的工作，较好地控制了风险。

（3）LendingClub 模式

LendingClub 具有固定的贷款利率及平均三年的贷款年限。借款人在进行贷款交易前必须要经过严格的信用认证和 A～G 分级。出借人可以浏览借款人的资料，并根据自己能够承受的风险等级或是否是自己的朋友来进行借款交易。LendingClub 不采取竞标方式，而是根据不同的借款人的信用等级有不同的固定利率。国内也有网贷第三方门户网站“网贷俱乐部”，借款人可以在 LendingClub Facebook 应用中发出借款请求，因为 Facebook 中多为认识多时的朋友或同学，所以大多数借款人都觉得将借款请求在此公布会增加成功的可能性，同时也不必将自己的信用历史公布，增强了私密性。LendingClub 模式除了划分信用等级外，网站还规定固定利率，并且利用网民交际平台为自己服务，这一点不得不说是一个创举。

（4）Kiva 模式

2005 年成立的 Kiva 是一个非营利的 P2P 贷款网站，主要面对的借款人是发展中国家收入非常低的企业。出借人根据地域、商业类型、风险水平等选择企业或企业家。每一个贴出的贷款请求会详细提供各企业家的简历、贷款理由和用途、从其他出借人处借贷的总金额、贷款时限（一般为 6～12 个月），以及贷款的潜在风险。Kiva 采取的是“批量出借人小额借贷”模式，一般每位出借人只要支付 25 美元。一旦一笔贷款的总金额募集完成，Kiva 使用 PayPal 将贷款转账给 Kiva 的当地合伙人。当地合伙人一般是发展中国家当地的小额金融服务机构（MFI），他们负责找寻、跟踪和管理企业，同时负责支付和收集小额贷款，最后将到期的贷款收集齐后返还给 Kiva，Kiva 再通过 PayPal 返还给出借人。

2. 国内发展状况

近年来，我国 P2P 发展的速度也很快，P2P 平台主要集中在少数几个省份，广东、山东、北京、上海、浙江等 5 省市的 P2P 平台数量占到了全国的 63.3%。截至 2016 年 4 月底，广东、山东、北京、上海、浙江 5 省市的平台数量最多，分别为 871 家、581 家、463 家、454 家和 426 家。目前，全国 31 个省市有 P2P 平台注册，但青海、西藏等多个省市只有个位数的 P2P 平台。

从 P2P 行业平均借款期限来看，近年来基本保持稳定，基本在 6～7 个月徘徊。根据数据显示，网贷行业平均借款期限为 6.91 个月。相较于传统金融机构，P2P 网贷仍然以短期借贷为主，主要原因可能是监管层对于行业短期民间借贷的属性尚未改变。

自 2007 年国外网络借贷平台模式引入中国以来，国内蓬勃发展、百花齐放，迅速形成了一定规模。综观其在中国的发展历程，2014—2017 年，中国网贷平台在疯狂爆发后趋于理性发展和有效监管的良好态势。因此，按照网贷平台的关键时间结点来划分，中国网络借贷发展自 2007—2017 年大约经历了 4 个阶段：

第一阶段 2007—2012 年：以信用借款为主的初始发展期

2007 年国内首家 P2P 网络借贷平台在上海成立，让很多敢于尝试互联网投资的投资者认识了 P2P 网络借贷模式，其后一部分具有创业冒险精神的投资人随之尝试开办了 P2P 网络借贷平台。

这一阶段，全国的 P2P 网络借贷平台大约发展到 20 家左右，活跃的平台只有不到 10 家，截至 2011 年底月成交金额大约 5 个亿，有效投资人 1 万人左右。

网络借贷平台初始发展期，绝大部分创业人员都是互联网创业人员，没有经验和相关金融操控经验，因此他们借鉴模式以信用借款为主，只要在平台上提供个人资料，平台进行审核后就给予一定授信额度，借款人基于授信额度在平台发布。但由于我国的公民信用体系并不健全，平台与平台之间缺乏联系和沟通，随之出现了一名借款人在多家网络借款平台同时进行信用借贷的问题。

基于以上问题的重复叠加出现，各个网络借贷平台于 2011 年底开始收缩借款人授信额度，很多平台借款人因此不能及时还款，造成了借款人集中违约。以信用借款为主的网络借贷平台于 2011 年 11 月—2012 年 2 月遭遇了第一波违约风险，此时网络借贷平台最高逾期额达到 2 500 万元，诸多网络借贷平台逾期额超过 1 000 多万元，截至目前，这些老平台仍有超过千万元的坏账无法收回。

第二阶段 2012—2013 年：以地域借款为主的快速扩张期

这一阶段，P2P 网络借贷平台开始发生变化，一些具有民间线下放贷经验同时又关注网络的创业者开始尝试开设 P2P 网络借贷平台。同时，一些软件开发公司开始开发相对成熟的网络平台模板，每套模板售价在 3～8 万元左右，弥补了这些具有民间线下放贷经验的创业者开办网络借贷平台技术上的欠缺。基于以上条件，此时开办一个平台成本大约在 20 万左右，国内网络借贷平台从 20 家左右迅速增加到 240 家左右，截至 2012 年底，月成交金额达到 30 亿元，有效投资人在 2.5～4 万人之间。

由于这一阶段开办平台的创业者具备民间借贷经验，了解民间借贷风险。因此，他们吸取了前期平台的教训，采取线上融资线下放贷的模式，以寻找本地借款人为主，对借款人实地进行有关资金用途、还款来源以及抵押物等方面的考察，有效降低了借款风险，这个阶段的 P2P 网络借贷平台业务基本真实。但由于个别平台老板不能控制欲望，在经营上管理粗放、欠缺，导致平台出现倒闭情况。

第三阶段 2013—2014 年：以自融高息为主的风险爆发期

这一阶段，P2P 网络借贷系统模板的开发更加成熟，甚至在淘宝店花几百元就可以买到前期的网络借贷平台模板。由于 2013 年国内各大银行开始收缩贷款，很多不能从银行贷款的企业或者在民间有高额高利贷的借款者从 P2P 网络借贷平台上看到了商机，他们花费 10 万元左右购买网络借贷系统模板，然后租个办公室简单进行装修就开始上线圈钱。这阶段国内网络借贷平台从 240 家左右猛增至 600 家左右，2013 年底月成交金额在 110 亿左右，有效投资人在 9～13 万人之间。

这阶段上线平台的共同特点是以月息 4%左右的高利吸引追求高息的投资人，这些平台通过网络融资后偿还银行贷款、民间高利贷或者投资自营项目。由于自融高息加剧了平台本身的风险，2013 年 10 月份这些网络借贷平台集中爆发了提现危机。其具体原因分析如下：10 月份国庆 7 天小长假过后，很多平台的资金提现积累到了几百万以上，由于这些平台本身没有准备或者无法筹集现金应对提现，造成追求高息的投资人集体心理恐慌，集中进行提现，使这些自融的平台立刻出现挤兑危机，从 2013 年 10 月—2013 年末，大约 75 家平台出现倒闭或者不能提现的情况，涉及总资金在 20 亿元左右。

第四阶段 2014 年至 2017 年：以规范监管为主的政策调整期

这一阶段，国家表明了鼓励创新的态度，并在政策上对 P2P 网络借贷平台给予了大力支持，使很多始终关注网络借贷平台而又害怕政策风险的企业家和金融巨头开始尝试进入互联网金融领域，组建自己的 P2P 网络借贷平台。据统计，2016 年全年网贷行业成交量达到了 20 638.72 亿元，相比 2015 年全年网贷成交量 9 823 亿元增长了 110%。同时行业历史累计成交量接连突破 2 万亿元、3 万亿元两个大关，单月成交量更是突破了 2 000 亿元。但是，截至 2016 年 12 月底，网贷行业正常运营平台数量达到了 2 448 家，相比 2015 年底减少了 985 家，全年正常运营平台数量维持逐级减少的走势。随着监管的不断调整，2017 年网贷行业运营平台数仍将进一步下降，具体下降速度取决于备案及合规情况，若按目前下降速度测算，2017 年底或将跌至 1 200 家左右。

为了更好地反映国内 P2P 公司发展情况，我们筛选陆金所、宜人贷、钱保姆和拍拍贷四家作为代表来进行介绍。

（1）陆金所

根据数据统计，陆金所 2014 年营收为 1 亿美元，2015 年营收为 7.06 亿美元，而在 2016 年、2017 年和 2018 年三年内，陆金所呈现爆发式增长，其营收分别对应为 31.03 亿美元、61.66 亿美元、98.43 亿美元。截至 2017 年 8 月，陆金所累计完成注册人数 31 800 152 人，近 7 天收到本金和利息的人数有 853 578 人，交易量非常大；在背景保障方面，陆金所是中国平安旗下成员之一，总部位于国际金融中心上海陆家嘴，实力非常雄厚。

（2）宜人贷

从宜人贷公布的 2016 年年报看，全年净收入 32.38 亿人民币（4.66 亿美元），较 2015 年全年增长 146%；净利润 11.16 亿人民币（1.61 亿美元），较 2015 年全年增长 305%。2016 年全年，宜人贷 57%的借款人和借款总额的 38%通过线上渠道获取，线上渠道促成金额的 97.8%通过移动渠道促成。从最近 7 天宜人贷的数据看，有 14 644 人获得借款，10 886 656 人收到利息，交易量也非常活跃。在背景保障方面，宜人贷作为美国上市公司，背后资金实力也相当雄厚。

（3）钱保姆

钱保姆在知名度上尽管不如陆金所和宜人贷，但实力也不容小觑。从最新数据看，钱保姆的累积用户达到了 1 493 289 人，累积交易金额达到了 111.5 亿，累积发放红利达到了 9 874 万元。

钱保姆通过对核心企业进行精心筛选和全方位审查，并对供应链所涉行业进行整体评估，筛选出优质的核心企业后再对核心企业推荐的供应链上、下游企业进行严格的风控审查，确保其信用及经营状况良好，具有足够的还款能力。

6.1.5　P2P 网络借贷发展带来的影响

P2P 网贷作为一种新兴的金融业态，提高了借贷双方的资金对接效率，在一定程度上部分解决了个人和小微企业的投融资难题，对于我国的金融体制改革起到了一定的推动作用，对于促进我国民间金融的阳光化、规范化发展具有重要意义。P2P 网贷行业运营至今，一直行走在灰色地带，伴随着诸多质疑，对传统的金融监管方式与风险控制方式提出了相应的挑战。

1．规范民间借贷、抑制高利贷

P2P 网贷模式的出现，为借贷双方提供了一个直接对接的平台，交易信息被平台记录并共享，可以较为清晰地反应资金去向和交易总量，为民间借贷阳光化提供了可靠的商业模式。

随着 P2P 网贷平台的增多，使借款人融资渠道越来越多，有了更多比价的机会，行业市场化程度提高，逐步回归至风险和收益成正比的行业规律。

同时，P2P 网贷平台打破了时间和空间的限制，源源不断地从一线城市涌向二、三线城市，为江浙一带这样的小微企业、个体经济提供资金帮助，在更广阔的范围内引导资金按照市场规律更合理、高效地重新配置，这也从一定程度上抑制了高利贷的发展。

2．促进直接融资发展

P2P 网贷的出现使融资脱离了商业银行、券商和交易所等传统金融中介，以一种支付更为便捷、市场信息对称程度较高、利率更市场化、市场参与者更为大众化的形式出现。在这种融资模式下，资金供需双方可以直接交易，使资金匹配期限更短，风险定价流程简化。

P2P 网贷拓宽了中小微企业的融资渠道，P2P 互联网投融资平台以其方便、快捷、无需抵押的优势获得广大小微企业的青睐。

3．加速“影子银行”市场化

P2P 网贷不仅影响民间借贷市场，对传统的非银行金融机构也将带来很大影响。中国式的影子银行不仅包括地下钱庄，还包括数量众多的非银行金融机构，如信托、担保、小贷公司、典当行等。

P2P 网贷的发展能迫使“影子银行”降低门槛，竞争还是全方位的，而且会越来越剧烈。一方面，P2P 网贷积极与传统的担保、信托、小贷机构等进行合作，另一方面，P2P 网贷也会直接挤占典当、小贷公司等影子银行的市场，最终体现在价格机制上的市场化、市场参与的“低门槛”、产品的透明性，这些都将加速影子银行服务的市场化，并促进金融体系的健康发展。

4．推动征信系统建设

一方面，对于国内的 P2P 平台来说，没有征信系统数据，平台的线上数据又不足以作为借款人信用审核的依据，同时，P2P 行业的不良借款记录无法上传征信系统，对借款人缺乏足够威慑，以至于 P2P 行业的坏账风险较高。推进全国征信系统的建设已成为保障 P2P 行业健康发展不容忽视的问题。

另一方面，P2P 金融业务所搭建的平台在满足借贷双方资金需求的同时，也正积累着越来越多的金融数据，从地域、资金规模、贷款时限、还款方式、利率水平等多个维度对我国居民和中小企业的需求信息进行收集和积累,还可以挖掘出我国居民和企业的风险承受能力、传统金融渠道运作效率、不同行业的投资收益率以及我国影子银行风险及规模等重要数据。

5. 创新金融业风控手段

P2P 网贷行业服务对象主要是个人，小微企业的贷款通常也是以小微企业主的个人名义进行，通常也没有抵押物。小额信贷由于单笔贷款数量较小，客观上要求单笔贷款风控成本以及时间成本较低才能保证收益。P2P 行业的风险控制技术一般是以个人信用为基础，这种以信息数据为基础的量化风控模型和自动化的信贷管理系统，可以给金融业带来新的启示；而高效率、批量化、规模化地开展小额信贷的授信和风险管理，也将是未来小额信贷业务发展的必然趋势。

6. 促进金融监理念改革和监管方式创新

尽管与传统金融业相比，P2P 行业的基数规模并不大，但其年增长速度却超过 300%。伴随着 P2P 行业的急速扩张，监管缺位导致的信用风险，以及担保杠杆过高导致的市场风险已经日益显，且饱受诟病。

但是 P2P 网贷行业在民间资本进入金融行业、整合金融资源以及帮助小微企业发展等方面确实起到了积极作用。为此，监管当局面对这一新兴事物，既要进行适度监管与规范，同时又要给予其足够创新空间。在新的技术形势下，原有的监管手段可能难以适应新的要求，并且互联网金融的跨界经营方式，也需要各监管部门之间建立创新协调机制。

6.2 P2P 网络借贷的模式及对比

根据 P2P 网络借贷的运作流程，可以将我国 P2P 网络借贷分为四个具体的运作模式：传统 P2P 模式、债权转让模式、担保模式、平台模式。目前我国 P2P 网络借贷平台很少采取单一模式运营，绝大多数平台都是采用四种模式综合运用的 P2P 借贷平台。

6.2.1 传统 P2P 模式

传统 P2P 模式是最早的 P2P 平台运作模式，平台本身只提供最基础的信息中介服务。在此模式下，平台的工作只是对借款者进行资料审核，挑选出合格的借款人，然后将其借款需求发布在网上，供投资者进行选择，其运作模式如图 6-2 所示。

这种运作模式最为简洁独立，便于纯线上的平台运营，是最纯粹的 P2P 模式，而且作为纯中介的信息平台，几乎不会触及法律红线，政策风险较小。在 P2P 发展之初，几乎所有平台都选择这种模式，当前也还存在很多平台使用此模式。但是，这种模式也存在一些问题，如中介信息服务模式需要用户的基数比较大，否则很难实现盈利。另外，此种模式下利率也很难被确定。起初，各平台通过竞标的方式来决定利率，让借款人发布自己可接受的最高利率，借款人发布借款信息后，投资人对该借款需求进行竞标，最终利率最低的那个投资人中标，并以投资人的利率作为实际借款合同利率。因为操作麻烦，后来国外的平台普遍抛弃了这种做法，转而使用债券转让模式。而中国由于政策限制，还有部分平台继续采用此种模式，最典型的就是拍拍贷。但是拍拍贷也对这种模式做了改进，取消了竞标环节，利率由借款人自己制定，投资者根据借款者情况和利率进行投资选择。若借款人利率过低而且信用不够，理性投资人就不会投标给他，借贷者无法完成资金筹集。

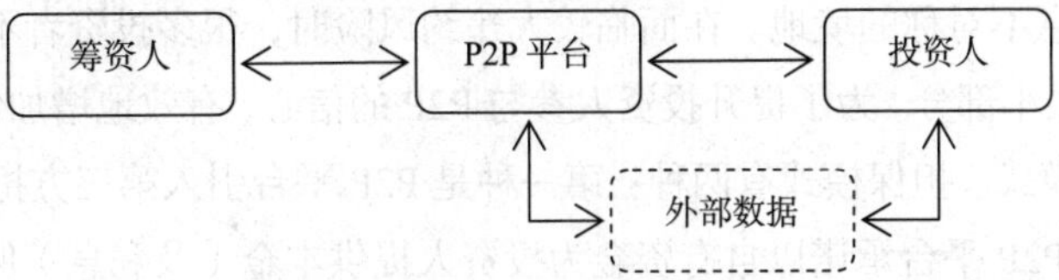

图 6-2　传统 P2P 模式

6.2.2　债权转让模式

债权转让模式是从传统 P2P 模式基础上发展起来的，在这种模式下，借贷双方不直接签订债权债务合同，而是由 P2P 平台或者第三方先行放款给筹资人，形成债权，然后 P2P 平台或者第三方再将债权拆分卖给投资人，P2P 平台在该交易过程中提供服务并收取利差，其运作模式如图 6-3 所示。

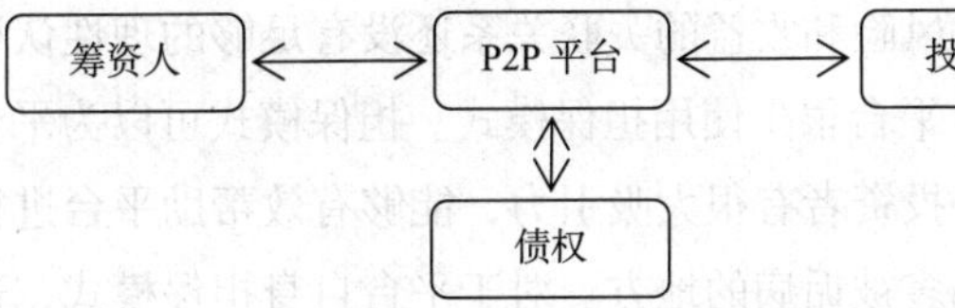

图 6-3　债权转让模式

债权转让模式是传统 P2P 模式的扩展，虽然借贷双方没有直接关联，但是仍属于个人对个人的贷款。国外平台在采用了一段时间传统模式后大都转型为债权转让模式，因为这种模式大大简化了交易步骤。债权转让模式下的 P2P 平台的性质与其他模式存在明显差异：由于平台和专业放贷人的存在，平台实则充当了金融机构的角色，通过较高的投资回报率吸引投资者资金，再通过庞大的线下队伍，进行市场营销，把聚拢的资金再以较高的放贷利率借贷出去。债权转让模式下，平台的介入性相比其他模式来说，介入程度最高，而债权一定要在资金的转移之前形成。

作为目前规模最大的线下 P2P 平台，宜信采用了转债模式，为了规避非法集资的风险，唐宁（宜信公司创始人、CEO）成为最大的“债权人”。他个人先将资金借给借款人，然后把债权进行拆细，使其从金额和时间上拆分，打包成理财产品转让给资金出借人（或投资人），并从中赚取息差。而一旦发生逾期，出借人要么与宜信通过电话短信提醒、上门拜访、法律诉讼等多种方式共同追讨本息、罚息以及滞纳金，要么接受宜信还款风险代偿金代偿部分本息。

宜信的这种模式遭遇的最大挑战在于是否触犯了“非法集资”的法律红线。这样的模式一旦遇到监管政策的出台，很可能会出现“政策风险”。不仅如此，随着宜信规模的扩大，对其风控水平也提出了更高的要求。所以这种发展模式，未来是否收到政策影响，还有待观察。

6.2.3 担保模式

尽管在金融行业刮起了一小股风暴，但是 P2P 对普通人来说还是新生事物，很多投资者对 P2P 平台了解不够。另外，在 P2P 平台运行时，并不能完全确保借款人提供的信用信息的真实性，投资者处于信息不对称的境地。在面临较大违约风险时，很多投资者不敢将资金投入 P2P 平台，或者只投资很小部分。为了提升投资人参与 P2P 的信心，有效地增加借款人的信用级别，P2P 平台引入担保模式。担保模式有两种：第一种是 P2P 平台引入第三方担保公司进行专业担保服务；第二种是 P2P 平台承诺以自有资金为投资人提供本金（及利息）保障。P2P 平台或者第三方担保公司通过向借贷双方收取一定的手续费积累担保资金，其运作模式如图 6-4 所示。

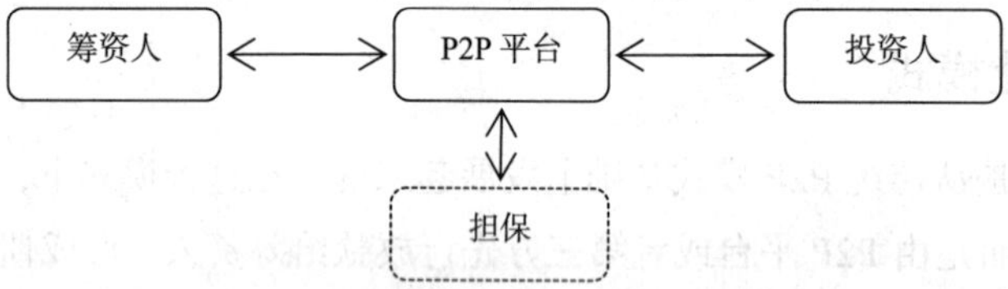

图 6-4　担保模式

因为国内很多投资者对风险和收益的关联关系还没有足够的理性认识，所以担保模式主要在国内运用，国外的 P2P 平台很少使用担保模式。担保模式可以为平台增信，很好地解决了投资者的后顾之忧，对于投资者有很大吸引力，能够有效帮助平台进行快速扩展。

但是，担保模式也有很多被诟病的地方。对于平台自身担保模式，这种操作模式涉嫌超范围经营特殊业务，有可能改变 P2P 平台的性质，受到很多政府人员和学者的质疑。在进行担保业务时，平台有两个底线需要守住：一是要看平台是否有融资性担保的收入，若有，则平台的担保是具有融资性机构的担保行为，需要政府授予资质才可；第二是风险资金池的使用，不能变相为吸收公众存款的资金池，若有越界，则有触碰法律边界的危险。

对于第三方担保模式，会引入第三方担保机构甚至是小贷公司，对于平台来说，涉及的关联方较多。若平台不够强势，则会失去定价权，处于交易的附庸地位。

国内陆金所使用担保模式比较成熟，它本身属于平安集团，可以方便地和集团内部的担保机构合作。陆金所下“稳盈——安 e 贷”就是典型的第三方担保借贷。在“稳盈——安 e 贷”服务中，陆金所为借贷双方提供中介服务，发布借款需求、管理借贷双方以及担保公司之间的借贷及担保活动、借贷资金的划拨，该产品向借贷双方收取一定费用作为担保费，其运营模式如图 6-5 所示。

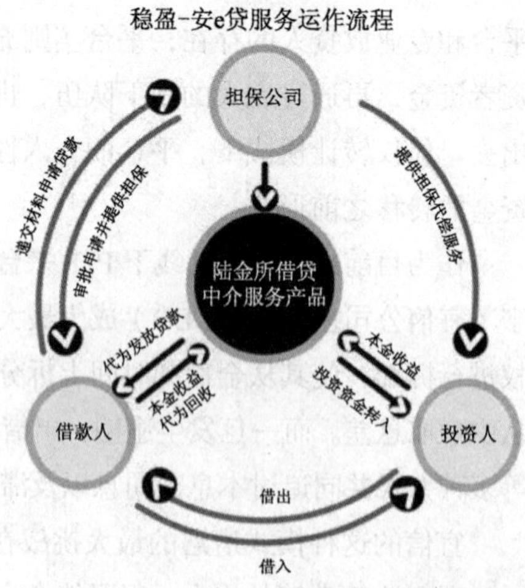

图 6-5　稳盈——安 e 贷运作流程

6.2.4　平台模式

平台模式表面上看和传统 P2P 模式类似，都是信息中介服务平台，但是性质却大不一样。传统 P2P 模式属于纯粹的点对点，但平台模式下的 P2P 更像 P2O。在这种模式下，P2P 平台搭建线上平台，线下与小贷公司等机构合作，线上吸引借款人借贷，最终由机构投资给借款人放贷，平台只起信息中介作用，其运营模式如图 6-6 所示。

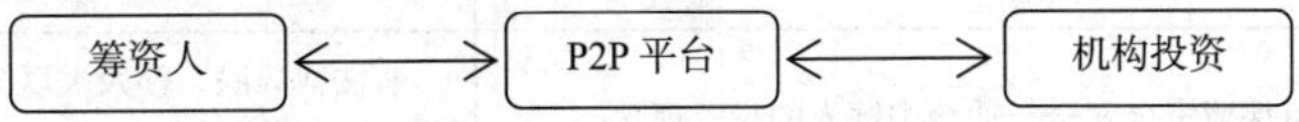

图 6-6　平台模式

纯平台的运作模式下，P2P 网贷平台本身不参与借款，只是实施信息匹配、工具支持和服务等功能。民间借贷搬到互联网上来运营的模式，是 P2P 网贷平台最原始的运作模式。纯线上模式最大特点是借款人和投资人均从网络、电话等非地面渠道获取，多为信用借款，借款额较小，对借款人的信用评估、审核也多通过网络进行。这种模式比较接近于原生态的 P2P 借贷模式，注重数据审贷技术，注重用户市场的细分，侧重小额、密集的借贷需求。纯线上平台的投资者的风险自担，网贷平台只充当“牵线人”，披露信息，不担保。目前，国内采用这种模式的平台已经很少，坚持纯线上模式的 P2P 网贷公司，规模较大的是拍拍贷，其他公司中仅有部分业务会按此模式开展。因为不提供资金担保，极易出现逾期、提现困难等问题，很难让投资者接受。

美国 P2P 上市公司 LendingClub 采用的线上模式，借助的是美国完善的大数据信用体系，而我国信用体系建设远不如美国。因为获得个人或企业的征信数据对于 P2P 网贷公司来说是一大难题，目前信用环境下，暂时缺乏专业全面的信用评级机构，个人信用数据相对缺失和封闭，P2P 平台在个人信用借款领域的风险控制管理上面临很大的挑战。总的来讲，纯线上模式的 P2P 网贷平台的优势在于规范透明、交易成本低，但其也存在着数据获取难度大及坏账率高的缺陷，正是这种缺陷制约了纯线上模式的快速发展，这也正是国内很多 P2P 公司“不务正业”的主要原因之一。

6.2.5　各模式对比

为了更直观地对比各个模式的不同和优势，现利用表格的形式进行总结，各 P2P 平台运营模式对比如表 6-1 所示。

上述四种商业模式，代表了 P2P 行业当前最主要的商业模式形态。其中，坚持传统的平台商业性质的目前只有拍拍贷一家，它契合了 P2P 最初创立的初衷及最基本的原则，即平台性和在线性。拍拍贷作为最早成立的国内平台，在当前国内市场由于能保证给投资者稳定的本金和收益，能够做到不急不躁，遵循 P2P 小额汇聚平台服务的特性，得到投资者的认可，但如何使平台持续发展和吸引投资者，有待进一步探索。

表 6-1　四种 P2P 平台运营模式比较表

模　　式	优　　势	劣　　势
传统 P2P 模式	利于积累数据，品牌独立，借贷双方用户无地域限制，不触红线，是最正规的 P2P 贷款平台	需要先期培养竞争力，如果没有用户基础，则很难实现盈利
债权转让模式	平台交易量提升迅速，适合规模化	有法律风险，程序烦琐。需要地勤人员和专业的评级机构，过多的门槛条件限制了发展
担保模式	可保障资金安全，适合中国人的投资理念	有法律风险，涉及关联方过多，如果 P2P 贷款平台不够强势，则会失去定价权
平台模式	成本低、见效快	核心业务已经脱离金融范畴

担保模式以陆金所为代表，陆金所是拥有雄厚自有资产的大型企业集团，通过资产组合和包装，把不流通的线下资金担保产品，在线上进行流通，同时赚取高额收益。它依托了大型金融企业集团的强大背景和实力，对资金安全做出绝对性保证，在风险控制和个人征信系统调查方面更加成熟完善。陆金所的模式应该代表了大型企业集团以后进入 P2P 行业的主要参照形式；同样，红岭创投所代表的自由资金担保模式，引入第三方担保和中介机构，并通过建立 VIP 会员计提保证金 10%，实际是建立风险资金的备用金制度。其性质由单纯的中介性变为中介机构和担保机构的复合。以红岭创投为代表的模式是当前 P2P 行业那些不具备雄厚实力和强大背景，也不具备资本运作能力，不能受到资本青睐的最普通的大多数的中小型平台所选择的道路。即只能通过承诺投资者的本金和收益，吸引投资者，促进平台收益；再通过风险备用金计提以及引入第三方担保机构，进行资金保证和风险控制。此种模式盈利程度最高，但风险程度也最高，对后台的资金管理和风险控制要求更加严格，平台承担的角色和责任也就更多。

以宜信为代表的债权转让模式，实际上是自建资产的组合处理，是作为第三方直接参与到贷款行为中。在网络上通过包装吸引投资者参与，同时通过线下庞大的业务组织机构提供无抵押担保，寻找合适的资金需求者，先通过机构或个人先行放贷，再把此借贷包装到线上进行理财产品销售，选择与之匹配的投资者。此种模式是在一定程度上的非法集资，有可能受到政策监管的影响，有待进一步观察。

6.3　P2P 网络借贷的风险分析

6.3.1　P2P 网络借贷常见的风险

在金融业，只要是投资，就意味着风险的存在，这种风险是每个投资者都需要承受的。要规避风险，首先要对存在的风险有清醒的认识，才有助于投资者把控资金的安全性。P2P 平台的投资风险，主要包括以下几类风险：经营风险、业务风险、非法集资风险、网络安全风险、法律政策和其他风险等。

1．经营风险

在 P2P 行业中，经营风险主要表现在以下几个方面。

（1）信用风险

信用风险，又称为违约风险，即借款人到期不能偿还本息的风险，因为 P2P 提供的利息远远高于银行存款等保守的投资方式，而高收益往往建立在高风险的代价之上。目前，尽管国外的 P2P 行业发展较为成熟，但他们的平台违约率和坏账率也高达 3%，可见 P2P 借贷的信用风险很高，所以这是投资者需要面对的最常见的风险。由于大部分网贷平台都具有“无担保、无抵押、信用贷款”的特点，一方面，平台评估借款人的技术缺乏有效性，使得平台即使已经对借款人进行了资信能力的审核，但是也难保证借款人按时履行还款义务；另一方面，目前国内 P2P 平台在进行信用评估时，主要是对借款人在互联网上的交易数据进行分析，然而线下对借款人的尽职调查也非常重要，但是由于线下调查的成本较高，很多 P2P 平台无法承担从而使信用风险上升。如果违约率过高，将会严重影响贷款平台自身资金流，以至于形成坏账、呆账，甚至造成更严重的后果。

（2）流动性风险

流动性风险是指由于无法及时变现资产可能造成的财务损失。虽然 P2P 平台往往只是发挥中介的作用，其本身并不提供贷款，不会遇到资金“瓶颈”的阻碍，但是一旦 P2P 平台出现期限和金额错配的情况，导致现金流的断裂，从而损害投资人的利益，就容易导致流动性风险的发生。同时，为了保持一定的流动性，平台往往需要设置风险保障账户，但是《中华人民共和国合同法》中规定转让过程中不得牟利，于是，平台只能利用自有资金先行完成借贷而不能通过债权转让获得利益，这样容易造成平台的资金错配从而增大资金压力。

（3）担保能力不足

有些平台为了吸引客户，往往会对客户的投资收益率进行担保，然而实际上，很多平台夸大了自身的实际担保能力，一旦发生风险，平台的资产规模将无法为客户提供有效的担保。

2．业务风险

P2P 平台作为新兴事物，在短时间内取得了快速的发展，与之俱来的缺点是经验不足，在借贷条件和规章制度上，都不及传统金融机构健全严格。与银行相比，P2P 平台没有实现与人民银行的数据对接，在数据分析方面处于绝对的劣势地位，还有信贷管理系统的贷款分类管理体系也不如银行机构健全等诸多限制，使得 P2P 企业在运营过程中较容易产生操作风险。当前网贷从业人员缺乏专业的培训，也没有积累大量的实践经验，对借款人的资信情况进行审核的时候，可能存在主观性较强的问题，从而导致低质量贷款大量发放的问题。

在运营的过程中，P2P 平台还需要中间资金账户保管用户资金，但是，目前对中间资金账户的监管普遍处于监管真空状态，中间资金账户的资金可能被挪作他用，P2P 平台也有可能随时卷款跑路。中间账户的监管缺位风险，可能会带来严重的金融诈骗、非法集资以及各种道德风险问题。

3. 非法集资风险

自融自用、庞氏骗局、虚假借款等事件一旦发生，就说明存在非法集资问题。

由于中间资金账户的存在，容易形成“资金池”问题：平台利用自身优势，将借款需求设计成理财产品在平台上进行出售，投资者购买理财产品，资金流入平台账户，形成资金池。一些企业运营 P2P 网贷平台，实际上是为了筹集资金，实现快速融资的目的，这种情况称为“自融自用”。还有 P2P 平台的经营者发布虚假的借款标的，以高息吸引投资者，在短时间内迅速募集大量的资金，用于归还之前的借款，形成“庞氏骗局”。

由于网络的虚拟性特点，P2P 平台无法做到及时、准确、全面地核查借款信息，导致虚假借款人在平台发布虚假借款信息募集资金，大肆骗取钱财，有些不合规的 P2P 平台甚至默许、助长虚假借款情况的发生。

【拓展阅读】

庞氏骗局

庞氏骗局是对金融领域投资诈骗的统称，金字塔骗局（Pyramid scheme）的始祖，很多非法的传销集团就是用这一招聚敛钱财的，这种骗术是一个名叫查尔斯•庞兹的投机商人“发明”的。庞氏骗局在中国又称“拆东墙补西墙”，“空手套白狼”。简言之就是利用新投资人的钱来向老投资者支付利息和短期回报，以制造赚钱的假象进而骗取更多的投资。

查尔斯•庞兹（Charles Ponzi，1882—1949），意大利裔投机商，1903 年移民到美国，1919 年他开始策划一个阴谋，骗说投资者向一个事实上子虚乌有的企业投资，许诺投资者将在三个月内得到 40%的利润回报，然后，狡猾的庞兹把新投资者的钱作为快速盈利付给最初投资的人，以诱使更多的人上当。由于前期投资的人回报丰厚，庞兹成功地在七个月内吸引了三万名投资者，这场阴谋持续了一年之久，被利益冲昏头脑的人们才清醒过来。后人称之为“庞氏骗局”。

下面介绍 P2P 平台下的一个典型案例：

e 租宝是“钰诚系”下属的金易融（北京）网络科技有限公司运营的网络平台。2014 年 2 月，钰诚集团收购了这家公司，并对其运营的网络平台进行改造。2014 年 7 月，钰诚集团将改造后的平台命名为“e 租宝”，打着“网络金融”的旗号上线运营。

公安机关发现，至 2015 年 12 月 5 日，“钰诚系”可支配流动资金持续紧张，资金链随时面临断裂危险；同时，钰诚集团已开始转移资金、销毁证据，数名高管有潜逃迹象。为了避免投资人蒙受更大损失，2015 年 12 月 8 日，公安部指挥各地公安机关统一行动，对丁某等“钰诚系”主要高管实施抓捕。

办案民警表示，从 2014 年 7 月“e 租宝”上线至 2015 年 12 月被查封，“钰诚系”相关犯罪嫌疑人以高额利息为诱饵，虚构融资租赁项目，非法吸收公众资金，累计交易发生额达 700 多亿元。警方初步查明，“e 租宝”实际吸收资金 500 余亿元，涉及投资人约 90 万名。

e 租宝虚构融资项目，把钱转给承租人，并给承租人好处费，再把资金转入其公司的关联公司，以达到事实挪用的目的。

（资料来源：360 百科 https://baike.so.com/doc/4223099-4424676.html）

4. 网络安全风险

由于大部分平台只需要通过购买平台模板，再根据平台自身的特点进行简单定制即可投入运营，背后没有专业的 IT 技术人员进行维护和管理，安全性堪忧。

对于平台而言，一旦网络黑客入侵平台系统，进行网络犯罪，对数据进行修改，进行虚拟充值提现等操作，就会为平台带来巨大的损失。

对于平台的用户而言，在借贷过程中，借款人需要向网贷平台提供个人身份信息，包括家庭成员、信用记录等内容，一旦网站的保密技术被破解，或者个人信息数据库在管理上出现漏洞，用户的私人信息就会泄露，容易被不法分子利用，给用户带来困扰。

5. 法律政策和其他风险

（1）法律政策风险

P2P 平台作为互联网企业，多以“信息咨询服务公司”“信息技术公司”“电子商务公司”等性质进行工商登记。按照规定，此类性质的企业“不得从事金融业务”，而 P2P 行业虽然本身是信息中介服务行业，但开展的却是货币资金服务，行使较为敏感的金融职能，涉嫌超范围经营。而且，随着 P2P 行业的不断发展，越来越多的 P2P 平台不满足于纯粹的中介平台模式，转向准金融机构模式或者信贷资产证券化模式发展，以期获得更多的利益，实现平台业务的扩张和发展。但是，这些模式下的 P2P 企业已经完全超越了中介平台的定位，触及了监管红线。

我国实现“分业经营、分业监管”的金融制度，相关金融机构分别由中央银行、证监会、银监会和保监会依据相关的法律法规进行监管。然而，因为 P2P 行业兼有金融行业和 IT 行业的性质，法律定位不明确，一直无法确定监管归属。直至 2015 年，我国陆续出台了《关于促进互联网金融健康发展的指导意见》《网络贷款信息中介机构业务活动管理暂行办法（征求意见稿）》《最高人民法院关于审理民间借贷案件适用法律若干问题的规定》等一系列政策制度，才进一步明确了 P2P 网贷监管机构，并使 P2P 网贷平台运营和监管有法可依。

从目前来看，P2P 网贷在我国的发展虽然拥有宽松的政策环境，但是伴随着 P2P 网络借贷本土化的进程，必然会继续出台相关的法律法规，具体监管细则对 P2P 网贷模式的运行会造成何种影响，都是未知的风险。可以预见的是，新的法律政策出台可能直接改变很多 P2P 网贷企业的业务流程和作业模式，甚至让一些规范性较差的平台从市场上消亡。最典型的案例就是美国证监会（SEC）对 Prosper 的运营模式进行调查后，认为 Prosper 在其平台上转让凭证属于证券行为，这种运营模式不符合有关法律的规定，因此在 2008 年 Prosper 被 SEC 勒令停业整顿，直到其对运营模式进行大规模的整顿，才于 2009 年 7 月向 SEC 申请登记注册。所以，虽然现阶段我国为 P2P 网络贷款的发展提供了宽松的发展环境，但是由于具体的监管细则尚未推出，仍有巨大的政策风险。

（2）其他风险

在经营过程中，P2P 平台为了对未准时履约的客户进行惩罚，会采用在网络上进行黑名单公示的方式对借款人的违约行为进行公开通报，但是这种做法涉嫌侵犯了客户的个人隐私问题。

由于 P2P 平台不能做到对投资者和借款人的身份进行严格审核，同时也无法保障贷方资金来源的合法性和借款人的资金流向，使得洗钱犯罪分子容易伪造身份，利用多个账户或者以借贷双方双重身份进行交易，从而进行洗钱等犯罪活动。

6.3.2 P2P 网络借贷风险防范措施

1. 完善体系建设

在整个社会信用体系不健全的环境下，评估风险本身的数据都有可能是虚假的，类似这种系统性风险是难以避免的。为了防范 P2P 网贷风险，首先应该从政策上对 P2P 网贷予以立法规范，加强 P2P 网贷法律建设，构建 P2P 网贷的相关法律体系。P2P 网贷从本质上讲属于民间借贷的范畴，但与传统金融机构并不存在尖锐的对立矛盾，都是自己作为媒介来满足借贷双方对于资金的需求，只是实现方式从低效率、高成本的传统方式转变为高效率、低成本的互联网方式。

2. 加强行业自律

当前 P2P 网贷行业处于发展初期，整个行业杂乱无章，各个公司的经营模式、数据指标等差别很大，亟待规范行业标准。为了加强行业自律性，在行业内可以建立行业自律组织。在经营方式、经营风险、经营范围、进入门槛等各个方面明确行业规则，可以有效地降低整个行业的系统性风险。还可以协调各个 P2P 网贷平台的工作，避免不正当竞争，对从业人员进行资格评定并建立诚信档案，对 P2P 网贷参与者进行不定期的投资者教育，通过业务交流促进行业发展。同时，行业内还应当建立统一的信用评级标准，防止同一借款人利用不同平台的不同评级标准进行投机套利活动。

3. 落实监管政策

在政策方面，应对 P2P 网贷平台的监管范围和措施进行详细的法律规定，建立专业化、标准化的贷前、贷中、贷后的流程管理体系和决策机制，使 P2P 网贷运营流程的每一个细节做到有法可循、有法可依。

P2P 网贷平台具有跨地区、较分散的特点，对其监管主体的确定较困难，可以采用中央与地方两级监管体系：中央监管部门制定 P2P 网贷的相关法律法规；地方监管部门可以充分发挥其独立监管职能，对辖区内的民间金融中介进行规范检查和相应的风险防控。此外，也可以根据 P2P 网贷平台多从事业务的性质来划分监管职能。

4. 发展征信系统

信用体系的健全和信用风险评估机制的确立对于金融体系的稳定和安全有重要意义。具体在 P2P 网贷范畴中，个人信用信息的披露是至关重要的一环，是监管者关注的重点，同时也是投资者权衡风险和收益的重要依据。因此需要建立完善的信息披露机制，促进信息透明化，最大限度地降低信息不对称的影响，以完善征信系统，对个人和机构产生一定程度的约束力，防止由于监管盲点的存在而造成的信用风险。

6.3.3 P2P 网络借贷发展趋势

任何一个行业的发展一般都经历很长一段时间的技术准备期和孕育期，自产业形成后进入发展阶段，市场在这一阶段趋于成熟，行业内部竞争加剧，继而经历一系列整合，留下的企业形成基本稳定的行业格局，进入稳定成熟期，随着新技术的不断发展，最终将进入智能化时期。我国的 P2P 网贷行业已然度过准备和孕育期，这几年正逐渐升温，发展迅速。未来，P2P 网贷将出现四大发展趋势。

1. 资金的大量涌入

网贷平台对平通借款者的限制较低，任何小微企业甚至个人很容易达到借贷要求，从而吸引大量资本流入。近年来，无论是网贷平台数量还是网贷交易额都在激增。继 P2P 监管细则出台之后，行业发展逐渐明晰，银行、基金、保险、券商等金融机构甚至上市公司有大举进军 P2P 行业的倾向。在 P2P 行业迅速发展的浪潮下，各大电商企业、互联网公司，如京东、阿里、联想等，也逐步对 P2P 网贷行业展开布局。宏观背景也有促进资金流入的因素，例如 2015 年上半年，央行降息、股市震荡，加之 P2P 网贷的高收益吸引了各路资金大量涌入。

2. 征信系统日益完善

总体来看，当前中国征信机构规模较小，产品种类少，信息透明度不高，企业征信政策环境无明显变化，难以满足 P2P 等网贷平台对征信产品和服务的强烈需求。考虑当前网贷的发展模式，大都面临征信的难题。在这种情况下，适当放开央行的征信系统，可以有效地降低 P2P 网贷平台的风险，提高服务效率。

一旦建立完善的征信系统，骗子平台和危险借贷者将无所遁形，投资风险将大幅度降低，征信系统将能广泛服务于民间借贷、债权众筹、P2P 网贷等领域。各平台的信用评估在同一高度时，可信度更强，更能吸引资本，加速行业发展。

3. 监管更加规范

《关于促进互联网金融健康发展的指导意见》中，对网络借贷的监管也有了明确的规范。在个体网络借贷平台上发展的直接借贷行为属于民间借贷范畴，受《合同法》《民法通则》等法律法规以及最高人民法院相关司法解释规范。个体网络借贷机构要明确信息中介性质，主要为借贷双方的直接借贷提供信息服务，不得提供增信服务，不得非法集资。网络小额贷款应遵守现有小额贷款公司的监管规定，发挥网络贷款优势，努力降低客户融资成本。网络借贷业务由银监会负责监管。

相信今后国家有关部门对网络借贷的监管职责将更加明确，监管措施也将更加规范。

4. 行业市场细分

诸多 P2P 网贷平台将在细分市场中挖到自己的市场份额，在垂直细分领域获取发展。比如，与供应链金融的结合是一个重要的发展方向。

大型企业作为产业链龙头，在与上下游企业或个人的交易过程中，会形成各种各样的金融需求。这些金融需求，由于有真实贸易背景以及核心企业的制约，风险相对较低。鉴于此，一些 P2P 网贷平台开始与大型企业合作，来为其上下游企业或个人客户提供融资支持。对这些大型投资者而言，P2P 网贷平台不仅可以帮助其拓展金融业务，为其提供安全稳定的收益，从长远来看更是强化了产业链整合，借此构建起全新的行业生态模式。这能吸引越来越多的企业置身其中，从这个角度来看，资本市场对这一方向是极为认可的。

拓展阅读

P2P 诈骗平台典型案例分析及识别方法

2014 年全年，问题平台总数为 275 家，其中诈骗类平台高达 126 家，占比 45.8%。环比 2013 年的数据：当年的问题平台总数为 76 家，诈骗平台为 5 家。一年间，诈骗平台的增长率高达 2420%。

2013 年大家都在用“倒闭潮”谈论 P2P 行业出现的问题平台密集爆发的现象，而到了 2014 年，大家更愿意用“诈骗潮”这个词来形容。对于投资人来说，学会识别诈骗平台在当前形势下变得十分重要。

什么是诈骗平台

所谓诈骗平台，是指在开设伊始便纯粹以诈骗为目的，无真实业务，甚至无实际固定营业场所，存续时间非常短的一类平台。从前面的两组数据对比可以发现，诈骗平台绝大多数是从 2014 年上半年才开始出现的。为什么呢？

首先，互联网金融这个概念是在 2013 年开始随着余额宝的崛起而逐渐被大家了解，之前媒体一直称 2013 年为互联网金融元年。P2P 网贷也在这时作为互联网金融的一个重要组成部分步入公众的视野，加之 2013 年下半年的倒闭潮、媒体的无论正面还是负面的报道，令许多投资人开始关注和了解 P2P 网贷这种新兴理财渠道。所以，2014 年新增的 P2P 投资人和进场资金非常多。

其次，网贷在吸引投资人和资金的同时，也吸引来了骗子。P2P 行业门槛低、无监管等特点，让骗子很快发现这可成为“发家致富”的一种新型工具。只需要买套模板，拉根网线，甚至不需要真实办公场所，三两个人就可以干，诈骗成本很低。

2014 年，骗子也开始陆续进场了。2014 年上半年，尤其是过完春节后，行业的资金量是处在比较充裕的状态，但在借贷行业来说，无论是线上还是线下，都是处在业务量相对没那么多的淡季，这就产生了资金供给和需求间的矛盾。

诈骗平台典型案例分析

那么，诈骗平台都会有哪些特征呢？下面通过分析几个经典的诈骗平台案例来总结一下。

1. 优易网事件（2012 年）

江苏平台优易网，2012 年 8 月上线，2012 年 12 月 21 日歇业。受害人 60 余位，涉案金额 2 000 万元。当时由于涉案金额巨大，还曾一度被媒体称为“网贷第一案”。三名主犯一度在作案后逃逸，后被抓回。目前如皋市检察院定性其为集资诈骗罪，缪某为主犯，王某为从犯，蔡某无责不予追究。优易网的受害投资人至今未能获得一分钱补偿。

早在优易网跑路前，便有人在论坛中发帖预警风险：优易网存在运营主体不明、网站备案信息不全等问题。但当时投资人尚未形成风险意识，也未对此重视。事发前，几乎无人去优易网实地考察过，并且因为优易网 24 小时均可提现并快速到账而相信优易网。事实上，对于这种反正常工作规律的情况，更应该成为平台的疑点。

2. 科迅网事件（2014年）

2014年6月，上线仅4个月左右的深圳P2P平台科迅网跑路。该事件涉及受害者千余人，金额超5 000万元。科迅网在运营中存在许多造假的地方，如团队介绍造假，执行董事“高大上”的学历等皆为虚构，团队人员照片是从别的网站抄袭过来的；宣传资料造假，早在其成立一个月余时便有投资人曝光网站的合作项目是伪造的；注册地址造假，后来经实地查看，发现其注册地址上根本不存在这家公司。

但这些也都未引起投资人重视，当时的科迅网获得百度加V认证和百度财富推广，投资者们也就放松了警惕。科迅网在纯粹诈骗平台中，属于涉案金额较大、影响较为恶劣的一种，应当引以为鉴。

3.网金宝事件（2014）

网金宝是北京地区第一例P2P跑路案件，根据百度快照信息，截至2014年5月5日，网金宝累计成交金额达2亿6千多万元。网金宝存在许多虚假问题：首先是办公地址虚假，经实地查探，其公布的办公地址实为虚构；其次，网金宝对外公布的合作担保公司否认与其的合作关系；第三，平台通过高大上的包装的手段迷惑投资人，如宣称自己与央行合作，平台介绍资料曾显示，“2014年2月27日，网金宝平台与中国人民银行（央行）正式签署了战略合作”，并配有签署协议之时的图片，但经过一些专业人士认证，图片是经过PS的。

从以上三个案例，可以归纳出诈骗平台的一些典型特征:

第一，诈骗平台的网页设计相对来说比较粗制滥造，用户体验感很差。很多诈骗平台基本都是外面买来一个模板，往里面套点东西就上线，几乎没经过美工设计，毫无美感可言，给人不舒服的感观。

第二，团队成员及介绍造假，平台注明的办公地址一般较为偏远。办公地址选在偏远的地方目的在于提高投资人实地核实的难度，如上海的诈骗平台，如果将办公地址放在奉贤或者更偏远的地方，一般人不会有精力跑那么远去核实。

第三，诈骗平台宣传的收益率一般很高，甚至会远远高于行业平均水平。

第四，平台活动很丰富，常见天标、秒标，常有源源不断的标的发出，但标的信息表述模糊，无真实业务支撑。

第五，诈骗平台基本没有第三方资金托管平台。

第六，平台负责人曾有过不良记录。

如何识别和排除诈骗平台

在看清诈骗平台的一些常见诈骗手段后，投资人能不能通过一些技巧和办法有效地识别诈骗平台，防止被骗呢？答案是有的。

首先，可以通过全国企业信用信息公示系统查询企业的工商登记信息，要注意其注册资金、注册地址、股东成分、经营范围等。尤其是经营范围，在注册信息中，诈骗平台的经营范围有可能是与互联网或金融无关的一些领域。

其次，通过工信部域名信息备案管理系统查询网站的备案信息，查询所属平台网站主办单位名称，网站备案/许可证号，网站负责人姓名。核对网站负责人与平台管理团队是否一致。如果不一致询问平台管理是何原因，是否能说得通。

第三，通过百度图片等工具识别平台是否存在团队成员、办公环境图片造假等情况。若一个平台网站整体感观粗制滥造，但团队成员的履历却非常光鲜，则需要保持警惕。可将平台的办公环境照片、团队成员照片等上传，通过百度图片搜索功能进行对比，可得知是否存在造假行为。

第四，实地核查平台公布的办公地址是否真实存在。若无法实地核查，可根据平台公布办公地址，利用百度地图等工具找到该地址上的物业电话，致电询问核实。

第五，通过法院被执行人信息查询平台来查询平台负责人是否有过被执行记录。需要注意的是，查询姓名时经常会出现同名同姓的情况，投资人还要根据执行法院所在地进行判断分析，如果能核对身份证号是最为妥当的。不过有过被执行记录也不能武断地判定平台老板有问题，还需要看具体执行情况，结合平台其他要素综合判断。

第六，通过登录平台网站，体验网站设计是否美观、交互设计是否友好等。纯诈骗平台一般是低价购买模板，体验感不会很好，也很容易识别，这个时候只要能抵制住其高息诱惑，就不会轻易上当。

（资料来源：希财新金融 http://www.csai.cn/p2pzixun/929615.html）

本章小结

P2P 网络借贷是指资金供给方与资金需求方借由第三方网络借贷平台实现资金的借贷流通过程，即互联网上个人与个人，或个人与企业之间的资金借贷过程。P2P 网络借贷具有准入门槛低、互联网技术的运用、交易的灵活性、投资收益稳定、覆盖面广等特点。

根据 P2P 网络借贷的运作流程，可以将我国 P2P 网络借贷分为传统 P2P 模式、债权转让模式、担保模式和平台模式四个具体的运作模式。

P2P 平台的投资风险，主要包括以下几类风险：经营风险、业务风险、非法集资风险、网络安全风险、法律政策和其他风险等。

思考与练习

1. 简述 P2P 网络借贷的含义。
2. 简述 P2P 网络借贷的业务流程。
3. 简述 P2P 网络借贷的特点。
4. 简述 P2P 网络借贷的主要模式。
5. 简述 P2P 网络借贷常见的风险。

第7章 众筹融资

案例导入

科技众筹——Pebble E-Paper智能手表

Pebble E-Paper智能手表是由Allerta公司通过Kickstaerter平台发起的项目，这一项目最初融资目标定为10万美元，而实际是在2012年4月11日至5月18日短短37天之内就获得了68 929人的资助，累计筹资额达到了1 000万美元。其中，天使资金在项目之初就给出了37.5万美元的天使投资。

该项目是典型的回报型众筹项目，其在发布筹资信息时就设定了相应的回报设置，本文选取其中5个回报设置予以介绍：

- 1美元：会让投资者了解到Pebble E-Paper智能手表的最新进展等独家消息，这一回报类别得到了2 615位支持者。
- 99美元：为投资者提供一款零售价为150美元的黑色手表，美国境内免费配送；加10美元可送货至加拿大；加15美元全球配送，这一区间吸引到了200位支持者。
- 125美元：可从三种颜色的手表中任选一款美国境内免费配送；加10美元可送货至加拿大；加15美元全球配送。获得了14 350位支持者。
- 240美元：可从三种颜色的手表中任选两款美国境内免费配送；加10美元可送货至加拿大；加15美元全球配送。获得了4 925位支持者。
- 1250美元：把投资者的创意给该公司，公司为投资者设计制作专有智能手表，同时还能获得5款不同颜色的手表。美国境内免费配送；加10美元可送货至加拿大；加15美元全球配送。这一区间引起了20位支持者的关注。

类似于Pebble E-Paper智能手表的案例在国外还有很多，例如对纪录片《Inocente》众筹的项目，该项目成功募集到了5万美元，并且帮助边缘的导演Sean Fine夫妇成了2013年奥斯卡奖的获得者。

事实上，奖励式众筹虽然还处于发展的初期，但是成了最受媒体关注的一种众筹形式，其中的原因不仅仅是由于其涉及了公众最关注的领域，更重要的是很多的项目利用这一模式取得其所期望的成功。

（资料来源：希财新金融（http://www.csai.cn/zhongchouzixun/769098.html））

本章重点

- 众筹融资的含义、主体及流程。
- 众筹融资的类型及其运营模式。
- 众筹融资的风险及防范。

7.1 众筹融资概述

7.1.1 众筹融资的含义

众筹这一概念源自英语“Crowdfunding”，即“大众筹资”，是指发起众筹的小企业家、艺术家或个人利用互联网和 SNS 传播的特性，公开展示产品或项目的创意，以捐赠、资助或是预购产品的形式，向公众募集资金。众筹模式实际上利用互联网的效率，打破时空的限制，让更多普通人能够参与更多的项目，既可以解决小微创业者融资难、市场预判不足等难题，也可以使大众感受到更多参与的乐趣，点燃创业的激情。

美国的 Kickstarter 是众筹模式的创造者，于 2009 年 4 月在纽约成立，是一个创意方案的众筹网站平台。该网站为创业者或者创意人搭建一个网络平台，使他们通过视频、图片、文字介绍自己的产品原型或创意，发起募集资金的活动，感兴趣的人可以捐献指定数目的资金，项目完成后，得到一定的回馈。用该网站自己的定位来概括，就是致力于支持和激励创新性、创造性、创意性的活动，通过网络平台面对公众集资，让有创造力的人可能获得他们所需要的资金，以便使他们的梦想有可能实现。Kickstarter 一上线就受到了外界的追捧，在美国引起一轮跟风，雨后春笋般出现了众多类似网站。其中，既有 Indiegogo 这样的综合类众筹网站，也有更多专注于某垂直领域的众筹平台，如专注于房地产投资的 Fundrise、酒类的 Craftfund、写作类的 Wattpad 等。2014 年 3 月 3 日，Kickstarter 正式宣布，通过该平台实现的累计承诺投资额已经突破 10 亿美元。这些资金已经资助了 5.7 万个创意项目，从电影到漫画书，再到科技产品和视频游戏，可谓包罗万象。在此期间，承诺向 Kickstarter 的项目投资的人共有 570 万，来自 224 个国家和地区，其中美国（6.63 亿美元）、英国（5 400 万美元）、加拿大（4 500 万美元）贡献的资金最多。

2011 年 7 月，国内第一家众筹网站——“点名时间”正式上线。至 2013 年 8 月，共收到了 7 000 多个项目，900 多个项目上线，接近一半项目已筹资成功并顺利发放回报，单月的筹资额已突破 150 万元。2013 年 8 月 1 日，动画电影《大鱼·海棠》在“点名时间”上线，一个半月内即筹集到 158.26 万元制作资金，这笔钱来自 3 593 位网民，最少的给了 10 元，最多的则拿出了 50 万元。与此同时，另一部人气颇高的动漫《十万个冷笑话》为了拍摄剧场版，自 2013 年 3 月 26 日起开始众筹，截至 8 月 22 日结束，共通过网络募集到超过 137.35 万元的资金，出资人数多达 5 534 人。经历了两年多的摸索试探，借助这两个含金量颇高的项目，“点名时间”和众筹模式越来越受到关注。其间，追梦网、淘梦网、乐童音乐、众筹网、天使汇、积木盒子、3W 咖啡、大家投及好投网等一批同类网站先后成立，众筹这一在国内刚刚起步的融资模式，已经开始呈现出越来越丰富的发展模式。

众筹融资是指项目发起人（企业或者个人创业者）借助网络众筹平台向大众投资人公开发出的融资申请，并承诺项目成功后向投资人提供产品或服务、股权、债权等回报的一种新型互联网融资模式。具体到小微企业众筹融资，可以从以下两个方面理解：一方面，作为项目发起人，小微企业为解决发展过程中的融资需求，通过在线平台发布融资计划，并制定多种回报形式；另一方面，作为投资者，大众投资人可以根据自己的个人偏好和自主判断选择不同的创意项目与投资额度。

筹资项目必须在发起人预设的时间内达到或超过目标金额才算成功。在设定天数内，达到或者超过目标金额，项目即成功，发起人可获得资金；筹资项目完成后，支持者将得到发起人预先承诺的回报，回报方式可以是实物，也可以是服务，如果项目筹资失败，那么已获资金全部退还支持者。众筹不是捐款，支持者的所有支持一定要设有相应的回报。

7.1.2　众筹融资的特点

一般来说，众筹具有以下的一些特点。

1. 更为开放的融资模式

相对于传统的融资方式，众筹更为开放。其特点是草根化、平民化，发起与资助都与年龄、身份、职业等无关，能否获得资金也不再把项目的商业价值作为唯一标准。企业在平台网站上展示项目，让更多的媒体、消费者和投资人获取项目信息，只要是网友喜欢的项目，都可以通过众筹方式获得项目启动的第一笔资金，为更多小本经营者或创作者提供了无限可能。

2. 创业门槛较低

现在许多众筹网站的主打卖点都是“实现你的梦想”，这句话的潜台词是“之前创业门槛高，众筹帮你降低这个障碍”。从实际案例来看，众筹平台确实帮助许多草根创业者融到资金，并推出了既定的产品。而按照传统的融资模式，创业者可能面临创意不被看好、没有实际产品、难以得到认可的问题。

3. 降低风险

众筹模式的一个隐性价值在于：先让消费者掏腰包，再去制造产品。消费者对产品的认可与评价在很大程度上反映了产品的市场需求。如果项目融资成功，并且实际的研发与生产过程一切顺利，就能实现目标，这相当于在很大程度上降低了创业成本与风险。

4. 获得宣传效果

众筹的宣传作用体现在两方面：一方面，项目融资成功意味着一次成功的广告，吸引大众对产品的关注并且拓展了潜在客户群；另一方面，无论是否融资成功，项目都获得了展示。

5. 吸引潜在长期支持者

最早对项目提供支持的人都是潜在的铁杆粉丝。这些人甚至有望日后成为项目的成员。在一个众筹项目中，可以把每个参与者的加入都当作为项目提供人脉网络的机会。

6. 涉猎领域广泛

众筹涉及的领域非常广泛，包括设计、科技、音乐、影视、书籍、游戏、摄影、食品等，并且逐渐向“三农”、土地、房地产、酒店、饭店、医疗等产业渗透。

【拓展阅读】

《大圣归来》的众筹成功是偶然而又幸运的

89 位众筹投资人，合计投入 780 万元，最终获得本息约 3 000 万元，平均每位投资人可以净赚近 25 万元。国产动画电影《大圣归来》创造了中国电影众筹史上的第一次成功，用这样的方式让一小撮普通观众赚翻了。作为这次众筹的发起人，路伟感慨道，这样一部动画电影，能做出一个成功的众筹案例，是很幸运的一件事情。

2014 年 11 月，不同于很多众筹在众筹平台或者互联网金融平台发起，路伟只是在自己的微信朋友圈里发了一条消息，为《大圣归来》影片募集宣发经费。“电影特别是动画电影，过去十年的成功案例太少了。”路伟说，“当时他们问怎么保证资金安全？我说这样吧，我给你们保个底，赚了钱大家一起分，亏了算我的。”随后，路伟得到了众多熟人、朋友的支持，最终有 89 名众筹者参与了投资。

最终，《大圣归来》的 89 位众筹参与者共为影片筹集了 780 万元，当票房超过 5 亿元之后，投资回报率已经高达 400%，预计可获得本息 3000 万元。当然，路伟认为，众筹带来的不仅是钱，它带来了这个电影的前一百个粉丝，这一百个粉丝每个人又影响了一百个粉丝，这样影响的就是上万人，“在今天的这个社群经济时代，一百个宣传员是不是帮你把影响放大了？”路伟如是说。

（资料来源：中国经济网（http://www.ce.cn/culture/gd/201508/11/t20150811_6191731.shtml））

7.1.3 众筹模式的划分

按照筹资方式的不同，众筹大致可分为四类：捐助类（Donation）、报酬类（Reward）、借贷类（Lending）和权益类（Equity）。

捐助众筹是指在筹资过程中投资者不获得任何实质性的补偿，捐赠众筹主要适用于红十字会等非政府组织（NGO）对特定项目募捐或提供贷款。由于 NGO 发起的特定项目款项具体用途明确且具有社会公益性，并在项目运作中会保持较高的透明度，出资人往往更愿意捐赠。一般来说，捐助众筹所涉及的项目金额相对较小。

报酬众筹是一种基于预购和奖励的筹资方式，这也是国内目前最流行的众筹类型。预购众筹是指项目发起人通过在线发布拟推出产品或服务信息，并辅助以优惠价格，对此产生兴趣的投资者可以选择支付购买，从而完成项目融资。这在一定程度上能够对传统的市场调研进行替代，并直接进行需求的有效分析。奖励众筹与预购众筹的区别在于项目发起人不提供增值产品或服务给投资者，通常回报为象征性奖励，如 VIP 资格或印有 LOGO 的文化衫等；电影和音乐等创意项目的融资主要通过奖励众筹进行。

借贷众筹是指项目发起人通过众筹平台承诺在约定时间内对若干投资者偿还其出资金额的筹资方式。众筹网站在当中主要发挥借款中介作用，但也有网站提供还款担保，借贷众筹与 P2P 网贷不同，P2P 网贷投资额大小不一，强调的是资金需求者和资金供给者的自动撮合，而借贷众筹每位投资者投资额均等，相对弱化了风险。

权益众筹是指项目发起人以出让股权的方式换取投资者出资，权益众筹中项目发起人通常为初创企业，而众筹网站则充当类似证券交易一级市场角色，投资者获得股权回报，与项目发起人共享收益、共担风险。

7.1.4　众筹融资的主体

众筹融资的业务模式是：项目发起人在平台注册、提交和发布融资项目，众筹平台根据其成长性、市场前景等标准对融资项目进行筛选，公布项目的融资目标、天使投资者等信息，向潜在的投资者推荐，并建立投资者和项目发起人之间的联系，提供沟通渠道。如果投资者决定投资该项目，就通过网络完成相关支付、转账以及其他财务和法律手段，项目发起人则承诺给投资者股权、产品或其他形式的投资回报。

根据上述众筹融资的基本模式，我们可以看出众筹活动主体分为以下三类。

1. 项目发起人（筹资人）

项目发起人作为项目的直接发起者、资金筹集者以及日后项目经营者，在项目创意与项目经营上具有优势，其主要工作内容是向外界展示项目创意、项目风险、项目前景以及资金需求等，开展日后项目经营，分享项目成果。具体工作按流程主要包括：项目申请、收获筹资、项目经营以及成果分配（见图 7-1）。

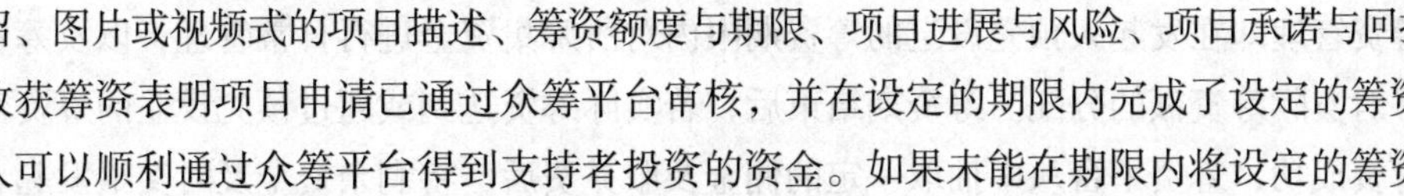

图 7-1　项目发起人工作流程

项目申请即向众筹平台提交项目融资请求，主要内容包括申请人信息、项目名称、项目团队介绍、图片或视频式的项目描述、筹资额度与期限、项目进展与风险、项目承诺与回报等。

收获筹资表明项目申请已通过众筹平台审核，并在设定的期限内完成了设定的筹资额，发起人可以顺利通过众筹平台得到支持者投资的资金。如果未能在期限内将设定的筹资额完成，筹资就此失败，发起人不能收获筹资。通常收获筹资的金额为期限终止时实际筹资额的 90%～100%，众筹平台的佣金及服务费就来自剩余资金。

项目经营是发起人收获筹资后的重要工作，也是发起人融资的最终目的。为了保证项目经营的顺利实施，出资人需要对项目进行监管，发起人也有义务定期向出资人发布项目经营信息。

成果分配是发起人最后的工作，也是向出资人实现承诺发放回报的信用体现。如果项目经营成功，发起人需要在预先约定的时间完成承诺的回报；若未能在约定的期限内实现承诺，视作项目经营失败，成果分配的义务发起人后期可不再履行。

项目是具有明确目标、可以完成且有具体完成时间的非公益活动，如出版图书、制作专辑或生产某种电子产品。项目不以债券、股权、利息、分红等资金形式作为回报。项目发起人必须具备一定的条件，如年龄、国籍、银行账户、资质和学历等。项目发起人对项目拥有100%的自主权，不受任何第三方控制，完全自主。项目发起人要与中介机构（众筹平台）签订合约，明确双方的权利和义务。

项目发起人通常是需要解决资金问题的创意者或小微企业的创业者，但也有个别企业为了加强与用户的交流，在实现筹资目标的同时，强化众筹模式的市场调研、产品预售和宣传推广等延伸功能，以项目发起人的身份号召公众（潜在用户）介入产品的研发、试制和推广，以期获得更好的市场响应。

2．中介机构（众筹平台）

众筹平台作为发起人与出资人的中介机构，具有专业化服务及平台优势，其主要工作内容是以保护发起人与出资人的利益为前提，为项目资金筹集牵线搭桥。具体工作流程主要包括项目审核、项目展示、筹资管理和收获佣金（见图 7-2）。

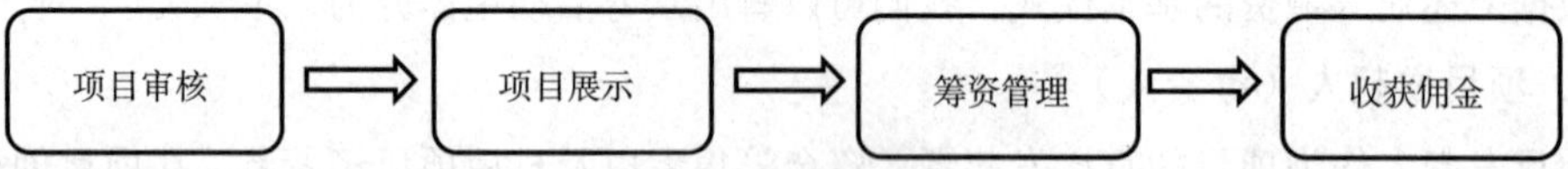

图 7-2　众筹平台工作流程

项目审核是众筹平台工作的开始，也是决定项目能否参加众筹融资的关键。众筹平台在收到项目申请后，需要审核项目申请内容，对申请信息的完备性、真实性及项目可行性进行评估。只有满足完备性、真实性以及可行性的要求，项目申请才能通过审核。

项目展示表明项目审核已经通过，并通过众筹网络平台向外展示。项目展示包括项目预展示与项目展示。项目预展示主要目的是为了争取网民的关注，获得市场反馈，从而调整项目内容，以确保后期项目展示能筹集到足够的资金。项目展示的内容包括项目详细介绍、筹资金额、筹资期限、支持方式以及项目回报等。

筹资管理即在发起人预先设定的筹资期限内对所筹集资金进行日常管理，以及筹资期结束后，对实际筹资额的分配。筹资期结束后，若实际筹资达到或超过预先设立的筹资额，则表示筹资成功，筹资平台从中抽取一定的佣金及服务费后，将剩余资金及时交给发起者；若实际筹资额小于预先设立的筹资额，表明筹资失败，筹资平台需要将实际筹资额返还给出资人，众筹平台并不收取任何佣金及服务费。

收获佣金即在筹资成功后，按照预先约定的佣金比率（一般为 0 到 10%不等），从实际筹资额中抽取少部分作为项目佣金及服务费，这也是众筹平台收入的体现形式。

中介机构是众筹平台的搭建者，也是项目发起人的监督者和辅导者，还是出资人的利益维护者。上述多重身份的特征决定了中介机构（众筹平台）的功能复杂、责任重大。首先，众筹平台要拥有网络技术支持，根据相关的法律规定，运用虚拟运作的方式，在虚拟空间内发布项目发起人的创意和融资需求信息，实施这一步骤以在项目上线之前进行细致地实名审核为前提，并且确保项目的内容完整、可执行和有价值，确定没有违反项目的准则和要求。其次，在项目筹资成功后要监督、辅导和把控项目的顺利展开。最后，当项目无法执行时，众筹平台有责任和义务督促项目发起人退款给出资人。

3．公众（出资人）

项目出资人作为项目所筹资金的来源方，具有资金优势，他的主要工作内容是以发挥自身资金优势为前提，支持、监督项目实施，并获得项目成果分享。具体工作按流程主要包括项目评估、项目支持、项目监管和收获回报（见图 7-3）。

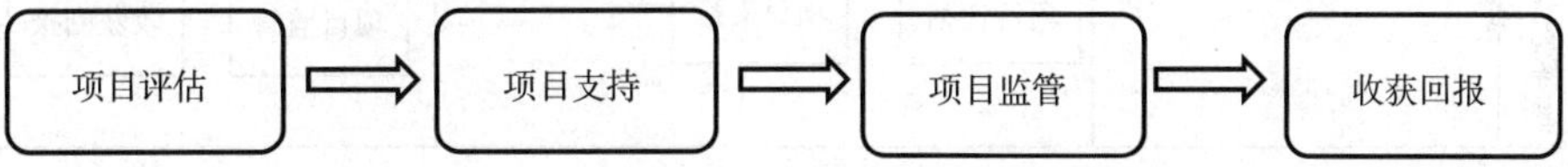

图 7-3　出资人工作流程

项目支持是支持者对项目的实际投入工作，当前在我国主要形式为资金支持。支持者只需要按照众筹平台的指导，在网上即可完成项目资金的支持工作。

项目监管是支持者为了确保项目经营的顺利实施，而定期或不定期地与发起人进行沟通，项目发起人也有义务定期向项目支持者发布项目经营信息。

收获回报是支持者参与众筹融资的最终收益体现形式，发起人需按约定发放对支持者承诺的回报。当前在我国，众筹融资的发展并不明朗，为了与非法集资相区分，很多众筹平台均规定不得以红利、股权等形式作为承诺回报，而必须以实物资产的形式，如项目最终产品等。

出资人往往是数量庞大的互联网用户，他们利用在线支付方式对自己感兴趣的创意项目进行小额投资，每个出资人都成为了“天使投资者”。

公众所投资的项目成功实现后，对于出资人的回报不是资金回报，而可能是一个产品样品，例如一块 pebble 手表，也可能是一张唱片或是一场演唱会的门票。出资人资助创意者的过程就是其消费资金前移的过程，这既使生产和销售等环节的效率得到了提高，生产出原本依靠传统融资模式无法推出的新产品，也满足了出资人作为用户的小众化、细致化和个性化的消费需求。

7.1.5　众筹融资的流程

基于目前对我国众筹融资发展的认识，综合现行众筹融资项目的运行机制，可以将我国众筹融资模式的运作流程分为三个阶段：项目准备、项目融资和项目经营。项目准备阶段是整个众筹融资的孕育期，即项目在众筹平台对外展示并筹资之前的准备工作期，具体包括发起人的项目申请和众筹平台的项目审核，只有通过审核的项目才能进入下一阶段；项目融资阶段是整个众筹融资的筹资期，即从项目展示到收获筹资的整个融资过程，具体包括项目展示、项目评估、项目支持、筹资管理、收获佣金、收获筹资；项目经营阶段是整个众筹融资的经营期，即筹资结束后开始项目经营到项目成果分配的全过程，具体包括项目经营、项目监管、成果分配、收获回报。整个流程如图 7-4 所示。

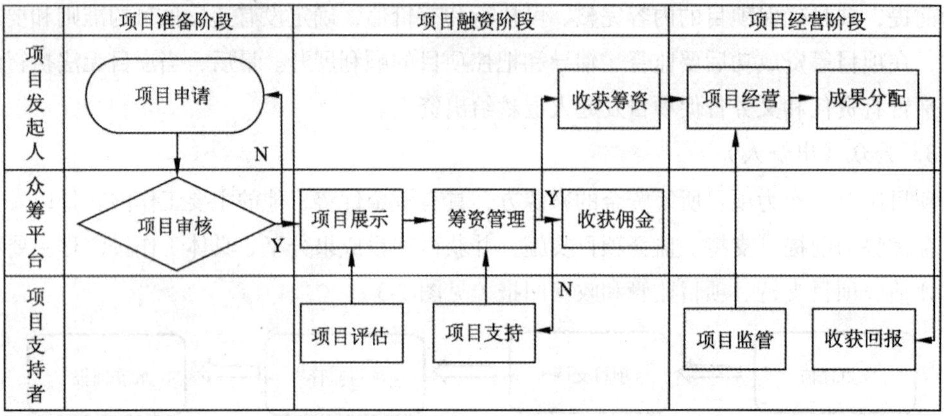

图 7-4　众筹融资流程图

7.2　众筹融资的运营模式

7.2.1　奖励制众筹

奖励制众筹（Reward Based Funding）是指筹资者从出资者处获得资金，等项目成功后以实物、服务或者媒体回报等非金融形式支付给出资者作为回报。这种奖励以筹资者的项目产品为主要形式，项目产品可以是实物形式，也可以是非实物形式，如电影的首映体验等。奖励制众筹通常用于创新项目的融资方面，如电影、技术产品或者音乐等方面的融资。奖励制众筹的数量在众筹融资平台中的占比最大，美国的众筹平台 Kickstarter 就是一个运作非常成熟的奖励制众筹的典范，除此之外美国的 Appsplit、Lucky Ant，新加坡的 ToGather。中国的奖励制众筹平台，有代表性的有香港的 ZAOZAO、内地的点名时间（demohour.com）、众筹网（zhongchou.cn）和追梦网（dreamore.com）。其中，追梦网平台服务是完全免费的，而我国现有的其他众筹平台基本上都会向项目发起者收取 1%～10%的费用。

奖励制众筹很重要的地方在于预售“商品”，出资者提供资金给筹资者生产新产品，是对该产品有兴趣的前提下的“订购”。通过众筹可以获得潜在消费者对于该产品的市场反馈，可以替代传统的市场需求调研，在很大程度上规避了盲目生产所带来的风险和资源的浪费。这样的众筹不仅获得生产新产品的资金支持，也获得新产品的有效市场推广，实现了筹资和营销的完美结合。

奖励制众筹的价值可以概括为以下几点：众筹处于产业链的最前端，可以最快速地发现和发掘有潜力的产品项目；通过用户的支持，可以验证项目是否符合市场需求，从而大大降低项目失败的风险；提供天然的平台，帮助发起人获得第一批忠实粉丝；众筹后的数据结果将为项目获得进一步融资提供最强有力的说明；众筹网也会根据项目筹资表现的数据，提供借贷、孵化或投资等金融服务。因此，奖励制众筹的核心诉求并不是直接的融资，而是“筹人、筹智、筹资”的过程。

相比于其他形式的众筹，奖励制众筹的覆盖范围更加广泛，包括商业和企业、音乐、电影、表演艺术、社会事件、时尚等。同时，奖励制众筹也可以作为其他模式众筹的有益补充，例如，债权制众筹和股权制众筹中都可以加入奖励制众筹的元素，作为其补充手段，吸引投资者，从而促进项目的成功。

【拓展阅读】

科技众筹——把纸飞机变成智能遥控飞机

该项目是由科技公司 PowerUp 于 2013 年 11 月在 Kickstarter 平台上发布，并设置了 5 万美元的预期筹资金额，其项目内容是：设计一套包含螺旋桨、方向舵、远程控制器和电池的装置，将这个装置安装在纸飞机上可以让纸飞机在空中飞行 10 分钟，并且还能通过苹果手机来控制纸飞机的飞行方向。

该众筹项目设置了 10 个档次的筹资回报，列举如下：

1 美元：可以得到一个飞机折纸的教程。

5 美元：可以得到一个定制版的纸飞机模板，带有设计者 ShaiGoitein 的签名。

30 美元：可以得到一套基本智能遥控装置（1 个螺旋桨）。

40 美元：可以得到一整套基本的智能遥控装置，包括 1 个螺旋桨、5 张 PowerUp-certified 模板和 1 块充电池，并提供独家 Kickstarter 版包装。

75 美元：一套完美的智能遥控装置，包括 1 个螺旋桨、5 张 PowerUp-certified 模板、可充电电池、USB 适配器和一个个性化带有设计者 ShaiGoitein 签名的纸飞机。

250 美元：可以得到测试尝鲜包——加入测试项目，帮助改进产品。PowerUp 3.0 生产原型将在项目结束后两周内给支持者，包括 PowerUp 3.0 完美的整套产品和指南手册。

300 美元：可以得到一个完整的飞行家装备。除了 PowerUp 3.0 整套产品之外，还有完整的指南手册以及独家 PowerUp 3.0-Branded 飞行员帽子和一件飞行夹克，支持者的名字和“我支持 3.0PowerUp Kickstarter”将出现在这些衍生品中。

最终，该项目吸引了 21 412 位支持者，共筹集 123 2612 美元的资金。

该项目以“唤起童年纸飞机的梦想”为主题，成功地将人们对童年时希望让自己的纸飞机飞得更高更远的愿望唤起。而通过 PowerUp 3.0 这套智能的遥控装置可以将自制的纸飞机改造成通过手机 APP 控制的遥控飞机，从而满足了人们心里的小追求和小梦想。

同时，该项目根据筹款的多少来升级产品，为了更好地体验产品，吸引每一个支持者利用自己的社交平台进行传播。在众筹总额的设定上，这个项目也是采用了多级目标的方式，初始目标较低，相对来说是一个比较容易实现的额度。而筹款额度越高，项目研发的内容也会越来越丰富，并进一步满足人们改造飞机、提升飞机性能的需求。这一项目的成功之处便在于此，在众筹平台上，这种逐步升级的模式通过类似游戏过关斩将的方式展示出来，让这个项目更加具有煽动性。

另外，该项目的设计者 ShaiGoitein 是一个航空和飞行器的爱好者，2008 年当他志愿给贫困社区的孩子上空气动力学课程的时候，萌生了设计一款可遥控纸飞机的想法。随后他开始了飞行器专业知识的学习。2009 年他设计出了 PowerUp 1.0，并于 2010 年创办了自己的品牌。随后他不断完善 PowerUp，2013 年开发出了 PowerUp 3.0，并获得了 2013 年纽约玩具展科普最佳奖项。这也保证了项目发起方的诚信度，为该项目的成功奠定了坚实的基础。

（资料来源：希财新金融（http://www.csai.cn/zhongchouzixun/769098.html））

7.2.2 募捐制众筹

募捐制众筹（Donate Based Crowd Funding）是指出资者以捐赠或者公益的形式，不求任何实质回报地为项目或者企业提供资金。由于捐赠的项目非常个人化或者生活化，如“因意外失业需要筹集孩子的学费”而发起一个项目，“为一次没有保险保障的车祸需要的资金”而发起一个项目等，出资者会因为非常清楚募捐款项的具体用途而十分愿意主动捐赠。大部分募捐制众筹规模通常比较小，2/3 的项目规模都少于 5 000 美元，包括教育、社团、宗教、健康、环境、社会等方面的项目。这种类型的平台已经在美国、英国有一定发展，尤其是在美国已经成熟。这是与美国的税收政策和公共福利的文化背景有关的。在国外，发展较为成熟的募捐制众筹平台有美国的 GoFundMe、英国的 Prizeo。在国内，主要的募捐制众筹平台有微公益（gongyi.weibo.com）等。

募捐制众筹的重要特征是出资者几乎不会在意自己的出资最终能得到多少回报，带有明显的捐赠和公益性质。在募捐制众筹模式下，作为出资者的大众与其说是在进行着一项投资行为，不如说是在进行着一项带有赠与性质的公益行为。

【拓展阅读】

微 公 益

微公益作为一个汇集亿万网友爱心的平台，自 2012 年 2 月正式上线以来，一直致力于将救助者、爱心网友、公益机构等资源进行整合，打造中国第一个有影响力的社会化劝募平台。利用平台的影响力和汇聚力，从认证用户发掘求助项目、“爱心团”甄别信息真伪，到公益机构介入实质救助、网友参与提升项目影响力，几乎所有的微博用户都有机会以个人身份，亲身参与到微公益项目中来，通过全民力量打造一条从项目发起、信息核实到实际求助的完整生态链，以高效、便捷、透明的运作机制，降低用户参与门槛，让所有微博用户都能随手参与公益，微公益启动了一个全新的“全民公益”时代。

另外，微公益拥有打通新浪网和新浪微博的强大推广能力，并整合电视台及平面媒体传播资源，尝试挖掘微博名人、公益组织官微、爱心企业官微等资源，把透明、可靠的项目信息推送给爱心用户，不断完善社会化参与、社会化激励、社会传播、社会化监督等运营机制。同时，微公益通过平台上 3 500 余个项目，与国内基金会及公益组织、志愿者组织、爱心网友等建立了紧密联系和合作，行业资源积累丰富。

截至 2017 年 8 月 15 日，微公益平台目前累计有超过 589 万爱心网友参与捐款。在开展的 199 个公开募款项目中，中国社会福利基金会“免费午餐”项目筹款金额最高为 250 万元。而该平台所有公开募捐项目中过百万的项目仅有 3 个。此外，平台独立设置个人求助一栏，目前共有 2 万多个个人求助项目。微公益也正通过实实在在的努力，致力于成为中国公益组织最忠实的筹款平台、中国百姓最信任的透明公益平台、救助者和施助者最畅通的沟通平台。

资料来源：新浪公益（http://gongyi.sina.com.cn/gyzx/2013-09-25/144845631.html）

7.2.3　股权制众筹

股权制众筹（Equity Based Crowd Funding）是指通过互联网形式进行公开小额股权融资的活动。股权制众筹融资必须通过股权众筹融资中介机构平台（互联网网站或其他类似的电子媒介）进行。股权众筹融资中介机构可以在符合法律法规规定的前提下，对业务模式进行创新探索，发挥股权制众筹融资作为多层次资本市场有机组成部分的作用，更好地服务于创新创业企业。股权制众筹融资方应为小微企业，应通过股权制众筹融资中介机构向投资人如实披露企业的商业模式、经营管理、财务、资金使用等关键信息，不得误导或欺诈投资者。投资者应当充分了解股权制众筹融资活动的风险，具备相应的风险承受能力，进行小额投资。股权制众筹融资业务由证监会负责监管。

股权制众筹在国内外多用于解决初创期企业的融资难问题，尤其是一些高科技的创业项目，如软件、电子游戏、计算机等领域，该类创业项目风险很高，但回报也最为可观。股权制众筹的显著特征是项目的高风险和高回报，为了防控股权制众筹的风险，一般会对出资者的进入门槛有一定的要求，如财务上的最低要求，这样的要求是对出资者的一种保护。

股权制众筹往往侧重的是对中小微型初创企业的扶持，这对于初创企业的成长具有非常重要的意义。初创企业在早期很难通过传统融资渠道获取所需资金，就算通过更为灵活的天使投资，也会存在投资人数量和投资金额较小等方面的不足。但股权制众筹可以解决这些问题。一方面，股权制众筹平台不会嫌弃小项目、小企业，只要你拥有良好的创意就可以吸引到足够的关注；另一方面，通过股权制众筹平台筹集到的资金量相比单个的天使投资人会有大幅增长，更容易满足企业的资金需求。

在国内，《关于促进互联网金融健康发展的指导意见》未出台之前，股权制众筹处于灰色地带，无法将其明确地划分到公募或者私募中。《关于促进互联网金融健康发展的指导意见》出台后，明确了股权制众筹的法律地位，明确了股权制众筹融资业务的监管主体是证监会，股权制众筹的融资方式在未来将得到不断地完善和发展，相关的法律法规也会日益健全。

目前，国内的股权众筹平台有：天使汇（angelcrunch.com）和大家投（dajiatou.cn）。

在《关于促进互联网金融健康发展的指导意见》出台之前，根据我国特定的法律法规和政策，股权制众筹在我国又分为凭证式众筹、会籍式众筹和天使式众筹。凭证式众筹一般都是通过熟人介绍加入众筹项目，投资者不成为股东；会籍式众筹的投资者则成为被投资企业的股东；天使式众筹则有明确的财务回报要求。

1. 凭证式众筹

凭证式众筹主要是指在互联网通过销售凭证和股权捆绑的形式进行募资，出资人付出资金得到相关凭证，该凭证又直接与创业企业或项目的股权挂钩。购买了筹资者发行的凭证后，出资者不仅可以获得相关的非物质回报，如“电子杂志阅览”权、“业务培训”权等，甚至可以获得按持股比例对公司利润的分红回报。出资人如果不想再持有凭证，可以转让凭证或者要求筹资者进行回购。

【拓展阅读】

微创投——凭证式众筹

朱江决定创业，但是拿不到风投。2012 年 10 月 5 日，淘宝出现了一家店铺，名为“美微会员卡在线直营店”。淘宝店店主是美微传媒的创始人朱江，曾在多家互联网公司担任高管。消费者可通过在淘宝店拍下相应金额会员卡，但这不是简单的会员卡，购买者除了能够享有“订阅电子杂志”的权益，还可以拥有美微传媒的原始股份 100 股。朱江 2012 年 10 月 5 日开始在淘宝店里上架公司股权，4 天之后，网友凑了 80 万元。

美微传媒的众募式试水在网络上引起了巨大的争议，很多人认为有非法集资嫌疑，果然还未等交易全部完成，美微的淘宝店铺就于 2013 年 2 月 5 日被淘宝官方关闭，阿里对外宣称淘宝平台不准许公开募股。而证监会也约谈了朱江，最后宣布该融资行为不合规，美微传媒不得不向所有购买凭证的投资者全额退款。

按照证券法，向不特定对象发行证券，或者向特定对象发行证券累计超过 200 人的，都属于公开发行，都需要经过证券监管部门的核准。证监会当时要求退还淘宝渠道资金约 38 万元，而之前朱江已经通过淘宝渠道募集了 187 万元，并转入美微传媒账户。证监会在紧急叫停网上叫卖原始股后，并未对其进行严厉处罚，在要求美微传媒退还部分款项后，提出三点要求：一是不准再这样做，二是保护好现有股东的权益，三是定期汇报经营状况。

在淘宝上通过卖凭证和股权捆绑的形式来进行募资，可以说是美微创投的一个尝试，虽然说因为有非法集资的嫌疑最后被证监会叫停，但依旧不乏可以借鉴的闪光点。主要闪光点包括：门槛低，几百块也可购买。但主要问题在于在中国，目前仍受政策限制。

目前，《关于促进互联网金融健康发展的指导意见》中明确指出：“股权众筹融资中介机构可以在符合法律法规规定前提下，对业务模式进行创新探索，发挥股权众筹作为多层次资本市场有机组成部分的作用，更好服务创新创业企业。”并且规定了股权式众筹由证监会负责监管，所以，在未来股权式众筹的发展中，如何找到股权式众筹和非法集资的分隔点，还有待股权众筹融资中介机构的尝试与创新。

（资料来源：新浪博客（http://blog.sina.com.cn/s/blog_b33dfe080101osir.html））

2．会籍式众筹

会籍式众筹主要是指在互联网上通过熟人介绍，出资人付出资金，直接成为被投资企业的股东。为了一件大家都想做的事情，同一个圈子里的人共同出资。出资者成为会员，不仅可以获得更加符合自身需求的服务和产品，也可能赚到钱，更关键的是在这个圈子里可以积聚更多的资源和人脉。会籍式众筹成功的关键有三个方面的考虑：一是合适的出资者数量越多越好。要成为出资者，有一定的门槛和标准，不仅对出资者的财务状况有一定的要求，而且对出资人的身份、地位、生活方式甚至品格等有一定的审查。二是通过引入信任关系提升众筹参与群体的信任基础。出资者一般是熟人或者交际圈内人士，且召集人有一定的人脉影响力，这样才能建立起一个可靠的信任基础。三是建立在价值保障体系的基础上。大家都想做的事情其目标不一定是赚到钱，但一定要有价值目标，这个目标可能是人脉资源、社会地位、特别体验等，而且要成为出资者的共识。

【拓展阅读】

会籍式众筹——3W 咖啡

互联网分析师许单单这两年风光无限，从分析师转型成为知名创投平台 3W 咖啡的创始人。3W 咖啡采用的就是众筹模式，向社会公众进行资金募集，每人 10 股，每股 6 000 元，相当于一个人 6 万元。那时正是微博最火热的时候，3W 咖啡很快汇集了一大帮知名投资人、创业者、企业高级管理人员，其中包括沈南鹏、徐小平、曾李青等数百位知名人士，股东阵容堪称华丽，3W 咖啡引爆了中国众筹式创业咖啡在 2012 年的流行。几乎每个城市都出现了众筹式的 3W 咖啡。3W 很快以创业咖啡为契机，将品牌衍生到了创业孵化器等领域。

3W 的游戏规则很简单，不是所有人都可以成为 3W 的股东，也就是说不是你有 6 万元就可以参与投资的，股东必须符合一定的条件。3W 强调的是互联网创业和投资圈的顶级圈子，而没有人是会为了 6 万元未来可以带来的分红来投资的，3W 给股东的价值回报在于圈子和人脉价值。试想，如果投资人在 3W 中找到了一个好项目，那么多少个 6 万元就赚回来了。同样，创业者花 6 万元就可以认识大批同样优秀的创业者和投资人，既有人脉价值，也有学习价值。很多顶级企业家和投资人的智慧不是区区 6 万元可以买的。

（资料来源：精品学习网（http://www.51edu.com/guanli/tzcy/400444.html））

3．天使式众筹

与凭证式、会籍式众筹不同，天使式众筹更接近天使投资或风险投资的模式，出资人通过互联网寻找投资企业或项目，付出资金，或直接或间接成为该公司的股东，出资人往往伴有明确的财务回报要求。

筹资者（创业公司）在众筹平台上发布创意项目，众筹平台进行专业审核后，一般由一个对该项目非常看好的出资人作为领投人，领投人认投后，其他认投人跟着认投。等待融资额度凑满后，领投人和认投人按照各自的出资比例占有创业公司出让的股份，然后转入线下办理有限合伙企业的设立、投资协议的签订以及工商手续变更等事项。天使式众筹比较适合中小企业的创业项目，尤其是高科技创意项目。在融资过程中，领投人的角色比较重要，不仅会认投部分融资，而且会帮助创业者确定价格和条款，协助众筹融资的完成，在融资完成后还会帮助并鼓励创业者，和创业者沟通公司的重要事项并协调与其他认投人的关系。

确切地说，天使式众筹应该是股权众筹模式的典型代表，它与现实生活中的天使投资、风险投资除了筹资环节通过互联网完成外，基本没有多大区别。但是互联网给诸多潜在的出资人提供了投资机会，再加上对出资人几乎不设门槛，所以这种模式又有“全民天使”之称。

【拓展阅读】

“大家投”自众筹——天使式众筹

2012年12月10号，李群林把他的众筹网站“大家投”（最初叫“众帮天使网”）搬上了线。在这之后的10个月内，他做了5件“大事儿”——给“大家投”众筹了一笔天使投资、推出领头人+跟投人的机制、推出先成立有限合伙企业再入股项目公司的投资人持股制度、推出资金托管产品“投付宝”，“大家投”有了第一个自己之外的成功案例。

李群林之前是做技术和产品的，2012年想创业，可钱不够，想找投资却不认识天使投资人。环顾一圈，中国创业这么热，像他这样没有渠道推广自己的想法，苦于找投资人的创业者比比皆是。同时，除了那些能几十万上百万投资的天使投资人之外，中国还有大把有点存款、闲钱的人。而且，目前中国的天使投资人还太少，远不能满足创业者的需求。李群林想到做一个众筹网站，把创业者的商业想法展示出来，把投资人汇聚起来，让他们更有效率地选择。

那时，中国最早的众筹网站点名时间已经推出1年多，最开始李群林也想上去碰碰运气，看看能不能先帮自己筹到项目资金。但他发现，点名时间采用的是预购的方式，就像当时的法律规定那样，众筹网站给支持者的回报不能涉及现金、股票等金融产品，也就是对支持者来说，参与众筹是一项购买行为。李群林觉得这对自己来说有些不实际，自己做互联网项目，推出的大多是虚拟产品和服务，而且鉴于中国互联网的免费特征，很难事先跟支持者约定回报的方式。不仅对自己不适用，李群林也觉得这种认购的方式吸引力有限。买东西的动力不足，仅为了帮别人实现理想就拿出钱财支持这也不太适合务实精神，至少难以扩散开来。李群林判断，把众筹作为一种购买行为会限制它的成长速度和规模，他觉得投资行为更符合大家参与众筹的需求。于是，他决定做一个股权融资模式的众筹网站。

第一个实验对象就是他自己的项目“大家投”。李群林把“大家投”的项目说明放在了网站上。那时，他的想法特别简单，创业者把自己的项目展示在网站上，设定目标金额和期限，投资人看了觉得不错就来沟通，然后投资成为项目股东，投的人多了逐渐把钱凑齐。众筹完成，平台收取服务费。

不久，有人给他建议，这么搞是不行的。投资需要专业能力，投资人需要带动，最好是设立领投人+跟投人的机制，可以通过专业的投资人，把更多没有专业能力但有资金和投资意愿的人拉动起来，这样才能汇聚更多的投资力量。同时，在投资过程中和投资后管理中，有一个总的执行人代表投资人进入项目公司董事会行使项目决策与监督权力。李群林采纳了这条建议，为“大家投”增加了这一条规则，投资人可以自行申请成为领投人，平台审核批准之后就可以获得这一资格。

“要想众筹得快，最好是创业者熟人+生人的结合”，聊起现在网站上还没筹资成功的项目，李群林反复强调这句话。众筹是个汇聚陌生人的平台，创业者最好能先发动自己的熟人支持自己，然后由这些熟人的行为带动平台上的陌生人。这是李群林的经验之谈，“大家投”到 2014 年 3 月份共 3 个月时间成功筹得 100 万元人民币，在项目团队只有自己一个人的情况下获得共计 12 个投资人的支持就是这样做到的。

（资料来源：大家投（http://www.dajiatou.com/show-36-305-1.html））

7.2.4　借贷制众筹

区别于向银行借款，基于贷款的众筹主要是指企业（或个人）通过众筹平台向若干出资者借款。在这一过程中，平台的作用是多样的。一些平台起到中间人的作用，一些平台还承担还款的责任。同时，企业（或个人）融资有可能是为自身发展，也有可能是为某社会公益项目进行无利息的借款融资。因此，基于贷款的众筹平台可能为出资者提供利息，也可能不提供利息。

简单地说，借贷制众筹就是企业或个人通过众筹平台向其他多个出资人借款。众筹平台在其中扮演着中间人的作用，并承担还款的责任。目前国内比较出名的债权众筹平台有人人贷（renrendai.com）、拍拍贷（ppdai.com）和积木盒子（jimubox.com）。

人人贷其实就是将民间借贷放到了互联网平台上进行，就是我们平常所说的 P2P。信用风险是人人贷面临的风险之一，当平台规模逐渐增大时，风控制度也要变得越来越规范，从而将风险控制在可接受范围内。人人贷为此想了不少风控方法，例如验证贷款人的地址、收入等信息，进而确保此人有还款能力。据了解，人人贷正在努力与中央银行的征信系统联结，将风控和监管提高到一个新的层次上。

拍拍贷和积木盒子属于企业债权众筹，属于 P2C，是中小企业通过平台向大众融资，由担保公司进行担保。与 P2P 相比较，P2C 更加专业，因为有担保公司、抵押物、第三方资金托管公司。但它同样也会存在一些风险，比如信息披露仍有不清晰的地方、关联企业调查、极端风险控制等。

综上所述，四类众筹模式的比较如表 7-1 所示。

表 7-1　四类众筹模式的比较

众筹模式 / 比较项目	奖励制众筹	募捐制众筹	股权制众筹	借贷制众筹
回报方式	实物、服务、荣誉等	成就、荣誉感等心理回报	公司股权、股份，合伙份额	还本付息
模式实质	团购、预付费	公益	股权合资、合伙投资	债务型集资
适用法律	团购、预付费管理法规	公益捐赠法规	《公司法》《证券法》《合伙企业法》	《合同法》《贷款通则》等

【拓展阅读】

积木盒子

积木盒子是面向个人投资者的理财融资平台，于 2013 年 8 月 7 日上线。平台主打优质理财、低门槛，提供年化平均 13%的稳健型理财产品。所有投资产品均为融资担保机构全额本息担保标和实地调查认证标。平台由北京乐融多源信息技术公司运营。

2014 年积木盒子获得了较快的发展。2014 年 2 月，获得来自欧洲的 Ventech 投资千万美元；5 月积木盒子的交易额突破 10 亿元；6 月，积木盒子推实名制项目，公开监管制度更加完善；7 月，积木盒子携手泰安基金、山东担保，助中小企业融资，并且与第三方法律服务商绿狗网进行证据托管，降低投资风险；9 月，小米联合顺为领投约 3800 万美元，积木盒子完成 B 轮融资；10 月，积木盒子启动“寒门学子项目”与“梦想盒伙人计划”；11 月，积木盒子交易额突破 30 亿元。

（资料来源：积木盒子（https://www.jimu.com/Home/About））

7.3 众筹项目的运作机理

7.3.1 商品众筹项目

商品众筹一般是指项目发起人将仍处于研发设计或生产阶段的产品或服务进行预售，投资者对项目或公司进行投资，获得产品或服务。商品众筹的主要运作流程如图 7-5 所示。筹资人必须向平台提供详细的说明资料，介绍项目的内容、进展安排、对投资者的回报以及必要的风险提示。众筹平台对项目资料进行审核，出于可行性等方面的考虑，平台可能会要求筹资人额外提交相关的技能证明证书、筹资人本身的履历经验证明，甚至产品原型等材料。通过平台的审核之后，项目进入上线准备阶段，筹资人在该阶段的任务包括宣传策划、图案设计、拍摄视频等。上述都准备完毕后，项目就要上线，可以正式接受投资者的投资。如果在筹资期限内成功筹集到目标金额，项目进入正式生产阶段，直到投资者（支持者）最终得到承诺的产品。如果在规定时间内，项目无法筹集到预定的金额，一般情况下（即如果项目选择的是固定模式）项目会被终止。所有已经支付的资金都会被退还给投资者，项目失败。

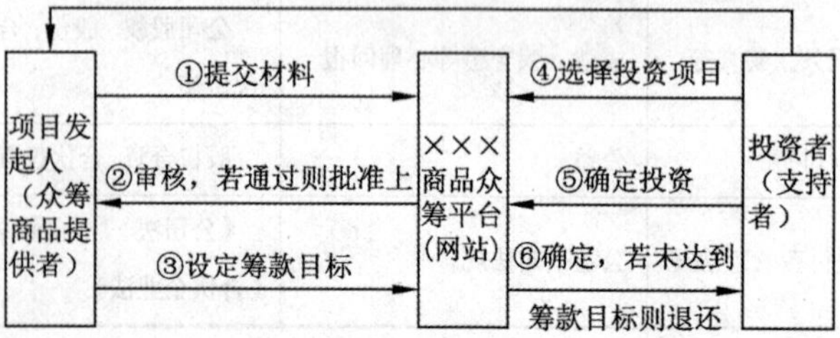

图 7-5　商品众筹的主要运作流程

以上是商品众筹的典型流程，还有一些众筹平台在某些处理环节上会有所不同。除此之外，还有一些会提供一种公开评审机制，把部分有经验的行业专业人士和投资人纳入评审团，以公开方式审核、决定是否同意该项目上线。

7.3.2　股权众筹项目

股权众筹是把融资企业放到众筹平台（网站）上，设定在一定时间内，吸引投资者对项目或公司进行投资，并按出资多少出让一定比例的股权。

股权众筹具有不同于一般商品众筹的独特程序及性质。其流程如图 7-6 所示，筹资企业首先需要向众筹平台提交材料，包括商业计划书和拟出让的股份的数量、价格等。为了证明商业计划书的真实性，众筹平台还经常需要筹资企业提交企业经营许可证、公司财务报表等文件资料，项目经平台审核后才能够上线。随后，投资者通过观察网站上公布的可投资商业项目，选择自己认为有发展前景和潜力的公司进行投资，然后投资者将钱打入平台委托的开户银行账户。如果项目投标达到预期设定的筹资额度，投资者会收到投资协议书、股权证明等纸质文件，以证明投资者作为股东的身份和未来收益凭证。在这个过程中，为了增加项目吸引力和降低投资风险，很多股权众筹平台都会委托专门的投资公司或律师事务所来处理文件内容，通常采取有限合伙基金模式，即由一名领投人率先拿出一部分资金先行投入，在众筹平台上发布消息，吸引更多的投资者加入，达到一定投资者人数和投资额度后，成立有限合伙基金公司，最后以基金公司名义入股项目公司。在此模式下，领投人往往充当基金管理公司中的有限合伙人角色，负责项目管理运营，而投资人并不直接参与。在没有准入门槛的情况下，筹集人、管理人信息真实性均不易保证，存在出现诈骗的风险。

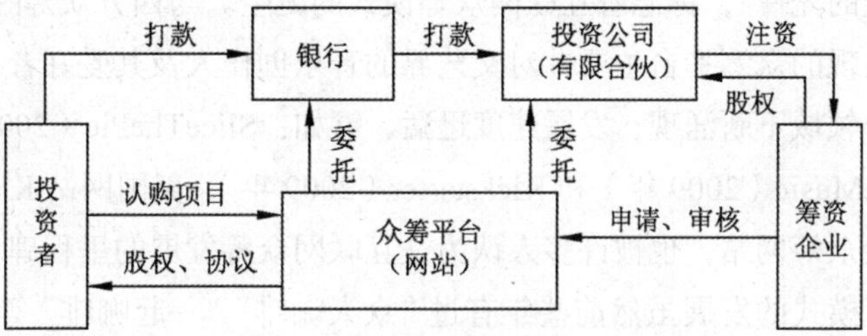

图 7-6　股权众筹的主要运作流程

7.3.3　两种融资模式的对比

虽然上述两种融资模式都是通过众筹平台选取项目，投入一定的资金后获得回报，但它们在很多环节上还是有很多的不同，各自都有独特之处。

1. 在运作方式上

商品众筹融资在运作方式上是根据双方协议，项目发起方可以承诺实物回报来取得投资者的投资。比如投资者若投资 1 000 元，那么商品在生产之后，投资者就拥有优先获得产品或者得到一定的折扣。股权众筹融资在运作方式上是项目发起企业可以直接向合格的投资者出售股权以换取投资，其中还可能涉及股转债，在法律程序、资金交割手续等方面比商品众筹要复杂得多。

2. 在回报方式上

商品众筹通常以“预售”的形式提供实物回报，回报周期一般较短，从筹资满额到投资者最终获得实物回报或者参与活动，经常在几个月至一年之间。如果项目发起人不能按时提供商品，一些众筹平台要求发起人必须退还部分资金。股权众筹在回报方式上，通常提供项目发起企业的原始股份，投资者按出资数额获得公司的股权，同时享有股东权利。股权众筹回报周期较长，一般是要等到项目发起企业盈利之后才能获得回报，如果公司亏损或者失败，投资者将无法获得收益，项目发起企业也不承诺退还资金。

3. 在投资者权利上

商品众筹的投资者可以与发起人在线交流，对产品的设计提出意见，但意见最终能否被接受，还要取决于项目发起人，投资者只有建议权。股权众筹融资方式遵循现代公司治理制度，投资者可以享受普通股东的权利，拥有较大股份比例的股东可以加入公司董事会，对项目发起企业的决策产生影响等。

7.4 我国众筹融资存在的风险及应对措施

7.4.1 我国众筹融资发展现状

最早的现代众筹融资始于 2001 年英国建立的众筹网站 ArtistShare，2003 年开始运营，被称为“众筹金融的先锋”，标志着互联网众筹模式的诞生。与西方众筹的发展起源相类似，这个历史上最早出现的众筹平台主要针对文艺界的音乐创作人及其爱好者。2005 年之后，众筹融资平台在各个领域不断涌现，发展速度迅猛，譬如：SliceThePie（2007 年）、IndieGoGo（2008 年）、PledgeMusic（2009 年）和 Kickstarter（2009 年），美国网站 KickStarter 是已成为当今影响力最大的众筹网站，也被许多人认为是互联网众筹发展的里程碑。

在我国，众筹模式的发展虽然前些年有过“众人咖啡”“一起咖啡”等类似的传统模式，但现代意义上的互联网众筹自 2011 年才开始起步。2011 年 7 月，我国国内第一家众筹融资平台（网站）“点名时间”开始正式上线；2013 年，其界面设计及运营模式与世界上第一个众筹网站 Kickstarter 非常相似的中国版“众筹网”（zhongchou.cn）上线；2014 年 7 月 1 日，我国第一大电商平台京东涉足金融，其网站推出众筹平台“凑份子”；类似的众筹平台还有很多。就融资趋势而言，2016 年 1 月至 11 月底，全国众筹行业共成功筹资 156.35 亿元，成功超越 2015 年全年的 114.24 亿元。全年成功筹资额较为波动，但后半程以汽车众筹领域为主的细分领域开始发力。在 2017 年，除了巨头平台之外，其余中小众筹平台在各细分领域开始崭露头角，出现各个细分领域的标杆，或开拓新的领域和业务模式，万物皆可众筹，目前众筹行业在中国仍处于早期起步阶段，未来市场空间仍很大，成功筹资额将进一步上升。

7.4.2　我国众筹融资存在的主要风险

众筹融资作为一种新兴的融资模式，在我国的蓬勃发展过程中遇到了一个共同问题，那就是投资者的投资风险和融资者及众筹平台的法律风险。

1. 投资者参与众筹投资的风险

对于商品众筹模式投资来说，风险主要在于投资者的资金属于预购或者资助性质，如果出现违约，目前缺乏对投资者保护的相关法律条文。对股权众筹模式投资者来说，由于股权众筹为了降低交易成本，在风险防范程序上较传统资本市场上一整套完整的程序进行了缩减，在信息披露、尽职调查、财务审计等方面都有不是很严谨的地方。所以投资者只能依赖自身的信息管道和过往经验做出风险与收益判断。这是投资者在股权众筹中所面临的最大风险。

2. 众筹融资项目的运作风险

商品众筹项目多是创意类产品，具有很强的创新性和独特性。项目发起人在产品的生产方面可能会受到经验、技术等客观因素的制约，从而导致产品不能按合约如期交货。还有的项目发起人可能在项目发起一开始就存在欺骗行为，也就是投资人实际拿到的产品跟当初宣传时的产品外观属性相差甚远，让投资者无法接受。在这方面，目前国内还没有用量化的规则来判断项目发起人对产品的最终形成是否与它宣传时存在差距。针对这样的问题，国外的商品众筹平台对此采取了一些约束项目发起人措施，比如众筹平台并不是一次性地把资金交付给项目发起人，而是采取分期付款的方式，要求必须在展示阶段性的成果之后才能够获得下一期资金。

3. 众筹平台的道德风险

众筹平台作为信息中介，其收入来源来自平台自身提供的服务，也就是撮合融资交易成功的费用（手续费）。因此，众筹平台的盈利多少依赖于成功筹资项目的数量。所以它会下意识地降低项目上线门槛，以便吸引更多项目进入平台进行募资。这样的行为在股权众筹中更容易发生，原因是由于股权众筹的投资周期一般较长，最终投资回报也有一定的不确定性，投资者需要较强的自担风险意识。还有的众筹平台可能会疏于资料核实或尽职调查，导致错误资料误导投资人。因此，由于信息披露机制不健全，投资者、众筹平台和项目发起人三者之间存在信息不对称，这就为众筹平台道德风险提供了温床。

4. 所涉及的法律风险

对于商品众筹所涉及的法律风险主要是涉嫌非法集资。依据我国《中华人民共和国刑法》关于非法吸收公众存款的解释和我国最高人民法院关于非法集资的法律界定，如果商品众筹平台在没有确定投资项目的情况下，先行筹措投资者资金，再依次公开宣传发布项目投资信息，这样的话，就可能触及法律所禁止的“资金池”模式，存在非法集资的风险。假如众筹平台隐瞒投资者改变“资金池”中的资金使用用途，就有可能违反“集资诈骗罪”。对股权众筹所涉及的法律风险主要是非法发行股票，目前我国国务院办公厅专门出台文件就非公开发行股票行为做出了某些限制，比如向特定对象发行股票后股东累计不超过 200 人的，为非公开发行。

7.4.3 我国众筹融资风险应对措施

众筹融资是一种创新的金融模式，具有巨大的发展前景。但伴随着它如火如荼的发展趋势以及一系列风险问题，相关法律法规和监管制度急需建立。在现阶段，可以从以下方面考虑。

1．出台相关法律法规确立众筹融资行为的合法性

目前关于众筹融资行为的争议，多数在于对此模式的合法性地位存在疑问。在我国目前法律框架下，众筹融资行为根本无法规避“向不特定的对象发行证券”和融资项目向公众公开宣传的方式，导致众筹融资行为一直游走在法律的边沿，无法让人彻底消除对它的误解和恐惧。因此，发展众筹融资首要前提是给予其合法的法律地位，肯定众筹平台的合法性及划清其与非法集资等犯罪行为的界限，承认其在一定条件下，可以通过公开劝诱和广告等方式进行项目推介等。

2．建立融资项目评级评价机制

为了防止诱导投资和欺诈行为发生，众筹平台应委托第三方评级机构对融资项目进行风险评级，独立的第三方评级公司会利用其自身的技术优势和专业经验对融资企业及项目领导素质、投资合理性、产业政策、市场前景预测等方面进行评价，同时还会对项目发起企业按合同约定如期履行债务或其他义务的能力进行评价，最后给出融资企业违约风险的大小，以评级报告的形式呈现给投资者，能让投资者借助专业评级机构服务客观地评价项目，做出科学的投资决策。

3．制定融资项目信息披露制度

融资项目信息披露是控制众筹风险的重要环节。在这一环节上，我国现在还没有强制性的法律要求，大部分众筹融资平台上的信息很不完整，造成投融资双方之间的信息不对称，往往使得投资者处于非常不利的位置。因此，为了加强对投资者权益的保护，必须从制度层面建立融资项目信息披露制度，加强操作和融资的透明度，确保投资人掌握更多的信息，解决信息不对称问题。此外，还可以结合众筹平台上的企业业务性质及其融资需求存在差异，对处于不同阶段或者不同融资风险等级的企业设定差异化的信息披露责任。

4．建立第三方资金托管制度

避免资金安全风险的最好办法就是不让融资者直接接触投资者资金。因此，对于众筹资金的打款转账，应建立第三方资金托管制度，引入第三方金融机构负责众筹资金托管，代理众筹平台在投资者账户、平台账户与发行人账户之间进行资金划拨。例如，2013 年 9 月 27 日，众筹平台——“大家投”推出一款“投付宝”的中间产品，专门负责对投资款进行托管，投资者先把投资款打到由华夏银行托管的第三方账户，在公司正式工商注册的时候再打款到该公司。

5．政府尽快确定众筹监管主体部门

从政府对众筹融资的监管角度来看，政府应尽早把监管责任确立到某个具体的部门上，这样有利于统一进行管理、收集相关数据信息资料，也能一定程度上防止朝令夕改，便于众筹平台贯彻执行相关的具体制度。如果监管部门过多的话，就可能产生遇到难题互相推诿责任的问题。可以借鉴学习美国经验，美国就将众筹的监管责任赋予 SEC 和众筹行业协会，两部门共同对众筹平台进行监管，明确了责任权利，提高了监管效果。

本章小结

众筹融资是指项目发起人（企业或者个人创业者）借助网络众筹平台向大众投资人公开发出的融资申请，并承诺项目成功后向投资人提供产品或服务、股权、债权等回报的一种新型互联网融资模式。

按照筹资方式的不同，众筹大致可分为四类：捐助类（Donation）、报酬类（Reward）、借贷类（Lending）和权益类（Equity）。

众筹活动主体包括项目发起人（筹资人）、中介机构（众筹平台）、公众（出资人）。

众筹融资模式的运作流程分为三个阶段：项目准备、项目融资和项目经营。

众筹融资的运营模式包括奖励制众筹、募捐制众筹、股权制众筹、借贷制众筹等几种不同模式。四类众筹融资运营模式在回报方式、模式实质、适用法律等方面存在较大的差异。

商品众筹一般是指项目发起人将仍处于研发设计或生产阶段的产品或服务进行预售，投资者对项目或公司进行投资，获得产品或服务。股权众筹是把融资企业放到众筹平台（网站）上，设定在一定时间内，吸引投资者对项目或公司进行投资，并按出资多少出让一定比例的股权。两种融资模式都是通过众筹平台选取项目，投入一定的资金后获得回报，但它们在很多环节上还是有很多的不同，各自都有自己的独特之处。

众筹融资作为一种新兴的融资模式，在我国的蓬勃发展过程中遇到了一个共同问题，那就是投资者的投资风险和融资者及众筹平台的法律风险。伴随着它如火如荼的发展趋势以及一系列风险问题，相关法律法规和监管制度急需建立。

思考与练习

1. 简述众筹融资的含义及特点。
2. 众筹融资的分类有哪些？
3. 众筹融资的主体有哪些？
4. 众筹融资的流程是什么？

5. 简述奖励制众筹的内涵及运营模式。
6. 简述募捐制众筹的内涵及运营模式。
7. 简述股权制众筹的内涵及运营模式。
8. 简述借贷制众筹的内涵及运营模式。
9. 简述商品众筹项目的运作机理。
10. 简述股权众筹项目的运作机理。
11. 简述我国众筹融资存在的风险及应对措施。

第 8 章

互联网金融理财

案例导入

谷歌钱包的陨落

谷歌钱包推出于 2011 年，采用 NFC 技术，用户可以通过谷歌钱包绑定信用卡的功能，直接刷手机消费。谷歌钱包看上去确实很方便，买东西、吃饭、乘出租车时，只需掏出手机轻轻一刷，支付即可完成。但一年以后这款移动支付产品的推广相当不顺利，支持的运营商和手机机型寥寥无几，远未达到谷歌预期。甚至有传言称，谷歌准备放弃这种产品。

谷歌钱包之所以迟迟难以推进，最核心的原因不是技术问题，而是产业链上下游都不配合。换句话说，这条产业链由谷歌、电信运营商、手机制造商、信用卡公司、银行、连锁商户组成，都是各自领域的巨头，都不配合推广。目前美国四大运营商只有一家支持。美国最大移动运营商 Verizon 以该业务存在安全漏洞为由，拒绝与谷歌合作。而维萨、万事达卡这样的信用卡公司也有自己的小算盘，万事达卡和谷歌达成合作协议，但是另一大佬维萨则想推出自己的移动支付端。

（资料来源：根据相关网络资料整理）

本章重点

- 互联网金融理财概念。
- 互联网金融理财种类。
- 互联网理财实证分析。

8.1 互联网金融理财概述

2013 年是中国互联网金融理财大发展的元年，两大互联网公司淘宝和腾讯分别推出了“余额宝”和“理财通 ”两个产品 ，几个月的时间快速发展到了几千亿的规模。互联网金融理财产品所针对的用户覆盖了数量庞大的闲置资产额不高的大众用户，其利率市场化的鲶鱼效应搅动了整个传统金融理财系统的定价体系和资金分布格局。2014 年是互联网金融爆发增长的一年，互联网理财产品在推出仅一年时间内，用户规模达到 6 383 万，网民使用率达 10.1%。互联网理财产品的出现不仅改变了网民理财行为，也使得理财观念深入人心，自中国互联网信息中心（CNNIC）网络调查显示，在购买过互联网理财产品的网民中有 76.3%的人表示今后会把更多的银行存款转去购买互联网理财产品。与传统金融理财营销方式相比，金融理财产品依赖网络营销的模式还在摸索着前进，不断寻求创新，但已对传统模式经营的理财产品产生了巨大冲击和影响。

8.1.1 互联网金融理财的概念

金融是指在对现有资源进行重新整合之后，实现价值的等效流通，是涉及货币、信用及两者整合生成、运作的所有交易行为的集合。其核心是跨时间、跨空间的价值交换，所有涉及价值或者收入在不同时间、不同空间进行配置的交易都是金融交易。互联网金融，是依托互联网的方式来实现资金融通，是在实现安全、移动等网络技术水平上，在大数据、云计算及电子商务的积极发展和支持下，为适应客户新需求而产生的新模式及新业务。

从涉及业务上看，互联网金融业正从单纯的支付业务向转账汇款、跨境结算、小额信贷、现金管理、资产管理、供应链金融、基金和保险代销、信用卡还款等传统银行业务领域渗透，在金融产品和服务方面的创新弥补了传统金融业的不足。

8.1.2 互联网金融理财的种类

随着互联网技术及大众理财模式的革新，互联网金融理财产品日益推陈出新，对现有市场上的理财产品，根据基金形式可分为以下三种。

1. 货币基金

以余额宝（阿里巴巴）、零钱包（苏宁）、微理财（腾讯）等为代表的货币基金型理财产品是现有市面上最广为人知的互联网金融产品，无须手续费可进行消费、支付和转出操作，同时承诺 T+0 赎回，实时提现的优点满足消费者对产品流动性的需求，同时具有支付、收益、资金周转功能。其收益取决于货币市场间资金利率水平，随市场浮动，自 2013 年末的 7%年化收益率后，维持在 4%～6%。

2. 证券投资基金

2014 年，互联网金融逐渐从以货币基金主打的现金管理转向定期管理，以“超级理财产品”京东 8.8 为代表的混合型证券投资基金产品应运而生。同年 4 月 15 日，其推出年化支付率新理念，对接国泰安康养老定期支付基金，承诺每季度按时、按约定的年化支付比率支付投资者现金，最终年化支付率达到 8.8%。这开启了互联网金融理财 2.0 时代，同时为互联网金融产品开拓了更大的投资范围与发展空间。

3. 公募基金

2014 年 4 月，阿里招财宝理财平台上市，其后发行与新华基金合作推出的包括借款及公募基金产品的新华阿里一号保本基金，意在深度开发余额宝用户资源的同时对其分流。与货币基金类理财产品不同的是，公募基金有明确的投资期限（封闭期一年以上），风险与收益率也相对较高，吸引渴望较高投资回报率的投资者。

8.1.3　互联网金融理财的创新

互联网金融理财产品未来发展会体现出如下趋势。

① 对互联网金融理财产品实施存款准备金管理。自 20 世纪 70 年代起，美国就开始研究对货币市场基金进行准备金管理，且各国已普遍重视对货币市场基金的风险管理。从金融工具性质看，货币市场基金的流动性接近银行存款。在我国，余额宝类基金产品将绝大部分资金投向银行协议存款更使其具有存款特性。因此，就我国金融市场而言，有必要对互联网货币市场基金产品进行存款准备金管理，以应对大规模集中赎回带来的流动性风险，控制货币创造以提高货币政策有效性，同时保证市场公平竞争，压缩监管套利空间，并使基金资产更多投向直接融资工具，促进金融市场的完善和发展。

② 建立健全监管机制。在利率市场化的背景下，互联网金融与传统金融协同将成为大势所趋，因而对待同一类金融业务，无论线上线下，应适用统一的监管标准，坚守合规经营；同时，可通过健全法规、行业自律、普及公众教育等举措，引导互联网金融趋利避害，防范金融风险，特别是在技术安全、信息不对称及流动性管理等方面产生的新风险，切实保护普通消费者的利益。但在现阶段，对互联网金融采用的监管，应以适当且不影响到金融创新的程度，且不应以监管的名义阻挠改革、以防范风险的名义干预市场微观行为。

③ 完善个人信用及资料联网。互联网金融理财产品的主力用户是 80、90 后，中老年人仍旧倾向于信用度及安全度更高的实体银行的理财产品。因而，完善个人信用评估系统，做到资料联网，可查可证，使政策和制度更趋信服是互联网金融吸引更多客户及扩大市场容量的考量之一。

④ 银行介入，参与实体经营。在当下科技高速发展的大背景下，金融业需要创新，需要改革，需要适应多元化的世界。互联网金融理财产品有着平等、互助、协作、分享的现代精神，而传统金融在安全和信誉方面更能获得大众的信赖，因而将互联网自身优势逐步与传统金融嫁接，实施纵向整合、重新分工洗牌是未来的大势所趋。当中，以余额宝为代表的互联网金融可以尝试帮助银行做好负债端业务，银行则可将精力重点放在资产端业务，做风险资产定价水平的核心产业。逐步将互联网企业变成传统金融机构的前端、销售渠道，让它去导流、去完成社会闲散资金的聚集；而银行在后端专心做大资产业务及大中型的公司金融。

⑤ 培养专门的互联网金融人才。朝阳领域互联网金融，并没有对金融产品进行创新，而是在沿用了传统金融的产品组合的同时，提供了更便民且注重用户体验的服务。在长尾市场、碎片市场、小众市场日益重要，组织化、结构化、中间化逐渐落伍，金融业亟待改革的今日，传统金融业人才并不适用于互联网科技高速发展的产物——互联网金融。因而我们需要培养专门的互联网金融专业人才，应用互联网思维管理银行，追求迭代创新、跨界平台、简约高效、普惠共享的宗旨，以创新更多金融产品，促进金融业的发展及变革，给大众以更

好的生活体验。

相较于传统营销模式来说，互联网金融理财产品的创新性主要体现在以下几个方面：

① 营销模式的创新。“用户为王、产品优先、简约极致”是互联网的创新思维。互联网营销模式实现了从“产品思维”到“用户思维”的转变。例如，余额宝在产品设计中体现的所见即所得，所见即可用。它让你看到的跟传统的基金氛围不一样，过去有很多的基金术语才能解释的概念，在余额宝里做了一个产品的分割，对用户来说实现的就是简单的两三步操作，只要能看见的都可以用于消费、转账、购物。互联网营销在后台 IT 系统做了很多工作，这个可能就是把简单留给客户，把复杂留给系统。传统金融理财行业在制定一些规则的时候其实是单向的，出于风险控制等原因，实际制定的是以“我”为中心，就是客户应该先怎么样，然后再怎么样。但是传统理财行业从来没有想过，客户他想怎么样。而互联网理财的作用，本质上是利用了资金的运作逻辑，规模越大，议价能力更强，同时满足了小众投资者的理财需要。虽然过程复杂，平台方和融资方之间的系统对接、资金匹配都事先通过流程设计确定，并满足资金兑现的最大峰值。但面对理财者而言，这个过程是简单的，收益是明显的，赎回也是十分轻松的。也许这种收益简单、通俗易懂正是所谓的“互联网思维”。

② 营销渠道的创新。互联网获取客户和流量的能力比传统营销渠道大。互联网客户有很高的黏性，而商业银行传统获取客户的方法显得迟缓而笨重，就像余额宝在短期之内获得大量客户，这是商业银行和互联网企业非常大的差距。金融理财通过网络渠道的新方式，为传统金融理财连接客户的渠道提供了多元化的窗口。互联网金融理财为投资者带来效率、便捷程度相对更高的服务。

余额宝的核心功能并非完全是金融产品的创新，而是渠道的创新。

③ 投资门槛的创新。传统的理财产品要么专业性强，要么收益率低、投资门槛高，或产品结构复杂，让投资者难以抉择。互联网以公开、透明的交易模式颠覆以往的传统生活。今天，网络理财、手机支付、网上预订等各种通过互联网技术实现的服务正以越来越快的增长速度蚕食传统消费市场。在此，理财不再成为一种专业，不再是懂行者的专利，而是普通大众的共同需求。互联网把这个门槛降低了，在互联网上，没有所谓的客户等级，没有资金规模大小的限制，取而代之的是一体均沾的投资收益权和一视同仁的服务。互联网取代了人的主观，用客观的数据集成和批量化运作实现了成本和效益之间的合理嫁接。

④ 借助边际价格撬动传统金融理财，普惠大众拓展服务边界。传统金融理财体系中存在的用户群体覆盖死角包括了众多的小微企业、农村用户群体，以及众多的资金额度比较小的大量的个人用户，这些用户群体的共同特征是数量庞大，但个体资金量不大，因此在传统金融理财行业成本风险控制的体系之内往往被忽略它们的金融理财借贷需求，而借助于互联网金融理财平台，可以实现对这些用户需求的覆盖，而且由于互联网金融理财不受地域限制，服务范围可以延伸到分布零散的广大农村地区。通过互联网，金融理财服务了更多的社会阶层和用户群体，拓展了金融理财交易的服务边际，同时也打破了传统金融理财的定价体系和银行营销渠道及运营模式。

8.2　互联网金融理财实证分析

互联网金融理财产品是互联网公司和基金公司合作或基金公司借助于互联网平台发行的诸如小金库、余额宝、至尊宝、收益宝等货币基金型理财产品，不包括传统渠道和银行网站等代销的货币型基金产品。目前，互联网金融货币基金型理财产品的发行模式不仅局限于互联网公司与基金公司的合作，还包含商业银行与基金公司的合作，此时商业银行也不再只是基金的代销方，而是金融产品的创新者。除了货币基金型理财产品，泰康在线、众乐宝为代表的保险类理财产品和陆金所、芒果金融、红岭创投、宜信等平台为代表推出的 P2P 理财产品也应该纳入互联网金融理财产品的范畴之内。因此，互联网金融产品的定义应该扩展为互联网公司与基金公司、保险公司、小额信贷公司合作，或者基金公司（包含基金公司与商业银行的利益共同体）、保险公司或借款人借助于互联网平台发行的货币型基金类、保险类和 P2P 类理财产品。

8.2.1　国外商业银行的互联网金融理财

国外商业银行对自己的互联网金融理财发展策略做了调整，概括为以下几点：

① 构建有效的组织架构。从国外银行看，主要有两种模式：第一种，成立渠道管理部，统一管理电子渠道与物理渠道。以加拿大蒙特利尔银行为例，该行成立渠道管理部门，将网上银行、电话银行、手机银行以及 ATM 等电子渠道以及传统的网点柜台纳入专门的管理，由渠道管理部统一进行管理，向客户提供一整套的渠道解决方案，这种多渠道整合管理策略为商业银行合理调配渠道资源奠定了基础。第二种，电子银行部作为后台支持部门。以加拿大丰业银行为例，电子银行部门作为向其他业务部门提供销售的支持部门，对电子银行的产品开发需求通过与科技技术部进行沟通协调，完成开发，再通知业务部门进行产品的销售推广。

② 整合营销渠道。从 1984 年引入网上银行以来，瑞典诺迪亚银行一直致力于不同渠道的整合，并继续引导客户面对诸如电视银行、移动银行等新界面。目前，诺迪亚银行的营销渠道包括电子银行、移动银行、电视银行、ATM 和以分行为基础的传统银行与呼叫中心。借助这些渠道，银行可以实现客户互联。当用户面临一般问题时，银行通过在线交互提供解决方案；当面临较复杂问题时，银行提供电话解决方案；如果以上渠道都不能解决用户问题时，客户可以选择分支银行，寻求面对面的解决方案。

③ 打造产品易用快捷性。在各家银行提供的网银功能相近的情况下，网上银行的易用性和便捷性将在很大程度上左右消费者的选择，美洲银行在网上银行的用户体验上下工夫，提供易用便捷的银行服务，从而拥有美国网上银行用户总数的 1/3。瑞典诺迪亚银行是北欧客户访问最多的网上银行，为使客户更容易、方便地实现网上购物和办理网上银行业务，该行在网页设计上力求层次分明、通用性强、结构简单和分布合理，尽量用最简单的画面和操作让客户完成各种交易。

④ 明确目标客户群。加拿大 INGDirect 有明确的目标客户群，且全力维护客户同质性，提供标准化服务，减少技术上的繁杂程度，以降低服务成本。该行目标客户定位于年龄界于 30 ~ 50 岁之间的中产阶层，此部分客户工作繁忙，经常上网消费，财产规模有限，仅需要较为基本的网上支付及理财服务，并主要通过高息存款和低吸贷款留住客户。

⑤ 引入社交网络模式。在国外，传统银行网点逐步消失，提供金融服务的体验旗舰店逐步增加。如法国巴黎银行在法国西部城市开立了体验旗舰店，配备最新的技术、舒适的装饰，客户可以一边坐在沙发上喝咖啡，一边和银行顾问面对面沟通。这些银行顾问通过实时查询触摸显示屏向客户提供最新最全的信息。客户还可通过数字大屏幕了解银行的产品和服务；或者在咨询沙龙通过视频电话向各类银行专家咨询，了解存款、贷款等业务信息。在互联网时代，第三方支付、社交网络不仅是商业银行的竞争对手，也是商业银行的盟友，只要合作得当，双方可以共同开辟新的市场。花旗银行与 Facebook 合作，将积分分享从官方网站转移到社交网络，打通信用卡积分，允许用户出让自己的积分给他人。这一活动改变了人们分享积分的逻辑顺序，加强了客户与银行的互动，吸引更多人来办理信用卡和注册积分会员。花旗银行基于社交网络收集到了客户的消费习惯、消费意向等数据，同时得到了一批具有共同爱好或特定思维的客户群，借此花旗银行在短时间内，摆脱了常规市场调研、回馈环节，以更集中的精力和财力针对这些客户完成精准营销。

⑥ 依托非金融业务，推出相关金融服务、产品优惠服务。与第三方进行战略及业务合作，向客户提供多样化的非金融产品或服务。在提供保险、基金等金融产品的同时，国外商业银行也陆续推出了非金融产品或服务。比如，关注手机银行与移动电信业务的交合点，拓展相关服务产品。法国主流银行之一法国工商银行通过其集团控股 95%的电信运营商 NRJ Mobile 的电信平台，向该银行的客户推出 CIC Mobile 品牌的电信业务；法国邮政储蓄银行通过其母公司和法国主流电信运营商 SFR 合作成立的电信子公司，向客户提供手机和电信套餐服务。客户可通过这些银行的物理网点或者网上银行直接选购手机或购买手机套餐，其优势在于将电信服务和手机银行的各类服务结合，利用电信运营商庞大的客户网络，在渠道和价格上赢得竞争力。再如，另一主流银行法国国民互助信贷银行通过和法国最大的在线独立汽车经销商 Groupe AMTT 合作，使得该银行的客户可获得 AMTT 提供的汽车购买优惠及相关服务，而银行则可向客户营销汽车保险、汽车贷款等金融产品，稳固和扩大了客户资源。

下面以“美版余额宝”——Pay Pal 货币市场基金为例进行具体介绍。

1999 年，美国 e Bay 旗下的支付平台 Pay Pal 公司推出了 Pay Pal Money Market Fund，即 Pay Pal 货币市场基金，实现了电子支付与基金的创新嫁接，成为了世界上的第一只互联网货币市场基金。可以说，Pay Pal 货币市场基金是余额宝等各类“宝宝”们的师祖。Pay Pal 货币市场基金通过 Pay Pal 网站向投资者开放，前提是投资者必须先成为 Pay Pal 的用户。该基金初始及追加投资的最小金额均为 0.01 美元，最高账户额度则为 10 万美元。基金每个工作日对股息进行结算，每月将股息分配给股东。如果有资本收益，则至少每年才分配一次。所有股息和资产收益将自动追加为基金股份再次进行投资。和余额宝一样，Pay Pal 货币市场基金使用起来几乎与现金无异，当用户使用Pay Pal账户内的余额进行转账、消费或者支付时，用户账户中的对应金额的基金份额会即刻赎回以进行上述交易。为确保基金的流动性，Pay Pal 货币市场基金没有直接投资于股票和债券等，而是属于一只“联接基金”，背后是复杂的“融资-投资-顾问”结构，其联接对象是货币市场专家证券公司 Money Market Master Portfolio。Pay Pal 货币市场基金将所有资产投入该公司以追求投资目标的实现，该公司运用Pay Pal 注入的资金主要投资于高质量美元币值计价产品。货币市场专家证券公司的投资决策和调研由巴克莱全球投资公司旗下的巴克莱全球基金顾问公司负责。

为了降低资产的内部风险，Pay Pal 货币市场基金禁止对冲，也不支持融资融券，不投资于浮动利率证券；同时 Pay Pal 货币市场基金严格遵守规定的投资时间窗口，其所投资的货币市场基金必须维持不高于90天的美元加权平均投资组合到期期限,并且不能投资于任何有效到期期限长于397天的证券。

2000年到2008年期间，美国的货币基金市场急速膨胀，基金规模达到了3.75万亿，膨胀60%以上，创下了历史新高。在这样的宏观背景下，Pay Pal 货币市场基金自然也是趁势而上，其规模于2007年达到了峰值，接近10亿美元。

8.2.2　余额宝类理财产品分析

1. 余额宝的产生发展

2013年5月29日，余额宝的问世，无疑是互联网公司涉足金融理财业务最具代表性的例子。支付宝作为互联网公司，不能直接销售、代销基金、股票等任何理财产品，但通过与天弘基金的合作，将天弘货币基金的申购程序与支付宝网站对接起来，只要投资者将资金投入余额宝账户，即可坐享基金的收益，免去传统金融机构购买基金的烦琐流程。这是个双赢的局面，第一，支付宝获得基金销售的中间费；第二，天弘基金通过与用户群广泛的互联网平台合作，增加了基金营销渠道，吸引了基金购买者，扩大了基金公司的影响力和知名度，获得了更多收益，2014年1月，仅仅半年多的时间，天弘基金凭便借余额宝2 500亿元的规模跃居于国内基金公司榜首；第三，余额宝的投资者不但可获得远高于银行活期的存款利息，而且可以在不负担任何手续费的条件下将资金随时存取，用于支付宝转账和网上购物消费。余额宝的实质是投资货币市场基金，货币基金资产主要投资于收益保本、流动性强的短期货币工具（投资期限通常在一年以内，平均期限120天）。

余额宝上线对商业银行的股票收益产生了较大的负面冲击。阿里巴巴推出余额宝产品之初，以其高年化收益率和快捷实时到账的特点吸引了大量支付宝户主购买，一时引起轰动。由于其收益率比活期存款高出近20倍，并且不影响客户的流动性，大量散户也转移其在银行的资金来购买余额宝产品，分流了商业银行的存款业务。因此，余额宝推出的时间结点，上市银行股票实际收益率明显降低。深入分析余额宝对商业银行存款业务冲击较大的原因，可归结为以下三点：一是基金公司能够通过余额宝平台扩大基金的销量，冲击商业银行基金代销的垄断地位；二是余额宝作为连接中小散户与基金公司的桥梁，可以收取一定的中介费用的同时，集聚大量的沉淀资金产生了可观的利息收入，分流了商业银行的存款业务和中间业务收入；三是散户通过余额宝进行碎片化理财，并且不影响客户的流动性，增加了客户体验的同时，赢得了客户。

当然，余额宝上线事件发生一段时间后，对商业银行的冲击会减少，并趋于平稳。这是因为支付宝户主资金转移趋于结束，余额宝要开拓新的客户人群，作为新生事物的余额宝在扩散中受到一定的限制，并且，商业银行通过改革创新来应对，从而导致了余额宝类互联网金融理财产品对商业银行存款业务的负面影响维持在一定的水平。

2．余额宝的盈利模式

余额宝主要是为广大用户创造了收益，管理方与托管方收取的费用则被称为关联方报酬。

客户转入余额宝的资金，即购买了增利宝货币市场基金，因此就享有货币市场基金的收益。天弘增利宝货币市场基金 2016 年年报数据显示，余额宝为用户创造收益 19.19 亿。在市场资金利率走低的情况下，余额宝通过严控风险依然持续为用户创造稳定的收益，实现本期 2.5089%的净值收益率。余额宝上线以来累计为用户创收近 400 亿元，以现有用户数粗略估算，余额宝的累计盈利平均为每位用户带来 133 元的收益。

3．余额宝的运行现状

对余额宝自身及与其相类似的货币市场基金的数据进行纵向对比和横向对比。纵向数据对比选取的是自 2013 年 7 月 1 日起至 2014 年 6 月 30 日止的余额宝的各个季度报告的数据，从中可以比较清晰地看出余额宝的发展历程；横向数据对比选取的则是包括天弘基金在内的五家中国规模较大的基金公司具有典型代表的货币市场基金的数据，数据都来源于各基金公司的各年年报。这五支货币市场基金分别为天弘基金的增利宝货币市场基金（即余额宝）、华夏基金的现金增利货币、南方基金的现金增利货币、工银瑞信的货币市场基金、嘉实基金的货币市场基金。

4．余额宝的特点

第一，起购起点低。首先，与传统货币基金不同的是，余额宝的起购资金是 1 元，这就意味着哪怕账户里只有 1 元钱、5 元钱，也可以转入余额宝中。而一般银行的同利率理财产品的最低门槛都在 5 万元以上。对于没有太多闲钱的小储户来说，特别是当下的年轻人，余额宝无疑是最好的投资渠道。作为货币基金的余额宝大大降低了用户参与货币基金的门槛，极大地调动了他们参与投资理财的积极性。

第二，收益高。对于小散户来说，把钱放在余额宝里，要比存银行活期存款收益高得多，两者几乎相差达 10 倍之多。银行一般活期存款的年收益率约为 0.3%，而余额宝的 7 日年化收益率在 2017 年 12 月达到 4.8%。以 2017 年 12 月 26 日天弘基金公布的数据来计算，余额宝的 7 日年化收益率为 4.828%，每万份日收益为 1.3411 元。同时存入 2 000 元，一个月的收益为 8.0467。而活期存款：2000 元 × 0.3%（活期存款利率）÷ 360 天 × 30 天=0.50 元。

余额宝：（2000 元/10000）× 1.3411 元（每万份日收益）=0.26822 元/天 × 30 天=8.0466 元（注：由于投资 2000 元的日收益不足 3 角，在此不做累计叠加计算）两者之差别显而易见，在余额宝的高额利益面前，银行存款利率也只能算是凤毛麟角，不值得一提了。

第三，流动性强。如果说高收益是吸引中小散户的致命武器，那么对于手中闲钱较多、可以购买同利率银行理财产品等传统货币基金的用户来说，余额宝的吸引力是不是就没有那么大了呢？非也。就传统理财产品来说，理财周期多为几个月甚至几年。在此期间，投入理财产品的资金是不能动的。即使有些短期理财产品，周期最短也在 1 周左右。而余额宝则打破了这个局限，实行 T+0 模式，可以随时消费支付。只要用户可以上网，就能够通过计算机或者手机客户端提取余额进行消费或者支付其他费用，网购、转账、充话费甚至信用卡还款，无所不能。更重要的是，余额宝的随时消费和支付不会收取任何费用，也不会影响余额宝基金的运作。如此的高流动性使得传统的理财产品相形见绌。

第四，透明度高。余额宝的收益采用当天转结模式，具有高度的透明性。余额宝用户对其余额的收益情况享有法定知情权，用户能够随时查看余额宝账户内的余额以及收益等事项。就传统金融理财而言，虽说用户也享有同样的权利，但是一般想要获得这些数据都需要通过比较烦琐的手段，比如登录网页或者拨打银行客户电话等。但是余额宝与支付宝绑定，用户只需下载一个手机客户端，就可以随时随地查看数据，方便许多。与此同时，余额宝会定期公布存入基金的资金总额及收益变化率等情况，在天弘基金的网页上可以随时查看收益率走势及每天的收益情况。就金融理财周期而论，传统金融理财的运行周期（按月计周期）较长，有关收益率的详情也不能及时送达理财用户，而作为投资主体的理财用户也不能随时随地地了解其投资所获收益或者所负亏损等情况。

5. 余额宝的运作方式

余额宝的投资组合。根据天弘增利宝披露的 2013 年第四季度报告，在投资组合中，有 92.21%的投资于银行存款和结算备付金，剩余 6.7%的投资于债券，0.83%的投资于买入反售金融资产，0.26%的投资于其他产品。此外，投资组合中平均剩余期限在 30 天以内的资产占基金资产净值的比例为 63.69%。也就是说，2013 年第四季度，余额宝将超过 90%的资产投向了银行的协议存款，且六成以上期限在 1 个月以内。由此可见，余额宝的收益中绝大部分是来自对银行协议存款的投资。

余额宝的运作优势。在没有余额宝之前，储户的投资渠道单一，只能将钱存入银行，获得很低的利息。而余额宝出现以后，它充当起了一个中介作用，类似于“团购发起人”，集中将小储户们分散的钱收集起来，达到数千万上亿以后，通过所谓的货币基金，作为协议存款存入银行，从而获得高额的利息。不难理解，相较于“散购”，“团购”所具有的重要优势。对于散购来说，储户相当于进入的是零售市场，而团购则将储户带入了批发市场。批发市场自然有价格优势，但门槛也是异常得高。余额宝通过把钱汇集起来，帮助散户将存款从零售市场投入了批发市场。

值得注意的是，余额宝的团购作用之所以具有如此大的影响，原因在于我国特殊的市场条件，这个特殊的市场条件就是市场利率没有市场化。具体来说，按照我国目前的利率政策和法律规定，银行能够提供的最高利率是受政策限定的。在银行存款的零售市场上，一个普通储户存款所能获得利率不能超过一定的水平，否则是违反法律的。一般来说，这个能给普通储户的利率是很低的。然而到了批发市场上，当数千万、数亿的资金集合起来去银行存协议存款时，利率水平就不受政策限制了，要比普通存款的利率高上许多。

余额宝这个团购发起人，打通了存款零售市场和批发市场的界限，打破了管制利率和非管制利率的壁垒，使得原先高门槛的批发市场得以进入，储户得以享受到高额的批发市场利率水平。这就是余额宝利率远远高于银行活期甚至定期存款利率的重要原因。

此外，值得一提的是，余额宝的高收益，亦有很大一部分依赖于银行协议存款"提前支取不罚息"的规定。在过去，货币市场基金提前支取银行的协议存款是有罚息的，但是随着同业市场的竞争日趋激烈，银行渐渐同意货币基金的同业存款提前支取不收取罚息。这相当于，余额宝存在银行的存款本就可以随存随取，继而保障了余额宝用户高利率的同时，具有随存随取的灵活性。

6．余额宝的流动性风险

流动性是指资产能够以一个合理的价格顺利变现的能力，它是说明投资的时间尺度（卖出它所需多长时间）和价格尺度（与公平市场价格相比的折扣）之间的关系。

针对其产品的变现速度，余额宝实行了 T+0 及时赎回制度，可以随时消费支付。只要用户可以上网，就能够通过计算机或者手机客户端提取余额进行消费或者支付其他费用。余额宝的规模占据了国内货币市场基金的一半，可以说基本上就代表了全行业。如果余额宝出了一点事，它的影响将不仅仅是支付宝或者天弘基金公司这么简单，整个货币基金行业或者银行业都将受到重大影响。而余额宝的流动性风险在于，如果出现极端事件，比如货币市场基金一天净赎回大量金额，就有可能当天同时需要多家银行变现协议存款。如果其中有一家银行的流动性出现问题，余额宝的变现能力就会出现问题。

针对这一风险，余额宝也做出了相应的防范与应变措施：

① 余额宝对协议存款的对手银行有着严格的筛选。事前的筛选包括白名单制度，要求银行恪守承诺，到账时间准确到点等，一次违约即加入黑名单。同时，对手银行要满足规模足够大、风险可控、没有违约事件和不良的报道等要求。

② 余额宝的净申购一直大于净赎回。因为余额宝完全是一个纯散户形态的基金，大多数客户的账户金额在 1 万元以下，这与其他货币基金有着显著的不同。在机构资金紧张的时候，散户的资金并不紧张，因为这二者资金的供求状态完全不同。散户的资金面相对独立而且比较平稳。据大数据分析，散户在月初，特别是每月 5 日左右的申购明显增多，这可能是因为工资到账的原因。而每月 20 日以后赎回增多，这与还信用卡有关。但这些都与生活息息相关，与金融大环境并无太大关联。

③ T+0 不是绝对的。首先，如果赎回的资金不是直接转到银行账户，而是直接用于消费的话，一般均有消费场景。在资金付给商家的过程中，会有一个七天的担保支付到账期，资金在用户确认收货后才能打给商家。如果资金是直接赎回到卡上的话，5 万元以上的资金要到第二天 24 点前才能到账，因此是 T+1 而不是 T+0，只有涉及 5 万元以下的，而且是通过

手机进行的资金赎回操作，才是两小时之内的 T+0 到账。

④ 为了防范特殊时点的流动性需求，支付宝还跟好几家银行签订了协议，以保证关键时刻的流动性支持。

7. 支付宝平台

作为一只联接基金，余额宝的资金管理及客户资料的保管、维护等全都依托于它的发起公司——第三方支付平台，也就是支付宝。因此，余额宝的技术性风险，实际上就是支付宝潜在的技术风险。如何在给用户提供快捷便利的支付环境的同时，保证用户信息的安全、保障用户账户不被盗刷，这是支付宝安全问题的重中之重。

（1）用户信息安全隐患

2013 年 11 月 27 日，从事电商工作的员工张某因“涉嫌非法获取公民个人信息罪”被杭州市公安局西湖分区刑事拘留。而此次案件背后牵扯出的另一名犯罪嫌疑人则令人大为惊讶，惊讶之余，更多的则是对支付宝安全性的质疑。支付宝的前技术员工李某，利用工作的便利，在 2010 年分多次在公司后台下载了超过 20 GB 的支付宝用户资料，并将这些资料高价卖给了电商公司与数据公司。在这些用户资料中，包括用户的真实姓名、手机号码、电子邮箱、家庭住址和消费记录等。对于普通人来说这些信息可能没有用处，但是对于一些电商来说，有了这些用户信息，就可以精准地掌握目标消费群体的具体信息。

此事一经曝光便引起了轩然大波，支付宝的安全问题引起了用户的质疑。尽管事后支付宝方面声称犯罪分子销售的数据为 2010 年之前的数据，不包含密码、核心身份信息，是非敏感交易内容，不涉及用户的隐私及安全。且支付宝一再保证对用户的身份证信息、卡号、密码等敏感数据采用加密技术处理，任何人都无法获取。但是这次的事件使得用户意识到支付宝或许没有它所宣称的那么安全。与信息被泄露相比，用户更害怕的还是账户内的钱被盗刷。因为支付宝直接与用户的银行账号相关联，如果被人窃取了自己的身份信息、银行卡号等，用户银行账号中的钱也变得岌岌可危。实际上在现实中支付宝账户被盗刷的案子不在少数。对于余额宝用户来说，这一隐患显得更为危险。因为余额宝高额的收益率，用户普遍投入了较多的资金，少则几千元，多则上万元，如果余额宝账户的安全得不到保障，一旦出现问题，用户的损失不容小觑，对于余额宝的影响也是巨大的：如果用户对余额宝的安全失去了信心，将会引发赎回狂潮，如若支付宝的流动资金不足以应对这一赎回，后果不堪设想。

所以，对于余额宝的用户来说，支付宝的安全高于一切。这也解释了为什么国家监管部门对支付宝等第三方支付平台的监管尤为严苛。不容否认的是，作为国内最大的第三方支付平台，支付宝对于我国的互联网支付的创新有着举足轻重的影响与推动，它率先推出的快捷支付、虚拟信用卡、二维码支付等大大提升了用户的便捷度与使用性，但是其间所包含的安全隐患也不容小觑。

（2）快捷支付及其新变革

由于传统的支付方式存在诸多限制，比如必须开通网银、只能使用 IE 浏览器、操作步骤烦琐等，这导致了用户流失率高、支付成功率低（传统网银支付成功率大约 65%左右）、容易被钓鱼等问题。于是支付宝公司率先在国内推出的一种全新支付理念，具有方便、快速的特点，即快捷支付。

用户通过快捷支付购买商品时，不需开通网银，只需提供银行卡卡号、户名、手机号码等信息，银行验证手机号码正确性后，第三方支付发送手机动态口令到用户手机号上，用户输入正确的手机动态口令，即可完成支付。如果用户选择保存卡信息，则用户下次支付时，只需输入第三方支付的支付密码或者是支付密码及手机动态口令即可完成支付。

中国互联网络信息中心（CNNIC）发布的《第 40 次中国互联网络发展状况统计报告》显示，2017 年上半年，商务交易类应用持续高速增长，网络购物、网上外卖和在线旅行预订用户规模分别增长 10.2%、41.6%和 11.5%。网络购物市场消费升级特征进一步显现，用户偏好逐步向品质、智能、新品类消费转移。同时，线上线下融合向数据、技术、场景等领域深入扩展，各平台积累的庞大用户数据资源进一步得到重视。

2017 年上半年，互联网理财用户规模达到 1.26 亿，半年增长率为 27.5%，互联网理财领域线上线下正在整合各自在流量、技术和金融产品服务的优势，步入从对抗竞争走向合作共赢的发展阶段，网贷理财产品收益率持续下降，行业朝向规范化发展；线下支付领域依旧是市场热点，网民在超市、便利店等线下实体店使用手机网上支付结算的习惯进一步加深，网民中在线下购物时使用过手机网上支付结算的比例达到 61.6%，在深耕国内市场的同时，我国网络支付企业纷纷拓展市场潜力巨大的海外市场。

目前支付宝快捷支付的合作银行覆盖了国内所有的主流银行。但 2017 年 8 月中国人民银行支付结算司向有关金融机构下发了《中国人民银行支付结算司关于将非银行支付机构网络支付业务由直连模式迁移至网联平台处理的通知》，要求各银行和支付机构在 2017 年 10 月 15 日前接入网联，最终在 2018 年 6 月 30 日起，支付机构受理的涉及银行账户网络支付业务全部通过网联平台处理。以此宣告互联网支付正式告别“直连”时代，网联正式开始运营。这一举措，提高了支付清算安全，也加大了资金清算透明度。终结了网络支付时代客户备付金的安全问题、交易信息不透明的问题、违规从事跨行清算问题以及多头连接导致社会资源浪费等问题。

2017 年 7 月 28 日，网联正式确定 45 家股东名单和持股比例，包括中国人民银行清算总中心、财付通、支付宝、银联商务等在内的 45 家机构和公司签署了《网联清算有限公司设立协议书》，网联注册资本为人民币 20 亿元整，协议各方均以货币出资，出资额分 3 期缴纳，出资比例分别为 50%、30%和 20%。网联清算有限公司第一大股东为中国人民银行清算中心（12%），第二大股东梧桐树投资平台（10%）是国家外汇管理局直属机构，支付宝（9.61%）和财付通（9.61%）股份相同位列第三方大股东，京东旗下网银在线（4.71%）紧邻其后为第四大股东。

（3）虚拟信用卡的风险隐患

无独有偶，支付宝与中信银行计划推出的虚拟信用卡尚未来得及推出就被央行一纸公文扼杀在了摇篮之中。在央行紧急下发的《中国人民银行支付结算司关于暂停支付宝公司线下条码（二维码）支付等业务意见的函》中，监管者认为“虚拟信用卡突破了现有信用卡业务模式，在落实客户身份识别义务、保障客户信息安全等方面尚待进一步研究”，因而需要紧急暂停这一业务。

第一，违反“三亲见”原则。对于虚拟信用卡的叫停，在于其信用卡“三亲见”原则的冲突。“三亲见”原则即“亲访、亲签、亲核”。《商业银行信用卡业务监督管理办法》规定，发卡银行需要确认申请人拥有固定的工作、稳定收入来源或可靠的还款保障。因此，在一般的信用卡申请流程中，银行的工作人员需要亲自去访问申请人的工作单位以确保其还款能力，此为“亲访”。用户在申领信用卡时，需要在申请文书或者合同中亲自签字。特别是申领人还需要摘抄一段免责声明并签字。此为“亲签”。“亲核”则是指发卡银行激活前应当对信用卡持卡人的身份信息等进行亲自核对检查，并核实申请资料。

第二，从防范风险到管理风险的转变。从本质上讲，虚拟信用卡的商业模式放弃了传统信用卡中银行对持卡人信息的严格审核，并要求其承担无限偿付责任的诉求，而转向了更自动化的数据分析模式。高度浓缩简化了审核程序和发卡程序，这将意味着银行的数据后台不能准确审核每一个授信对象的细节信息。在这种情况下，银行的后台所能甄别的不再是单独的授信对象，而是各个不同类别的授信对象群，再通过对群违约概率的反复计算，才能确定能够对类似群体提供多大额度的标准化授信产品。与传统信用卡的授信技术的差别在于，此番中信银行推出的虚拟信用卡，则在很大程度上引入了第三方的信用数据。而在传统的信用卡授信中，银行的数据积累主要靠前期大量发卡覆盖，让风险充分暴露，银行再依据此来修正风险模型参数。发行虚拟信用卡，参与银行对授信风险不具备绝对主导权，如果合作伙伴的数据分析对银行授信模型产生了误导，那其中就确实存在风险隐患。如果想要降低这种数据衔接上的风险，只能让掌握客户信用数据的第三方支付平台自己发信用卡。但是，这种方式对支付宝这样的支付平台来说，又存在另外一个问题——资本金。目前银监会对信用卡授信额度的风险权重是不择不扣的 100%——按每张 200 元，总数 100 万张计，中信银行为这个项目需要准备的资本金至少要 2 亿元。这个资金量虽然不大，但对习惯了轻资产运行的第三方支付平台来说就不是一个小数目了。因此，对于目前的支付宝来说，自己发行信用卡并不实际，只能依托于和银行的合作。而根据支付宝对未来商业模式的阐释，还寄希望于通过数据共享让更多的商业银行受益，也就是说，同样的数据后台，支付宝希望卖给更多的银行。这意味着，未来会有更多的银行在这一市场上角逐同一个授信客户——在数据基本一致的情况下，银行面对竞争所能做的就只有放松风险审核标准了。想必这也是央行对相关业务紧急叫停的另一个深层次原因。

余额宝的系统性风险。系统性风险是指由于基本经济因素的不确定所引起的风险。因此，要分析系统性风险需要对国家一定时期内宏观的经济状况作出判断。总的来说，购买货币基金的风险是小于直接投资于股市等融资市场的。因为基金主要是由小散户进行投资，不会出现由于单只股票的价格下跌而带来巨大的损失。但从另一个角度而言，货币基金的波动情况受系统性风险影响很大。因而它可以分散非系统性风险，却会深受利率等宏观因素的影响。

如果整个货币市场的表现不好，货币基金的收益也会大打折扣。最直接的例子便是美国 Pay Pal 公司货币基金的失败，就是受宏观货币政策的直接影响。

8.2.3 理财产品与商业银行存款业务比较

互联网金融作为新兴事物，不仅仅影响到商业银行，而是切实关系到国家和个人的利益，更重要是它带来的生活、消费、价值理念的改变。可以看出：第一，互联网金融作为现代技术革命的产物，对商业银行的创新发展具有推动的作用。对于互联网金融的冲击，传统的商业银行不能置若罔闻，而是需要主动迎接挑战，扼住市场的核心竞争力，充分发挥自身的特点及其优势，适应网络时代的市场变化。第二，互联网金融给商业银行带来的鲶鱼效应，表明互联网对商业影响既有冲击，又能倒逼商业银行的市场改革，促进商业银行的利率市场化。目前，商业银行存款业务上最大优势主要体现在相对较高的安全性，但随着网络支付安全性的提高，这一优势逐渐减弱，商业银行最大优势——客户基础广也正在受到不断的冲击。所以，建议商业银行改善以下四个方面，以减缓互联网金融理财产品对其的冲击。一是创新优化设计理财产品。商业银行因之前的客户基础建立的主渠道地位，保证了其金融理财产品的资金募集能力。而商业银行增加理财产品的吸引力，只须进一步在理财产品设计上创新优化，不断适应市场变革。二是商业银行要打造综合理财网销平台，需做足管理结构上的优化，尽可能满足不同层次、不同地域的客户的理财要求。目前平安银行及浦发银行首先做出表率，创新推出自身的互联网金融理财产品，其中平安银行通过与金融机构合作，在打造的综合互联网平台上推出“财富 e”，为普通理财者量身打造金融产品。三是加强以客户为中心的意识。商业银行过去虽然曾推出过很多不同类型的基金理财产品，然而很多客户不了解相关产品的优势，以至理财产品开发的失败。在互联网理财的背景下，余额宝的推出应该会给商业银行带来大的启示。因此，商业银行必须要以客户为中心，时刻把握客户在理财方面的要求，提升服务的质量，进一步提高客户的满意度。四是要大力进行数据支撑来拓宽业务。在互联网时代背景下，商业银行要发展肯定离不开数据的掌握，在掌握数据的基础上大力开展业务。主要涉及两个主要方面：首先，对于大中型的客户，商业银行可以用掌握的优势来提高金融行业服务的质量；再者，努力打造为小微企业融资的平台，健全信贷的制度，加强为中小企业的融资服务，为商业银行应对互联网金融理财产品的挑战提供坚实的力量。

8.2.4 互联网金融理财产品的未来发展

1．选择适合自己的网络营销渠道

随着互联网金融的发展，金融机构在渠道的选择方面有了更多的自主性。就目前而言，主要存在三种模式：深度开发自己的官网；在以淘宝为主的第三方平台开设直销店；通过第三方理财机构平台代销。前者有利于自有品牌的建立、客户黏度的增加，但往往存在初期投入成本高、知名度建立时间长等问题。而第三方平台本身已经具有一定的市场知名度，流量、客户资源相对稳定，借力第三方平台营销可快速实现业绩增速。前者犹如专卖店，后两者则类似金融产品超市。鉴于这三种模式各有利弊，银行、基金、保险等金融机构都面临着同样

的选择困惑，大部分金融机构选择了两种渠道并行的模式。

2. 对网络营销的对象进行精准定位

随着大数据时代的到来，运用数据分析量化用户行为，了解用户群的特点，有效进行市场细分，可以定位用户的需求和偏好，进行精准营销，通过为企业节省巨额的营销和销售成本进而带来极其巨大的商业价值。余额宝的成功与它前期所进行的市场调研、细分以及定位是不可分割的。在余额宝出现以前，国内网络交易平台的交易量就处在上升阶段，然而大多数企业只看到了电子交易市场的商品市场，却忽略了其隐含的巨大的货币市场。余额宝则是在对电子交易市场进行了详细的分析,认为这片虚拟市场和实体市场有着大多数的相似之处，由消费者、销售商、制造者等组成，构成了一条完整的商业链条。在进行网络交易之时，大量的货币流通量通过支付宝这个第三方平台所完成，支付宝的交易记录显示出了该市场潜在的货币储藏需求，余额宝应运而生。

3. 加大信息技术与经营管理的深度融合

信息化技术的作用主要体现在两个方面：一是使业务流程更便捷，实现便捷的“一键开户”流程；二是使基金 T+0 赎回变为现实，正是基金公司借助大数据，实现了对资金流动性的准确预估，降低了流动性风险，才使基金赎回从传统的 T+2、T+3 变为 T+0，进而使余额宝实时消费支付成为可能。加大信息技术与金融机构经营管理的深度融合，把简单留给客户，把复杂留给系统，节约运营成本，优化工作流程，提高服务效率。

4. 建立基于互联网模式的监管体系

互联网金融理财产品的发展还不成熟，这需要不断地探索完善，要进一步加强风险的管理。

【拓展阅读】

现在的理财市场上，各类理财产品层出不穷，尤其是近年来，互联网金融的发展，使人们购买理财产品更是便利很多，可选择的理财产品也多了，也不用被地域所限制，极大地便利了人们的生活。下面从互联网理财产品类别、理财产品选购因素、互联网理财观念三个方面进行介绍一下如何正确选择互联网金融理财产品。

一、联网理财产品类别

第一类：集支付、收益、资金周转于一身的理财产品典型代表：阿里巴巴（余额宝）、苏宁（零钱宝）。

首先，该类产品的最大特征就是投资人可进行消费、支付和转出的实时操作，而且几乎没有任何手续费。现在“余额宝模式”已被广泛复制。

其次，该类产品承诺 T+0 赎回，实时提现的优点直接满足投资人对产品流动性的需求。

最后，因类余额宝产品的本质是货币型基金产品，收益取决于货币市场间资金利率水平，随市场浮动，年化收益一般在 4%～6%，余额宝刚推出时 7%的高收益让商业银行很是尴尬，后来余额宝收益逐步回归市场化。

第二类：与知名互联网公司合作的理财产品典型代表：腾讯（微信理财通）、百度（百度理财计划 B）玖秘财富（玖秘计划）。以腾讯理财通为例，直接接入以华夏基金为代表的一线品牌基金公司，首发宣传 7 日年化收益率为 7.394%。事实上，所谓“7 日年化收益率”是根据最近 7 天的收益情况，折算成年化收益率的。假使，货基在某一天集中兑现收益，当天的万份收益就会畸高，随后一段时间其 7 日年化收益率都会很高，因此“7 日年化收益率”这个指标就会虚高。最好的做法是，投资人在日常看货基收益的同时，重点关注日每万份收益，以及长期的业绩稳定性。

第三类：P2P 平台的理财产品。

典型代表：众多该类产品是互联网直接理财的产物，即资金通过互联网平台直接流向资金需求方，出资人享受资金出让的收益。不少 P2P 平台与小贷、保险或担保公司合作以保障投资人的本息安全。另一种保障方式，是平台通过实地论证为投资人享有借款人提供的实物抵押权，最常见的有车子、房产等。需指出的是，对同是房产的抵押物，住宅的变现能力要远高于办公楼或厂房。正规 P2P 产品收益一般在 8%～15%之间，有抵押产品收益最高 12%左右，但若综合考量安全性，后者或许更受保守型投资人的偏爱。

第四类：基金公司在自己的直销平台上推广的产品典型代表：汇添富基金（现金宝、全额宝）。

以货基为本质，披上互联网金融外衣的理财产品与基金公司直销推广的产品，在原始收益率上并无差异。因为，两者所挂钩的基金产品实际上是同一款产品，收益率自然一样。唯一不同的是，一般货基虽也承诺 T+0 赎回，但必须等到当天收市清算后资金方能到账。

二、理财产品选购因素

从理财产品选购因素来说，应充分考虑理财目标、风险偏好和资金投入三个因素。第一，理财目标。通常，短期理财产品流动性风险越小，预期收益率越低；中长期理财产品流动性风险越大，预期收益率越高。应根据客户不同的理财目标，决定购买不同种类的理财产品。如果对流动性要求高，则选择短期理财产品，如果更追求收益率，则选择中长期理财产品。第二，风险偏好。预期收益一般与风险、期限成正比，即在其他条件相同的情况下，高预期收益往往伴随着高风险，低风险产品提供的预期收益较低。不能盲目追求高收益，而是要根据自身风险偏好选择产品。对于理财平台来说，在客户首次购买理财之前，银行一般也会要求对客户进行风险测评，了解客户风险承受能力。第三，资金投入。目前国内银行理财产品购买起点金额一般为 5 万元人民币；有些专门针对高资产净值客户发行的理财产品门槛更高，如 100 万元以上。所以投资者要根据自己资金的多少来选择理财产品。另外，对流动性要求较高的客户还可以选择含有某些条款的产品，如含有提前赎回条款、可质押贷款条款的产品，通过提前赎回、质押贷款等方式获得流动性。

三、树立正确的互联网理财观念

不盲目跟风投资理财，时刻保持理性，在选择投资平台的时候要慎重，判断平台的好坏不要只凭主观意识，认真分析平台行情结合自己的实际情况进行投资理财。

本章小结

通过本章学习掌握互联网金融理财概念及种类，了解互联网金融理财创新，并与传统商业银行进行对比分析。

思考与练习

1. 简述互联网金融理财产品的概念及种类。
2. 与传统商业银行相比，互联网金融理财的优势在哪里？

第9章 供应链金融

案例导入

美国联合包裹运送服务公司（UPS）

美国联合包裹运送服务公司（United Parcel Service，UPS）是世界上最大的包裹快递公司和专业化物流服务供应商。自20世纪90年代以来，UPS的发展动向在业界备受瞩目，主要原因是其独具匠心的供应链解决方案，能够提供货物配送、全球货运、金融服务、邮件包裹服务和业务拓展咨询等一揽子服务方案，在该方案的形成过程中，物流金融模式的导入堪称典范，其第一位利润来源均为供应链金融服务。

UPS的供应链金融分两个阶段融入其物流产业中。

首先是货流的扩张带动信息技术的创新。从开始采用手持数据采集设备，再到全球计算机互联网系统，直至使用专用卫星。通过技术创新和信息化建设，UPS的综合吞吐能力激增，客户需求得到进一步满足，实现了物流与信息流的结合。

第二步是摆脱结构单一的物流运作模式。一方面UPS转型于“全程供应链管理”，成为“全程供应链主”，另一方面匹配金融流，提供综合性金融产品服务，形成完整的供应链解决方案。为此，UPS在金融市场上进行融资，壮大UPS资本实力和稳步引入物流金融模式，专门为中小企业提供信贷、贸易和金融解决方案。

供应链解决方案的推出和实施，使UPS真正实现了物流、信息流、资金流的协调与融合。从“包裹运送公司”向“全球商务同步协调公司”的进化，其物流解决方案和融资方案业务逐渐成为UPS业务战略支柱，是UPS的核心竞争要素之一。

UPS供应链金融业务成功实施的核心在于，通过物流业务降低了供应链金融业务中的风险控制成本，在奠定供应链金融业务优势的同时，UPS将节约的风险成本部分让渡给客户，以便拓展物流市场份额和物流的衍生增值服务。供应链金融业务已成为UPS未来的核心战略业务，其供应链金融业务所创造的收入占UPS整体收入的约17%，且比例有不断上升的趋势。这种物流与金融相互促进、共同发展的产业融合模式代表了未来物流金融服务的方向。

（资料来源：根据相关网络资料整理）

本章重点

- 供应链金融的根本概念。
- 供应链金融理论。
- 供应链融资模式。

9.1　供应链金融理论

9.1.1　供应链

1．供应链的概念

供应链（Supply Chain）是一个开放性的概念，其内涵和外延随着经济技术水平和相关研究的不断发展而不断深化和拓展。一般认为，供应链的理论源头是现代管理学之父彼得·德鲁克（Peter Drucker）提出的“经济链”，而后经由美国哈佛大学商学院教授迈克尔·波特（Michael Porter）发展成为“价值链”，最终日渐演变为“供应链”。供应链是指商品到达消费者手中之前各相关者的连接或业务的衔接，是围绕供应链主导企业，通过对物流、信息流和资金流的控制，从采购原材料开始，形成中间产品以及最终产品，最后由销售网络把产品送到消费者手中的将供应商、制造商、分销商、零售商直到最终用户连成一个整体的连接结构。供应链的概念是从扩大的生产概念发展来的，它将企业的生产活动进行了前伸和后延。

伊文斯（Evens）认为：“供应链管理是通过前馈的信息流和反馈的物料流及信息流，将供应商、制造商、分销商、零售商，直到最终用户连成一个整体的模式。”

因此，供应链的概念跳出了单个企业的局限，而是以供应链企业合作的视角来进行的诠释。目前主流的观点认为，供应链是一个范围更大的泛企业结构模式，包含所有与之有关的上下游结点企业，从原材料供应开始，经过链上不同企业的制造加工、组装、分销等过程直到产品流向最终用户。它不仅是连接供应商和用户的物流链、信息链、资金链，还是一条增值链，物料在供应链上因加工、包装、运输等过程而增值，给相关企业带来收益。同时，它还要求组成供应链体系的成员企业协同运作，共同应对外部市场复杂多变的形势。

2．供应链的类型

站在不同的角度看，供应链的分类有多种不同的方法。以下我们重点讲解几种分类模式。

（1）从涉及的范围来划分

内部供应链是指企业内部产品生产和流通过程中所涉及的采购部门、生产部门、仓储部门、销售部门等组成的供需网络。

外部供应链则是指整合企业外部的，与企业相关的产品生产和流通过程中涉及的原材料供应商、生产厂商、经销商、零售商和最终消费者组成的供需网络。可以认为内部供应链是外部　供应链的缩小化，例如对于制造厂商，其采购部门就可看作外部供应链中的供应商。

它们的区别在于外部供应链范围可能更大，相互间的协调更复杂。

（2）根据供应链的运作方式划分

① 推式供应链（Push Supply Chain）——以产品为中心，以生产制造商为驱动原点。这种传统的推式供应链管理是以生产为中心，力图尽量提高生产率，降低单件产品成本来获得利润。

② 拉式供应链（Pull Supply Chain）——以顾客为中心，通过对市场和客户的实际需求以及对其需求的预测来安排产品的生产和服务。

（3）根据供应链的结构划分

① 直线型供应链——一种最简单的供应链结构，即每一个结点成员只与一个上游成员和一个下游成员相连接，这样连接而成的供应链是一个直线型的供应链。从产品的生产上游开始，有供应商、制造商、分销商、零售商到最终用户，商品交易过程中的物流、资金流和信息流等都是严格按照顺序流动的，也即供应链上的第一个企业只与它的上游和下游相联系。信息共享程度不高，容易造成供应链上各企业的信息不对称、积压库存、经营效益下降等问题。它在企业外部供应链、产业链和全球网络供应链中较少出现。常见于企业内部和动态企业联盟中。直线型供应链结构模式如图 9-1 所示。

图 9-1　直线型供应链结构模式

② 网状供应链——这种结构中的每一个结点成员至少与一个上游成员和一个下游成员相连接，这样连接而成的供应链是一个网状的供应链，每一个环节上都有至少一个或多个供应链成员。以核心企业为中心，共享最终用户的需求信息，合理安排企业内部的生产销售计划，制定科学合理的战略计划；可以有效避免“牛鞭效应”带来的需求信息的扭曲，也能为供应链上各企业节约库存成本，加快资金使用效率，提高企业经营效益。这种模式多存在于产业供应链和全球网络供应链中。网状供应链结构模型如图 9-2 所示。

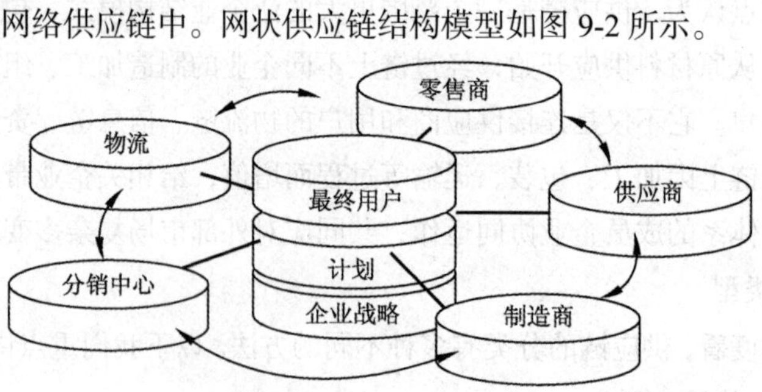

图 9-2　网状供应链结构模式

（4）根据供应链主导企业不同划分

在供应链金融实现的过程中，供应链主导企业的积极参与是必不可少的条件，因此需要重点了解各种主导企业在供应链体系中起到的作用。

① 以供应商为主导的供应链。除了想尽一切办法保持、扩大市场份额以外，供应商最

关心的就是市场的平稳。出于控制成本的考虑，供应商都努力避免产量发生过大的起伏，尤其是大宗产品如原油、矿石、钢铁、农产品等，生产模式追求的都是规模效应，畅通的运输过程、合理的销售地库存是供应链设计的主要内容。

② 以生产商为主导的供应链。现代商品生产的供应链体系往往十分复杂，从大的方面来说包含生产、销售、回收等内容，从小的方面来说仅销售体系又包含完整的产品和配套零备件供应链体系，更准确、更及时、更好的成本控制是生产商的主要追求目标。

③ 以销售商为主导的供应链。在供应链中销售商的作用是将产品转化为资金，是完成整个供应链存在价值的经营主体。对供应商而言，怎样保持合理的库存和畅通的补货渠道是在供应链体系建设中最关心的问题。

需要注意的是，企业在供应链上的位置和地位都是相对的，一个企业在这个供应链体系里是供应商，在另一个供应链体系里可能是生产商；在一个供应链体系里处于主导地位，在另一个供应链体系里可能属于从属地位。例如生产计算机显示器的 AOC 公司，在计算机生产供应链的元器件—总装厂—零售体系内属于供应商，而在原材料—元器件—封装厂的生产供应链内，属于生产商。很明显在上述两个供应链体系内，AOC 公司的地位是不同的，简而言之，定价权是掌握在供应链主导企业手里的。供应链主导企业是供应链金融业务信息和业务的汇集点，有时也被称为核心企业，但这个称谓是不准确的，供应链本身是个网状结构，有多个中心，但是没有核心；网状结构同时也可以得到另一个结果，那就是供应链金融的组织方式有多种可能性，既可以由上游企业来组织，也可以由下游企业来组织。

（5）根据供应链管理模式划分

① 纵向一体化供应链——企业除了拥有具有竞争优势的核心企业和业务外，还具有自己的原材料、半成品或零部件供应，分销网络，甚至运输企业，形成了整体业务一条龙的运作。

② 横向一体化供应链——核心思想是发挥企业核心竞争力，即企业只需注重自己的核心业务，充分发挥核心竞争优势，将非核心业务交由其他企业完成，实施业务外包，以最大限度的取得竞争优势。

③ 敏捷供应链——是支持动态联盟优化运行的重要技术，它可以根据动态联盟的形成与解体而组成和解散，快速地完成组织体系和信息系统的调整和重构，通过供应链管理来促进企业间的联合，进而提供企业的敏捷性，以适应动态联盟的需要。

根据供应链存在的稳定性划分，可以将供应链分为稳定的和动态的供应链。基于相对稳定、单一的市场需求而组成的供应链稳定性较强；而基于相对频繁变化、复杂的需求而组成的供应链动态性较高，在实际管理运作中，需要根据不断变化的需求，相应地改变供应链的组成。根据供应链容量与用户需求的关系可以将供应链划分为平衡的供应链和倾斜的供应链。一个供应链具有一定的、相对稳定的设备容量和生产能力（所有结点企业能力的综合，包括供应商、制造商、分销商、零售商等），但用户需求处于不断变化的过程中，当供应链的容量能满足用户需求时，供应链处于平衡状态，而当市场变化加剧，造成供应链成本增加、库存增加、浪费增加等现象时，企业不是在最优状态下运作，供应链则处于倾斜状态。当然，根据不同的方式划分的种类不同，供应链的划分标准较多，这里不在一一罗列。

3．供应链的特征

供应链是一个网链结构，由围绕核心企业的供应商、供应商的供应商和用户、用户的用户组成。每个企业是一个结点，结点企业和结点企业之间是一种供需关系。供应链的这种结构决定了其具有以下特征：

① 复杂性。因为供应链结点企业组成的跨度（层次）不同，供应链往往由多个、多类型甚至多国企业构成，所以供应链结构模式比一般单个企业的结构模式更为复杂。

② 动态性。供应链管理因企业战略和适应市场需求变化的需要，其中结点企业需要动态的更新，这就使得供应链具有明显的动态性。

③ 面向用户需求。供应链的形成、存在、重构，都是基于一定的市场需求而发生，并且在供应链的运作过程中，用户的需求拉动是供应链中信息流、物流、资金流运作的驱动源。

④ 交叉性。结点企业可以是这个供应链的成员同时又另一个供应链的成员，众多的供应链形成交叉结构，增加了协调管理的难度。

9.1.2 供应链管理

1．供应链管理的概念

最早人们把供应链管理的重点放在管理库存上，作为平衡有限的生产能力和适应用户需求变化的缓冲手段，它通过各种协调手段，寻求把产品迅速、可靠地送到用户手中所需要的费用与生产、库存管理费用之间的平衡点，从而确定最佳的库存投资额。因此其主要的工作任务是管理库存和运输。现在的供应链管理则把供应链上的各个企业作为一个不可分割的整体，使供应链上各企业分担的采购、生产、分销和销售的职能成为一个协调发展的有机体。

而具体什么是供应链管理呢？1996 年，美国供应链协会就将供应链管理（SCM）定义为：供应链管理包括管理供应与需求、原材料、备品备件的采购、制造与装配、物件的存放及库存查询，订单的录入与管理、渠道分销及最终交付用户。这一定义进一步描述了 SCM 的 4 个基本流程：计划、采购、制造和配送。

《物流术语》（GB/T18354—2006）中对供应链管理定义为：利用计算机网络技术全面规划供应链中的商流、物流、信息流、资金流等，并进行计划、组织、协调与控制。

随着生产技术、商业模式、经济发展和技术革新的不断演进，供应链管理概念的内涵和外延不断深化和扩张，它根植于从原材料供应商到最终用户的所有关键业务过程，最终目的是深入供应链的各个增值环节和相关结点，将消费者所需选择的产品、商品或服务，在消费者限定的时限内，按照消费者制定的数量和质量，以适当的状态和消费者可以接受的价格送到其指定地点，并实现总成本最小，从而实现企业利润最大化。供应链的管理就是要专注于企业核心竞争力，识别自身的优势所在，将相应的资源投放到其优势方面。供应链管理强调整体、系统的概念，它囊括了从上至下的供应商及用户的相关环节，通过对物流、资金流和信息流的管理，努力实现以最小的成本使用户服务水平达到最优，寻求整体效率最优，使供应链上的各个企业达到共赢。

供应链管理是以市场和客户需求为导向的，在供应链主导企业协调下，本着共赢原则，以提高整体竞争力为方向，通过提升市场占有率、客户满意度来使整体收益最大化；以协同商务、协同竞争为基本运作模式，通过运用现代企业管理制度和信息技术，达到对整个供应链上的信息流、物流、资金流、业务流和价值流的有效规划和控制，从而将客户、供应商、制造商、销售商、服务商等合作伙伴连接成一个完整的网状结构，形成一个具备强大竞争力的战略联盟。简而言之，供应链管理就是优化和改进供应链活动，优化对象是供应链组织和它们之间的各种“流”，应用的方法是集成和协同，目的是满足客户的需求，最终的体现是提高供应链的整体竞争能力。

2．供应链管理的内容

供应链管理的范围和内容与对供应链管理的定义是分不开的，根据对供应链管理的定义，供应链管理不仅仅包括运作管理，还包括战略管理和战术管理。

一般认为，供应链管理是通过对物流、资金流和信息流的管理，协调供应链内的各个企业、各个部门之间的运作的一个过程。按照管理的内容，供应链的管理可以分为三个层次，即战略管理层、战术管理层和业务管理层。

供应链的战略管理主要为供应链发展的目标、方向等重大问题做出决策。战略管理可以使供应链在发展规划中更加体现出超前性，使得供应链的运作更加系统和逻辑。供应链战略管理的主要内容是：

① 制定供应链的目标和原则，即规定供应链以什么样的运作方式满足顾客的需求。供应链可以是敏捷的，也可以是高效的，或高质量的。

② 建立战略性友好伙伴关系。

③ 评价和分析企业的外部环境因素。

④ 评价和分析企业的竞争优势和劣势。

⑤ 确定供应链的状态。

⑥ 供应链网络结构的分析与设计等。

供应链的战术管理是实现供应链战略目标的方法和手段。一方面它把战略性目标转换为针对某一个功能的目标，另一方面它使供应链中的各个功能达到平衡。同时战略管理还开发实现战略管理目标的工具、方法和资源等。供应链的业务管理主要是保证供应链的顺利运行、满足客户的需求等的日常管理工作。它着重于详细的系统设计和各种业务流程的计划、控制和处理。

3．供应链管理的特点

第一是把供应链内的企业看作一个整体。传统的管理模式往往以企业的职能部门为基础，但由于各企业之间以及企业内部职能部门之间的性质、目标不同，造成相互的矛盾和利益冲突，各企业之间以及企业内部职能部门之间无法完全发挥其职能效率。

供应链是由供应商、制造商、分销商、销售商、客户和服务商组成的网状结构，各环节是环环相扣的一个有机整体。供应链管理把物流、信息流、资金流、业务流和价值流的管理贯穿于供应链的全过程。它覆盖了产品的整个生命周期，从原材料和零部件的采购与供应、产品制造、运输与仓储到销售等职能领域。它要求各结点企业之间实现信息共享、风险共担、利益共存，并从战略的高度来认识供应链管理的重要性和必要性，从而真正实现整体的有效管理；它把不同的企业集成起来以增加整个供应链的效率，注重的是企业之间的合作，以达到全局最优。

第二是维持合理的库存。传统的库存思想认为：库存是维系生产与销售的必要措施，是一种必要的成本。供应链管理使企业与其上下游之间有可能在不同的市场环境下实现库存的转移，降低企业的库存成本。无论是生产环节的 JIT（准时生产），还是销售环节的 VIM，这些理论的目的都是维持一个合理的库存，实现的前提是供应链上的各个企业成员通过数据交换共享信息。通过合理的安排生产节奏以及整个供应链的快速反应，不但能够有效地降低库存总成本，还能缩短交易时间，降低供应链内各环节的交易成本。

第三是以终端客户为中心。无论构成供应链结点的企业数量的多少，也无论供应链结点企业的类型、层次有多少，供应链的形成都是以客户和最终消费者的需求为导向的。正是由于有了客户和最终消费者的需求，才有了供应链存在的价值，也只有让客户和最终消费者的需求得到满足，才能让供应链有发展的可能。

供应链管理与优化的重要内容就是流程上的重构与补充，这对提高企业管理水平和完善管理流程具有重要的作用，随着供应链体系建设不断完善，体系的建设又会反过来促进企业管理的科学化和标准化，提升企业的综合竞争能力。

9.1.3 供应链融资

1. 供应链融资的原理

一般来说，一个特定商品的供应链从原材料采购开始，到最终产品形态完成，通过分销网络把产品送到消费者手中，将供应商、制造商、分销商、零售商直到最终用户连成一个整体。在这个供应链中，竞争力较强、规模较大的供应链主导企业因其强势地位，往往在交货时间、价格、账期等贸易条件对上下游配套企业要求苛刻，从而给周边企业造成压力。上下游配套企业大多是中小企业，融资渠道较少，有可能因此造成资金链紧张，破坏整个供应链的平衡。

从供应链内部来看，供应链主导企业不愿承担过多的资金风险，而上下游中小型企业缺乏融资能力，这是供应链资金流不畅的主要原因。如果供应链主导企业能够将自身的资金注入上下游企业，金融机构也能够有效监管供应链主导企业及其上下游企业的业务往来，那么金融机构作为供应链外部的第三方机构就能够将沉淀在供应链内的资金流盘活，同时还可能获得金融业务的扩展。

供应链融资最大的特点就是在供应链中寻找出一个相对较大，又对业务扩张有一定想法的企业，以这个企业为支点，为上下游提供金融支持。供应链融资的意义在于一方面将资金注入处于相对弱势的上下游配套中小企业，解决中小企业融资难和供应链失衡的问题；另一方面将商业信用融入上下游企业的购销行为，促进中小企业与供应链主导企业建立长期战略协同关系，提升供应链的竞争能力。

对金融机构而言，供应链融资与传统信贷业务最大的差别在于，它是利用供应链中起主导作用的产销企业或第三方企业的信用及管理能力，来缓解金融机构与中小型企业之间信息的不对称，解决中小型企业的融资困境。因此可以这样理解供应链融资：

首先，供应链融资是一项金融服务，服务的是供应链的资金往来。

其次，在整个供应链的信用评估中，供应链主导企业的信用被赋予很大的权重，也就是说供应链主导企业的风险是供应链整体风险的主要来源。

再次，供应链主导企业与其他链内企业之间的交易需要被监督，确保真实的业务背景。

最后，供应链金融是一种财务融资，企业向金融机构的抵押物不是固定资产，而是应收账款、预付款和存货等流动资产。

2．供应链融资的意义

供应链金融对整个供应链生态系统的健康发展具有直接、强大的作用。具体表现在以下方面：

① 对中小企业而言，银行等金融机构为供应链上下游中小企业提供的相关金融服务，是以新的视角看待中小企业的融资风险，即从专注于评估中小企业本身的信用风险，转变为评估整个供应链的风险，从静态评估中小企业财务数据，转变成动态评估整个交易的过程。这样不但正确评价了业务的真实风险，还原了中小企业的实际价值，也能放宽对中小企业融资的限制，将更多的中小企业纳入金融机构的服务范围，不仅能够有效地解决中小企业的融资问题，还能使中小企业更好地扩大经营的范围，进入发展的良性循环。

② 供应链主导企业与供应链上下游企业有长期的贸易往来关系，对供应链上中小企业的经营状况、管理能力、信用状况等方面有深入的了解；银行借助主导企业对中小企业的了解和评价，以实际发生的业务为纽带，将主导企业与上下游企业的利益进行捆绑。供应链主导企业常被要求以产品回购等形式附带连带责任，如果中小企业失约，就会影响到与主导企业之间的贸易关系，甚至威胁到中小企业的生存，从主观上说不具有违约动机。

③ 对以银行为代表的金融机构而言，通过推广供应链金融服务，可以获得对中小企业市场深入开发和业务综合发展的机会。银行热衷于服务大客户，容易导致贷款风险集中；供应链金融能够为银行带来大量的新客户，并能够通过培育处在成长期优质的小客户，改善对少数大客户过度依赖的状况。

④ 供应链金融内在的约束机制还能有效地降低银行对客户的开发和维护成本，理论上降低客户的流失率，通过提供供应链金融服务覆盖多种潜在的收益增长点，不仅能得到表内或者表外的资产收益，还可以为获得融资的中小企业提供财务咨询、信息管理等中间业务的收益，同时供应链主导企业和融资企业在银行账户资金的积累也为银行带来了存款收益。

⑤ 在供应链金融模式中，金融机构可以适当淡化对企业的财务分析和贷款准入控制，需要关注的重心是每笔具体的业务交易。在融资过程中，银行重点考察申请贷款企业单笔贸易的真实背景及企业的历史信誉状况，通过资金的封闭式运作，确保每笔真实业务发生后的资金回笼来控制贷款风险，从而使一些因财务指标达不到银行标准而难以获得贷款的中小企业，可以凭借真实交易的单笔业务来获得贷款，适合中小企业资信普遍较低的特点，在一定程度上满足资金需求。通过对物权控制和融资款项的封闭运作，金融机构可以实施资金流和物资流的双向控制，使风险监控直接渗透到企业的经营环节，有利于对风险的动态把握，并可以在一定程度上实现银行授信与融资主体风险的隔离。

⑥ 金融机构或其代理人应该更注重交易背景的真实性和连续性，通过对企业信用记录、交易对手、客户违约成本、银行贷后管理和操作手续等情况的审查，确定企业在贸易过程中所产生的销售收入作为其融资的第一还款来源，限定融资期限与贸易周期相匹配，使资金不会被挪用，降低贷款风险。

⑦ 对整个供应链体系而言，供应链金融有利于提升供应链成员的整体竞争力，解决供应链协调发展的难题，促进中小企业发展业务和提升实力。中小企业在供应链中多数承担供应商和分销商等角色，这些企业的供应能力和销售能力在很大程度上影响供应链主导企业的市场竞争力，银行对主导企业上下游的融资服务也会降低主导企业的融资需求和成本。

⑧ 供应链金融突破了贸易体系基于买卖合同达成的交易关系局限，将金融机构、制造商、分销商、零售商、物流商和最终消费者通过金融手段有效联结在一起，使整个供应链中的资金流向更合理，提高了整个供应链的运作效率，能有效增强整个供应链的市场竞争能力。

9.2 供应链金融概述

9.2.1 供应链金融的定义

随着供应链思想逐渐被接受以及供应链理论研究的日趋完善，供应链中的物流、商流、信息流的效率得到巨大的提升。原本被认为是辅助流程的资金流动问题，逐渐出现在资金相对短缺的中小企业身上，成为制约整个供应链发展的瓶颈。无论是从单个企业的角度还是从供应链的角度出发，供应链中的四流——物流、商流、信息流和资金流都是相互作用、相互影响，形成一个相辅相成的整体；特别是供应链中的信息流和资金流，基本上贯穿了供应链的所有环节。研究供应链中的资金流问题和财务问题，不仅对为供应链正常运转提供资金支持的融资行为的理解意义重大，对理解供应链正常运转、企业和供应链内的行为逻辑也具有重要意义。

供应链金融（Supply Chain Finance，SCF），是商业银行信贷业务的一个专业领域，也是中小企业的一种新的融资渠道，即为满足供应链内部中小企业融资需求，基于对供应链内部的交易结构进行分析，运用自偿性贸易融资的信贷模型，在原有点对点融资的基础上，引入核心企业、第三方物流企业监管等风险控制变量，根据供应链中的真实贸易背景将供应链中核心企业的信用进行延伸，以企业贸易活动所产生的确定未来现金流为直接还款来源，对供应链的不同结点提供封闭的授信支持及其他结算、理财等综合金融服务的一种创新金融模式。

从供应链整体的角度来考虑，对整个链条进行风险评价分析。针对核心企业和上下游的中小企业的整体设计融资方案，而不是针对单个企业进行风险评价的方式有助于提升整条供应链的竞争实力。随着 SCF 研究的深入，其主要的研究领域也随之发生了一些变化和转移。从最初的只关注基本的融资功能，到后来的逐渐拓展到资金的使用和资金的流转周期上。

从国际上来看，首次提出供应链金融概念的是蒂默等学者，他们认为供应链上的参与方与为其提供金融支持的处于供应链外部的金融服务提供者可以建立协作，而这种协作关系旨在实现供应链的目标，同时考虑到物流、信息流和资金流及进程、全部资产和供应链上的参与主体的经营，这一过程就称作为供应链金融。从这个概念界定可以看出，供应链金融非常强调金融主体与供应链参与企业之间协作关系的建立，并且通过这种紧密的关系，可以促进供应链商流、物流、信息流和资金流的结合。此外，鲍尔索克斯等人指出，对资产（如供应链不动产、机械设备和动产）融资的优化，是供应链金融的重要领域。Santoraero 认为，从价值增加的中介理论研究出发，供应链与金融服务中介的结合将是价值增加的增值途径，而供应链金融则是未来发展的一个方向。霍夫曼则在一篇文章中指出，运营资产管理旨在降低固定资产，以及库存和在途物资，同样试图通过改善物流和信息流的交互环节，来缩短在途时间、预付款和付款期限，是供应链管理与财务工具相结合的一个方式。同样，普法夫等人认为订单周期管理，包括涉及订单、记账、支付过程和 IT 系统的任何活动，也是供应链金融的一个重要方面。Aberdeen 认为供应链金融的核心问题就是重视供应链的融资和结算成本，并设计出对供应链成本流程的优化方案。Michael Lamoureux 认为，供应链金融是一种在核心企业主导的企业生态圈中，对资金流通的可行性和融资成本进行系统优化的过程。这种优化主要是通过对供应链内的信息流进行归集、整合、打包和利用的过程，注入成本分析、成本管理和各类融资手段而实现的。

以上这些界定的特点在于指出了供应链金融通过供应链企业与金融服务提供者之间的合作关系，能够优化供应链资金流、降低供应链财务成本。

在国内，供应链金融理论的发展相对较慢，多数学者对供应链金融进行了一定程度的探究，主要有：陈祥锋、石代伦等人于 2005 年、2006 年发表了一系列文章，对于仓储与物流中的金融服务创新模式——融通仓进行了介绍，包括融通仓的概念特征、结构、运作模式及其应用。杨绍辉从商业银行的角度出发，给出了“供应链金融”的定义：供应链金融是为中小型企业量身定做的一种新型融资模式，它将资金流有效地整合到供应链管理中来，既为供应链各个环节的企业提供商业贸易资金服务，又为供应链弱势企业提供新型贷款融资服务。王禅将“供应链金融”定义为银行从整个产业链角度出发，开展综合授信，把供应链上的相关企业作为一个整体，根据交易中构成的链条关系和行业特点设定融资方案，将资金有效注入到供应链上的相关企业，提供灵活运用的金融产品和服务的一种融资模式。蒋婧梅、战明华认为中小企业由于其自身缺乏抵押物、信息不透明等问题，长期以来遭受融资难的发展瓶颈。随着科技水平、物流业、供应产业链的发展，供应链金融这一创新产品以其独特的优势成为商业银行新的业务领域。

关于国内供应链金融概念的界定很多，可归纳为以下三类：

第一类观点来自商业金融机构，认为供应链金融是金融机构站在供应链全局的高度，把供应链上的相关企业作为一个整体，基于交易过程中构成的链条关系和行业特点设定融资方案，将资金有效注入供应链上的相关企业，提供灵活运用的金融产品和服务的一种融资创新解决方案。

第二类观点来自供应链中的主导企业，认为供应链金融是一种在供应链主导企业营造的企业生态圈中，对资金的可得性和成本进行系统性优化的过程。

第三类观点来自物流服务商，认为供应链金融是物流与金融业务的集成、协作和风险共担的有机结合服务，是一种物流金融或金融物流。它为商品流通的全过程提供服务，服务对象是供应商、生产商、销售商、物流企业、金融机构等。

综上所述，结合国内外对供应链金融理解的异同，我们认为供应链金融是一种集物流运作、商业运作和金融管理为一体的管理行为和过程，它将贸易中的买方、卖方、第三方物流以及金融机构紧密地联系在了一起，实现了用供应链物流盘活资金，同时用资金拉动供应链物流的作用；而在这个过程中，金融机构如何更有效地嵌入供应链网络，与供应链经营企业相结合，实现有效的供应链资金运行，同时又能合理地控制风险，成为供应链金融的关键问题。

9.2.2 供应链金融的参与主体

供应链金融，顾名思义是发生在供应链上的各参与主体，以及其中的利益相关者之间的金融关系，上游供应商、下游经销商、末端零售商、终端企业或消费者等；在他们的交易过程中还有承载着物流、资金流、信息流、商流的相关企业，比如物流的承载需要物流提供商，资金流则需要有金融机构或者非金融机构但是具备融资能力的主体来参与。一般来说，供应链金融中的参与主体分为四大类，资金需求主体、金融服务提供商、风险承担者和交易风险管理者。下面我们分别对各主要参与者的定义、范围及作用进行详细描述。

1．资金需求主体

在商业交易过程中，无论哪种业务模式，供应链金融是基于交易主体的需求而产生的，没有需求，便没有市场；故而，供应链金融实施的起始点便是有需求的一方，即资金需求主体。资金的需求主体，即供应链结点上的企业，包括核心企业和上下游的配套企业；我们知道，在一条供应链所涉及的企业当中，总会存在一家规模较大、实力较强，能够对整个供应链的物流和资金流产生较大影响的企业，而这家企业的信誉、资金实力都有较强的保障，即称为核心企业。在供应链金融服务中，核心企业可以为上下游中小企业融资提供相关的担保。一般而言，多数是配套企业在充当供应链金融服务的需求者，主要是供应链中处于弱势地位的中小企业。它们通过动产质押以及第三方物流企业或核心企业担保等方式从金融机构获得贷款。

2．金融服务提供商

商业交易中，资金流即涉及金融机构，是供应链金融中直接提供金融资源的主体，即特定的金融服务机构、商业银行及投资者，甚至还会涉及目前发展迅速的非金融支付机构，比如支付宝、财付通等企业。狭义来看，金融服务提供商是所有致力于为其他机构的投资及财务需求提供金融支持的机构。广义看来，金融服务商包括所有有结算合同的机构，而非必须是链上的契约方。这就包含了金融服务商、银行或者保险公司的资本投资、证券投资或者风险管理等，甚至代理商或者咨询企业（提供信息及咨询服务）也属于广义上的金融服务提供商。

3．风险承担者

一般而言，风险承担者可以是供应链金融中直接提供金融资源的主体，也可以是资金需求者在融资过程中承担担保责任的其他利益相关者，以前者为主，主要包括商业银行、投资机构、保险公司、担保/保理机构以及对冲基金等。这类参与主体一般发挥着三种职能：

第一，直接促使资金放贷和信用增强。要实现这一点有两个要素。一是确立供应链金融业务标准，否则这些机构将面对较大风险，因为它们并不直接介入供应链的实际运行，所以，只有确立标准，才能使它们及时监控交易的细节与过程，把握可能存在的风险。二是管理贸易融资与以资产为基础的融资之间的冲突与矛盾，即将以往借贷业务中很难开展的资产和业务转化成一种可融资对象的综合解决方案。

第二，后台与风险管理。虽然在供应链金融中有交易风险管理者管理风险，但是由于金融机构是最终的风险承担者，所以，它也需要有风险管理体系和手段，这包括交易文件的管理，以及将信用与其他风险管理者结合起来的运作框架等。

第三，融资产品条款的具体安排，包括供应链金融产品定价或收益设计等，特别是如何通过供应链金融体系的建立，使供应链参与各方获得相应的利益和回报。

其他利益相关者的担保，主要可能涉及供应链中的核心企业以及物流服务提供商，其中，物流服务提供商是供应链中的另一类成员，不一定在任何状态下都存在，只有在它们为一家或者多家供应链成员提供物流服务时，才会被当成供应链上成员。过去，LSP（Logistics Server Providers，物流服务提供商）为顾客及供应商提供运输及仓储服务等狭义物流服务，而今物流服务产业整体上正在经历巨大的变化，服务的范围大大拓展。由于企业越来越专注于自身的核心能力，物流服务企业所提供的价值增加或者行政服务活动也越来越广，比如支付、担保、售后服务等。此外，第三方物流还是供应链金融服务的主要协调者，一方面为中小企业提供物流、信用担保服务，另一方面为银行等金融机构提供资产管理服务（监管、拍卖等），搭建银企间合作的桥梁。

4．交易风险管理者

交易风险管理者拥有交易、物流数据、聚合数据，并将整合的数据传递给投资者以做出相应的决策，它将各类不同的经济主体有机地组织在一起从事供应链金融活动，包括供应链买卖双方、第三方物流服务提供商、金融机构以及其他所有相关机构。其功能在于证实数据、整合数据、分析数据以及呈现数据，促进供应链中金融活动的顺利开展。

具体讲，交易风险管理者承担的主要职责包括如下活动：

（1）物流数据的整合

从某种意义上讲，将物流数据与金融活动相结合是交易风险管理者最主要的职责。在供应链金融运作过程中，追踪物流活动和管理产品物流是供应链金融的关键，物流服务提供商将相应的物流信息传递给交易风险管理者（当然这个管理者也可能就是第三方），它需要证实这些信息的完整性和可靠性，同时整合、分析各方面的信息（即交易信息和其他信息），将这些加工后的信息传递给风险承担者进行决策。从这个角度看，交易风险管理者需要具备物流经营和管理的知识与经验，能够正确合理地把握物流运行的状态，也要了解关键控制点，否则供应链金融所需要的信息就会出现偏差，并带来灾难性的后果。

（2）信息技术的推动和大数据的运用

在供应链金融的运作过程中，信息技术和大数据是关键，二者是保障物流信息与金融活动完美结合的基础。一方面，所有的物流服务提供商或交易伙伴需要通过信息技术将相关信息传递给交易风险管理者；另一方面，它们还需要将整理整合后的数据通过信息技术传递给风险承担者。风险管理者之所以能全面了解供应链的运行状况，控制金融活动中的风险，关键在于信息技术的运用，并且能够借助大数据把握供应链交易的特征、各参与方的行为状态，从而合理地设计出相应的产品。

（3）交易和信用保险的支撑平台

供应链金融的有效开展，需要运用交易和信用保险转移可能存在的风险，推动资金流在供应链中的有效运行。这要求根据交易的特点、产品的性质状况等选择金融机构、保险机构设计出相应的产品，同时不断监控交易的过程和产品的状况，使得保险既能有效转移风险，也能将风险控制在可接受的范围，这就需要交易风险管理者提供全面的支撑服务。第四，促进融资行为。通过风险管理者的管理活动和整体设计安排，最终能推动供应链中的企业展开融资活动，切实地解决供应链中一些企业，特别是中小企业融资困难的状况。

供应链上的各个参与主体都有着不同的组织及流程，因而供应链上运营及财务处理过程中所涉及的对接主体将会出现在不同企业中。不仅是企业内部，企业外部与供应链其他成员的交接处也因此处于动态变化之中。通常来说，企业内部参与主体包括运营活动所涉及的所有部门，例如，产销相关的采购、生产、分销及物流单位，与资金流相关的所有处理资金和财务活动的部门。当做出有关投资、会计、财务的决策时，会计部门、控制部门及财务部门也需要被考虑进来。

因此，对于供应链上某一个企业而言，其主要职责是处理接口事宜。问题在于哪一级的哪一个部门该负责供应链金融的相应决策及相关任务。供应链管理旨在通过整合创造价值的流程来优化资金、物料及信息的流动。因此，供应链金融关注管理物流过程中引发的金融职能。

9.2.3　供应链金融的发展现状及趋势

现代意义的供应链金融发源于 20 世纪 80 年代，深层次的原因在于世界级企业巨头寻求成本最小化需求下的全球性业务外包，由此衍生出供应链管理的概念。随着供应链的扩展，与此对应的供应链管理和供应链财务管理也应运而生，进而导致了供应链金融的产生。

经济学家克里斯多夫认为，市场上只有供应链而没有企业，真正的竞争不是企业与企业之间的竞争，而是供应链与供应链之间的竞争。供应链上实力雄厚的主导企业及上下游中小企业都希望通过供应链的整体运作实现成本的降低以及价值的提升。

供应链金融从整体的角度出发，依托供应链主导企业，改变了银行等金融机构仅针对单一企业主体的授信模式，将资金有效注入供应链中，把为主导企业提供的金融服务扩展到供应链上的中小企业，有效解决了中小企业的融资问题。同时，供应链金融强化了信用在企业间交易行为的作用，能够促进供应链主导企业与周边企业的长期合作关系，有效提升供应链整体竞争力。

1．国外供应链金融发展现状

总体来说，国际上供应链金融创新主要是围绕着两个思路来进行的：第一个思路是围绕供应链主导企业展开，以产业链为基础，监控货物流转的过程和上下游供销合同的履行情况，并根据生产经营要求，配套提供结算和融资服务，此时风险主要源于供应链主导企业自身的信用基础及对供应链稳定运行的影响力和产业链上其他企业的履约情况；第二个思路是资金提供方直接控制流转中商品的价值，并以此为基础提供融资服务，资金提供方的风险主要源于自身对物流的控制能力和商品的变现能力。国际供应链金融业务经过多年的发展，有以下几个主要特点：

第一是主体多元化。在国际上，供应链金融业务的最大特点之一，就是开展这些业务的不仅仅是银行等金融机构，还包括一些供应链中的主导企业、物流公司和第三方管理公司。主体多元化的好处不仅在于加强市场竞争从而促进产品创新，更重要的在于可以进一步内生化风险，自觉加强整个供应链中不同部门对自身行为的约束和对其他部门行为的监督，提升供应链金融业务的综合效率。

第二是产品创新力强，业务形式丰富。由于国外开展供应链金融业务主体相对多元化，由此催生出各种因地制宜的业务形式，无论是传统上经营金融业务的银行，还是供应链上的企业，甚至第三方机构，都希望在这个市场上分一杯羹，创造出了大量的业务形态。

国际上供应链金融业务品种繁多，包括先票后货授信，进口信用证项下未来货权质押授信、票据池授信、动态质押授信、出口信用险项下授信、普通仓单质押授信、国内保理池融资、附保函的商业承兑汇票等。

第三是动产担保制度完善。如在美国约 95% 的中小企业融资有动产担保，是动产担保制度最完善的国家。其特点是统一的商法典中没有严格地区分物权和债权，因此担保权的本质是为保全债权而对担保物所享有的优先求偿权，以此覆盖不同形式的动产担保，界定了范围宽泛的可担保动产，并在此基础上建立了统一的动产担保交易法律规范；其次是建立了规范的动产担保公示方式以及系统完备的全国统一登记制度。美国将动产担保的主要功能定位在资金融通上，为信用交易和融资提供了基础法律保证，使得供应链融资业务得以顺利开展。

第四是得益于信息技术的发达，建立了透明高效的信息平台。国外发展比较成熟的供应链金融业务一般都有一个透明高效的信息平台作为支撑，该平台提供有关单据状态、买卖方指令、交易额、融资类别、信用额度等信息，用来预测现金流，提高交易可视度，充当风险管理工具。透明高效的电子化平台既能节省时间和成本，又保证了交易的安全性；既保证了交易信息的公开，也免去了客户面对大量烦琐单证的烦恼，提高了供应链融资的效率。

2. 国内供应链金融发展现状

国内供应链金融的发展有赖于改革开放以来制造业的快速发展，世界制造中心吸引了越来越多的国际产业分工，中国成为大量跨国企业供应链的汇集点。在短短的十几年内，中国的供应链金融得到快速发展，从无到有，从简单到复杂，并针对中国本土企业进行了诸多创新。

除了制造业快速发展带来的资金需求，中国供应链金融的发展也得益于20世纪90年代以来中国物流业的快速发展。21世纪以来，中国物流行业正在经历一场前所未有的大整合，网络效应和规模效应逐渐在一些大型物流企业体现出来，为了在更多方面深入供应链的整体服务，这些物流企业也把目光投向了金融服务。

在供应链金融服务的供给方面，随着经济全球化的不断深入，不仅国内银行在融入国际经济时面临着激烈的竞争，国外银行也对国内庞大的市场虎视眈眈，由于传统市场已被瓜分殆尽，针对中小企业和贸易过程的供应链金融是国际金融资本打开国内市场的利器。为了应对国外银行的步步紧逼，国内银行也在大力拓展供应链金融服务，以求不断增强自身的竞争能力，供应链金融业务在国内也逐渐兴起。

20世纪90年代末，深圳发展银行（现已并入平安银行）的华南地区各分行在开展票据贴现业务时，率先以票据买入的概念替代了传统贴现贷款，2001年又推出了另一项重要的创新产品“动产及货权质押授信”。与传统以不动产为抵押标的不同，该项业务以存货类动产设定动态质押，在保持存货流动性前提下，允许企业随时赎取部分质物用于销售。在当时，土地、房产等不动产几乎是实践中唯一被银行等信贷机构认可的抵押物，而中小企业由于企业规模、资产规模的限制往往没有能力提供银行要求的抵押品，导致无法获得银行贷款。在提出货权质押的概念后，深圳发展银行广州分行首先在汽车行业进行了尝试，尝试效果非常理想。

2002年，深圳发展银行广州分行在总结票据贴现业务的基础上，推出“深发票据CPS”（以票据为载体的企业短期融资方案），并在行里进行了巡回演讲推介，虽然反响不大，但是总行对区域性分行的成功做法表示鼓励。随着票据贴现和存货质押业务的不断发展，深圳发展银行还适时引入了“自偿性贸易融资”的概念，就是通过交易的回款来归还银行的贷款。2003 年，广州分行整合应收、预付和存货类商品贸易融资产品，率先推出“自偿性贸易融资”理念，并在全行推广，奠定了其系统性产品基础，同时首创“1 + N”模式。供应链金融“1 + N”模式，是基于供应链结构的特点及对交易商品的把握，围绕某“1”供应链主导企业的信用实力，为供应链上下游的“N”家企业提供全面、灵活的金融产品和服务的一种融资方式。这种模式跳出单个企业的局限，让银行从整个供应链角度开展综合授信，在帮助整个供应链发展的同时，为中小企业提供了融资渠道。

尽管供应链金融业务在国内已经取得一定成绩，但是在前进的道路上确实还存在一些不尽如人意的地方，主要包括以下几点。

首先是供应链主导企业的控制力弱。供应链主导企业之所以能够承担供应链的资源组合与集成功能，源于其在合作竞争中形成的企业权威。如果企业不能在供应链竞争中培育起自己的权威，就无法有效地整合供应链资源，难以发挥供应链的协同优势。目前国内企业供应链管理能力普遍不强，经营过程中过于关注自身发展情况，企业建设大而全、小而全的思想还有很大市场，与协作企业建立的关系层级较低，对供应链成员企业的管理既缺乏制度化的约束手段，也缺乏有效的利益激励，造成供应链成员企业对核心企业的归属感不强。这种状况不仅使银行可选择开发的供应链数量有限，而且在业务开展时还要审慎评估供应链内部约束机制的有效性。

其次是信息流通不畅。在供应链金融服务模式下，金融机构如果能够方便、准确地获取授信企业的相关信息，可以在一定程度上缓解金融机构和企业之间信息不对称的矛盾。然而目前很多企业的信息化建设水平不高，也不够规范，造成金融机构可选择的余地不大。供应链金融业务针对的是具体业务，对于无法及时沟通信息的企业，银行无法对其经营状况做出判断，自然也就无法提供融资。

再次是风险控制机制不健全。传统的贸易融资强调的是特定交易环节供需双方企业的信用状况和贸易的真实背景，而供应链融资强调整个供应链风险的监控与防范，这要求对供应链各个环节潜在的风险都要加以识别与控制，如果找不到合格的代理人，就会大幅增加管理成本，甚至造成业务无法开展。

最后是物流监管能力还不高。虽然中储、中远、中外运等知名物流企业经过十多年供应链金融业务的探索实践，取得了一定的成功，但我国目前物流市场经营环境仍然复杂混乱，管理规范、实力雄厚且了解特定市场的第三方物流公司数量不多，物流管理能力和信息化水平普遍不高，要想满足银行对出入库作业和库存的实时监管，还需要在信息化建设和规范化管理上多做努力。

金融机构如果不在上面几个方面严格把关，选择合适的合作伙伴和客户，就有可能会出现代理人企业在利益的驱使下与授信企业一起合谋诈骗银行的情况，其中最广为人知的，应该是上海钢贸事件。

从 2011 年起，华东地区福建籍钢贸圈发生了企业资金链断裂倒闭、资产被查封，钢贸商潜逃或自杀、信用卡偿贷逾期后被通缉等一系列事件。钢材属大宗商品，钢铁贸易垫资金额巨大，作为中间环节的钢贸商除了要提前支付钢厂的货款之外，一般还需要接受下游客户的延后付款。早在2000年年初，位于上海的逸仙钢材市场首创了五户联保、动产质押加上机构担保的模式，这在当时被银行誉为重要的金融创新。通过将3~5个钢贸企业结成小组，联合向银行提出授信，每个企业均对贷款承担连带担保责任，以降低贷款风险。银行给钢贸商办理贷款时，一般还会要求钢材市场成立的担保公司进行担保，这样一来，即便钢贸商无法还贷，实力雄厚的担保公司、钢材市场老板也会兜底代偿。

2008年后，4万亿元投资盛宴开启，从中信推出供应链金融产品、民生银行首创“银行为钢贸商垫资”模式起，钢贸商从银行贷款容易起来。由于对于资金的饥渴，钢贸商们将目标对准银行，逐渐形成了钢厂、银行和钢贸商三方交易的模式：钢贸商订的货由银行直接支付给钢厂，钢厂发货的时候货主就成了银行，钢贸商销售时只需将出货量对应的钱款打到银行指定账户，然后银行开具放货手续给仓库。起初银行会预收钢贸商20%~50%的保证金，但是看到某些银行在当时看来不可想象地开始以上浮20%利率向钢贸商放贷，而钢贸商的生意却能越做越大时，这种举措引起各家银行效仿，直到最后银行对于钢贸商的需求彻底放开，在顶峰时期贷款利率上浮已经达到40%。各银行之间不理智的竞争行为，还导致了原本要求的质押变了味，同一批货物抵押给一家银行获得贷款后，重复抵押给另外一家银行；同一批货物在不同法人名下，由不同的法人向同一家银行申请质押贷款的现象也经常发生。很多中小钢贸商通过交换钢材货存，向银行连环贷款，再把贷来的资金投到地产和股市里套利，借款黑洞在钢贸圈越滚越大。

2011年国家启动调控政策，建筑市场趋冷，需求不足，钢价开始下滑，2012年3~9月，螺纹钢价格从5 300元每吨一路猛跌到3 300元每吨。银行开始由信贷扩张转为信贷紧缩，以前埋下的风险集中爆发。为了追回贷款，部分银行工作人员要求钢贸商通过信用卡或民间借贷还款，并承诺还贷后立即发放新贷款，随后却无法兑现，银行的贷款窟窿暂时堵上了，钢贸商却陷入了信用卡纠纷，甚至被上网通缉。2013年4月一个月内，上海开庭209起银行起诉钢贸商案件，同年8月开庭的钢贸金融纠纷案增至302起。

金融机构竞争的加剧，使得创新金融产品成为这个领域主要的竞争手段。然而大量创新的金融产品却在不完善的业务模式下加大了操作的风险，一些操作细节被忽视或无法被监控，最终形成了金融陷阱。违背了真实的贸易背景这一原则，是造成上海钢贸事件的主要原因。

相对于发达国家，我国的供应链金融也有自己的特点。

首先，我国供应链金融业务中的放贷方以商业银行为主，虽然这些商业银行都完成了股份制改造，但是国有实际控股仍然相当可观，所以在提供供应链金融业务的动机上以及操作过程中更容易受到政府的政策干预，国外供应链金融主体相对多元化，市场化程度更高，运作手段也更成熟、规范。

其次，国外银行推出供应链金融的初衷在于维系与老客户的关系，即避免因全球化背景下产业组织结构化导致老客户流失；而国内银行业热衷的供应链金融则基于明确的新客户导向，即一种开发中小企业市场新的授信技术和盈利模式。

最后，国内供应链大多集中于下游供应商，即“分销链金融”或者“渠道融资”，因为国内核心企业与下游的利益紧密度往往超过了上游的利益联系。出于对业务外包稳定性和成本控制的关切，国际银行的供应链金融主要面对核心企业的上游供应商，而对分销商的存货融资和预付款融资大多建立在一对一基础之上。

9.3　供应链融资模式

9.3.1　应收账款融资

1．应收账款融资概念

供应链中的中小企业用应收账款单据作抵押，以核心企业的担保为前提，向金融机构进行融资的模式称为应收账款融资模式。融资企业、核心企业与银行签订三方协议，销售收入作为第一还款来源，如果融资企业出现违约，核心企业作为担保将承担弥补银行损失的责任。供应链中核心企业的信用状况良好，经济实力强，银行承担的风险一部分被分散和转移到供应链上，有效控制了贷款风险。而且中小企业为了长期与核心企业合作，不会轻易违约，在一定程度上降低了银行风险。该模式主要适用于位于供应链上、中游的债权企业的销售阶段，供应商销售货物之后不能直接取得客户的付款，产生了应收账款，但是供应商正常运营需要资金周转，如支付产品的劳动成本或者偿还利息，因此，应收账款的融资模式解决了这一资金缺口。应收账款融资模式借助于真实的交易背景和核心企业的信用，使得中小企业能够快速获得银行贷款，解决了中小企业由于信用不足产生的融资难的情况，帮助其更稳定的发展。目前，我国应收账款融资的主要方式有三种：一是银行从事的应收账款质押融资业务，主要是用贷款的模式去做；第二种是保理公司从事的应收账款转让融资，保理，国际上称为最适合成长型中小企业的工具，具有逆经济周期的特点；第三种是票据池授信，这种主要是以前期的商业汇票抵押贷款或贴现的基础上发展起来的，形式灵活，能有效地为供应链上企业融通资金，加速资金周转。

2．应收账款融资分类

（1）应收账款质押融资

① 应收账款质押融资概念。应收账款质押融资的本质就是将公司的应收债务权做为一种担保，通过相应的金融机构提前将资金取出，它最终还是一种以权益为担保的交易。该融资模式大大减轻了中小型企业的资金流负担，从而为正常的生产经营提供有力的保障。虽然说此应收账款在交易中只是一种质押担保品，但相比较其他的担保还是有差异的，应收账款是实实在在的资金权益，因此它在还款处理上相当的灵活，比如说可以以银行作为中介，若公司双方产生纠纷，银行可以以行政手段进行纠纷处理。

应收账款质押有三方面的特点：第一个特点主要是保障担保债权的受偿，从属性上来说，它从属于被担保债权；第二个特点指的是不可分割性，应收账款质押进行转让的时候必须要考虑被担保债权，也即原则上，基于同一合同或收款权等产生的债权，只能全部质押给同一质权人，若有质押给不同质权人，则在后登记的质权人，只能按照登记的时间顺序，顺位获得清偿。即不能将同一债权分开进行质押。第三个特点是优先受偿性，主要是针对出质人是否履约而定的，当他不采取履约的时候，质权人就可以享受到这笔应收账款受偿之优先权。

② 应收账款质押融资分类。

a. 特定应收账款质押。这种质押方式通常针对的是单笔应收账款且具有一定数额，而在交易标的中出现的合同额巨大，而且交易的次数很少，所以常常是采取当次付清的方式或者是按照合同约定来进行分期交易。这种过程中，付款方是在借款方的授意下在银行进行资金业务办理，并不是直接给借款方支付。所以特定应收账款质押很受制造重型机械设备企业的青睐。

b. 一揽子应收账款循环授信。这种质押方式的授信基础是一揽子的应收账款，是基于应收账款的收回为基础而形成的，在固定的信贷额度限额内面向企业进行贷款，而银行方面，会在固定的信贷额度限额内给借款方提供循环授信。应收账款多且金额比较小的公司通常用的就是这种方式，中小型企业更是以此方式来图发展，因为它们虽然频频交易，但是金额都不大。

c. 应收账款存量担保授信。金融机构采取这种质押方式针对的主要是各个公司应收账款中处于峰值状态中的平衡额度，然后划拨出对应的融资额度，在应收账款实际存量余额的基础上进行资金的支出，并适时地调整自己的担保融资余额。应收账款存量担保授信是根据应收账款的余额来完成循环融资的，这对于中小企业是最适合的。

d. 应收账款未来担保融资。金融机构采取这种质押方式使资金需求方把有确切支付时间和金额的应收账款当作质押物，该笔应收账款是以收款企业与付款企业签订的购买合同为基础的，对于融资活动中进行担保的企业在应收账款融资上将要取得的融资款采取分期付款形式，且付款金额逐渐减少，秉承的大方针是“总时间段分期逐步减少，平衡逐渐恢复，信用不能循环”。这种质押融资方式，银行通常只面向那些经营良好和信贷诚信的公司，而且拥有一定的资质和实力，比如电力系统、水力行业等才能获得。

③ 应收账款质押融资模式流程（见图 9-3）。

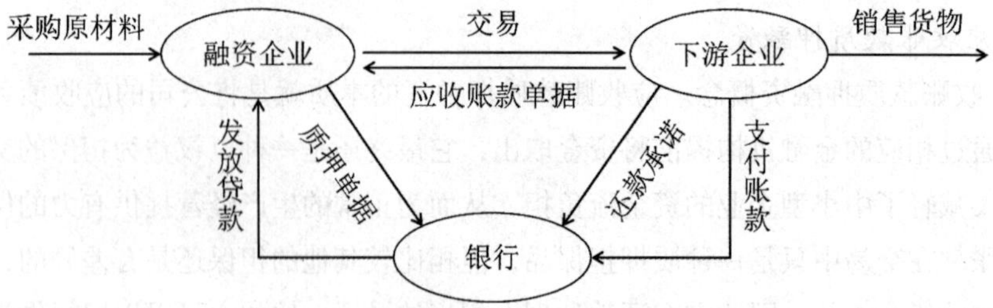

图 9-3　应收账款质押模式流程图

a. 融资企业与下游企业达成交易，并获得应收账款相关的单据，可包括销售合同、发货单、收货单、付款方证明和承诺书等。

b. 进行业务申请与受理，融资企业根据银行业务办理的流程来进行应收账款质押业务的资料准备，以及其他相关资料，提交核查。

c. 对应收账款质押登记进行办理，金融机构的经手人基于融资企业提交的质押登记向人民银行信贷征信机构办理出质登记证明，并需付款单位给出还款承诺。

d. 发放贷款，在业务办理的过程中，严格遵照相应的放款审核之规定，对应收账款清单、合同正副本、提单副本或留存联进行严格把关后再实行放款工作的进行。

e. 加强贷款的风险管理，严格遵照银行贷后管理要求，做好申请人资质方面的贷后审查和管理工作，时刻关注借款人的经营状况，并保管好质押合同及其他相关资料。

f. 还款，在合同到期的时候，由应收账款债务人直接偿还贷款或由借款人按合同约定还款。

（2）应收账款保理融资

① 应收账款保理融资概念。保理业务主要是为以赊销方式进行销售的企业设计的一种综合性金融服务，是一种通过收购企业应收账款为企业融资并提供其他相关服务的金融业务或产品。保理的一般做法是，保理商从其客户（供应商或卖方）的手中买入通常以发票形式表示的对债务人（买方）的应收账款，同时根据客户需要提供与此相关的单项或多项服务，包括债款回收、销售分户账管理、 信用销售控制以及坏账担保等。对于客户而言，转让应收账款可以获得销售回款的提前实现，加速流动资金的周转。此外，卖方也无需提供其他质押物和担保，对卖方来说压力较小。

② 应收账款保理融资分类。保理业务分类根据不同的标准有不同的分类，下面重点介绍几种常用的保理业务。

a. 明保理和暗保理。这是根据供应商是否会将应收账款转让行为通知买方来进行分类。明保理也即公开保理或通知保理，即供应商企业在将其应收账款转让给保理商时，将此事项通知买方企业，买方企业明确其与供应商企业之间的债务关系已经被转让；而暗保理则相反，称为隐蔽保理或不通知保理，指的是供应商企业在对其应收账款进行保理时，不通知对应的买方企业。

b. 有追索权保理和无追索权保理。这种分类是按保理商对企业在接受保理之后有无追索权来划分的。其中无追索权的保理又称买断保理，是指企业将其交易形成的应收账款，通过无追索权形式出售给专业保理商或银行等金融机构，从而获得一种短期融资。买断意指，后期若因应收账款出现了任何问题，或是买方出现了信用风险等问题，保理商无法收回款项时，不应向供应商追回其前期发放的融资款项。有追索权的保理又称回购保理，是指保理商到期应收账款无法收回时，保理商依然保留对企业的追索权，因此保理商所承担的风险较买断保理而言相对较小。而出售应收账款的供应商企业要承担相应的坏账损失。该种情况，在会计处理上，被视同以应收账款作担保的短期借款。

c. 有担保的保理和无担保的保理。按照在应收账款保理过程中有无其他担保方可分为有担保的保理与无担保的保理。有担保的保理，是指供应商企业在向保理商办理保理事项之时，因其信用没有达到保理商的要求或是保理商对该企业或该应收账款存在疑问等问题时，保理商会要求企业提供有一定资质的第三方担保，如供应链贸易中的物流企业等，以期在应收账款无法收回时，避免由保理商承担全部坏账风险。无担保的保理则是指在办理保理业务时，无须第三方担保企业来分担应收账款无法收回的风险。

d. 国内保理与国际保理。国内保理是指银行或保理商为交易行为仅限于境内的债权人、债务人提供保理服务。国际保理是指银行或保理商为交易行为超出同一国境内的债权人、债务人提供的保理服务，分为进口保理和出口保理。

e. 正向保理与逆向保理。根据保理业务过程中保理商依据的是交易过程买方还是卖方的信誉来提供保理划分，可分为正向保理与逆向保理。正向保理即上述所谓的一般的普通保理，即保理商主要依赖的是卖方信誉，以买方为主体来提供保理业务。而逆向保理，主要适用于与焦点企业有大量稳定贸易往来的小微企业以及客户信用评级比较高的小微企业。通俗地讲，逆向保理就是银行与焦点企业之间达成的，为焦点企业的上游供应商提供的一揽子融资、结算解决方案，这些解决方案所针对的是焦点企业与其上游供应商之间因贸易关系产生的应收账款。即焦点企业具有较强的资信实力及付款能力，无论任何供应商保有该焦点企业的应收账款，只要取得焦点企业的确认，就都可以转让给银行以取得融资。其实质就是银行对高质量买家的应付账款进行买断。

逆向保理与普通保理的根本区别在于：保理商是对作为供应链焦点企业的买家进行风险的评估，而不是对供应商进行信用评估；由于对买家比较了解，保理商可以选择买家同意支付的应收账款进行融资，降低了整体风险。

③ 应收账款保理融资一般流程。保理业务的一般操作流程是：保理商首先与其客户即商品销售行为中的卖方签订一个保理协议。一般卖方需将所有通过赊销（期限一般在 90 天以内，最长可达 180 天）而产生的合格的应收账款出售给保理商。签订协议之后，对于无追索权的保理，保理商首先需要对与卖方有业务往来的买方进行资信评估，并给每一个买方核定一个信用额度。对这部分应收账款，在买方无能力付款时，保理商对卖方没有追索权。而对于有追索权的保理，当买方无力付款时，保理商将向卖方追索，收回向其提供的融资。保理的业务流程如图 9-4 所示。

a. 交易双方上下游企业达成购买协议，形成应收账款，下游企业将应收账款单据交付上游融资企业。

b. 融资企业将应收账款转让给银行等金融机构保理商。

c. 若是明保理，则保理商、融资企业通知供应链下游企业（买方）应收账款转让事宜。若是暗保理则无须通知，买方接到通知后跟保理商、融资企业进行确认。

d. 保理商根据融资企业的资信情况及应收账款数额确定融资额度发放给融资企业。

e. 到期供应链下游企业（买方）向保理商支付货款。

④ 应收账款逆向保理流程。逆向保理的业务流程如图 9-5 所示，共有六个基本步骤：

a. 焦点企业（买方）与保理商之间达成协议合作关系。

b. 焦点企业（买方）与供应商之间达成交易关系，供应商向买方发货，产生应收账款。

c. 任意一家与焦点企业有债权关系的供应商向指定的保理商转让应收账款，并通知焦点企业进行确认。

d. 保理商对供应商进行资质核查，并请求焦点企业进行验证。

e. 保理商按照一定比例对供应商应收账款进行贴现。

f. 应收账款到期时保理商和买家进行结算。

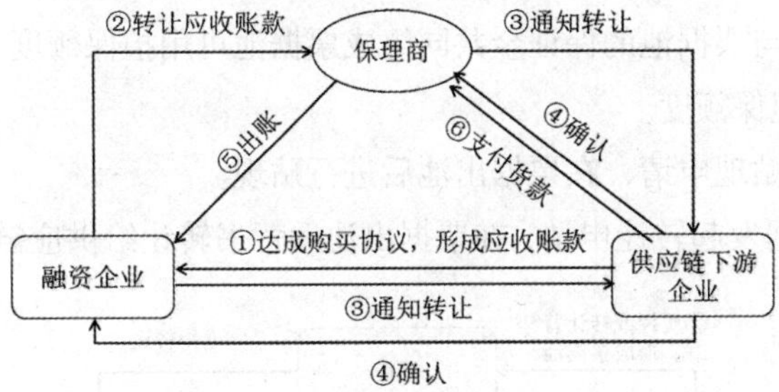

图 9-4　应收账款保理业务流程

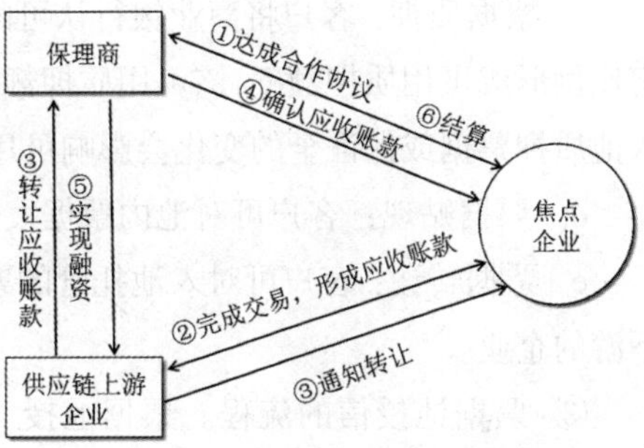

图 9-5　应收账款逆向保理业务流程

（3）票据池授信

① 票据池授信的概念。在商业贸易交易过程中，一般来说，应收账款是基于交易双方的信任而存在，而在相互之间信用体系还未建立完善之间的交易双方，应收账款的应用有较高风险，此时，交易双方，尤其是卖方会选择风险相对较低的商业票据；因而应收票据会是应收账款的一种载体而存在。

供应链金融中的票据主要指的是商业票据。根据深圳发展银行与中欧工商管理学院供应链金融课题组共同做出的定义,票据池业务是银行或其他金融机构向企业提供包括票据管理、托收、授信等在内的一系列结算与融资服务。其中票据池授信是指企业将收到的票据进行质押或直接转让后，纳入银行授信的资产支持池，银行以票据池为限向企业授信。票据供应商通过银行的票据池业务，减少了自身票据管理的工作量，并能实现票据拆分、票据合并等效果，解决了票据收付过程中期限和金额不匹配的问题。从宏观环境来看，受金融机构信贷资产结构调整和货币政策宏观调控的影响，自 2007 年以来，我国票据市场商业汇票贴现余额呈现上下波动态势，但商业汇票承兑未到期余额连续 10 年快速上涨，增长幅度近 10 倍。承兑未到期余额大而贴现余额小，说明有一批库存票据沉淀在企业，或仍在商品交易结算中继续支付流转而未向银行申请贴现。

融资客户将用于支付的票据外包给银行进行票据保管、票据托收等服务，同时银行根据票据池的票据资产情况进行授信。因而，票据池业务能够最大限度地实现票据的融资功能，满足企业票据管理外包的要求，提升资金集中管理的能力，因此票据池授信是未来很重要的一种供应链金融形态。

② 票据池授信的功能。一般来说，票据池业务包含以下几个功能模块：

a. 票据托收：客户可对池内票据发起托收申请，在票据池可用担保额度足够时，商业银行将托收款项转入客户结算账户。

b. 池内票据信息管理：客户可从银行每日获取上一日票据池业务信息，包括入池托管、入池质押、票据出池、新开票据的数量与金额以及剩余可用额度等信息。还能通过银行柜面或银企互联渠道查询与商业银行签订的票据池协议信息，包括生效日期、到期日期、企业分支机构账号、企业分支机构剩余开票额度等，并于票据到期前主动通过银企互联渠道向客户发送提醒信息，包括到期票据笔数、金额、票据号码、到期日期等。

c. 票据质押：客户将商业银行认可的低风险银行承兑汇票加入票据池进行质押，按照一定比例形成可用质押额度，该可用质押额度与票据池的保证金共同组成票据池可用担保额度。入池质押票据或保证金的变化会影响可用担保额度。

d. 票据贴现：客户可对池内票据发起贴现申请，在票据出池后进行贴现。

e. 票据转让：客户可对入池托管的票据发起转让申请，在票据出池后背书转让给供应链下游的企业。

③ 票据池授信的流程。票据池授信业务流程如图 9-6 所示。

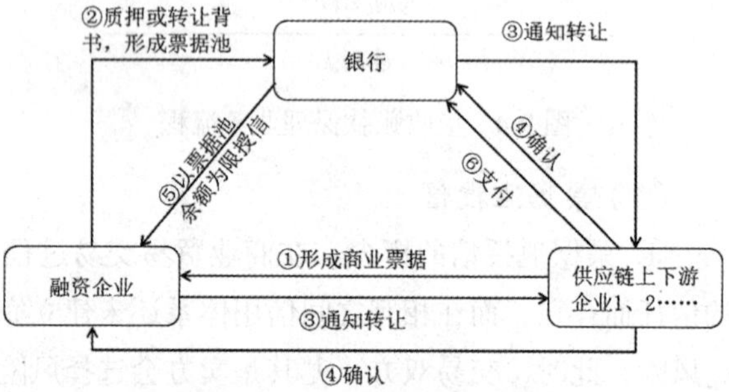

图 9-6　票据池授信业务流程

（4）其他应收账款融资

应收账款融资模式除了以上三种融资模式之外，还涵盖商业承兑汇票贴现、国内信用保险和商业发票贴现等融资模式。

商业承兑汇票指的是企业凭自身商业信用而开出的一种票据，并且在固定的周期内支付一定金额给持票人或收款人。商业承兑汇票有一段账期，商业承兑汇票的持有者可持有、贴现或者背书转让。

国内信用保险是国际信用保险在我国落地生根发展而成的一种演变，一般只是国内保理或者商业发票贴现、应收账款质押业务的附加条件。信用保险是一种以买方付款信用为标的的保险。最初在国内出现的功能是旨在最大程度的达到出口企业规避买方付款的信用风险。

商业发票贴现指银行与卖方之间存在一种契约，根据该契约，卖方将现在或将来的基于其与买方（债务人）订立的货物销售合同所产生的应收账款转让给银行，由银行为卖方提供贸易融资、销售分户账管理、应收账款的催收等综合性金融服务。

3. 应收账款融资模式的主要风险

① 应收账款的真实性。融资企业与下游企业之间的贸易关系是否真实存在，应收账款单据的真实性应该结合买卖双方的货物运输单据、增值税发票等与之相关的资料进行审核，应收账款单据转让的合法、有效，是否存在禁止转让的情况，都是信用风险的影响因素，如果应收账款存在禁止转让的情况，或者对应收账款的真实性存在怀疑，但是银行已经授信给企业，就会产生违约风险。

② 核心企业的信用状况。核心企业在供应链中起着担保的作用，应收账款融资能够顺

利执行的关键在于核心企业的信用等级以及其市场地位、是否出现过交易违约或者其他影响信用的情况。一旦核心企业出现违约或者经营困难问题，就会影响整条供应链的运转，以应收账款为融资担保的银行贷款可能成为银行坏账，增加银行的信用风险。但是核心企业的规模大，信用程度较好，相对来说信用风险一般较小。

③ 贷后对回款的控制。债务企业销售产品后，处于自身利益的考虑，有可能不向债权企业支付应付账款，或者隐瞒企业销售产品获得的收入。应收账款融资模式的第一还款来源是销售收入，如果企业将其用于其他地方，违反了合同的规定，因此，商业银行存在着由此带来的风险。

④ 融资企业和债务企业由于受到宏观经济环境的影响，所处行业会产生巨大的变化，特别是一些应收账款金额较大，或者跟国家的政策密切相关的行业，例如房地产行业等。宏观经济形势的走向也会直接影响企业的发展，信用风险发生的概率就会有极大的增加，商业银行遭受损失的概率加大。

⑤ 应收账款融资模式提供贷款额度时，首次提供质押应收账款时按照要求提取，但是在收回部分款项后，银行将该部分的资金给予客户使用，而没有作收贷处理，这种操作会造成融资企业不能及时补充新的应收账款带来质押率不足，加大了信贷风险。还有可能在审核应收账款时未能明确具体交易事项，信息登记不详细，出现冒充该笔应收账款的数据，使得银行承担较大的损失。

9.3.2　预付款融资

1. 预付款融资的内涵

预付款融资模式是指在上游企业承诺回购的前提下，由第三方物流企业提供信用担保，中小企业以金融机构指定仓库的既定仓单向银行等金融机构申请质押贷款来缓解预付货款压力，同时由金融机构控制其提货权的融资业务。在此过程中，中小企业、焦点企业、物流企业以及银行共同签署应付账款融资业务合作协议书，银行为融资企业开出银行承兑汇票为其融资，作为银行还款来源的保障，最后购买方直接将货款支付给银行。这种融资多用于企业的采购阶段。预付款融资可以理解为“未来存货的融资”，预付款融资的担保基础是预付款项下客户对供应商的提货权，或提货权实现后通过发货、运输等环节形成的在途存货和库存存货。当货物到达后，融资企业可以向银行申请将到达的货物进一步转化为存货融资，从而实现融资的“无缝连接”。

2. 预付款融资模式的类型

根据已有研究与相关企业实践，预付款融资的主要类型可以归纳为如下几种：

（1）先票后货授信

先票后货是存货融资的进一步发展，它是指客户（买方）从银行取得授信，在交纳一定比例保证金的前提下，向卖方议付全额货款；卖方按照购销合同以及合作协议书的约定发运货物，并以银行为收货人，货物到达后设定抵质押作为银行授信的担保。在实践中一些热销产品的库存往往较少，因此企业的资金需求集中在预付款领域。同时，因为该产品涉及卖家及时发货、发货不足的退款、到货通知以及在途风险控制等环节，所以客户对卖家的谈判地位也是操作该产品的条件之一。对客户而言，由于授信时间不仅覆盖了上游的生产周期和在途时间，而且到货后可以转为库存融资，因此该产品对客户流动资金需求压力的缓解作用要高于存货融资。其次，因为是在银行资金支持下进行的大批量采购，所以客户可以从卖方争取较高的商业折扣，进而提前锁定商品采购价格，防止涨价的风险。对银行而言，可以利用贸易链条的延伸，进一步开发上游企业业务资源。此外，通过争取订立卖方对其销售货物的回购或调剂销售条款，有利于化解客户违约情况下的变现风险。另一个好处在于，由于货物直接从卖方发给客户，因此货物的权属要比存货融资模式更为直观和清晰。先票后货授信的业务流程如图 9-7 所示。

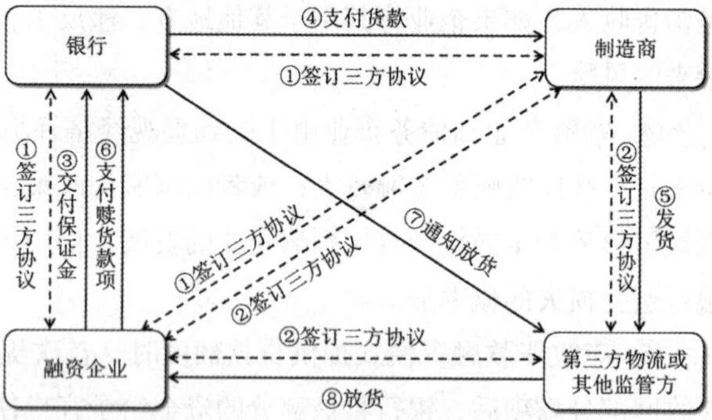

图 9-7　先票后货的授信业务流程

① 企业、供应商与银行三方签署《合作协议》；企业、监管方与银行签署《仓储监管协议》。

② 企业向银行缴存一定比例保证金。

③ 银行直接将授信资金作为预付款支付给上游供应商。

④ 供应商收到货款后在银行约定时间内发货到银行指定地点，以银行或银行指定的监管方为收货人。

⑤ 企业将货物抵（质）押给银行。

⑥ 企业提货之前，向银行按比例划付赎货款项。

⑦ 银行收到赎货款通知监管方释放所抵/质押的货物。

对先票后货业务来说，在考察风险时需要：

① 对上游客户的发货、退款和回购等履约能力要进行考察。

② 在途风险的防范、损失责任的认定。

③ 货后入库环节的控制。

（2）保兑仓融资模式

在真实的交易背景下，核心企业承诺回购，中小企业以购买产品产生的应收账款为依据，向银行申请融资，授信银行指定第三方的物流企业作为核心企业的发货中心，核心企业按照约定发货的融资模式。该种融资模式主要针对采购阶段的企业资金短缺情况，适用于下游的中小企业进行融资。中小企业的上游供应商处在强势地位，中小企业购买产品需要一定的预付账款，对于资金周转困难的企业来说，可以运用保兑仓的模式向银行提出融资申请，针对某笔特定的业务获得银行授信。

核心企业通过为下游的中小企业进行担保和核心企业承诺回购，不但帮助中小企业获得了银行授信，同时扩大了自身的销售，稳定了与下游企业的合作，为银行提供了新的盈利增长点，促进了供应链上资金流和物流的顺利运转。中小企业在获得贷款的同时，还获得了分批支付货款与分批提货的权利，节约成本的同时减轻了企业支付全款的压力。

保兑仓融资模式相较于应收账款融资模式来说，增加了第三方物流企业的参与来监管质押物品。融资企业和供应商之间进行交易，签订了合同之后向银行申请融资，银行将既定仓单作为质押，审查企业的情况合格后，向企业提供贷款，同时与供应商签订回购协议，与第三方签订仓储监管协议。银行根据供应商质押的仓单开具银行承兑汇票，交给供应商，之后供应商向融资企业进行分批放货，直到保证金账户的不足时，供应商应该回购余下的货物。具体流程如图 9-8 所示。

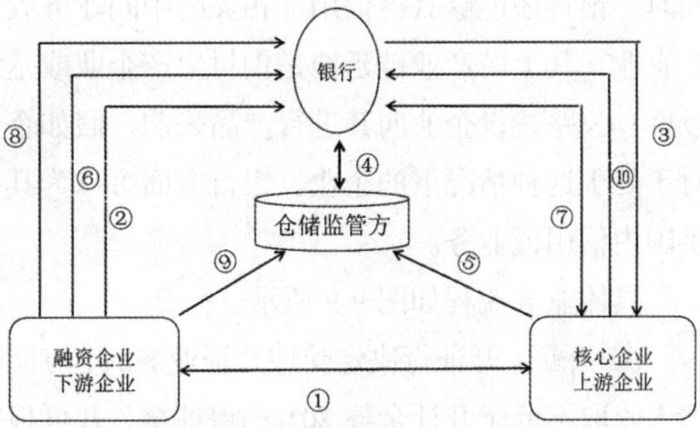

图 9-8　保兑仓融资模式流程图

① 买卖双方签订购销合同，共同向经办行申请办理保兑仓业务。

② 买方在银行获取既定仓单质押贷款额度，专门向该供应商购买货物。

③ 银行审查卖方资信状况和回购能力，若审查通过，签订回购及质量保证协议。

④ 银行与仓储监管方签订仓储监管协议。

⑤ 卖方在收到银行同意对买方融资的通知后，向指定仓库发货，并取得仓单。

⑥ 买方向银行缴纳承兑手续费和首次 30%承兑保证金。

⑦ 卖方将仓单质押给银行后，银行开立以买方为出票人、以卖方为收款人的银行承兑汇票，并交予卖方。

⑧ 买方缴存保证金，银行释放相应比例的商品提货权给买方，直至保证金账户余额等于汇票金额。

⑨ 买方获得商品提货权，去仓库提取相应金额的货物。

⑩ 循环⑧～⑨，若汇票到期，保证金账户余额不足，卖方于到期日回购仓单项下剩余质押物。

银行承兑汇票到期 15 天，如经销商存入的保证金不足以兑付承兑汇票，银行要以书面的形式通知经销商和生产组织资金兑付，如到期日经销商仍未备足兑付资金，生产商必须无条件向银行支付已到期的银行承兑汇票与提货通知单之间的差额及相关利息和费用。

银行需要详细评估焦点企业的资信和实力，另外需要防止焦点企业过度占用客户的预付款，并挪作他用。以上都要求银行与焦点企业之间操作的有效对接。

（3）国内信用证

国内信用证业务是指在国内企业之间的商品交易中，银行依照买方（客户）的申请开出的凭符合信用证条款的单据支付货款的付款承诺，国内信用证可以解决客户与陌生交易者之间的信用风险问题。它以银行信用弥补了商业信用的不足，规避了传统人民币结算业务中的诸多风险。同时，信用证也没有签发银行承兑汇票时所设的金额限制，使交易更具弹性，手续更简便。此外，客户还可以利用在开证银行的授信额度开立延期付款信用来提取货物，用销售收入来支付国内信用证款项不占用自有资金，优化了资金使用效率。卖方按规定发货后，其应收账款就具备了银行信用的保障，能够杜绝拖欠及坏账。对于银行而言，国内信用证相比于先票/款后货授信以及担保提货授信，规避了卖方的信用风险，对货权的控制更为有效。同时，银行还能够获得信用证相关的中间业务收入。像公路隔离护栏、指示牌等配套设施生产企业，其上游产业链延伸是钢材生产企业或是大型的钢贸企业，这类企业实力和信誉资质较好。公路建设企业向其进行产品采购，假如企业的资金周转出现了问题，需要进行融资，对于处于这种情况下的企业，银行方面可以为其提供国内信用证业务。

具体业务流程如图 9-9 所示。

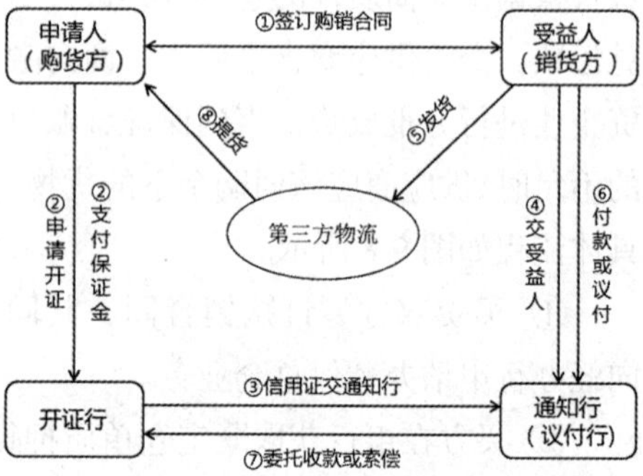

图 9-9　国内信用证业务

① 开证。开证行决定受理开证业务时，应向申请人收取不低于开证金额 20%的保证金，并可根据申请人资信情况要求其提供抵押、质押或由其他金融机构出具保函。

② 通知。通知行收到信用证审核无误后，应填制信用证通知书，连同信用证交付受益人。

③ 议付。议付是指信用证指定的议付行在单证相符条件下，扣除议付利息后向受益人给付对价的行为。议付行必须是开证行指定的受益人开户行。议付仅限于延期付款信用证。实质类似于附追索权贴现，实质是抵押借款。

议付行议付后，应将单据寄开证行索偿资金。议付行议付信用证后，对受益人具有追索权。到期不获付款的，议付行可从受益人账户收取议付金额。

④ 付款。开证行对议付行寄交的凭证、单据等审核无误后，对即期付款信用证，从申请人账户收取款项支付给受益人；对延期付款信用证，应向议付行或受益人发出到期付款确认书，并于到期日从申请人账户收取款项支付给议付行或受益人。

申请人交存的保证金和其存款账户余额不足支付的，开证行仍应在规定的付款时间内进行付款。对不足支付的部分作逾期贷款处理。

3．预付款融资模式的风险

① 中小企业的信用风险。银行对中小企业的提供授信以融资企业和核心企业之间的贸易背景为前提，如果融资企业的贸易合同本身存在问题，融资款项很可能用于与产品生产无关的领域中，款项无法收回便不能偿还银行贷款，银行便遭受损失。中小企业在预付款模式下进行融资，银行会要求其交纳一定融资金额比例的保证金，剩下的融资额度以仓单作为担保，一旦中小企业出现违约或者经营不善，商业银行便会产生坏账。

② 核心企业的信用风险。融资企业通过该种模式获得融资后，向核心企业支付预付账款，核心企业对融资企业进行发货，如果核心企业不能履行合约，可能会导致供应链的资金流断裂，影响银行贷款的偿还。但是，核心企业一般都是信誉度高的企业，在获得预付款后能够做出相应的发货义务和质量保证，之后第三方进行评估，融资企业进行提货，信用风险相对较小。

③ 第三方物流企业的信用风险。在保兑仓融资模式中，物流企业作为商业银行的信托责任人承担了一部分银行的工作，主要负责监管货物，其信托责任的缺失主要表现在两个方面：第一个是信息不对称引起的银行信贷风险，物流企业为了自身利益提供给银行假的数据，但是银行却无从得知，根据物流企业提供的信息提供授信，给银行带来了信贷风险；第二个是物流企业本身承担不了货物监管的工作，由于公司内部的管理缺失或者操作失误，造成银行和融资企业遭受损失的风险。

④ 操作风险。在保兑仓融资模式中，参与主体是最多而且流程复杂的融资业务，目前我国物流行业的发展不是很完善，可能会出现工作人员不专业的问题，仓储监管方对质押物的审查不严格，出现违规操作，在对质押物的价值评估中，由于评估方法不科学造成的估值不准确，损害了银行的利益。

⑤ 质押物的选择和监管风险。质押物的选择对供应链信用风险有很大影响，质押品的价格波动情况、质量好坏以及变现能力都是选择时主要考虑的因素。质押物的监管一般来说由第三方物流企业来进行，因此，商业银行选择物流企业是非常关键的环节。质押物的监管风险主要来自于物流企业的流程设计、公司内部的制度以及管理情况。如果物流企业的流程设计存在漏洞或者管理不善，对整条供应链也有很大的影响。银行与物流企业之间的信息不对称、信息滞后带来的决策失误，造成了质押商品的监管风险。

9.3.3　存货类融资

1. 存货融资的背景及概念

存货成本是供应链成本的重要组成部分，根据国外的相关研究，存货成本占整个供应链运营成本的 30%以上。而存货成本中最为关键的就是被“锁定”在库存商品中的资金的占用成本与使用成本，其中资金占用成本实际上是资金的机会成本。企业在诸多可能中选择购买库存或制造库存，则意味着企业丧失了将该笔资金使用在其他选择上本可以获得的收益。资金的使用成本则来源于企业自身的融资成本，即企业通过债券融资和股权融资所获得资金的综合资本成本。以往的供应链与物流研究都从加强供应链上下游之间的信息沟通角度出发，试图通过降低供应链中的牛鞭效应减少供应链企业库存，从而减少库存商品占用的资金的两方面成本。而存货融资则能帮助加快库存中占用资金的周转速度，降低库存资金的占用成本。由于产品生产周期不断缩短、需求市场波动频繁，缺乏良好融资渠道的中小企业陷入了两难的境地：一方面为了保证生产销售的稳定性，企业不得不保有大量库存应对市场变化；另一方面又希望尽快将库存转变为现金流，维持自身运营的持续性。在这样的背景下，存货融资对中小企业来说意义十分重大，尤其是在大多数中小企业无法改善供应链管理能力的情况下，存货融资成为提高流动性的重要手段之一。

库存融资又被称为存货融资。库存融资与应收账款融资在西方统称为 ARIF（Accounts Receivable and Inventory Financing），是以资产控制为基础的商业贷款的基础。存货与金融的结合历史悠久，最早甚至可以追溯到公元前 2400 年美索不达米亚地区出现的谷物仓单。英国最早出现的流通纸币（这种纸币是一种可兑付的银矿仓单）也是这方面的一个例子。到了 19 世纪，随着仓储行业的发展与成熟，物流企业（实际上绝大多数都是仓储企业）开始以第三方身份参与存货质押业务，从根本上改变了传统质押业务中银行与借款企业的两方关系。但这种质押属于静态质押，物流企业提供的只是仓储服务，对企业的支持力度较低。科赫、敦汉姆等早期学者探讨的就是基于库存的融资方法。然而到了 20 世纪中后期，由于《美国统一商法典》（*Uniform Commercial Code*）的颁布，不仅质押货物的范围得到了拓展，更为关键的是在物流企业的参与下，原有的静态质押转变为动态质押，从而能有效地支持企业运作，这也是现代物流金融的雏形。米勒、拉克鲁瓦和瓦南吉斯都研究了基于仓储的创新金融服务。

2．存货融资的类型

从实践角度出发，目前我国库存融资的形态主要分为以下几类：

（1）静态抵质押授信

静态抵质押授信是指客户以自有或第三人合法拥有的动产为抵质押的授信业务。银行委托第三方物流公司对客户提供的抵质押的商品实行监管，抵质押物不允许以货易货，客户必须打款赎货。静态抵质押授信适用于除了存货以外没有其他合适的抵质押物的客户，而且客户的购销模式为批量进货、分次销售。静态抵质押授信是货押业务中对客户要求较苛刻的一种，更多地适用于贸易型客户。利用该产品，客户得以将原本积压在存货上的资金盘活，扩大经营规模。同时，该产品的保证金派生效应最为明显，因为只允许保证金赎货，不允许以货易货，故赎货后所释放的授信敞口可被重新使用。静态抵质押授信业务流程如图 9-10 所示。

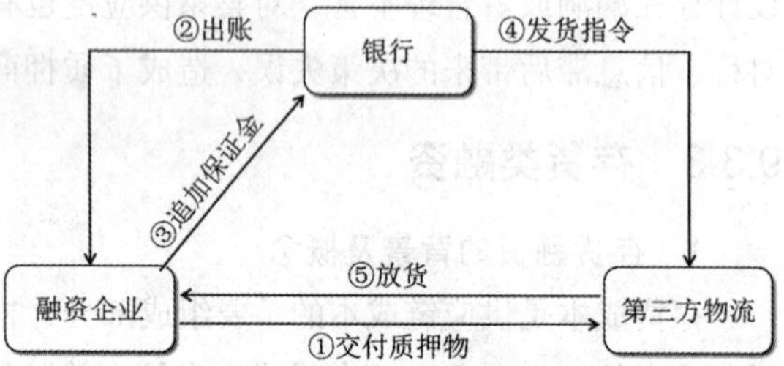

图 9-10　静态抵质押授信业务流程

（2）动态抵质押授信

动态抵质押授信是延伸产品。银行对于客户抵质押的商品价值设定最低限额，允许在限额以上的商品出库，客户可以以货易货。这适用于库存稳定、货物品类较为一致、抵质押物的价值核定较为容易的客户。同时，对于一些客户的存货进出频繁，难以采用静态抵质押授信的情况，也可运用该产品。对于客户而言，由于可以以货易货，因此抵质押设定对于生产经营活动的影响相对较小。特别对于库存稳定的客户而言，在合理设定抵质押价值底线的前提下，授信期间几乎无须启动追加保证金赎货的流程，因此对盘活存货的作用非常明显。对银行而言，该产品的保证金效应相对小于静态抵质押授信，但是操作成本明显小于后者。因为以货易货的操作可以授权第三方物流企业进行。中信银行与北京现代、上海大众等汽车生产商之间的合作便属于动态质押授信。由于在中国汽车产业链中，上游汽车厂商具有较强的品牌优势，而中间经销商由于受资金短缺的困扰，面临着如何增强经销能力的问题。因此，各大汽车制造商都希望减轻下游经销商的资金负担，拓展其经销能力。通过签署一系列框架性协议之后，汽车制造商列出希望银行支持的经销商的名单和采购量。通过这种合作推荐的方式，由银行、生产商和经销商共同签署三方协议，经销商就被纳入与银行和生产商合作的三方平台。这其中没有任何担保的概念在先，而是由银行先提供银行承兑汇票以及贷款的支持，也就是先给经销商一定的授信支持，增强其采购能力。款项付给生产商以后，生产商用专门的车队将汽车发送到经销商所在地。因为经销商不是和银行总行而是和某个分行签署双边协议，所以当汽车运到这个分行的所在地时，协议方会对买来的汽车进行一系列的交割。交割之后，在严格意义上说这些车也不是质押在银行的，而是存放在经销商所在地，银行根据经销商的销售情况发放汽车生产合格证。动态抵质押授信运作方式如图 9-11 所示。

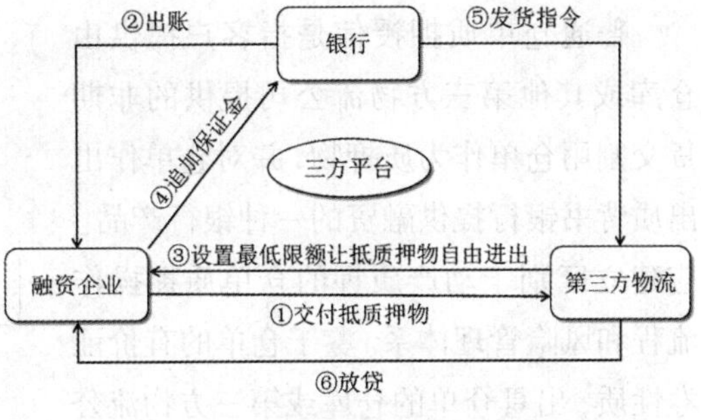

图 9-11　动态抵质押授信业务流程

（3）仓单质押授信

仓单质押授信是国内运用较为成熟的一种供应链融资方式。按照平安银行的划分，仓单质押可以分为标准仓单质押授信和普通仓单质押授信，其区别在于质押物是否为期货交割仓单。

标准仓单质押授信是指客户以自有或第三人合法拥有的标准仓单为质押的授信业务。标准仓单是指符合交易所统一要求的、由指定交割仓库在完成入库商品验收、确认合格后，签发给货主用于提取商品的，并经交易所注册生效的标准化提货凭证。标准仓单质押适用于通过期货交易市场进行采购或销售的客户以及通过期货交易市场套期保值、规避经营风险的客户。对于客户而言，相比动产抵质押，标准仓单质押手续简便、成本较低。对银行而言，成本和风险都较低。此外，由于标准仓单的流动性很强，这也有利于银行在客户违约情况下对质押物的处置。例如，对于为公路建设提供钢材的企业来讲，企业手中可能会持有一定量的钢材的期货标准仓单，用以进行风险对冲操作，从而缩减成本及提高利润。但是，这又会在一定程度上占用企业的资金。在这种情况下，银行方面可以为企业提供标准仓单质押业务，用以满足企业的金融服务需求。银行提供标准仓单质押的主要流程如图 9-12 所示。

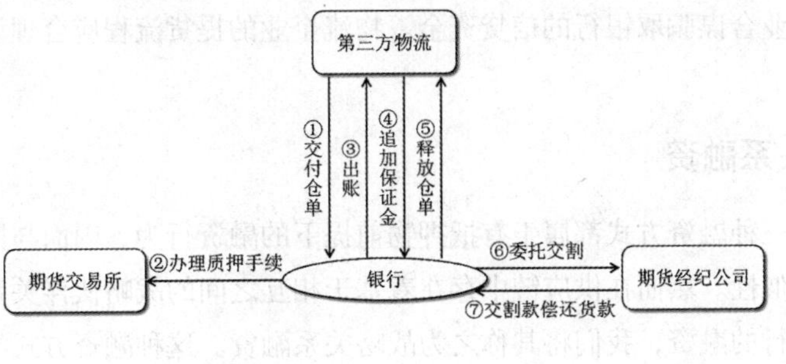

图 9-12　标准仓单质押流程

① 客户在符合银行要求的期货公司开立期货交易账户。

② 客户向银行提出融资申请，提交质押标准仓单相关证明材料、客户基本情况证明材料等。

③ 银行审核同意后，银行、客户、期货公司签署贷款合同、质押合同、合作协议等相关法律性文件，共同在交易所办理标准仓单质押登记手续，确保质押生效。

④ 银行向客户发放信贷资金，用于企业正常生产经营。

⑤ 客户归还融资款项、赎回标准仓单，或与银行协商处置标准仓单，将处置资金用于归还融资款项。

普通仓单质押授信是指客户提供由仓库或其他第三方物流公司提供的非期货交割用仓单作为质押物，并对仓单作出出质背书银行提供融资的一种银行产品。应建立区别于动产质押的仓单质押操作流程和风险管理体系。鉴于仓单的有价证券性质，出具仓单的仓库或第三方物流公司需要具有很高的资质。普通仓单质押的流程如图 9-13 所示。

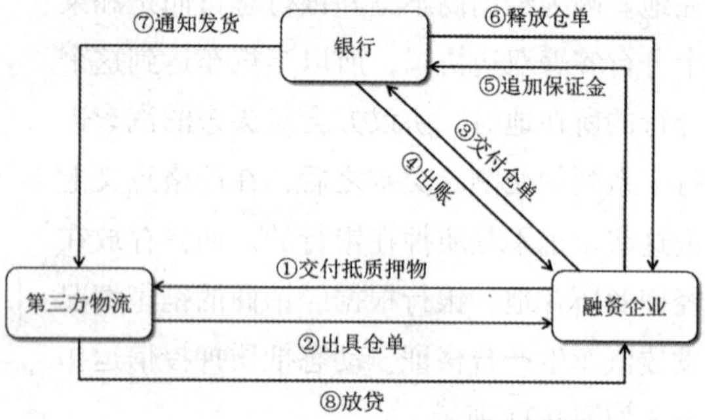

图 9-13　普通仓单质押流程

3．存货类融资模式的主要风险

① 融资企业由于自身的经营模式带来的非系统性风险，应该及时了解融资企业的生产和销售情况，防止企业出现经营风险导致的信用风险。

② 存货融资模式中的质押品与保兑仓模式中来源不一样，存货类融资模式中质押品来自融资企业，这就涉及质押品的产权是否清晰、手续是否齐全合法、质押品的市场容量以及流动性和质押品的存放等问题，这些因素直接关系到质押品的变现能力。如果客户无法偿还贷款，银行只好将抵质押物变现，以其市场价值偿还，但是市场价值是在变化的，遇上市场行情差时，质押物的变现能力弱，银行需要承担造成的损失。新巴塞尔协议框架下的风险信用缓释工具中，抵押非常重要，选择合格的抵押品能够降低融资企业的违约概率，同时降低了银行承担的损失。

③ 在该模式中，第三方物流监管公司的选择非常关键，物流企业需要中立的监管货物，防止其与融资企业合谋骗取银行的信贷资金。物流企业的提货流程应合理设计，避免出现由此带来的风险。

9.3.4　战略关系融资

上面介绍的三种融资方式都属于有抵押物前提下的融资行为，因而与原有的企业融资方式存在一定的相似性。然而在供应链中存在着基于相互之间的战略伙伴关系、基于长期合作产生的信任而进行的融资，我们将其称之为战略关系融资。这种融资方式的独特之处在于要求资金的供给方与需求方相互非常信任，通常发生在具有多年合作关系的战略合作伙伴之间。战略关系融资更多意义上代表了供需双方之间已经不仅依靠契约进行治理，还有关系治理。

1. 战略关系融资的理论背景

自科斯起，供需双方之间的交易成本得到了大量学者的研究与关注。威廉姆森提出，市场和官僚组织是两种并行的治理机制，治理机制存在的原因是尽可能降低交易成本。自此，组织间的治理机制成为学者们关注的焦点。

麦德霍克将组织间交易治理结构分为两种：以合约为中心（Contract Centered）的治理结构和以关系为中心（Relationship. Centered）的治理结构。麦德霍克指出，以合约为中心的治理是为了应对人性中的自私自利倾向或机会主义行为。交易成本经济学（TCE）认为，不确定性、资产专用性和交易频率会决定交易的特征，也会决定交易应该采取哪种结构治理。不确定性会加剧契约的不完全性，资产专用性会使交易的另一方更易利用转换成本带来的准租金，交易频率的增加则会提升在交易投标阶段先动者的优势。资产专用性和交易频率会导致少数市场，造成双边垄断。而不确定性和双边垄断的存在都会促使企业为交易提供更多保护，保护的手段就是建立完善的、明确的契约。

而在以关系为中心的治理结构中，更强调公司之间的合作性互动与双方之间的关系质量的提升。交易频率越高越易导致双方以合作为导向，并不断调整以适应该合作，从而能够促进双方的进一步合作。在麦德霍克看来，相互适应、协调能促进双方的交易，提升效率与合作，并减少欺诈行为。对于长期交易的期望使双方的关系非常稳固。因此，交易频率的提升不仅不会增加交易成本，反而会增进双方之间的了解，促进知识分享，不断相互适应，最终实现协作。

弗格森等人在麦德霍克、查希尔和文卡特拉曼的基础上将组织间交易治理机制分为契约治理和关系治理，分别对应“以契约为中心的治理”和“以关系为中心的治理”。契约治理主要适用于计划性交易，由于是在非资产专用性条件下，对于偶然性或经常性的交易可采用的市场治理结构，也称为古典式契约法治理结构。契约条款已规定了交易的实质性内容，并且符合法律原则，因此这类契约无疑会使依法履约人从中受益。与契约治理相对应，关系治理是指包括主要的关系专用性资产的组织间的一种交易模式，体现在组织间关系的结构和过程等维度上，强调关系治理是一种非正式的垂直交易过程。

德怀尔、舒尔和欧以及麦克内尔指出，供需双方之间的交易应当由一个从弱连接到强连接的连续集来治理。而经济社会学的相关文献进一步发现，组织的竞争优势来源于同时拥有弱连接和强连接，前者可以为组织提供信息，而后者则帮助企业从嵌入的关系中获益。弱连接下双方之间通常是没有人际交往、看重经济指标和正式的契约关系。弱连接关注短期交易、交易价格。相反，强连接中进行的多是持续性的、合作性的交易，其特征是组织间的相互依赖，这一点在社会交换理论和关系契约理论中均有提及。因此，弱连接一般采用的治理方式是契约治理，而强连接采用的治理方式是关系治理。因此，从契约到关系的治理方式连续集直观地反映了公司之间交易的种类。这一连续集的一端是分散的、短期的、只关心交易价格的交易治理方式，另一端是多维的、带有社会性的、长期持续的交易治理方式。

事实上，契约治理和关系治理之间是互补关系。在契约治理有效保障双方行为框架的前提下，关系治理能够有效弥补契约治理带来的缺陷，尤其能够通过加深双方之间的信任减少机会主义的发生。供应链背景下的战略关系融资就是典型的关系治理手段之一。

2. 战略关系融资的主要形态

这里所说的关系融资并非青木昌彦提出的“出资人在一系列事先未约定的情况下，为了将来不断获取租金而增加额外融资”，也不是陈伟鸿和高连和所说的企业集群融资，而是供应链参与企业之间基于长期合作关系合作关系所形成的信任而进行的融资活动。其特点是，银行在融资过程中由于对供应链以及交易关系缺乏了解而仅仅成为资金来源（甚至有些情况并没有银行参与），供应链中的参与企业是融资服务的组织者，目的是通过引入融资加深彼此之间的战略合作关系，为未来的价值创造打下基础。例如冯氏集团在其新三年计划中宣布，公司正重组其供应商支援服务，准备成立一个专责统筹供应商支援服务的部门，以提高公司全球供应链旗下的工厂及劳工安全、提升标准及优化营运效率。京东也正式发布“JD+”计划，为新硬件创业公司提供营销、渠道和供应链等多方支持。“JD+”计划主要包括以下几个方面：供应链和营销、技术支持和数据共享、金融服务和投资。在供应链和营销方面，京东可以提供从仓储配送到营销推广诸多环节的帮助，创业公司只需要负责生产出产品，怎么去卖东西可以交给京东解决。创业公司如果愿意做贴牌生产，也可以考虑合作。技术方面，京东和百度都会把自家的云平台开放出来供创业公司用，京东的内部数据因为直接同消费行为相关，对创业公司来说很有价值。京东自己的手机钱包以及虚拟流量也会开放给合作伙伴使用。金融服务方面，加入“JD+”计划的创业团队，可以在评估之后获得京东提供的小微贷款。基于长期交易关系所提供的融资，一方面可以充分降低融资的风险，另一方面通过提供包含融资在内的多种服务要素，焦点企业能极大改善供应链运营效率，获得竞争优势。

下面以 × 企业为例详细阐述关系融资的具体业务流程以及与其他供应链融资的不同之处。× 企业是国际领先的消费品贸易公司，距今已有百余年历史，目前其核心业务包括贸易出口、本土市场（美国、欧洲、亚洲）经销、物流、零售等。

在愈加激烈的竞争中，× 企业充分认识到上游供应商的重要性。正如 × 企业某经理所说：“我不怕来自其他企业的竞争，但我害怕有实力的供应商没有加入我的供应链，或者我的优质供应商为其他企业生产。”正是基于以上认识，为了牢牢“抓住”优质供应商，× 企业除了提供一系列供应商支持计划之外，还开发了关系融资这一特殊的融资方式。首先 × 企业各事业事业部会根据以往交易数据筛选出关键供应商。针对这部分供应商，× 企业事业部会主动向其询问是否出现资金短缺情况并鼓励供应商进行生产设备、管理设施的改善升级。× 企业在总部设立财务审核部门，× 企业各事业部根据供应商需求向总部财务审核部门提出申请，然后由企业总部直接对供应商进行支持。这种融资方式的独特之处在于，融资并不以某个单独交易为依据，而是以双方的长期合作关系为基础，甚至不涉及抵质押物品。在这一融资过程中，× 企业关注的问题是通过给供应商提供融资，提升供应商的质量，从而提升供应链的价值创造能力，改善供应链整体生态，从根本上塑造供应链的竞争优势。战略关系融资的业务流程见图 9-14。

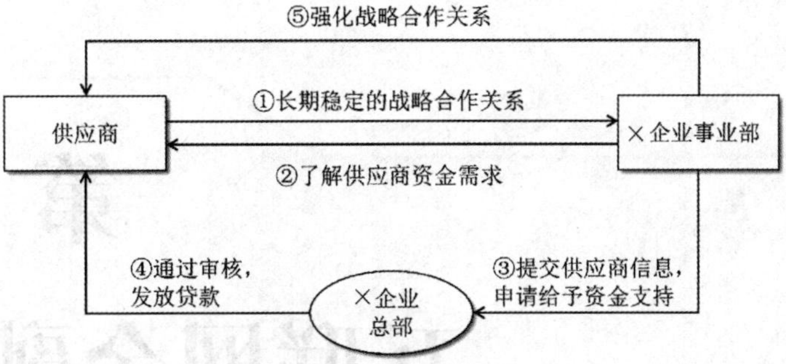

图 9-14　战略关系融资的业务流程

本章小结

本章综合梳理了供应链金融的具体交易单元和融资形态。以应收账款融资、存货融资与预付款融资为代表的自偿性贸易融资方式在供应链金融中发挥了中流砥柱的作用。由于有着较为成熟的运作模式和产品设计，银行能够将风险控制在一定限度内，因此以上三种融资方式在国内得到了广泛的运用。战略关系融资作为供应链融资的新形态，超越了传统的应收账款融资、存货融资和预付款融资，它以提升供应链价值创造能力为导向，以长期合作关系为基础。这种融资方式只能由嵌入在供应链网络中的企业主导，因为只有这些企业才了解行业中的隐性信息，才能控制风险。银行等金融机构由于无法深刻理解具体的交易及供应链上下游情况，从而仅仅起到资金提供者的作用。战略关系融资是未来供应链金融理论与实践发展的新方向，也是进一步提升供应链价值创造能力的新源泉。

从供应链的企业与上下游交易关系来看，预付款融资主要解决企业采购时遇到的资金短缺问题，通过预付款融资可以缓解一次性交纳大额订货资金带来的资金压力，甚至能够拿到超越自身资金能力的订单；库存融资主要用于盘活采购之后在途物资以及产成品库存占用的沉淀资金，提高资金利用效率；而应收账款融资主要用于对供应链下游企业进行赊销时较长账期造成的资金紧张；战略关系融资则是从战略角度提前锁定未来能力，保障供应链的长期稳定发展。

思考与练习

1. 供应链融资的内涵是什么？
2. 供应链融资的模式有哪些？

第 10 章 互联网金融征信

案例导入

蚂蚁金服，成立于 2014 年 10 月 16 日，旗下拥有四大平台，即支付平台、融资平台、理财平台和保险平台。以阿里巴巴为依托，其诚信通和淘宝中个人和企业的交易数据会通过支付宝收录到支付平台，再将支付数据传递输出给蚂蚁金融云大数据库。融资、理财、保险三大平台以自身的客户数据为基础，一方面将操作过程中的客户业务数据传递到蚂蚁金融云大数据库，另一方面也会通过支付平台来进行支付结算，而这部分交易数据也会随同支付平台输出到大数据库。

蚂蚁金融云专注于云计算领域大数据的研究和研发，可以把各行为主体纷繁复杂的信息数据映射为其自身详细的信用评价，形成芝麻信用分和企业信用报告。这些信用评估结果可以直接用于融资、理财和保险平台的业务开展。比如，通过芝麻信用的评分结果，用户在蚂蚁花呗中会有不同的信用额度，也可以在出行和住宿方面进行信用消费；基于大数据进行风险甄别的蚂蚁小贷，会根据企业的信用状况快速做出反应，能使融资服务实现标准化工业生产，实现全自动放贷，商家申请贷款后几秒钟内就能得到资金；还可以根据其信用情况来确定保险费率或理财产品的收益率等。反过来，通过信用评估结果在这些方面的大量借鉴和使用，会形成新的交易和行为数据，这些数据又会被视作原始数据收集起来，丰富大数据库，以便能更好地分析和处理数据，进而做出更全面、真实、可靠、有效的信用评估。

蚂蚁金服的征信模式从互联网大数据等新兴技术出发，以创新性的思维为中小企业服务，建立了独具特色的征信系统。目前我国最大、最权威的征信系统是中国人民银行主导的央行征信系统，蚂蚁金服征信模式在实际应用过程中，相对央行征信系统而言，有很多独特优势：

① 海量的信用数据信息。互联网蓬勃发展的大趋势下，阿里巴巴集团经过多年的发展逐渐积累了众多客户。截至 2015 年 6 月底，淘宝的年活跃买家数达到 3.67 亿家，交易额达到了 6 731.98 亿元。而在 2015 年的“双十一”活动，天猫商城的交易额更是在一天之内达到

912.17 亿元。这些交易额背后都是一笔笔实实在在的客户交易行为，这无疑都成了蚂蚁金服征信系统的数据信息来源。除此之外，蚂蚁金服还收集了诸如用户提交数据和第三方数据等渠道的信息。在如此巨大的信息量面前，蚂蚁金服运用大数据技术，做到以极低的成本来实时、高频的采集用户数据，时效性极强。

② 出色的信息数据挖掘能力。蚂蚁金服坐拥极其庞大的大数据信息库，同时，其信息处理和信息挖掘能力更加强大。蚂蚁金服结合云计算方法，运用最先进的大数据技术来处理信用信息数据，比如 Deep Learning、Page Rank 和 Neural Network 等。通过深入的数据挖掘，蚂蚁金服能更加全面地了解小微企业。此外，支付宝及其各项应用所沉淀的数据，能帮助蚂蚁金服有效地分析顾客消费习惯、判断未来趋势，并应用到各项业务中。

③ 丰富的数据使用场景。央行的征信系统只有金融机构和小贷公司才能够接入，主要用于贷款的审批。与央行的征信系统不同，蚂蚁金服的征信产品虽然用于系统内部，但是其使用场景十分广泛。除了可以确定贷款额度，在进行理财产品定价、雇主服务、租赁等金融业务时都有使用，甚至还可以用于定向营销和反欺诈。

蚂蚁金服凭借自身的独特优势构建了自成体系的征信模式，是互联网金融征信领域的典型代表。通过对蚂蚁金服征信模式的分析，我们可以看出互联网金融征信的发展潜力巨大且前景广阔。

（资料来源：根据网络相关资料整理）

本章重点

- 个人征信体系的构成。
- 互联网金融征信体系的作用。
- 国内外征信体系建设模式比较。

10.1 信用体系概述

10.1.1 信用、个人信用

1. 什么是信用

“信用”一词从其来源来看，最早是与伦理一词相联，起源于拉丁文“Credio”，原意为信任、信誉、相信，后被引入英文。在经济学领域中信用有广义和狭义之分。

广义上，信用是一种主观上的诚实守信和客观上的偿付能力的统一。具体的说就是遵守言，实践成约，取信于人，这种伦理精神反映在现实经济活动中，是指经济主体之间，以谋求长期利益最大化为目的，建立在诚实守信基础上的心理承诺与约期实践相结合的意志和能力，以及由此形成和发展起来的行为规范和交易准则。信用的进一步发展，使它由交易的实现手段变化为交易方式，出现信用交易，它实际上是广义上的“信用”概念在经济领域的运用和引申。

狭义上，信用作为商品经济条件下价值运动的特殊形式，是指一种建立在对受信人在特定的期限内付款或还款承诺的信任的基础上的能力，它使后者无需付现就可以获取商品、服务或资金。信用是随着市场的发展而产生的。市场交易中，起初是物物交易、进而是以货币为媒介的交易，随着市场交易的不断发展，商品与货币的相向运动在时间上出现了不一致，如赊销和预付，这样就产生了信用交易，形成了信用关系。信用交易的应用大大降低了市场交易的成本，扩大了市场的规模，可以说现代的市场经济是一种建立在千头万绪、错综复杂的信用关系的之上的经济。

信用结构是在经济运行中信用活动形成的均衡状态。这种均衡状态是在信用总规模中各层次、各类型信用活动的规模均衡、相互关系均衡共同构成实现的。它表现的是包括宏观与微观在内的各种信用活动的有机关系，以及信用活动现有的和动态的布局。

信用的形式随着市场经济发展而演变，根据授、受信对象的不同，主要可以分为以下四种形式：

① 商业信用（Commercial Credit）也称企业信用，是企业之间进行商品交易时，以延期支付或预付形式提供的信用，主要有赊销、预付两大类。

② 金融信用（Banker's Credit）它是银行及其他金融机构以货币形式，通过存款、贷款等业务活动提供的信用。银行信用是商业信用发展到一定水平时产生的，它的产生标志着一个国家信用制度的发展和完善。

③ 国家信用（Fiscal Credit）也称财政信用，是以国家（中央和地方政府）为主体，按照信用原则筹集和运用财政资金的一种再分配方式。

④ 个人信用（Personal Credit）是个人与银行之间，以满足个人生活消费需要、提高生活水平为目的，建立在诚实守信基础上的心理承诺与约期实践相结合的意志和能力。个人信用的债务人是消费者，即使用生活资料的个人与家庭。

从信用的本质来看，信用是以偿还和付息为基本特征，以信任为基础的。当授信人（债权人）授信失当或受信人（债务人）回避自己的偿付责任时，信用风险就会发生。信用交易越发达，信用可能发生的风险也就越大。为了控制这种风险，使风险水平降低，预防是进行信用交易之前，最为重要的一个环节。科学公正的信用评估可以事先对受信人信誉品德、履约能力进行评估，然后再决定是否进行信用交易，以达到降低信用风险的目的。

2. 什么是个人信用

所谓个人信用，是指一种建立在对个人在特定的期限内付款或还债承诺的信任的基础上的能力，它是后者无须付款就可以获取商品、服务或资金的能力。

个人信用是从属于商品和货币关系的一个经济范畴，不是任何特定社会形态的专利，它可以追溯到中国古代的西周时期和西方的古希腊时期，当时原始的个人信用销售关系已经存在。据文献记载，中国的周朝就有“赊”和“欠”等个人信用销售有关的记载。但是，它同现在所研究的现代市场环境下的个人信用和信用销售概念不能相提并论，现在所研究的“个人信用”概念属于现代市场经济范畴，它建筑在至少是比较成熟的买方市场经济之上。近代的信用销售源于英国早期的资本主义工业发展和美洲大陆的开发，北美洲一位经济学家说得好，没有信用销售在当地的蓬勃发展，横贯加拿大的太平洋铁路就不会建成。而真正的现代市场的信用销售发源于 1830 年的英国和 1937 年的美国，其标志是征信公司和征信服务的出现。

3. 个人信用的发展阶段

个人信用从古代就存在于人们日常经济活动中，经历了前工业时期、后工业时期的发展后,现在已经进入信用经济时代。在这个过程中，个人信用经历了以下几个发展阶段：

① 道德化阶段。信用的道德化阶段是最早形成的，在世界范围内，它可以追溯到 3 000 年以前，在古希腊、巴比伦和埃及的历史上，都曾有过关于信用交易的记载。我国古代有丰富的个人信用道德的文化，例如，儒家文化有许多对君子的行为规范，如“言必行、行必果”“君子一言、驯马难追”。据文献记载，我国周朝就有赊和欠等与信用交易有关的字和词出现。孔子的弟子就曾以“挂账”形式来取得赊销的生活用品。而生活并不贫寒的宋代诗人陆游，也不时在酒家挂账沽酒，以图方便。在古代欧洲，信用源于在 13 世纪的南欧地区异地贸易，特别是意大利和法国之间的贸易。当前我国不少民间地区仍然处于个人信用的道德化阶段，民间的小额借款有时不需写借据，全凭借款者的个人信用。

② 商业化阶段。个人信用的商业化阶段，是将个人信用记录当作一种“信息商品”进入市场，像所有信息商品那样可以买卖。在发达国家的市场上有专门经营“个人信用记录”的公司例如美国的全联、益百利，欧洲的波盖尔，这些公司从各种金融机构中有偿收集个人客户的信用记录资料，将这些个人信用记录的原始资料整理后，采用数据库方式保存。当借贷机构需要了解或调查某个客户信用记录时，可随时从信用记录公司买这些记录资料。由于个人信用记录资料商业化，在金融市场上就形成了“市场信用的纪律约束”，表现在借贷机构对于信用记录不好的客户，就不会发放贷款或提供信用卡。

③ 证券化阶段。个人信用的证券化就是采用市场的方法，而不是基于个别人的道德水平。个人信用发展到证券化阶段是指原来由一个两个担保人来承担的贷款信用，采用由大众来担保。保险经营就是信用契约化的典型。保险公司独家是没有能力承担被担保品的风险的，但是保险公司通过了一个风险分散的特殊经营，由大众买保险后来分担风险，保险公司就可以承担较大的风险了。同样的道理也适合于个人贷款的担保经营方面，当采用发行债券的方式，将担保的风险分散给大众时，担保人的风险也同样可以减少。这种做法就是个人信用的证券化。通过证券化的方法，以支付一定利息为条件，向大众出售担保证券、债券或契约，以及商业票据，可以筹集到大众担保的资金，这就为个人信用的发展，建立了一个更有效的机制。

10.1.2　个人信用体系

1. 个人信用体系的含义

个人信用体系是指根据居民的个人和家庭状况、收入资产、已发生的借贷与偿还、信用透支、发生不良信用时所受处罚与诉讼情况，对个人的信用等级进行评估并随时记录、存档，以便信用的供给方决定是否对其贷款和贷款多少的制度。实际上，个人信用体系就是一套详细记录消费者历次信用活动的登记查询系统，这是在社会范围内构建发达的信用消费经济的基础，也是目前大力提倡的金融生态环境建设的支柱之一。个人信用体系作为社会信用体系的基础，近几年来，其重要性日益突显出来。

2. 个人信用体系的构成

个人信用体系包括个人信用主体、个人信用征信机构、个人信用评分系统和个人信用惩戒和规范四个方面。

① 个人信用体系的信用主体是指信用报告所指向的对象，是具有民事行为能力和一定偿还能力的个人。信用报告的使用者包括商业银行、提供贷款的零售商和其他合法的信用报告的购买者，它们通过购买有关信用主体标准化的个人信用报告，获得专业化的个人信用评估服务，以此作为对个人消费信用放款的依据，规避信用风险，提高贷款效率。

② 个人信用征信机构是将分散在各商业银行及社会有关方面的个人信用信息汇集起来，进行加工、存储，形成个人信用信息数据库，利用信用评分系统和其他工具对个人信用度进行公正的评价，并出售标准化的个人信用报告和信用分数。个人信用征信是整个体系的基础，个人信用评分系统、惩戒和规范机制都是在个人信用征信的数据平台上运行的，因此也是体系建设的重中之重。

③ 个人信用评分系统是个人信用中介机构或消费信用授信方在合理分析个人过去的信用数据和特定行为的基础上，利用特定的计算模型通过对过去的评判来预测信用主体未来的信用风险，以此做出是否授信和是否提供相应授信条件的决定。它可以帮助授信者节约审查费用、加快审查周期，为消费者进行消费信用提供更加便利的条件。

④ 个人信用惩戒和规范有两方面的内容：一是对于消费者失信的惩罚，包括不良信用信息记录和破产记录；二是对征信机构和管理机构行为的规范。面对消费信贷过程中出现的不还款行为，失信惩戒成为重要的惩罚手段。在健全市场经济中，信用成为个人经济交往的保证，而个人信用信息又成为个人信用的见证。

3. 我国个人信用体系的现状

我国个人消费信贷业务经过发展取得了一定的成绩，同时也建立了属于我国的个人信用体系，但仍在许多问题，最主要的表现在以下四个方面：

① 法律不够健全，缺乏与个人消费信贷相配套的法律法规。人民银行鼓励各商业银行开办各类消费贷款业务，但目前只下发了住房和汽车的消费贷款管理办法，而其他的消费贷款管理办法尚未出台，也未制定统一的消费信贷合同文本，致使商业银行在经营运作中出现了无序和不规范等现象。目前《商业银行法》《担保法》都缺乏针对个少、消费信贷的法律条款，导致银行在开展个人消费业务时只能套用针对企业制定的法律条款，出现了一定的法律真空。

② 个人信用调查机制不健全。现办理个人消费信贷业务，主要调查单位还是银行，这

中间存在许多问题：一方面对个人现有的评估主要是信赖于信贷员的贷款“三查”工作，由于个人消费信贷的贷前调查的工作内容较为有限，很大程度上取决于信贷员个人的主观判断，对信贷及评估人员中可能存在的道德风险目前也无有效的约束机制。在贷款审批过程中，由于审批人不直接与客户接触，而可供审查的贷款资料非常有限，加上量大笔数多，审批人也无暇对每一笔贷款都进行详细的询问与审查。此外，对于消费额度贷款有效期、首次支用期以及还款计划的确定缺乏较为科学的判断依据。至于贷后跟踪管理，因人员少、业务量大、范围广等客观原因，一定程度上有些流于形式。

③ 化解风险能力弱。防范化解金融风险开展个人消费信贷以来，为了完成国家交给的发展消费信贷、刺激经济增长的任务，各家银行都投入了大量的人力、物力和财力，虽然在抢占市场份额和扩大业务量方面成绩显著，但也在不同程度上出现了放宽贷款条件的现象，这样做的结果必将影响银行的信贷资产质量，使得收益与风险的比例失调，既加大了银行的经营风险，又无法满足国家对银行提高经营管理水平所提出的要求，因此，面对激烈的市场竞争和瞬息万变的外部环境，防范和化解金融风险已刻不容缓。从宏观上讲，目前各家银行均各自为政，纷纷致力于建立自己的个人消费信贷“营销网络”，这样做虽然可以独享收益，但资金需要量大，成本高，且面临市场开拓失败的风险。

④ 同业信息不共享。中国人民银行在全国银行信贷登记咨询系统已覆盖全国 301 个城市，是目前中国最大的征信数据库。但由于各种原因，目前还难以对外公开使用。因此要建立和完善全国范围的个人信用体系，除要有配套法规以外，查询系统也要完善。特别是通过哪种方式进行异地查询值得研究，使用信函、传真或是网上查询？从现在信息技术发展的趋势来看，网上查询应该是最能降低交易成本的一种查询和获得信息的方式，并且也是一种效率最高的方式。由于此项查询是有偿的，实际上是购买一种无形商品——个人信用信息，因此应归到电子商务的范畴。其中就有许多问题尚待解决：是采用建立费用低、查询效率低的互联网查询，还是采用建立费用高、查询效率高的类似股票交易的一个专门网络；查询系统的收费标准如何确定；若有关部门不提供信用线索或信息、失真怎么办等问题。

10.1.3　个人征信体系

1. 征信的含义

“征信”一词对应的英文为“credit reporting”或“credit information services”，指为了满足从事信用活动的机构在信用交易中对信用信息的需要，专业化的征信机构依法采集、调查、保存、整理，提供企业和个人信用信息的活动。

在信用管理学中，征信的含义是调查和核实企业或个人的信用，使赊销和信贷活动中的授信方能够比较充分地了解信用申请方的真实资信状况和如约偿还能力，使授信方的风险降至最低。严格来讲，征信仅仅包括信用信息的采集、调查和提供，不包括信用评级等业务，当前的征信系统、征信体系的提法实际上是扩大了征信的内涵。现在，国际上存在一种趋势，即许多公司将“征信局”“征信公司”等称谓改为类似“信用报告机构”等含义更广的称谓。

从行业分工的角度看，征信对应着有关信息产品的收集、加工和生产，即由专业服务机构代理客户对交易另一方的资历、信用等方面的情况进行调查和判断，为决策人发放贷款、选择贸易伙伴、签约、选择结算方式或者处理逾期账款、经济纠纷等提供决策参考。

征信在经济、金融运行中具有以下作用：

① 降低信用风险。征信最基本的功能是：了解、调查、验证他人的信用，使赊销、信贷活动中的授信方能够比较充分地了解信用申请人的真实资信状况和如期还款能力；通过信用信息的传输来降低信用信息不对称的困境，起到约束市场交易各方的行为、使授信方的风险降到最低的作用。

② 节约交易成本。征信是由专门的征信机构负责对受信人的信用状况进行调查评定，专业征信机构的出现是社会分工的必然结果，有利于提高社会运行的效率，节约信用交易的成本。如果由各授信机构独立完成对受信人资信状况和履约能力的调查、评估，不仅成本高，而且信息来源的真实性和可靠性都难以保证，控制信用风险的能力就较低。

③ 惩戒功能。征信活动使信用信息都在征信机构掌握之中成为一种可能。由于征信机构掌握的信用信息覆盖面广，信用结果的传播速度也快，失信惩罚机制的作用能得到最大限度的发挥，使受信人（债务人）认识到守信的重要，失信获得的利益仅是一次性的，而经济惩罚则是长期的、广泛的。

④ 提高社会信用观念。征信可以起到一种无形的导向作用。征信的存在使信用变成一种潜在的经济资源，信用报告可以成为政府、企业或个人进入信用社会的一种资格证明，成为从事契约活动的通行证，从而对受信人的行为起到制约和规范的作用，提高全社会的信用观念。正是因为征信具有上述作用，征信业才逐渐发展成为市场经济中不可或缺的一环，成为目前我国个人信用发展过程中讨论的热点。

2. 个人征信的含义

按征信对象的不同，征信主要分为个人征信、企业征信和资产征信。个人征信，就是以征信机构为主体进行的对个人信用信息的收集、利用、提供、维护和管理的活动。从个人征信机构的运作实践来看，个人征信具有三个显著特征：

第一，个人征信具有网络效应，即参与信用信息共享安排的银行越多，信用报告给银行带来的效用越大。这是因为一方面银行对潜在借款人的资信状况掌握会越全面和及时，对个人信用报告的信任度越高。另一方面，平均每家银行摊销的数据库固定成本越少，有利于分摊个人信用报告的价格。网络效应体现了联合征信的价值以及个人征信行业标准化的重要性。

第二，个人征信具有较强的规模经济效应，这是由个人征信行业的高固定成本、低边际成本特性决定的。随着查询次数的增多，个人征信机构每生产一份信用报告所增加的成本很小，这使得个人征信在某种程度上具有“自然垄断”的特征。

第三，个人征信存在一定的正外部性和负外部性。个人征信的正外部性主要是指其对信用文化的培育及守信意识的灌输作用以及对消费信贷市场稳定发展的促进作用。但由于个人征信涉及信息公开与隐私保护的矛盾，对个人隐私的不当传播会造成一定的负外部性。

3．个人征信体系

个人征信体系是指与个人征信活动有关的法律规章、组织机构、市场管理、文化建设、宣传教育等共同构成的一个体系。其主要功能是为信贷市场服务，在实践中，征信体系的主要参与者有征信机构、金融机构、企业、个人以及政府。

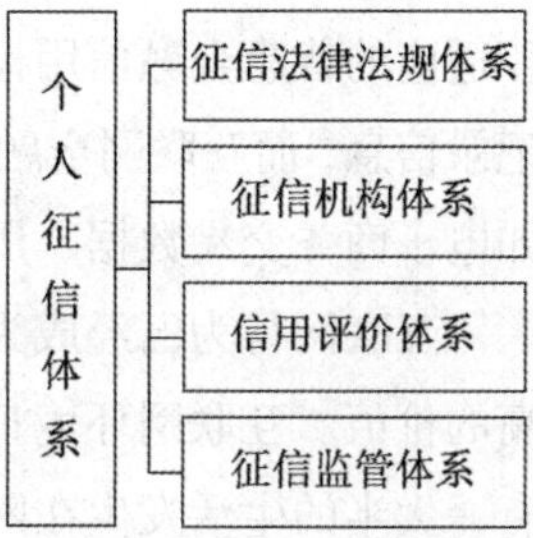

图 10-1　个人征信体系

完善的个人征信体系可以约束和规范社会个体的信用行为，降低交易成本，有效地避免市场交易中的信用风险，建立良好的社会信用秩序和市场经济秩序，促进国民经济有序、健康运行和社会道德体系的建设。完善的个人征信体系包括以下几个方面，如图 10-1 所示。

① 征信法律法规体系。法律环境是制约个人征信体系建设的关键因素，由于个人征信必然涉及个人信用数据的收集、公开、使用、披露和管理，个人隐私的保护、国家机密的保护和社会公众的利益维护等各方面的利益，同时征信机构的市场准入与退出，征信业的监管和违规行为的处理等都离不开法律的支持。因此，建立完善的个人征信体系，必须首先坚持立法先行，通过个人征信立法和配套制度的建设，确保征信活动的公平、公正、公开。

② 征信机构体系。征信机构是授信人（或贷款人）联合成立或共同认可一个机构，由其收集、整理和分析受信人（或借款人）的信用信息，帮助授信人完成对受信人全面调查的机构。个人征信服务业具有智力密集、技术密集、专业化程度高、市场集中度高的特点，承担着个人信用信息收集、加工、处理和传递的功能，在防范信用风险和促进信用交易方面发挥重要作用。因此，应按照严格的行业规范和标准，发展一批具备较高执业资质和道德水准、独立公正、市场化运作的信用中介服务机构。信用中介服务机构应坚持独立、客观、公正的基本原则，为银行和社会提供个人信用信息咨询、信用调查、个人信用评估等服务，以及帮助客户判断和控制信用风险。

③ 信用评价体系。个人信用评价是第三方信用评级机构依据信用评级标准，按照一定的方法和程序，在对个人信用进行全面了解、征集和分析的基础上，对其信用度进行评价，并以专用符号或文字形式来表达的活动。信用评级一般采用定性和定量相结合的方法，采取一系列指标，来为被评级对象打分。

④ 征信监管体系。个人征信市场的健康发展离不开有效的监管，有效监管是实施个人征信法规的重要保障。在个人征信体系的建设过程中，需要政府在制定并执行征信规则、对征信机构进行管理（包括征信机构的市场准入、日常经营活动和市场退出等的管理）、直接或间接进行征信市场的调控等方面发挥作用。另外，行业自律必不可少，同时，“失信惩罚机制”，会让失信者付出代价，甚至名誉扫地，从而督促公众严格守信。

10.2 互联网金融信用

10.2.1 互联网金融信用的产生

相关研究表明，现有征信体系不完全适用互联网金融机构，亟须建立与互联网金融发展相适应的普惠金融信用标准体系。以央行的征信系统为例，央行征信系统主要采集银行信贷记录信息，而互联网金融的信用有其自身的特点，更多情况下需要采集多种类型的信用数据，如电子商务交易数据、用户的消费行为数据等。

互联网行为已经成为人们社会生活的一部分，人们在互联网上产生的信用，已经有了很高的价值。互联网环境日益成熟，人们社会生活的很多方面已经离不开网络，年轻一代甚至有一大半的生活发生在网上，对于现在的人们来说，虚拟与现实边界已经日益模糊，交易、买卖、沟通交流即使没有完全在网上，也正在向线上与线下结合的方向发展，也就是O2O化。随着社交、商务、金融等各行业的互联网化，人们在互联网上不仅沉淀了真实姓名、身份证号、电话、银行卡号、信用卡号和社交圈，还不自觉的沉淀了自己的行为习惯、喜好和活动轨迹，如今甚至连一个人即时的位置信息都变得可以追踪。

在国外，有不少信用公司开始利用Facebook、LinkedIn和Twitter等社交网站的个人资料来评估消费者的信用风险。他们认为，当为某个人提供信贷时，尤其是当一个人缺乏信用记录或者信用记录有污点，因而在其他地方很难获得贷款时，一个人的社会身份、在线声誉和职业联系人圈子，应该成为信用公司考虑的因素。人们的网络行为已经具备真实世界行为的影响力和价值，所以成熟的互联网社会，越来越需要"真实"和"真实的人"。

随着互联网上个人信用应用范围越来越广，如今专门进行互联网个人信用评估的公司也已经出现，这些公司甚至已经开始建立互联网个人信用评估的模型。美国ZestFinance是一家服务于互联网金融的信用评估机构，采用机器学习和大数据的方式，通过对申请人外部数据信息的分析进行信用评估。区别于传统银行繁复的审核环节，ZestFinance通过研究建立了新的信用评估体系，他们主要研究申请人日常生活中的细枝末节，例如申请人的IP地址、电话账单、租赁历史等，通过模型进行数据计算，最终得出申请人的信用额度。现在，除了ZestFinance以外，Zebit、AvantCredit、Traity和Kreditech也在采用相同或者类似的模式。在中国，Wecash（闪银）在这方面取得了不错的成绩。

【拓展阅读】

Kabbage大数据网络贷款的主要运作方式

Kabbage公司成立于2009年，通过整合分析小型网商交易数据、物流公司配送数据以及社交网络行为数据，向小型网商提供信用贷款，填补了传统信贷的服务空白。其主要运作方式如下：

① Kabbage公司主要依赖第三方数据对网商进行评估。Kabbage公司对电商数据的共享

或读取是通过取得授权的账户关联来实现的。数据具有可标准化、时间序列化的特征，并通过互联网直接传送。Kabbage 公司通过社交网站了解网商如何与客户进行沟通，货物如何在 UPS 上销售，或者如何利用 Quickbooks 进行财务管理，最终根据电商在网上销售历史和网络评论来帮助评估可以给电商提供多少贷款。

② 开发大数据评价工具服务贷款决策。Kabbage 基于网商的经营情况、在社交网络上与客户互动情况等信息开发了一套信用评级体系，即 Kabbage Score，其中，Kabbage 是第一家将社交网络分析纳入信用评价的金融服务机构。Kabbage Score 主要实现了以下决策服务：一是与传统的第三方信用评级机构信用评分相比，Kabbage Score 可随时根据最新信息进行动态调整，能更好地概括网商的经营状况；二是依据 Kabbage Score 信用评估结果，由后台系统自动完成决定是否授信，以及授信额度、利率和期限；三是利用 Kabbage Score，Kabbage 的放贷可以实现高度定制化，可针对申请人的需求制定个性化方案，如根据申请人的经营情况、贷款目的自动调整贷款额度、期限和利率。Kabbage 提供的信用贷款金额在 500 美元到 4 万美元之间。贷款利率由贷款期限（最长 6 个月）和网商信用状况决定，一般为 2%~7%（30 天）和 10%~18%（6 个月）。

③ 运用大数据强化贷后风险管理。Kabbage 的还款安排非常简单，每月到约定的还款日，Kabbage 从网商的支付账户中扣除固定的还款金额（加上若干处理费用）。网商可以选择提前还款，并且提前还款不会产生任何额外成本。Kabbage 贷后监控的核心是，通过多重数据交叉验证（特别是支付账户的现金流向数据），了解网商的真实经营情况。Kabbage 做到了对网商销售情况和资金流向的实时掌控，能在第一时间对现金流紧张的网商作出预警，提高关注级别。Kabbage 如果确认某商户有支付困难，可以从该商户的支付账户转回部分现金，并采取不再予以授信的惩罚性措施。同时，Kabbage 对拖延还款设立了惩罚机制。在还款日，如果支付账户中没有达到规定的月度还款额，Kabbage 通常会收取 35 美元作为延迟费用，同时保留向其他追贷机构报告的权利。如果商户从第一个还款日就开始拖延还款，Kabbage 会将该商户视作不诚信，并交由公司法务部门处理。Kabbage 坏账率大约在 1%，低于美国银行业 5%~8%的平均水平。

（资料来源：根据相关网络资料整理）

10.2.2　互联网征信业的兴起

互联网征信狭义上是指采集个人或企业在互联网交易或使用互联网服务中留下的行为数据，并利用大数据、云计算等技术进行信息评估的活动。广义的互联网征信还包括采集个人或企业使用互联网金融服务所留下的信贷等数据以及通过线下渠道采集的公共信息等数据，并进行信用评估的活动。

严格意义上讲，我国互联网征信业的真正兴起应当追溯到 2013 年，虽起步晚，但发展步伐逐步加快。传统的央行征信系统于 2014 年开通信用信息查询的互联网通道，为公众获取征信服务提供了一条快车道。为解决 P2P 行业的征信服务不足问题，上海资信有限公司、安融惠众征信有限公司在 2013 年分别建立了 NFCS、MSP 这两类 P2P 行业信息共享服务平台，为降低了 P2P 行业的信用风险提供有效支持。以中诚信、中智诚、鹏元等为代表的具有公司服务平台性质的老牌征信机构于 2015 年初积极加入到央行第一批个人征信业务行列中，除不断加固本领域的信用评级、信用监测等征信服务外，还积极开发诸如“天下信用”的征信产品，并通过与政府等公共部门和其他金融机构的合作，在人才引进、反欺诈服务等方面提供全新的征信服务。

此外，一些私营的征信机构及依托互联网金融业务创新开办征信活动的新型机构陆续出现。如以“芝麻信用”为代表的电商平台、以“腾讯信用”为代表的社交平台、以考拉征信、华道征信等为代表的支付平台，以及以前海征信为代表的互联网金融企业纷纷建立了独有的征信体系。至此，形成了以央行为主导、市场补充的新型征信体系。

互联网金融的兴起有益于征信业务创新，使得征信业在以下方面得到发展新机遇。

① 征信业务需求迅速增长。互联网金融模式将给金融消费者带来个性化的金融服务、精细化的金融营销和批量化的业务处理，准确掌握服务对象的信用状况、消费习惯及风险偏好更为重要，征信业务的需求也将快速增加。传统金融机构将拓展金融服务领域，将原有查询信用报告开展信贷业务，扩大到对电子商务领域和互联网平台上小微企业、个人的信用信息征集。网络小额信贷以及电子商务的开展高度依赖交易对象的信用信息，也将产生巨大的征信需求。此外，金融服务和产品的升级为有效防范违约风险也需要征信机构提供行业历史违约率、重要风险预警和个人信用评分等高端产品。因此，互联网金融兴起及发展将为征信业带来更广阔的市场空间。

② 征信产品将更丰富。互联网技术已经相当成熟，基于互联网收集信息数据、提供服务给征信服务带来便利。大数据、搜索和云计算等也将推动传统征信服务方式的升级和产品的创新。传统征信业务将得到优化，例如利用互联网平台开展信用信息报告的查询、个人身份信息验证，以及将村镇银行和小额贷款公司等小型金融机构接入互联网平台。高端征信业务也将得到发展，通过互联网，资金需求方的信息在社交网络显示和传播，由搜索引擎组织和标准化，云计算进行高速处理，变成动态变化、时间连续的信息序列，最终得出资金需求者的风险定价和动态违约概率。在积累完整历史数据后，还可以利用大数据技术挖掘行业分析、重大风险预警和宏观的经济形势预测等服务。

③ 信用信息征集范围覆盖面更广。通过互联网技术的应用，传统的社会征信机构将扩大征集范围，同时阿里巴巴、腾讯、京东和百度等互联网企业依托电商平台、社交网络和搜索引擎等工具整合加工信用信息，各级政府部门也将进行电子政务工程改革，为依托互联网实现各部门间信用信息共享提供可能性。最终，在征集互联网信用信息后，原本以征集信贷数据为核心的人民银行征信系统可以归集到包括信贷、证券、保险、电子商务、政务和司法等领域的信用信息，进一步提高专业化和完整性。

④ 征信机构种类更加丰富。当前，国内的公共征信组织主要有中国人民银行征信中心和其他多家社会征信机构。在互联网金融模式下，互联网企业、金融机构也将开展征信业务，主要包含以下四类：

一是企业融资服务平台。这种形式主要通过互联网直接或间接采集企业融资需求信息和其他信用信息，为企业和银行牵线搭桥，并将信息提供给商业银行在放贷时参考使用。这种形式一般不以买卖信息获得利益，而是通过收取手续费等其他形式盈利。当前，很多由地方政府牵头组建的中小企业融资服务中心、征信中心牵头组建的应收账款融资服务平台等属于这种形式。以后者为例，用户在互联网上注册后，采用了线上报送融资信息、线下达成融资交易，再回到线上反馈成交信息的业务流程，实现了信息共享与反馈。

二是第三方支付平台。第三方支付平台以及与之相关的电商平台，通过互联网长期积累了客户的交易行为信息。目前，第三方支付仅将这些信息在同一集团内部使用，这在一定程度上已属于征信行为，如果这些信息更广泛的对外提供，就是典型的征信业。如阿里小贷整合了阿里巴巴、淘宝、支付宝的经营记录、交易状况和投诉反馈等百余项信息指标，建立了标准化的信贷审批流程。

三是新兴金融机构报数平台。根据《征信业管理条例》，从事信贷业务的机构应当按照规定向金融信用信息基础数据库提供信贷信息。近年来，国家大力发展以村镇银行、小额贷款公司、融资性担保公司为代表的新兴金融机构，其中大部分尚未接入金融信用信息基础数据库。为了提高新兴金融机构的接入速度，人民银行征信中心正在搭建互联网平台，提供了一种可选择的接入方式。

四是民间借贷机构共享平台。目前，影子金融在我国发展势头迅猛，以 P2P 司为代表的民间借贷机构发展到现阶段，出于规避风险、坏账追收的目的，也提出了信息共享的需求。为此，针对民间借贷机构的信息共享平台逐步建立，如征信中心的全资子公司上海资信有限公司推出了网络金融征信系统 （NFCS），是首个基于互联网的征信系统，主要为实现民间借贷机构的信息共享并为其提供征信服务。

10.2.3　互联网金融征信体系的作用

互联网金融的核心是信用，互联网金融体系运行的基石是征信。互联网金融征信是基于征信对象的互联网行为数据，结合其他渠道数据，依托大数据、云计算和信用评估模型等信息技术，对征信对象进行信用评估。互联网征信从数据获取角度上扩展了信用基础数据的广度和深度，并且在信用评估理念和评估方法上有所创新。互联网征信的信用基础数据主要包括互联网交易数据和互联网社交行为数据，该类数据比较全面地反映了征信对象行为的内在动因和外在表现，互联网金融征信据此来实现对征信对象的综合信用评估。互联网金融征信体系的作用主要体现在以下五个方面：

1. 规范互联网金融借贷双方行为

互联网金融征信体系的建设有助于消除互联网金融交易双方的信息不对称，形成信用信息更加透明的系统平台，规范互联网金融借贷双方的金融交易行为。互联网金融征信体系建设应该实现多个互联网金融平台和多种互联网金融模式的有效对接，实现多平台和多模式的客户金融信用数据共享和查询。更加全面地搜集企业和个人的互联网金融行为数据，对其信用状况进行综合评价，辅助互联网金融企业进行贷款决策。根据博弈论，博弈双方在多次交易过程中选择守信获得的收益现值普遍优于失信带来的收益，因此互联网金融交易双方都倾向于守信。互联网金融征信体系建设有利于规范互联网金融借贷双方的金融行为，确保双方履行相应的权利义务，互联网金融征信系统的建立将为互联网金融行业的健康发展提供强有力的支持。

2．完善金融征信体系

互联网金融征信体系是传统金融征信体系的有益补充，有利于建立更加完善、覆盖面更广的金融征信体系。传统金融征信体系建设降低了商业银行贷款发放风险，有效避免商业银行与借贷方的信息不对称，防止多方举债和信用不良客户的贷款申请获批，降低贷款客户道德风险发生的可能性。目前，现有的传统金融征信体系与互联网金融征信体系相对独立，互联网金融平台融入和查询企业和个人信用状况受到一定限制。互联网金融征信体系是金融征信体系的重要组成部分，应该与传统金融征信体系融合发展共同筑牢金融征信体系。覆盖面更广、信用信息更加全面的金融征信体系，可以更好地防范系统性金融风险发生，更好地满足企业特别是小微企业的融资需求。

3．更好服务小微企业和实体经济

互联网金融征信体系构建有助于互联网金融发展，便利小微企业融资。中国经济进入新常态，增速由高速转入中高速。在大众创业、万众创新时代背景下，促进实体经济增长对于中国转变经济发展方式、调整产业结构具有重要意义，小微企业在经济增长中将继续发挥重要作用。但另一方面，小微企业在经济规模、风险承受能力等方面的不足，导致其融资受到制约，甚至会出现资金链难以为继的情况。商业银行对小微企业贷款普遍设置较高门槛和一些附加条件，小微企业只能转向民间借贷，导致小微企业融资成本大幅提高。电子商务、互联网经济、互联网金融的发展需要强大的实体经济做支撑，加强互联网金融征信体系建设有助于确保互联网金融行业健康发展；更好地消除小微企业与互联网金融企业之间的信息不对称，降低征信成本；更好发挥互联网金融作为新型金融配置方式高效率服务小微企业融资和实体经济发展，降低融资成本。

4．树立良好的社会信用风尚

社会主义市场经济是信用经济，确立社会主义市场经济的信用内涵并不断发展，对于提升中国社会主义市场经济的活力和抗风险能力尤为重要。建设全面、科学、合理的互联网金融征信体系，应该制定科学合理的信用衡量标准，让守信者机会更多，失信者寸步难行。市场博弈理论认为，在多次交易的市场化环境中，在较为便捷的信用信息共享机制下，企业和个人会倾向于选择守信。这可以不断提升全社会的信用水平，在全社会树立起诚实守信的良好风尚，而良好的社会信用风尚也会引导个人和企业更加诚信。

5．保护信息主体隐私权

互联网数据的指数级增长为互联网金融征信的开展提供了大量的基础信息，互联网金融征信企业可以通过大数据技术对征信基础信息进行分析挖掘，快速实现对征信对象的信用评估。但是目前互联网金融企业开展征信实践时，过度收集征信对象互联网行为数据的情况时有发生，侵犯了信息主体的隐私权。互联网金融征信体系应该确定互联网金融征信的数据采集标准以及征信要素，明确对互联网金融征信企业的定位，指导和规范征信信息采集行为。互联网金融征信企业对互联网征信数据的采集应该坚持规范化、标准化的原则。规范化就是指在法律法规明确规定的范围内对信用评价的相关信息进行采集，不能因为互联网信息采集的便捷性就任意扩大对信息主体的采集范围；标准化就是对征信对象开展标准化的信息采集，做到标准统一，公平合理。规范化、标准化的信息采集可以更好地保护信息主体的隐私权，切实维护信息主体的合法权益，完善征信市场的法制化环境。

10.3　互联网金融征信体系现状

10.3.1　我国互联网金融征信体系

中国互联网金融业务开展以来，互联网金融企业、行业以及政府金融监管部门不断探索和推动互联网金融征信体系的建设和发展。从 2010 年阿里向企业客户发放信用贷款到 2015 年中央银行发布互联网金融企业个人征信业务准备工作通知，中国互联网金融征信体系建设在不断的发展。从互联网金融业务开展至今，互联网金融征信体系建设大致可以划分为三个阶段：互联网金融企业探索建立互联网金融征信系统阶段、互联网金融行业内的征信合作与信息共享阶段，以及政府向企业开放个人互联网金融征信业务阶段，三个阶段有逻辑上的先后之分，也有相互的时间段重合并行。

1. 互联网金融企业探索建立互联网金融征信系统阶段

基于金融贷款风险控制和征信业务开展的需要，互联网金融企业和征信企业利用各自掌握的互联网平台，根据企业和个人客户的互联网行为数据对企业和个人客户进行信用评价，逐步建立起互联网金融征信系统。在互联网金融快速发展初期，互联网金融企业率先探索建立互联网金融征信系统。

互联网金融征信企业探索建立征信系统、开展金融征信业务主要有以下几种模式：①依靠自有互联网平台，以企业和个人客户的互联网行为数据为基础，评判客户信用状况与偿债能力并据此提供信用贷款；②专门从事多平台的互联网信用信息收集业务，对企业和个人客户的互联网信用信息进行大数据挖掘分析，综合评估客户的信用状况并提供给第三方；③通过搭建系统化具有广泛包容性的信息平台，综合多个互联网金融平台的客户信贷数据，综合评估企业和个人客户的资信状况。

2010 年 6 月，阿里小贷以其自有电商平台——淘宝的商户订单成交数据为基础，建立大数据模型，评估商家的信用状况及偿债能力，确定发放贷款的金额与利率。截至 2014 年 6 月，阿里小贷累计为超过 80 万家小微企业发放贷款 2000 亿元以上。同年 10 月，蚂蚁微贷成立并向小微企业和创业者批量发放小额贷款。阿里小贷采用的互联网平台化、信息挖掘和综合评价模式对于从互联网金融企业角度完善现有金融征信体系具有很强的示范意义。

部分企业通过互联网客户行为数据构建征信模型，提供互联网客户征信报告服务。例如，国政通网络科技公司借助第三方个人身份验证技术，为社交媒体、婚恋网站、招聘网站、电信服务商和银行等提供服务。国政通网络科技公司通过搜集客户在互联网平台上的社交、消费等行为数据，构建数据挖掘分析模型，评估互联网金融客户的信用状况，生成信用评估报告，并将互联网金融客户的信用评估报告提供给第三方。

2．互联网金融行业内的征信合作与信息共享阶段

在经历了互联网金融企业对互联网金融征信系统的实践探索阶段后，互联网金融行业逐步开展了符合互联网金融发展需要的征信合作与信息共享工作。互联网金融行业开始搭建具有更高数据包容度的互联网金融平台，加强与中央银行传统金融征信系统的对接，逐步完善互联网金融征信体系。由此，互联网金融征信体系建设进入第二个阶段，即互联网金融行业内的征信合作与信息共享阶段。

2013 年 6 月，上海资信公司设计开发的网络金融信息共享系统（NFCS）上线。互联网金融平台可以通过直接接入 NFCS 或者通过接入 NFSC 的第三方公司间接实现中国人民银行企业和个人征信系统查询。金发所自 2014 年 3 月起接入鹏元征信系统，次年 3 月，金发所与鹏元征信接入经中国人民银行批准成立的互联网金融征信系统。目前，接入 NFCS 的互联网金融平台数超过 200 家。2014 年，中国人民银行开放了部分融资性担保公司和小贷公司的征信系统接口，P2P 互联网金融平台通过与此类公司合作，间接接入中央银行传统金融征信系统。

3．政府向企业开放个人互联网金融征信业务阶段

互联网金融征信体系经历了企业内的征信系统建设以及企业间的征信合作与信息共享建设之后，政府逐步放开个人互联网金融征信业务，准许具备条件的企业开展个人征信业务。

2014 年以前，国内仅有中国人民银行征信中心向被授权对象提供个人信用报告服务。中国个人征信大多集中于银行的信贷记录，信用报告缺乏个人在其他经济和社会活动方面的表现。2014 年以后，个人征信业务的发展引入了新的市场主体，互联网金融企业在互联网金融征信的信息技术方面有很强的优势，中央银行也不断推动互联网金融企业开展个人征信业务，丰富互联网金融征信市场，促进互联网金融征信体系的发展。2015 年 1 月 5 日，中国人民银行印发了《关于做好个人征信业务准备工作的通知》，要求芝麻信用、腾讯征信等 8 家机构开展为期六个月的征信业务准备工作，准备期满后即可开展个人征信业务。这是中国人民银行向互联网金融企业首次开放互联网金融的个人征信市场。

中国人民银行在互联网金融征信体系建设中发挥着不可或缺的核心主导作用。以中国人民银行为代表的金融征信监管机构，不断出台行业监管规范和条例，加强对互联网金融征信业务的规范管理。在互联网金融征信体系建设过程中，政府不断完善对互联网金融征信业的管理，引导市场主体参与互联网金融征信体系的建设，激发市场活力，促进互联网金融征信业务的健康发展。

综合来看，中国互联网金融征信体系的发展经历了企业探索、行业合作与政府推动的三个前后衔接又平行推进的阶段。企业层面，互联网金融企业不断提升互联网金融征信的技术水平和专业水准；行业层面，互联网金融行业探索和实践了互联网金融征信系统的整合和信息共享，提升了企业间的合作水平；政府层面，中国人民银行鼓励和推动符合条件的互联网企业开展个人征信业务，加入到互联网金融征信体系的建设中。

近年来，随着互联网金融的蓬勃发展，互联网金融企业、行业以及政府金融监管部门对促进互联网金融健康快速发展进行了积极的尝试和实践，在解决互联网金融失信问题方面取得了一定的成效，但目前互联网金融市场失信行为依然频发，未来的发展形势严峻，如何在丰富市场主体的同时创新对互联网金融征信行业的监管，不断完善和发展互联网金融征信体系亟待加以研究。

10.3.2　国外互联网金融征信体系

1. 美国征信体系的发展历程

（1）第一阶段（1950 年以前）：定性信用风险决策

1950 年之前，审贷过程是根据放贷人的经验和对借贷人的了解，靠人工来完成的。这是一种定性的决策，效率比较低，没有一个客观统一的标准，放不放贷款完全依赖于信贷员个人的经验。审贷的标准因人而异，不具备客观性和科学性。

（2）第二阶段（1950—1980 年）：局部风险量化分析——FICO

1956 年，信用评估数据挖掘公司费埃哲（FICO）成立，来自斯坦福的工程师和数学家进行了数学分析模型和工程实现的整合，两年之后 FICO 公司卖出了它的第一个评分系统。

FICO 评分模型中所关注的主要因素有五类，分别是客户的信用偿还历史（35%）、信用账户数（30%）、使用信用的年限（15%）、正在使用的信用类型（10%）、新开立的信用账户（10%）。

FICO 评分系统得出的信用分数范围在 300 ~ 850 分之间。分数越高，说明客户的信用风险越小。但是分数本身并不能说明一个客户是“好”还是“坏”，贷款方通常会将分数作为参考，来进行贷款决策。每个贷款方都会有自己的贷款策略和标准，并且每种产品都会有自己的风险水平，从而决定了可以接受的信用分数水平。一般地说，如果借款人的信用评分达到 680 分以上，贷款方就可以认为借款人的信用卓著，可以毫不迟疑地同意发放贷款。如果借款人的信用评分低于 620 分，贷款方或者要求借款人增加担保，或者干脆寻找各种理由拒绝贷款。如果借款人的信用评分介于 620 ~ 680 分之间，贷款方就要作进一步的调查核实，采用其他的信用分析工具，作个案处理。

利用 FICO 评分模型，银行等信贷机构可以进行自动化的批量审贷，增加了信贷的可获得性，减少了违约率，促成了消费信贷的第一次革命。目前美国绝大部分金融机构使用的信用评分都来自 FICO 的模型算法，

但由于银行只是利用内部的数据进行 FICO 个人评分建模，因此 FICO 模型在解决信贷

交易双方信息不对称问题上的作用仍有局限。例如，FICO 用评分参考的数据变量只有不到 50 个，因此很多人摸清了 FICO 关注的变量后，就可以“模型套利”增加自己的信用评分，例如一个人可以每天反复在图书馆借书还书“刷信用”。

（3）第三阶段（1980 年以后）：全局量化风险分析——大数据征信

1980 年之后，征信机构 Experian 收集了不同信贷机构个人消费者的信贷信息，形成了消费者的全局信息。不同的信贷结构之间共享全局信息，可以全面地了解个人消费者的信用状况，更好地解决了信息不对称问题，促成了信用风险管理的又一次革命。

目前，IT 信息技术的突飞猛进使人类社会进入了大数据时代，由于传统的基于 FICO 评分的信用评估模型覆盖人群窄、信息维度单一、时间上滞后，所以在大数据时代，需要探索信用评估的新思路。

在大数据时代，更多维度的数据和不同层次的数据都可以用来挖掘和分析。大数据技术加上机器学习算法使个人消费信贷的信用风险管理进入了新的阶段。在这个阶段，可以从大数据中挖掘出更多的消费者信用信息；即使是传统征信体系不能覆盖的一些缺乏信贷记录人群的信用信息，也能从大数据中挖掘出来。

基于大数据的征信，数据来源十分丰富，依赖于结构化数据的同时也导入了大量的非结构化数据。另外，它还包括大量的非传统数据，如借款人的房租缴纳记录、典当行记录、网络数据信息等，甚至将借款人填写表格时使用大小写的习惯、在线提交申请之前是否阅读文字说明等极边缘的信息作为信用评价的考量因素。类似地，非常规数据是客观世界的传感器，反映了借款人真实的状态，是客户真实的社会网络的映射。

和 FICO 不到 50 条的参考变量相比，大数据征信参考的数据变量多达上万条，并采用非线性化的、更前沿的技术来进行分析，从而防止“模型套利”的现象，更精准地评估消费者信用风险。

2．征信体系适应互联网金融发展不断完善的美国经验

① 以 Equifax 为代表的征信巨头整合非传统信息源推出大批基于大数据的新产品。作为三大征信巨头之一的 Equifax 公司积极适应互联网时代社会各领域对征信服务的需求，重视对非传统信息源的整合，推出了大批基于大数据的新产品。为获得更为广阔的数据来源和提高大数据分析技术水平，从 2011 年起，Equifax 已连续收购了多家数据收集和技术公司。基于全球 8 000 亿条企业和消费者行为数据，Equifax 提供了 70 余项面向金融的大数据分析离线服务。Equifax 并不满足于提供简单的信用评分服务，它还为客户提供了诸如实时身份验证、反欺诈监测、未公开债务监测、市场营销决策等多个方位的征信产品。Equifax 提供服务的范围也在不断扩大，除金融领域的客户以外，它的客户还包括了电信公司、零售商及其他商家、医院以及美国国土安全部和美国公民及移民服务局等。

② 以 Kabbage 为代表的融资平台依靠不同互联网平台数据构建自己的信用体系。Kabbage 是美国基于互联网大数据征信开展小额贷款业务的典型代表。它的服务对象是 eBay、雅虎、亚马逊等电商平台上的中小型网商，他们的 FICO 信用评分低于 720 分，不做

抵押很难从银行贷到款。与依靠自身平台累积历史数据的阿里小贷不同，Kabbage 自己不积累历史数据，而是完全依赖第三方数据。这些数据来源于电商平台、在线支付平台、物流公司、社交网络和线下商家，数据的共享或读取通过取得授权的账户关联来实现。对于网商来说，他们提供的信息越多，就越有可能从 Kabbage 获得贷款，因此有动机去关联更多的账号。Kabbage 对这些信息数据进行处理并通过信用评分模型做出信用评估后，贷款发放可以在 7 分钟之内完成。Kabbage 事实上开创了一种新型的征信模式，它依靠消费者主动提供信息并授权关联不同数据平台验证的方式帮助消费者建立信用记录，从而构建自己的信用体系。

③ 以 ZestFinance 为代表的美国互联网金融公司加速大数据征信技术创新。ZestFinance 是美国一家提供信用评估服务的新兴的互联网金融公司，旨在利用大数据技术重塑审贷过程，为难以获得传统金融服务的个人（如没有信用评分的人和信用分数低的人）创造可用的信用，降低他们的借贷成本。ZestFinance 主要从大数据采集和大数据分析两个层面为缺乏信用记录的人挖掘出信用。ZestFinance 的大数据来源于三个方面：第三方数据、互联网数据和用户提交数据。其中第三方数据既包含银行和信用卡数据，也包括法律记录、搬家次数等非传统数据，在信用评估中最为重要。ZestFinance 采用先进机器学习的预测模型和集成学习的策略来进行大数据挖掘，这种信用风险评估框架已被国内外多家互联网金融机构采用。ZestFinance 的大数据征信可以看成是传统征信体系的完善和更新，它在创新的同时并没有忽视传统征信体系，传统征信数据在其评估中仍占到 30%以上。

10.3.3　国内外征信体系建设模式比较

发达国家经历长时间的市场经济发展早已形成了较为完善的社会信用体系，但因各国在文化、历史、经济及法律体系存在差异，形成不同的社会信用体系建设模式。

1. 国际上主要的征信体系模式

（1）公共征信模式下的互联网金融征信体系建设

采用此征信模式，比较典型的国家是法国、德国、意大利。该模式下的征信体系主要由各国的中央银行或银行监督部口为主导部口，由国家直接出资建设，不以盈利为目的，同时辅以立法的方式要求政府、银行、财务公司、保险公司在内的所有金融机构都必须加入到公共信用登记体系，作为对等条件，公共信用登记体系内的信用数据只服务于金融机构而不向社会其他需求者提供。

其征信体系建设可以分为两个部分：一是由各国中央银行监督管理，主要采集一定数额之上的商业银行的信贷信息，主要是为央行监管和商业银行开展信贷业务服务；二是由市场化的征信机构组成，主要从事个人征信业务领域。互联网金融征信体系的建立主要是依托于公共征信部门和机构。

以法国为例，其国内没有私人征信机构，政府控制着全国的征信服务。法国央行于 1946 年成立了信用服务调查中心，并由该中心建立起了公共信用登记体系，该体系可以分为企业信贷登记体系和个人信贷登记体系。法国央行规定所有信贷机构和金融机构必须按月上报关于分期付款、贷款、融资租赁和信用卡透支的逾期记录情况。法国公共征信机构的设立旨在为协助金融监管部门进行监管服务。例如，中央银行可通过分析研究征信机构上报的数据信息来考察其货币政策的执行情况并对各金融机构的放款情况、信用风险情况进行监管调控。

欧洲采用公共征信模式的国家在信息采集类型及最低限额方面有以下特点：首先，主要采集一定数额之上的商业银行的信贷信息。在这一制度下一些民间征信机构渐渐涌现来从事信贷额度之下的信贷信息的采集、加工、整理，并对外提供征信产品服务。这一规定，一方面可以丰富市场的产品类型，活跃市场；另一方面可以减少公共信用登记体系采集信贷限额之下的信息的成本。其次，在收集信息的类型方面。西班牙和意大利不仅收集正面的信息，而且也收集负面的信息。德国和奥地利只收集正面的信息，不收集企业的不良贷款和逾期信息。出于保护个人隐私的目的，19%年欧洲议会颁布了《个人数据保护纲领》，该法案主要是为了在数据征集与个人隐私保护达到平衡，之后，在1997年欧盟通过了《数据保护指南》完善对个人隐私数据的保护，特别指出不能滥用数据。2016年4月，欧盟议会通过《一般数据保护法规》(General Data Protection Regulation)，取代20年前的《个人数据保护纲领》。《一般数据保护法规》是欧盟为顺应互联网技术发展而提出，旨在维护信息主体在合法权益，一旦发生数据泄露问题，信息主体能够查询自身信息的储存和处理情况并有权要求在第一时间被告知。

① 公共征信模式的优点。在社会信用信息分布较为分散的情况下，可以由政府牵头来协调社会各个方面，强制性地向社会各部门采集信用信息数据，从而可以在较短的时间内迅速建立起信用信息数据库，具有很大的社会效益。

② 公共征信模式的缺点。在公共征信模式下，中央银行作为全国征信业的监督管理部口，对商业银行等各类金融机构的征信情况进行监督管理。这一模式下的征信体系主要向金融提供服务，并不对外界开放，因此，无法形成覆盖全社会的失信惩戒和防范风险的有效机制。此外，政府部口不以盈利为目的建立起来的信用信息数据库并不参与社会竞争，征信产品也不向市场提供，因此会导致前期花费的巨额资金得不到补偿，削弱各方参与的积极性，产品缺乏竞争力。此外，以政府为背景，公共征信体系无法做到绝对的中立，因为会削弱征信的目的和意义。

（2）私营征信模式下的互联网金融征信体系建设

采用私营征信模式典型的国家是美国、英国和加拿大。在这种模式下的征信机构是完全市场化的，独立于政府，主要以盈利为目的。政府制定相关法律规范私营征信机构的发展方向，保护信息主体的合法权益。

以美国模式为例，美国具有特殊的银行设立制度，限制银行在全美的竞争，银行体系出于信息共享的需要从而倒逼征信制度的建立与发展。美国经历了大约160多年的时间，最终建立了比较完善的现代征信体系，它是典型的私营征信模式（也称为市场化征信模式）。美国征信业主要以商业性质的公司作为主体，征信公司由民间资本投入并建立运营，并且独立于政府，主要以盈利为目的，对外提供有偿征信服务。图10-2所示为美国的征信市场结构。

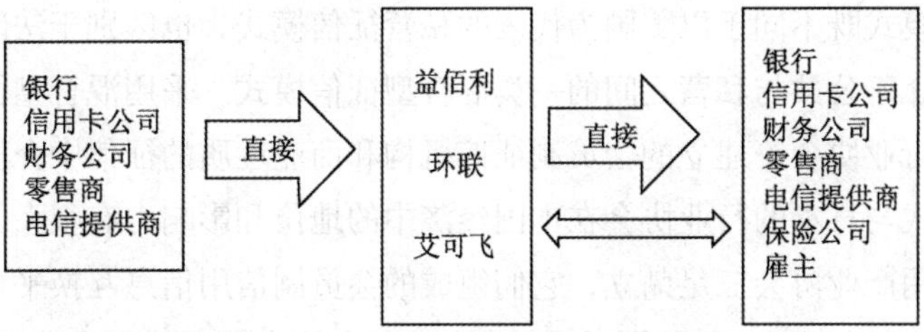

图 10-2　美国的征信市场结构

美国的民营征信服务机构在机构组成上主要以私人和企业法人注资组建。这类征信机构的数据来源广泛，有的来源于银行类金融机构和信贷协会，有的来自财务公司和融资租赁公司等。其中，艾可飞公司的数据库数据容量巨大，存储有超过 2 亿美国人和 1 600 万加拿大人的消费者个人信息资料。益佰利公司掌握着大量的原始用户信息，数据涵盖 1 亿多个家庭的 2 亿多个消费者，上千万家企业，上亿个 E-mail 地址等。在信息的类型方面，不仅采集正面的信用信息，也采集负面的信用信息。

美国的征信业的法律是在法庭判决中逐渐发展完善的，各种类型的判例就是征信法律的依据。《公平信用报告法》是规范征信行业活动的核也法律，该法律不仅针对个人，也规范企业和机构法人的征信过程，重点是保护个人数据。经过 160 多年的不断发展完善，美国具备了比较完善的法律法规体系和监管体系，形成了客观、独立、公正的法律氛围，政府不参与征信并且政府自身也是征信的对象，从而征信机构可以保持中立、公正。

① 私营征信模式的优点。私营征信模式的优点是可充分调动市场积极性与活力，能够规范运作，迅速形成大的规模，提高信用服务效率水平。该模式下的征信机构会根据市场的需求状况来提供多样化的产品服务，并且更加主动地去获取相对人的全面的信用信息，信息的共享程度较高。以美国为例，首先，政府不向征信机构进行投资，从而可以节省财政费用；其次，在完全市场化的情况下，征信机构会根据市场需求创造相对应的征信产品。在市场化的条件下，市场充分竞争，优胜劣汰，有助于征信产品的创新。我国可以借鉴美国发展私营征信机构的经验来建设我国互联网金融征信体系，可以建立一个市场化的征信平台，充分调动民营征信参与的积极化增强市场竞争，提高征信产品创新有助于我国的互联网金融征信体系的建设。

② 私营征信模式的缺点。相较于私营征信模式的优点，私营征信模式的缺点更加突出。首先在时间上，市场征信体系需要经过很长的时间才能达到一定的有效规模，并且在发展的初期极易出现不规范操作的行为。市场化模式是通过不断试错来完善信用法规体系，从而使得整个社会信用体系建设进程减缓，其次在发展培育方面，在本土征信机构发展不成熟之际，外资征信公司容易抢占国内市场，会使得国内的征信机构发展更加艰难。在最后在信息安全方面，征信机构在市场竞争和盈利性驱使下，不断追求创新，对政府的监管提出更高的要求，信用信息的过度使用还会对消费者隐私造成侵害。我国征信业正处于发展的起步阶段，各方面的法律还有待完善，因此在现有法律环境下，不可完全照搬私营征信模式。

（3）混合型征信模式下的互联网金融征信体系建设

混合型征信模式既不同于以美国为代表的私营征信模式，也区别于法国为代表的公共征信模式，可说是介于公共与私营之间的一类混合型征信模式。采用混合型征信模式的典型代表是日本，由银行业协会等建立的会员制征信机构和商业性质的征信中介机构共同组成。采用混合型征信模式与日本的行业协会在本国经济中的地位和影响力有很大关系。银行协会、信贷业协会与信用产业协会三足鼎立，它们组成的会员制信用信息互换平台向会员提供数据信息，协会不以盈利为目的，与此同时，会员有义务向协会信用信息中心提供其掌握的数据。日本的三大行业协会，即银行协会、信贷业协会、信用产业协会，拥有的数据基本上可以满足会员对个人信用信息采集调查的需求。协会涵盖各个业务领域包括银行、信用卡公司、保险公司、商业性公司等。日本银行业协会组建了全国的银行个人信息中心，在个人签订贷款合时前需要向银行如实提供个人的信用信息。消费者的信用信息只在协会会员之间共享，并不对外公开。

① 混合型征信模式的优点。行业协会推动的混合型征信模式的优势在于：一是由行业协会组织牵头建立，行业内会员相对来说比较容易协调，同时有利于稳定各方的相互合作关系。二是在协会内部，各会员单位按照共同的行为规范，明确各自权利义务，能够提高信用信息数据库的质量。

② 混合型征信模式的缺点。首先，在一些行业协会发展较落后的国家和地区，行业协会在经济中并没有太多的话语权，因而也不会产生像日本那样的影响力。同时，行业之间的发展不平衡客观上也会制约信用信息的征集的准确性和完整性。其次，由于信用信息只在协会内部共享不向社会提供服务，因而会带来经济效益和社会效益的双重下降，会员片面采集消费者信用信息而不做更深一步的整合和处理，会降低数据的利用效率，造成数据资源的浪费。

2．国内外征信体系建设模式比较借鉴

总的来说，这三种模式是在不同历史条件、法律制度、文化氛围和社会信用状况等背景下产生的。私营征信模式适合市场化程度较高的国家；公共征信模式要么适合小国，要么适合处于转型阶段、私营征信机构不发达和对债权人保护较差的国家；混合型征信模式则适合行业协会较发达的国家。

从目前我国互联网金融征信业发展的现状与趋势来看，要选择符合我国基本国情的模式来发展我国的互联网金融征信体系，必须结合我国当前的历史条件、征信市场化状况、社会信用环境状况和社会信用体系建设模式等实际情况，做到借鉴与创新相结合。我国尚处在转轨时期，征信市场化状况和社会信用环境不甚理想，单纯采取私营的互联网金融征信模式并不现实，还需要充分发挥政府的作用。在借鉴国外经验的基础上，建设政府主导的公共互联网金融征信体系更符合中国国情。

10.3.4 国外互联网征信体系的启示

征信业在国外历经了 100 多年的发展，以及近 20 年的互联网金融征信体系建设经验，能给我国互联网金融征信体系建设以启示，我们可以从中获得一些思考和借鉴。

1. 逐步健全征信法律体系

20 世纪 60 年代美国便开始颁布信用监管的法律，发展至今其信用信息服务业的法律体系已经比较齐备。其主要做法：一是使法律范畴涵盖信用产品生产、销售、使用的全过程，涉及信用管理的主要法律有《消费者信用保护法》《诚实借贷法》《公平信用报告法》《公平债务催收作业法》《平等信用机会法》《公平信用结账法》等。二是对信用报告机构和信用报告使用者均进行规范。《公平信用报告法》是美国信用管理法律框架中最核心的法律，消费者信用报告机构和使用信用报告的消费者都要遵守《公平信用报告法》的条款，并以这些条款为依据保护消费者权益。三是及时对法律法规进行完善。上述法律伴随着美国的经济发展变化都进行了相应修改完善，其中 1970 年出台的《公平信用报告法》在 1996 年、2002 年分别进行了重大修改。英国，为了明确信用管理服务供应者的资格条件，1974 出台了《消费者信用法》，为了规范信用数据的取得和使用，1998 年又颁布了《数据保护法》。两个法案的实施对保护消费者个人隐私、规范征信业发展起到了重要作用。

2. 组建行业协会，充分发挥行业协会的自律作用

在英美，自律对互联网金融行业的良性竞争、规范运营和保护消费者权益起到很好的促进作用。美国早在 19 世纪末就成立了民间信用管理组织，目前，消费者数据业协会、美国国际收账者协会和全国信用管理协会三家信用行业协会影响力较大。其中，1896 年成立的全国信用管理协会规模最大、历史最悠久。协会通过联系会员单位举办交流会议、开展专业教育培训、制定技术标准、为客户提供商账追收服务、为授信机构提供决策咨询服务、进行政府公关等活动推动信用行业良性发展。在英国，2011 年，三家占英国 P2P 市场份额 92%的公司成立了全球首个互联网金融行业自律协会。2012 年，英国的 12 家众筹公司也成立众筹协会并设立相应行为准则，通过制定融资平台最低资本额、信用评级、信息安全管理、反欺诈和反洗钱措施等，约束筹资人，保护出资人权利，促进行业良性发展。

3. 自律先行，适度加强监管

为鼓励金融创新，避免“一管就死”，英国政府采取行业自律先行、监管随后跟进的方针，初期阶段不设立专门的政府监管机构或出台针对性法律和法规，而是让行业协会进行自我管理，让其自由发展，但随着互联网金融行业发展壮大，才开始逐步进行监管。在美国，网络信贷被列为信贷类理财产品，需要经美国证券交易委员会批准准入，只有取得证券经纪交易商牌照的网络信贷企业才可以营业。此外，美国证券交易委员会坚持以信息披露为准的监管方法，要求 P2P 平台对收益权凭证和对应的借款信息做全面的披露，从监管的角度促使美国 P2P 行业的业务走向合法化、透明化，间接要求 P2P 平台提高其信用风险管理能力。

4. 信息共享畅通，建立失信惩戒机制

打通信息共享通道，建立失信惩戒机制，鼓励人们守信用，惩罚失信的人，提高违约成本，使信用体系得到健康发展。在英美等 P2P 借贷业务起步较早的国家，注册借款人账号或注册互联网金融公司，都需要注册其社保账号，关联银行账号、学历、以往不良支付的历史

记录等信息，信用信息共享程度较高，违规成本也因之较高。在美国，企业和个人都十分重视保持自身良好的信用记录，因为美国的信用交易随处可见，信用制度很完备，并且信息共享渠道畅通，没有信用记录或信用记录有污点的企业或个人，将很快被披露并对其生存和发展带来很大的麻烦。美国为了惩戒失信行为和失信者：一是通过大量信用产品的频繁交易和使用，使之与信息主体的日常生活的各个方面息息相关，并最大程度扩大失信者与全社会的对立，达到约束和威慑失信者的目的。二是对失信者进行罚款和行政处罚；三是司法介入。

5. 拥有成熟、覆盖面广的信用服务业

美国的信用服务行业全面覆盖了个人信用服务、机构信用服务以及信用评级三个方面：一是从事个人信用服务的三家大征信机构：环联公司、艾可飞公司和益佰利公司，都具有信用管理人员众多、信用信息数据库庞大的特点；二是从事企业征信的主要是邓百氏公司，该公司为 99%的全球 1 000 强企业提供经营决策参考，它的“世界数据库”拥有全球 5 700 万家企业的信用档案；三是信用评级机构如标准普尔和穆迪，业务涵盖证券评级、保险公司支付能力评级、金融机构评级和国家主权信用评级。英国早在 1830 年就成立了世界第一家征信公司，经过市场化的竞争，目前比较大的两家征信公司分别是益佰利和艾可飞，其丰富成熟的信用服务机构为信用评分的发展奠定了基础。

6. 完善的信用评分机制

在英美信用评分不仅决定一个人是否能获得融资，而且还会决定他要付出的代价。信用评分越高，表示风险越低，享受信贷利率越优惠。信用评分是动态的，反映一个人在某一特定时刻信用风险的写照。在美国，社会信用体系是以个人信用制度为基础，具有完善的个人信用档案登记制度、规范的个人信用评分机制、严密的个人信用风险预警系统及其管理办法，以及健全的信用法律体系。美国的信用评分通常由费埃哲公司（FICO）根据个人信用报告计算得出，对贷款机构的决定有重要参考价值，其评分分数从 300 到 850 的分值不等，超过 720 分就意味着达到社会平均水平以上，信用记录较好，如目前美国最成功的 P2P 公司 Lending Club 的借款人 FICO 信用评分平均为 715 分，而针对评级较低的客户，Lending Club 将提高贷款利率。据成立于 2005 年的全球首家 P2P 公司 Zopa 介绍，英国互联网金融公司通过较低成本即可从征信公司购买客户信用信息进行信用评分。目前，Zopa 通过信用评分对贷款人进行把关，拒贷率高达 80%，有效避免了商业欺诈等风险，该公司成立 8 年来，贷款坏账率不到 1%。

本章小结

本章介绍了信用、个人信用体系、个人征信体系、互联网金融信用、互联网金融征信体系的概念，重点阐述了互联网金融征信业的兴起、互联网金融征信体系的作用、国内外的互联网金融征信体系，并重点对比分析了国内外征信体系建设模式，为建设我国互联网金融征信体系提供了启示和思路。

思考与练习

1. 互联网金融信用包括哪些？请列举。
2. 分析互联网金融兴起对征信业的影响。
3. 了解国内外互联网金融征信机构，分析它们的区别。
4. 如何理解互联网金融征信中大数据的应用？
5. 论述国外互联网征信体系对我国的启示。
6. 论述我国互联网金融征信体系的发展路径。

第11章 互联网金融风险与监管

案例导入

央行紧急暂停支付宝线下二维码支付及虚拟信用卡

2014年3月13日，央行支付结算司下发文件，紧急叫停支付宝、财付通等支付公司的二维码支付等业务。此前，支付宝、财富通等公司已向实体特约商户推出条码（二维码）支付等面对面支付业务，并将联合商业银行推出虚拟信用卡产品。

条码、二维码支付是近期的兴起的移动支付方式。2014年春节以来，支付宝与财付通在打车软件上的补贴战，就是该类支付开疆辟土的一个典型案例，该类支付方式的便捷程度为业界所称道。二维码支付的兴起将给现有的市场格局带来巨大的冲击：首先，二维码支付对于商户而言，在费率上存在着极大的诱惑力，如目前微信支付对所有类目商户的费率均为0.6%，而线下POS机刷卡费率在0.78%~3%不等，而且还不需要铺设POS机等费用。其次，对于消费者而言，便利的支付体验很容易获得年轻一族的欢迎。

不过，作为O2O的典型支付方式，二维码支付与现行的《银行卡收单管理办法》存在一定程度上的冲突。《银行卡收单管理办法》第十六条规定：“收单机构应当对实体特约商户收单业务进行本地化经营和管理，通过在特约商户及其分支机构所在省（区、市）域内的收单机构或其分支机构提供收单服务，不得跨省（区、市）域开展收单业务。对于连锁式经营或集团化管理的特约商户，收单机构或经其授权的特约商户所在地的分支机构可与特约商户签订总对总银行卡受理协议，并按照前款规定落实本地化服务和管理责任。”

如果严格按照此项规定，就意味着支付宝、财付通必须在全国建立分支机构后，才能与全国各地的实体特约商户签订收单协议。但问题在于，二维码支付所采取的是网上支付通道，而并非线下支付通道。那么该类业务到底属于网上支付，还是线下支付。业内资深人士表示，按照当前的监管规定，无法进行明确的定义。

《关于暂停支付宝公司线下条码（二维码）支付等业务意见的函》认为，“线下条码（二维码）支付突破了传统受理终端的业务模式，其风险控制水平之间关系到客户的信息安全与资金安全。目前，将条码（二维码）应用于支付领域有关技术，终端的安全标准不明确，相关支付指令验证方式的安全性尚存质疑，存在一定的支付风险隐患”。该文件还称，“虚拟信用卡突破了现有信用卡业务模式，在落实客户身份识别义务、保障客户信息安全等方面尚待进一步研究，为维护支付体系稳定，保障客户合法性权益。总行有关部门将对该类业务的合规性、安全性进行总体评估。”

因此，央行支付结算司要求，支付宝、财付通“全部暂停线下条码（二维码）支付、虚拟信用卡有关业务。并采取有效措施确保业务暂停期间的平稳过渡，妥善处理客户服务、减少舆论影响”。同时要求支付宝、财付通将有关产品详细介绍、管理制度、操作流程、机构合作情况及利润分配机制。客户权益保障机制、应急处理等内容书面报告央行杭州中心支行支付结算处、深圳中心支行支付结算处，并由这两个分支机构全面评估线下条码（二维码）支付、虚拟信用卡的合规性和安全性，并于 2014 年 3 月 31 日前将支付宝报告材料和有关监管建议报送支付司。

在目前来说，二维码支付的迅速崛起，已面对如何符合现有监管规定的问题。这不但需要监管层做出选择，也需要支付机构自身来做出思考。

（资料来源：中金在线（http://news.cnfol.com/guoneicaijing/20140314/17273629_2.shtml））

本章重点

- 互联网金融的风险。
- 我国互联网金融监管现状。
- 国外互联网金融监管概况。
- 我国互联网金融监管发展趋势。

11.1　互联网金融的风险

11.1.1　法律风险

互联网金融行业中，不同的业态存在不同的法律方面的问题。下面将对互联网金融的细分领域分别介绍其法律风险。

1．第三方支付

现有的有关第三方支付的法律法规文件为：《非金融机构支付服务管理办法》《非金融机构支付服务管理办法的实施细则》《支付机构客户备付金存管办法》。2014 年 3 月，央行向第三方支付企业下发了《支付机构网络支付业务管理办法》的征求意见稿，其中对个人支付账户的转账、消费额度设限。个人支付账户转账单笔不超过 1 000 元，年累计不能超过 1 万元；个人单笔消费不得超过 5 000 元，月累计不能超过 1 万元。超过限额的，应通过客户的银行账户办理。尽管是征求意见稿，但依然引起市场一片哗然。

为规范非银行支付机构网络支付业务，防范支付风险，保护当事人合法权益，中国人民银行制定了《非银行支付机构网络支付业务管理办法》，根据《中国人民银行法》《非金融机构支付服务管理办法》等规定制定。由中国人民银行于2015年12月28日发布，自2016年7月1日起施行。

对于第三方支付会涉及信用卡套现的问题，最高人民法律、最高人民检察院2009年发布的《关于办理妨害信用卡管理刑事案件具体应用法律若干问题的解释》第七条规定：违反国家规定，通过使用销售点终端机具（POS机）等方法，以虚构交易、虚开价格、现金退货等方式向信用卡持卡人直接支付现金，情节严重的，应当依据《刑法》第二百二十五条的规定，以非法经营罪定罪处罚。持卡人以非法占有为目的，采用上述方式恶意透支，应当追究刑事责任的，依照《刑法》第一百九十六条的规定，以信用卡诈骗罪定罪处罚。而如今对于第三方支付企业，若出卡人通过第三方支付进行套现，将不会缴纳提现费用，因此如何防范信用卡套现是一个值得关注的问题。此外，由于第三方支付用户信息具有一定的隐蔽性，也存在着譬如洗钱等一些违法犯罪风险。

2. P2P网贷

（1）*存在非法集资的风险*

《最高人民法院关于审理非法集资刑事案件具体应用法律若干问题的解释》第一条规定：违反国家金融管理法律规定，向社会公众（包括单位和个人）吸收资金的行为，同时具备下列四个条件的，除《刑法》另有规定的以外，应当认定为《刑法》第一百七十六条规定的“非法吸收公众存款或者变相吸收公众存款”：未经有关部门依法批准或者借用合法经营的形式吸收资金；通过媒体、推介会、传单、手机短信等途径向社会公开宣传；承诺在一定期限内以货币、实物、股权等方式还本付息或者给付回报；向社会公众即社会不特定对象吸收资金。《最高人民法院关于审理非法集资刑事案件具体应用法律若干问题的解释》同时规定了以非法占有为目的，使用诈骗方法实施本解释第二条规定所列行为的（“……（八）以投资入股的方式非法吸收资金的；（九）以委托理财的方式非法吸收资金的”），“个人进行集资诈骗，数额在10万元以上的，单位进行集资诈骗，数额在50万元以上的”，应当依照《刑法》第一百九十二条的规定，以集资诈骗罪定罪处罚。

2013年11月25日，由银监会牵头的九部委处置非法集资部际联系会议上，网络借贷与民间借贷、农业专业合作社、私募股权领域非法集资等一同被列为须高度关注的六大风险领域。会议指出，非法集资主要有以下三类情况：第一类为当前比较普遍的理财——资金池模式，即一些P2P网络借贷平台通过将借款需求设计成理财产品出售给放贷人，或者先归集资金、再寻找借款对象等方式，使放贷人资金进入平台的中间账户，产生资金池，此类模式下，平台涉嫌非法吸收公众存款。第二类为不合格借款人导致的非法集资风险，即一些P2P网络借贷平台经营者未尽到借款人身份真实性核查义务，未能及时发现甚至默许借款人在平台上以多个虚假借款人的名义发布大量虚假借款，向不特定多数人募集资金，用于投资房地产、股票、债权、期货等市场，有的直接将非法募集的资金高利贷出赚取利差，这些借款人的行为涉嫌非法吸收公众存款。第三类则是典型的庞氏骗局，即个别 P2P 网络借贷平台经营者，发布虚假的高利借款标募集资金，并采用在前期借新贷还旧贷的庞氏骗局模式，短期内募集大量资金后用于自己生产经营，有的经营者甚至卷款潜逃。此类模式涉嫌非法吸收公众存款和集资诈骗。

（2）存在公开发行证券的风险

《证券法》第十条规定：公开发行证券，必须符合法律、行政法规规定的条件，并依法报经国务院证券监督管理机构或者国务院授权的部门核准；未经依法核准，任何单位或个人不得公开发行证券。有下列情形之一的，为公开发行：向不特定对象发行证券的；向特定对象发行证券累计超过 200 人的；法律、行政法规规定的其他发行行为。非公开发行证券，不得采用广告、公开劝诱和变相公开方式。P2P 网贷企业有债权装让模式，转让包括本金与利息，以电子形式转让债权的行为涉及向不特定社会公众发行证券的风险。

（3）存在非法经营的风险

可能涉嫌非法经营罪。《刑法》第二百二十五条规定："违反国家规定，有下列非法经营行为之一，扰乱市场秩序，情节严重的，处五年以下有期徒刑或者拘役，并处或者单处违法所得一倍以上五倍以下罚金；情节特别严重的，处五年以上有期徒刑，并处违法所得一倍以上五倍以下罚金或者没收财产：（一）未经许可经营法律、行政法规规定的专营、专卖物品或者其他限制买卖的物品的；（二）买卖进出口许可证、进出口原产地证明以及其他法律、行政法规规定的经营许可证或者批准文件的；（三）未经国家有关主管部门批准非法经营证券、期货、保险业务的，或者非法从事资金支付结算业务的；（四）其他严重扰乱市场秩序的非法经营行为。"

该条款中前三项都有明确的司法解释予以界定相关行为是否构成犯罪，第四项是一种不确定的概括规定，俗称"口袋罪"，即：只要法律、行政法规有关于某种经营活动的规定并且行为人违反了这个规定，且行为人无法构成其他具体犯罪的话，行为人就有可能构成非法经营罪。故 P2P 平台或公司仅能在其营业执照核准的经营范围内合法经营，不能超出营业执照核准的经营范围或违反相关法律法规规定，否则随时可能被纳入非法经营罪这项"口袋罪"当中。

3. 众筹

众筹在公开发行证券与非法集资方面的法律风险与 P2P 网贷的风险类似，仅为股权与债券的差异。但是众筹还存在着知识产权、代持股的风险。

部分股权式融资平台的众筹项目是设立有限责任公司，但根据《公司法》第二十四条规定，"有限责任公司由五十个以下股东出资设立"。那么，众筹项目所吸收的公众股东人数不得超过 50 人。超出部分的出资者不能被工商部门记录在股东名册中享受股东权利。因此，许多众筹项目发起者为了能够募集足够资金成立有限责任公司，对出资者普遍采取代持股的方式来规避《公司法》关于股东人数的限制。但这一代持的方式在显性股东与隐形股东出现利益冲突时，法律一般会倾向于对显性股东的权益保护，这就可能导致部分出资者的权益受到侵害。

4. 电商小贷

电子商务平台公司积累了大量的客户信息，这些信息隐含了巨大的商业价值。在利益的驱动下，很多机构或个人非法出售客户信息谋取利益。我国对于保护个人信息的法律有《侵权责任法》《居民身份证法》《刑法》等。但这些法律缺乏实际可操作性，而且被窃取信息的用户举证的难度、成本很大，损失也不好评估。

5. 网上金融机构及电子货币

我国金融信息化的快速发展导致了金融法制建设的滞后。金融模式、产品的创新速度很快，而相关的法律法规及实施细则的更新速度却慢得多。我国缺乏关于客户信息披露及隐私保护的有关法律法规，在金融机构信息化的过程中，消费者信息容易遭到窃取，损失没有具体的衡量标准。

电子货币由于具有匿名性，交易难以追踪，容易造成洗钱、逃税的行为，并且存在私人发行的情况，目前我国对于这方面的监管法律尚未明确。

11.1.2 信用风险

互联网金融的信用风险指网络金融交易者在合约到期日未能履行约定契约中的义务而造成经济损失的风险，交易对手即受信人不能履行还本付息的责任而使授信人的预期收益与实际收益发生偏离的可能性。传统金融企业在信用风险方面研究较多，已经形成了比较完善的信用评估体系。虽然互联网的开放性减少了网络中信息的不对称，但这更多的是在需求对接等资源配置上的效率提升，而在识别互联网金融参与双方信用水平上没有太大作用。同时，由于互联网本身的特点，互联网金融领域的信用风险较传统金融行业更难控制。

1. 来自资金需求方的信用风险

由于互联网金融虚拟性的特点，交易双方互不见面，只是通过网络发生联系，这使对交易者的身份、交易的真实性验证的难度增大，增大了交易双方在身份确认、信用评价方面的信息不对称。同时，互联网金融发展历程短、进入门槛低，大部分企业缺乏专业的风险管理人员，不具备充分的风险管理能力和资质，加上网络贷款多是无抵押、无质押贷款，从而增大了信用风险。网络金融中的信用风险不仅来自交易方式的虚拟性，还存在社会信用体系的不完善而导致的违约可能性。由于我国的社会信用体系建设处于初级阶段，全国性的征信网络系统也还没有建立起来，加之互联网金融还未纳入央行征信系统，信用中介服务市场规模小，经营分散，而且行业整体水平不高，难以为互联网金融企业风险控制提供保障。

基于上述原因造成的信息不对称，互联网金融中存在一定的道德风险。客户可以更多地利用金融机构与自身信息不对称的优势进行证明信息造假，骗取贷款，或者在多家贷款机构取得贷款。

在经济中存在逆向选择题，一般而言，有信用且优质的客户大多能从正规的金融机构获得低成本的资金，而那些资金需求难以满足的人群大多都成为互联网金融的主要客户，这部分人或者企业可能存在以下情况：信用存在问题，没有可抵押担保的资产，收入水平低或不稳定。

客户利用其信息不对称优势，通过身份造假、伪造资产和收入证明，从互联网金融企业获取贷款资金，互联网金融平台之间没有实现数据信息的共享，一个客户可能在多个平台进行融资，最后到期无法偿还而产生信用风险，如果违约金额大，涉及的客户数量多，则很可能引起公司倒闭，进而使其余投资者资金被套，无法追回。

2．来自互联网金融企业的信用风险

互联网金融平台经营者可能通过虚假增信和虚假债权等手段骗取投资人的资金，隐瞒资金用途，拆东墙补西墙，最后演变成庞氏骗局，使投资人利益受损。以众筹平台为例，其主要的信用风险就是资金托管，只有取得《支付业务许可证》的非金融机构才能从事支付业务，而众筹平台不具备这样的资格。但在实际操作过程中，投资者将钱拨付到众筹平台的账户中，由平台将资金转到成功募集的项目上，而整个过程没有独立的第三方账户对资金进行托管，一旦平台出现信用问题，投资者就难以追回出资。

另外，任何金融产品都是对信用的风险定价，互联网金融产品如果没有信用担保，该行为风险就可能转嫁到整个社会。互联网金融中，无论是网贷平台还是众筹平台，其发行产品的风险无法由发行主体提供信用担保。如今很多网贷平台都引入担保公司作担保，且不说担保公司的注册资本能支撑多高的担保金额，其担保模式是否合法就存在很大问题，这种形式上的担保并不能减弱互联网金融的信贷风险。

据不完全统计，自 2013 年 10 月到 12 月的短短两个月时间，国内已有近 40 家 P2P 网贷公司因为信用问题出现倒闭、挤兑、逾期提现、跑路事件。由此可见，互联网金融企业的信用风险是目前行业亟待解决的问题。

3．信用信息风险

大数据最大的价值在商业服务领域，企业通过大数据透视了用户深层次的特征和无法显现的内在需求。互联网金融企业通过数据挖掘与数据分析，获得个人与企业的信用信息，并将其作为信用评级及产品设计、推广的主要依据，这一做法是否侵犯了隐私权及其在中国的合法性也不能确定。

互联网时代，人们在网络上的一切行为都可以被服务方知晓，当用户浏览网页、发微博、逛社交网站、网络购物的时候，所有的一举一动实际都被系统监测着。所有这些网络服务都会通过对用户信息的洞察获取商业利益，例如用户在电商网站上浏览了冰箱，相关的冰箱销售广告就会在未来一段时间内推荐给用户；用户在社交网络上提到某种产品或服务，这类型的产品或服务就能主动找到用户。所有这种商业行为本质上就是机构通过对用户隐私的洞察来获取商业效益。

11.1.3　运营风险

1．高杠杆风险

2010 年 3 月，中央七部委联合制定的《融资性担保公司管理暂行办法》（以下简称《办法》）规定，融资性担保公司注册资本的最低限额不得低于人民币 500 万元。具体各省、自治区、直辖市成立融资性担保公司的最低注册资本由当地监管部门根据当地实际情况确定。但《办法》强调，任何地区设立融资性担保公司最低要求注册资本为 500 万元。然而，我国很多 P2P 小额信贷公司注册资本都不足 500 万元。尽管大多数 P2P 网贷公司承诺“包赔本金”，但却没有相应的资本约束和保证。据“小额信贷之家”数据显示，国内三家知名担保公司的注册资金仅有 100 万元，而它们在 2013 年交易量均在 8 000 万元以上，最多高达 20 多亿元（“中宝投资”成交额为 23.9 亿元）。如此高的杠杆率和规模与注册资本的极不相称可能引发的运营风险不容忽视。

一方面，为了吸引投资人，不少 P2P 公司承诺本金保障，提取平台储备资金为投资人提供本金保障。倘若引发高杠杆利率风险，出现资金流动性问题，承诺的本金保障根本无法实现。另一方面，为取得借款人的信任，很多 P2P 平台会引入第三方担保机构。然而，很多担保公司不是平台的关联公司，就是一个纯子虚乌有的企业。一旦平台遇到困难倒闭或企业主携款潜逃，“担保函”就成了一纸空文，投资者的利益根本无法得到保证。即使担保公司实至名归，如果 P2P 借款人发生偿债困难面临违约风险，只要担保公司担保的数额超过了担保公司的支付能力，就有可能引发大面积违约。

据第三方检测机构网贷之家数据统计，就 2013 年全年，倒闭、跑路的网贷平台就有 75 家，拖欠投资者投资款超过 10 亿元。2015 年 1 月 2 日，广融贷发布公告称，借款人逾期造成超过 2 000 万元借款难以提现；1 月 5 日，及时雨网贷公告称，该公司目前积压未提款金额缺口高达 1 053 万元；1 月 7 日，P2P 网贷平台富豪创投发布公告称，由于股东内部分歧，目前平台遭遇筹措资金困难。媒体方面，P2P 网贷的负面新闻也不断被爆出。由此可见，大部分网贷公司自身担保能力有限，难以支撑如此高的杠杆。

2．洗钱风险

与银行机构相比，互联网金融机构游离余监管之外。互联网金融机构一般只审核借款人的资金用途，不查投资人的资金来源；而且客户身份识别与验证也不够严格，对交易真实性的核实也缺少有效手段。很多网贷平台仅在网站首页声明要求借款人资金使用与借款申报所登记的用途保持一致，但实际操作中根本不会对每一笔贷款的使用情况进行实地考察与审核，因此对资金使用情况的监管形同虚设。正是由于互联网金融交易具有隐蔽、快捷的特性，为犯罪分子洗钱违法活动提供了广泛的空间。

在反洗钱实际操作中，金融机构需要报送超过规定额度的可疑资金交易，而中国人民银行要对这些大额可疑交易进行识别，对可疑资金活动进行检测分析，并根据每一笔交易详情，利用数据关联技术，判断交易活动是否具有可疑性。然而，互联网金融机构并没有进行客户身份的识别，也没有保存详细的交易记录，更没有履行报告可疑资金交易的责任。这使得原本按照法律规定的反洗钱工作无法有效落实，为洗钱犯罪行为提供了便利通道。

另外，网络环境的虚拟性滋生了洗钱行为。在网络交易中，买卖双方只需要在平台上注册一个虚拟账号，交易虚拟产品，即可隐瞒、掩饰通过非法活动获得的收益，使其合法化。

另外，我国第三方支付的业务范围已经扩及跨国人民币和外币资金结算服务，这为黑钱、热钱跨境流动提供了可能性。

不仅如此，我国个别 P2P 网贷平台专门为非法分子的洗钱行为提供服务，成为洗钱活动的中转平台。

3．技术安全风险

互联网金融依托的是发达的计算机通信系统，金融交易中的业务和风控需要由计算机程序和软件系统在互联网上完成，计算机网络技术的安全与否决定了互联网金融能否有序运行。因此，计算机网络系统的技术安全风险成为互联网金融的潜在风险。

首先，不完善的密钥管理及加密技术使黑客可以在客户机传送数据到服务器的过程中进行攻击，盗取交易资料，甚至攻击系统终端，进而损失了交易主体的权益，给互联网金融的资金安全和正常运作带来了严重影响。比如，2013 年 9 月，网银变种木马病毒“弼马温”伪装在播放器中，通过自动更新配置获利账号，在用户毫无感知的情况下对网银支付或充值行为进行劫持。据统计，50 多万的网民感染病毒，部分网民的理财资金遭受损失。再比如，2013 年 4 月 8 日，丰达理财 P2P 网贷平台遭受黑客持续攻击，网站瘫痪 5 分钟；7 月 6 日，“中财在线”自主开发的系统遭遇黑客攻击，导致用户数据泄露。可见，网络泄密案件的不断发生为国家、企业和个人敲响技术安全的警钟。

其次，互联网金融技术安全风险还体现在 TCP/IP 协议的安全性上。目前，互联网采用的传输协议是 TCP/IP 协议族，这种协议的设计使在网络规模不大、应用范围不广、计算机技术尚不发达的情况下完成的，安全性方面不够完善。由于其数据链路层的脆弱性、传输层的脆弱性、应用层的脆弱性，使网上信息的加密程度不高，在传输过程中数据包易被窃取。入侵者甚至可以通过更改 IP 或 MAC 地址，非法侵入，给互联网金融体系带来混乱。加之计算机病毒可通过网络快速扩散与传染，一个程度被病毒感染，整个交易网络都可能受到破坏，且杀伤力极大。这在传统金融行业中是不会出现的。传统金融的安全风险只会带来局部的损失，而互联网金融的技术安全风险影响范围大，规模更大，所带来的损失更加巨大。2012 年赛门铁克发布的《揭露金融木马的世界》白皮书显示，2012 年全球范围有 600 多家金融机构遭受过网银木马的攻击，范围横跨亚洲、欧洲和北美洲，截至 2012 年 10 月，约 16.5 万台电脑被网络银行木马感染。可见，网络技术安全风险也是互联网金融发展迫切需求解决的问题。

4．量化放贷风险

阿里金融的放贷模式是依据大数据建立起的自动化量化贷款发放模型。通过对自身网络内的客户交易数据，如交易量、评价度、口碑、货运等数据进行量化处理，并引入外部数据，如海关、税务、电力、水力等数据加以匹配，进行有效的数据整合，建立起定量化的货款发放模型。同时，建立中小企业贷款的数据库模型，进行数据库跟踪管理。此模型的好处是显著提高放贷效率、降低放贷成本，更关键的是让金融机构在其中的作用弱化，真正做到脱离金融机构的体系。据媒体报道，阿里巴巴在 2013 年第一季度完成了 110 万笔贷款，人均发放贷款 2 750 笔，每天处理一万笔左右的贷款额。这样的规模是传统金融机构无法达到的。

量化交易得以成功的基础是长期稳定的交易环境，如贷款需求和意愿的稳定增长。在经济动荡或者衰退时，这些在良好经济发展条件下设置的量化参数便失去了意义。本来信用度很好的客户，在经济形势大面积下滑时也会有无法还贷的可能性。所以，如果阿里巴巴无法建立起很好的系统性风险应对机制，出现大面积坏账是必然结果。长期资本管理公司便是由于系统性风险带来的量化交易失败而破产的典型案例。由于历史数据的统计忽略了一些小概率事件，基于历史数据建立起来的模型就无法对这部分小概率事件做出应对，所以当亚洲金融危机发生时，长期资本管理公司的量化交易无法做到及时调整而导致其损失惨重。因此，量化放贷的系统性风险是不得不防范的。另外，其参数设置是建立在很长时间的相关经济数据的系数研究基础上，这期间需要付出的代价极大。从金融发展历史看，做这样量化标准放贷模型的尝试一直就有，但到目前为止，尚未找到特别成功的模型。

11.1.4 业务风险

1. 操作风险

巴塞尔银行监管委员会对操作风险的定义是：所有因内部作业、人员及系统的不完备或失效，或其他外部作业与相关事件造成损失的风险。互联网金融业务的操作风险可能来自互联网金融的安全系统及其产品的设计缺陷，也可能是因为交易主体的操作失误。

以远程支付为例，互联网交易面临的钓鱼、欺诈风险尚未彻底解决，应对网银欺诈的安全软件产品尚不成熟，第三方软件可能对存在的木马程序不能有效识别。因此，犯罪分子可以利用互联网金融这方面的缺陷，通过钓鱼 Wi-Fi 站点或其他攻击手段，对客户交易信息进行拦截或篡改，造成客户资金损失。另一方面，手机移动支付因缺少 U 盾接口，普遍采用短信认证的方式进行身份确认。在这方面，由于客户的安全意识薄弱，且缺乏这方面的安全软件保护，也易被犯罪分子利用，存在安全隐患。

再比如，互联网金融业务所依赖的搜索引擎也具有操作性风险。2012 年 12 月之后，媒体相继报道了多起客户因使用搜索引擎而被引诱登录假冒银行网站造成资金损失的案件。2013 年 3 月爆出的支付宝重大漏洞就是通过引擎搜索泄露了大量的支付宝转账交易信息及个人敏感信息，包括付款账户、邮箱、手机号等。2015 年 1 月 17 日，央视新闻频道《东方时空》栏目播出《支付宝找回密码功能有漏洞 账号安全受威胁》节目提到，因为 2013 年 3 月份的支付宝泄密事件导致的信息泄露，不法分子以此寻找受害人信息，通过找回密码来获得用户支付宝访问权限，从而将支付宝的钱款转走。可见，系统设计缺陷和安全隐患有可能引发互联网金融业务的操作风险。

同时，互联网金融系统升级也可能出现故障，跨平台（互联网和移动互联网）、跨系统（Windows、IOS、Android 等）的系统适配也会有操作风险的隐患。

另外，从交易主体操作失误看，客户可能对互联网金融业务的操作规范和要求不太了解，造成交易中支付结算中断等问题，从而引发资金损失。因此，在互联网金融业务中，安全系统失效或交易过程中的操作失误都会带来操作风险。

2. 信誉风险

互联网金融的信誉风险指的是由于机构经营不善、金融业务监管不力、金融交易遭遇侵害或其他原因给客户带来经济损失，导致公众舆论产生负面评价，失去良好的信誉，从而无法有序开展业务。如黑客对互联网金融机构恶意攻击盗取客户信息、系统故障导致客户无法使用机构网上账户进行交易等，都很容易引发互联网金融机构的信誉损失。一旦互联网金融机构提供的服务低于客户预期，给客户造成一定损失，就会影响服务提供者的信誉，进而损害与客户之间长期建立的友好关系，减少机构的资金来源。无论是传统金融还是互联网金融，信誉风险带来的消极影响都有长期持续的特点。其根源是我国互联网金融不完善的信用体系和不安全的技术环境。因此，建立完善的信用体系和提高互联网技术安全是互联网金融机构保持信誉的根本。

3. 期限错配风险

资产和负债的差额以及期限的不匹配将引起流动性风险。对于大量贷款到期，互联网金融企业由于贷款期限不匹配，出现资金断层，没有资金流入以偿还到期贷款而出现流动性问题。如余额宝、理财通、百度百发等理财产品为了吸引客户，在设计产品时允许随时赎回，而与该产品联系的基金其实很难做到低风险地实现这一功能。因此，余额宝等设计随时赎回这一功能时是考虑了大量赎回的资金漏洞可以被大量购买进入的资金弥补，然而一旦市场出现行情波动引起大规模集中赎回却没有相应体量的产品购买，这类企业将面临严重的流动性危机。

一些 P2P 网贷平台为了提高交易量，可能将长期的标的分拆成短期标的来循环交易。例如，一个 12 个月的标的，P2P 公司就可以用自己的资金提前贷给借款人，然后再将这个标的拆成 1 个月期限的挂在网上，不停循环，增加交易次数和规模。交易规模排在前三的网贷企业，其标的短则几天，期限长的也就两个月左右，大量的短期标的使其交易规模稳居第一。首先，该做法一定程度上违背了 P2P 网贷平台交易的合法性，P2P 兴起的主要原因就是借款人和出借人点对点的对接，而拆标和假标的行为欺骗了出借人。其次，由于平台间的竞争压力，许多网贷平台为吸引投资者，推出了本金保障计划，一旦借款人出现违约，平台将用自有资金进行垫付，这增加了平台的风险，也加重了平台的流动性压力。长期的贷款和短期的理财产品标的资金结构不匹配，当这一压力随着违约率的上升而增加，企业就难以继续经营。

新兴互联网金融企业缺乏内部有效的流动性风险防范体系，外部没有类似于银行间的同行拆借市场，也得不到央行的紧急支持，因此在流动性风险控制方面没有优势和经验。

4. 自营风险

互联网金融行业进入门槛低，许多非金融企业不断进入该领域，但由于对金融行业的监管法律、经营方式、风险控制都缺乏经验，在经营过程中照搬其他平台经营模式，缺乏风险控制意识，管理混乱，最后导致企业经营困难。

在选择经营模式上，一些网贷公司选择了自融，这不仅可能违反法律，同时把企业自身与平台的经营风险挂钩，导致出现经营问题的概率大大增加，网赢天下就是其中典型的案例。成立4个月就倒闭的网赢天下与拟上市公司华润通存在关联关系，华润通通过设立网赢天下为自身筹集资金，导致贷款到期无法兑付，最终倒闭。

在管理方面，对风险控制的能力不足是经营互联网金融企业过程中最大的短板。网贷对借款人的资格审核和信用评级没有一套成熟的体系，众筹对项目的审核及后期监控也缺乏可用的风险控制机制。虽然互联网金融对于投资者的进入要求较低，分散投资也降低了每一个投资者的风险，但几乎所有的互联网金融企业都忽略了对投资者的风险承受能力进行测试，也没有相应的程序来对投资者普及基本的投资风险知识，缺少针对不同投资者的情况进行风险提示以降低违约事件造成的影响等措施。

5．数据偏误风险

大数据意味着更多的信息，但同时也意味着更多虚假信息，这对数据的真实性提出了挑战。同时，由于大数据具有数据类型多样、价值大但密度低等特点，利用互联网获得的数据来分析客户的信用情况是否科学可信值得怀疑。根据统计学原理，如果用于统计的样本规模不够大或者数据不完全，存在选择性偏误或系统性偏误，那么统计出来的结果误差将非常大。

在现有的互联网金融业务中，除了电商平台拥有足够大的数据规模以外，其他平台如网贷、众筹等，本身体量不大，数据积累也不足以应用大数据技术。统计学家曾证明：采样分析的精确性随着采样随机性的增加而大幅提高，但与样本数量的增加关系不大。社会上分散、割裂的数据，如果不能很好地整合，就算数据量很大，也可能导致分析不准确。大数据需要多维度、全面的数据才能具有有效性。由于全社会开放与共享数据还很难，这让数据质量大打折扣。大电商平台阿里巴巴从淘宝、支付宝等获得的数据维度单一，且由于卖家刷信用造成的数据失真严重。因此，在使用平台积累数据进行信用评价时，也可能会产生由数据统计偏差导致的信用风险。

11.1.5 货币风险

随着互联网金融的不断发展，是否将其纳入存款准备金体系一直颇受争议。存款准备金是金融机构为保证客户提取存款和资产清算需要而储备在中央银行的存款。目前，互联网企业没有存款准备金制度的要求。

在存款准备金制度下，金融机构不能将其吸收的存款全部用于放贷，必须保留一定的资金即存款准备金，以备客户提款的需要。存款准备金也是重要的货币政策工具。当央行降低存款准备金率时，金融机构用于贷款的资金增加，社会的贷款总量和货币的供给量相应增加；反之，社会的贷款总量和货币的供应相应减少。因此，相对于传统金融企业而言，互联网金融企业没有存款准备金的要求，会放大货币乘数，增加货币的供给量，影响国家的宏观调控政策。余额宝等“宝”类产品无形中放大了货币乘数，增加了央行对货币总量的管理难度。余额宝类的理财产品本质上是货币市场基金，其绝大部分的资金都投向了银行协议存款，余额宝的银行协议存款比例达到了90%以上。按照现有的监管政策，这部分协议存款属于同业存款，不纳入存贷比，没有利率上限的制约，也不受存款准备金制度的约束。现在市场上类余额宝的互联网金融产品年化收益率在 6%左右，是活期银行存款的 15 倍左右，而且与很多银行签署提前支取不罚息的保护条款。这种高收益、低风险的产品实际上是在“打擦边球”。余额宝类的互联网金融产品实际上与银行存款一样面临流动性风险、涉及货币创造等问题。没有存款准备金的要求，理论上这部分来自类余额宝的产品可以无限派生，无限地创造货币的供给。这一方面影响央行货币政策的有效性，增加通货膨胀的风险，影响物价的稳定性；另一方面，一旦出现用户大规模集体提现的情况，没有存款保证金的保障，很容易导致企业资金紧张甚至破产倒闭。

另外，像 Q 币和比特币这类虚拟货币，本身存在于互联网的虚拟环境中，由于这类虚拟货币具有较高的流动性和现实中货币的可替代性，对现实生活中的金融体系的运行和传导机制都产生了一定的影响。虚拟货币现在并没有计入 M2 与社会融资总量的范围，现实货币的供应量被低估。比特币这类虚拟货币又可以与现实社会中流通的货币互相兑换，加速了货币的流动性。互联网金融企业也没有被列入存款准备金制度之内，削弱了央行货币政策对于货币市场的调控，央行对货币供应量的控制能力以及预测能力都相应减弱，加剧了货币乘数的不稳定性。互联网金融本身具有虚拟性的特征，价值虚拟货币的使用在一定程度上替代了现实货币，监管制度的相对欠缺使互联网金融行业的货币风险逐渐暴露出来。

11.2　我国互联网金融监管现状

11.2.1　我国互联网金融监管现状概述

2013 年，互联网金融取得了飞速的发展，非金融支付机构以及众多互联网企业依托平台优势，开展第三方支付、P2P 网络借贷、众筹融资等，涉及互联网金融业务，传统的金融机构也通过创新纷纷涉足互联网金融业务。2015 年 11 月 3 日，《中共中央关于制定国民经济和社会发展第十三个五年规划的建议》正式发布，该建议首次将互联网金融写入国家的五年规划，这让行业看到了互联网金融的发展空间，同时也意味着互联网金融作为一种新的经济形态已经被正式确立。

互联网金融自进入我国之后，就取得了飞速的发展。在发展初期，各个监管部门对互联网金融这一新生事物持有支持肯定的态度，央行副行长刘士余曾经指出：“互联网金融是非常重要的包容性金融，它与传统金融体系相互渗透，相互促进，相得益彰。目前对于互联网金融进行评价，尚缺乏完整的时间序列和数据来支持，要留有一定的观察期。观察期要持包容的态度。”因此，对互联网金融的监管一直处于“空窗”状态。

互联网金融发展过程中，非法集资问题是坚决不能触碰的底线，为依法惩治非法吸收公众存款、集资诈骗等非法集资犯罪活动，2010 年 1 月 22 日，由最高人民法院颁布了《最高人民法院关于审理非法集资刑事案件具体应用法律若干问题的解释》；2014 年 3 月 25 日，最高人民法院、最高人民检察院及公安部共同颁布了《关于办理非法集资刑事案件适用法律若干问题的意见》，都对非法集资问题有所规定；《中华人民共和国刑法》（以下简称《刑法》）中，也对非法集资问题的处罚条例做了说明。

【拓展阅读】

《中华人民共和国刑法》非法集资相关条款

第一百七十六条【非法吸收公众存款罪】非法吸收公众存款或者变相吸收公众存款，扰乱金融秩序的，处三年以下有期徒刑或者拘役，并处或者单处二万元以上二十万元以下罚金；数额巨大或者有其他严重情节的，处三年以上十年以下有期徒刑，并处五万元以上五十万元以下罚金。

第一百七十九条【擅自发行股票、公司、企业债券罪】未经国家有关主管部门批准，擅自发行股票或者公司、企业债券，数额巨大、后果严重或者有其他严重情节的，处五年以下有期徒刑或者拘役，并处或者单处非法募集资金金额百分之一以上百分之五以下罚金。

单位犯前款罪的，对单位判处罚金，并对其直接负责的主管人员和其他直接责任人员，处五年以下有期徒刑或者拘役。

第一百九十二条【集资诈骗罪】以非法占有为目的，使用诈骗方法非法集资，数额较大的，处五年以下有期徒刑或者拘役，并处二万元以上二十万元以下罚金；数额巨大或者有其他严重情节的，处五年以上十年以下有期徒刑，并处五万元以上五十万元以下罚金；数额特别巨大或者有其他特别严重情节的，处十年以上有期徒刑或者无期徒刑，并处五万元以上五十万元以下罚金或者没收财产。

第二百二十二条【虚假广告罪】广告主、广告经营者、广告发布者违反国家规定，利用广告对商品或者服务作虚假宣传，情节严重的，处二年以下有期徒刑或者拘役，并处或者单处罚金。

第二百二十五条【非法经营罪】违反国家规定，有下列非法经营行为之一，扰乱市场秩序，情节严重的，处五年以下有期徒刑或者拘役，并处或者单处违法所得一倍以上五倍以下罚金；情节特别严重的，处五年以上有期徒刑，并处违法所得一倍以上五倍以下罚金或者没收财产：（一）未经许可经营法律、行政法规规定的专营、专卖物品或者其他限制买卖的物品的；（二）买卖进出口许可证、进出口原产地证明以及其他法律、行政法规规定的经营许可证或者批准文件的；（三）未经国家有关主管部门批准非法经营证券、期货、保险业务的，或者非法从事资金支付结算业务的；（四）其他严重扰乱市场秩序的非法经营行为。

（资料来源：《中华人民共和国刑法》相关条款）

互联网金融作为新兴的金融模式，向金融监管提出了严峻的挑战，除了非法集资问题外，由于互联网金融监管法律条例落后于其发展速度，利用法律监管“空窗期”打擦边球的互联网金融企业也不在少数。以 P2P 网络借贷问题平台为例，2011 年全年，P2P 问题平台数量仅为 10 家，至 2014 年已达到 275 家，2015 年全年问题平台更是高达 896 家，给投资者带来了很大的损失。由此可见，互联网金融在带来巨大便利的同时，在发展过程中也暴露出一些问题和风险隐患。由于互联网金融的业务多借由互联网平台开展，这些风险一旦爆发，就容易通过互联网传播，导致系统性和区域性风险。

目前，在互联网金融行业的发展过程中，主要存在以下问题：

① 行业发展“缺门槛、缺规则、缺监管”。

② 客户资金安全存在隐患，出现了多起经营者“卷款跑路”事件。

③ 从业机构内控制度不健全，存在经营风险。

④ 信用体系和金融消费者保护机制不健全。

⑤ 从业机构的信息安全水平有待提高等。

我国对互联网金融的监管也开始了摸索：

2013 年底，国务院办公厅颁布了《关于加强影子银行监管有关问题的通知》(国办发[2013]107 号)，该通知中明确规定：对第三方理财、非金融机构资产证券化、网络金融活动等，由中国人民银行会同有关部门共同研究制定办法，并且要求各机构在开展金融互联网业务时，遵守行业规范，不得超范围经营，不得利用互联网技术违规从事金融业务。

2015 年 7 月 18 日，中国人民银行、工业和信息化部、公安部、财政部、国家工商行政管理总局、国务院法制办、中国银行业监督管理委员会、中国证券监督管理委员会、中国保险监督管理委员会、国家互联网信息办公室等十部委颁布了《关于促进互联网金融健康发展的指导意见》。

作为互联网金融形成发展以来第一部纲领性文件，《关于促进互联网金融健康发展的指导意见》表明了党中央、国务院对互联网金融行业健康发展的重视程度，一方面，鼓励创新，支持互联网金融稳步发展；另一方面，以国家政策形势规范互联网金融的市场秩序。

在行业自律方面，2013 年 8 月 9 日，我国成立了首家互联网金融行业组织——中关村互联网金融行业协会。该协会发挥了中关村作为我国互联网等信息技术发展中心和国家科技金融创新中心的核心优势，其首批发起成立协会的会员单位包括京东商城、当当网等电商平台，拉卡拉、易宝支付、钱袋网等第三方支付企业，融 360、天使汇、人人贷、有利网等互联网金融平台机构，用友软件、银达润和等中关村企业和中关村企业信用促进会、中国技术交易所等机构。

互联网金融作为新生事物，其工作原理、业务模式及风险防范等方面都有待深入研究，因此，为了加强互联网金融行业的沟通协作，并促进其发展，2013 年 12 月 3 日，互联网金融专业委员会在北京召开了成员单位大会。

2013 年 12 月 4 日，在北京召开的 2013 互联网金融论坛上审议通过了《互联网金融专业委员会章程》及《互联网金融自律公约》。

2016 年 1 月 27 日，在深圳召开的“2015 互联网金融行业规范化发展研讨会”上，上海、江苏、杭州、福建和深圳等地方联合发布了全国首部多地联盟的《地方互联网金融协会自律联盟(公约)》。该公约所涵盖的行业不仅仅局限于 P2P 网络借贷平台、众筹、第三方支付，还包括在线理财、金融电子商务等新兴事物。公约重视对客户权益的保障，对信息披露制度有严格要求，要求机构对信息真实性的保证，等等。

2016年3月25日，中国互联网金融协会在上海成立，该协会是由中国人民银行会同银监会、证监会、保监会等国家有关部委组织建立的国家级互联网金融行业自律组织。协会旨在通过自律管理和会员服务，规范从业机构市场行为，保护会员及用户的合法权益，推动从业机构更好地服务社会经济发展，引导行业规范健康运行。

【拓展阅读】

关于促进互联网金融健康发展的指导意见

近年来，互联网技术、信息通信技术不断取得突破，推动互联网与金融快速融合，促进了金融创新，提高了金融资源配置效率，但也存在一些问题和风险隐患。为全面贯彻落实党的十八大和十八届二中、三中、四中全会精神，按照党中央、国务院决策部署，遵循“鼓励创新、防范风险、趋利避害、健康发展”的总体要求，从金融业健康发展全局出发，进一步推进金融改革创新和对外开放，促进互联网金融健康发展，经党中央、国务院同意，现提出以下意见。

一、鼓励创新，支持互联网金融稳步发展

互联网金融是传统金融机构与互联网企业（以下统称从业机构）利用互联网技术和信息通信技术实现资金融通、支付、投资和信息中介服务的新型金融业务模式。互联网与金融深度融合是大势所趋，将对金融产品、业务、组织和服务等方面产生更加深刻的影响。互联网金融对促进小微企业发展和扩大就业发挥了现有金融机构难以替代的积极作用，为大众创业、万众创新打开了大门。促进互联网金融健康发展，有利于提升金融服务质量和效率，深化金融改革，促进金融创新发展，扩大金融业对内对外开放，构建多层次金融体系。作为新生事物，互联网金融既需要市场驱动，鼓励创新，也需要政策助力，促进发展。

（一）积极鼓励互联网金融平台、产品和服务创新，激发市场活力。鼓励银行、证券、保险、基金、信托和消费金融等金融机构依托互联网技术，实现传统金融业务与服务转型升级，积极开发基于互联网技术的新产品和新服务。支持有条件的金融机构建设创新型互联网平台开展网络银行、网络证券、网络保险、网络基金销售和网络消费金融等业务。支持互联网企业依法合规设立互联网支付机构、网络借贷平台、股权众筹融资平台、网络金融产品销售平台，建立服务实体经济的多层次金融服务体系，更好地满足中小微企业和个人投融资需求，进一步拓展普惠金融的广度和深度。鼓励电子商务企业在符合金融法律法规规定的条件下自建和完善线上金融服务体系，有效拓展电商供应链业务。鼓励从业机构积极开展产品、服务、技术和管理创新，提升从业机构核心竞争力。

（二）鼓励从业机构相互合作，实现优势互补。支持各类金融机构与互联网企业开展合作，建立良好的互联网金融生态环境和产业链。鼓励银行业金融机构开展业务创新，为第三方支付机构和网络贷款平台等提供资金存管、支付清算等配套服务。支持小微金融服务机构与互联网企业开展业务合作，实现商业模式创新。支持证券、基金、信托、消费金融、期货机构与互联网企业开展合作，拓宽金融产品销售渠道，创新财富管理模式。鼓励保险公司与互联网企业合作，提升互联网金融企业风险抵御能力。

（三）拓宽从业机构融资渠道，改善融资环境。支持社会资本发起设立互联网金融产业投资基金，推动从业机构与创业投资机构、产业投资基金深度合作。鼓励符合条件的优质从业机构在主板、创业板等境内资本市场上市融资。鼓励银行业金融机构按照支持小微企业发展的各项金融政策，对处于初创期的从业机构予以支持。针对互联网企业特点，创新金融产品和服务。

（四）坚持简政放权，提供优质服务。各金融监管部门要积极支持金融机构开展互联网金融业务。按照法律法规规定，对符合条件的互联网企业开展相关金融业务实施高效管理。工商行政管理部门要支持互联网企业依法办理工商注册登记。电信主管部门、国家互联网信息管理部门要积极支持互联网金融业务，电信主管部门对互联网金融业务涉及的电信业务进行监管，国家互联网信息管理部门负责对金融信息服务、互联网信息内容等业务进行监管。积极开展互联网金融领域立法研究，适时出台相关管理规章，营造有利于互联网金融发展的良好制度环境。加大对从业机构专利、商标等知识产权的保护力度。鼓励省级人民政府加大对互联网金融的政策支持。支持设立专业化互联网金融研究机构，鼓励建设互联网金融信息交流平台，积极开展互联网金融研究。

（五）落实和完善有关财税政策。按照税收公平原则，对于业务规模较小、处于初创期的从业机构，符合我国现行对中小企业特别是小微企业税收政策条件的，可按规定享受税收优惠政策。结合金融业营业税改征增值税改革，统筹完善互联网金融税收政策。落实从业机构新技术、新产品研发费用税前加计扣除政策。

（六）推动信用基础设施建设，培育互联网金融配套服务体系。支持大数据存储、网络与信息安全维护等技术领域基础设施建设。鼓励从业机构依法建立信用信息共享平台。推动符合条件的相关从业机构接入金融信用信息基础数据库。允许有条件的从业机构依法申请征信业务许可。支持具备资质的信用中介组织开展互联网企业信用评级，增强市场信息透明度。鼓励会计、审计、法律、咨询等中介服务机构为互联网企业提供相关专业服务。

二、分类指导，明确互联网金融监管责任

互联网金融本质仍属于金融，没有改变金融风险隐蔽性、传染性、广泛性和突发性的特点。加强互联网金融监管，是促进互联网金融健康发展的内在要求。同时，互联网金融是新生事物和新兴业态，要制定适度宽松的监管政策，为互联网金融创新留有余地和空间。通过鼓励创新和加强监管相互支撑，促进互联网金融健康发展，更好地服务实体经济。互联网金融监管应遵循“依法监管、适度监管、分类监管、协同监管、创新监管”的原则，科学合理界定各业态的业务边界及准入条件，落实监管责任，明确风险底线，保护合法经营，坚决打击违法和违规行为。

（七）互联网支付。互联网支付是指通过计算机、手机等设备，依托互联网发起支付指令、转移货币资金的服务。互联网支付应始终坚持服务电子商务发展和为社会提供小额、快捷、便民小微支付服务的宗旨。银行业金融机构和第三方支付机构从事互联网支付，应遵守现行法律法规和监管规定。第三方支付机构与其他机构开展合作的，应清晰界定各方的权利义务关系，建立有效的风险隔离机制和客户权益保障机制。要向客户充分披露服务信息，清晰地提示业务风险，不得夸大支付服务中介的性质和职能。互联网支付业务由人民银行负责监管。

（八）网络借贷。网络借贷包括个体网络借贷（即 P2P 网络借贷）和网络小额贷款。个体网络借贷是指个体和个体之间通过互联网平台实现的直接借贷。在个体网络借贷平台上发生的直接借贷行为属于民间借贷范畴，受《合同法》《民法通则》等法律法规以及最高人民法院相关司法解释规范。个体网络借贷要坚持平台功能，为投资方和融资方提供信息交互、撮合、资信评估等中介服务。个体网络借贷机构要明确信息中介性质，主要为借贷双方的直接借贷提供信息服务，不得提供增信服务，不得非法集资。网络小额贷款是指互联网企业通过其控制的小额贷款公司，利用互联网向客户提供的小额贷款。网络小额贷款应遵守现有小额贷款公司监管规定，发挥网络贷款优势，努力降低客户融资成本。网络借贷业务由银监会负责监管。

（九）股权众筹融资。股权众筹融资主要是指通过互联网形式进行公开小额股权融资的活动。股权众筹融资必须通过股权众筹融资中介机构平台（互联网网站或其他类似的电子媒介）进行。股权众筹融资中介机构可以在符合法律法规规定前提下，对业务模式进行创新探索，发挥股权众筹融资作为多层次资本市场有机组成部分的作用，更好服务创新创业企业。股权众筹融资方应为小微企业，应通过股权众筹融资中介机构向投资人如实披露企业的商业模式、经营管理、财务、资金使用等关键信息，不得误导或欺诈投资者。投资者应当充分了解股权众筹融资活动风险，具备相应风险承受能力，进行小额投资。股权众筹融资业务由证监会负责监管。

（十）互联网基金销售。基金销售机构与其他机构通过互联网合作销售基金等理财产品的，要切实履行风险披露义务，不得通过违规承诺收益方式吸引客户；基金管理人应当采取有效措施防范资产配置中的期限错配和流动性风险；基金销售机构及其合作机构通过其他活动为投资人提供收益的，应当对收益构成、先决条件、适用情形等进行全面、真实、准确表述和列示，不得与基金产品收益混同。第三方支付机构在开展基金互联网销售支付服务过程中，应当遵守人民银行、证监会关于客户备付金及基金销售结算资金的相关监管要求。第三方支付机构的客户备付金只能用于办理客户委托的支付业务，不得用于垫付基金和其他理财产品的资金赎回。互联网基金销售业务由证监会负责监管。

（十一）互联网保险。保险公司开展互联网保险业务，应遵循安全性、保密性和稳定性原则，加强风险管理，完善内控系统，确保交易安全、信息安全和资金安全。专业互联网保险公司应当坚持服务互联网经济活动的基本定位，提供有针对性的保险服务。保险公司应建立对所属电子商务公司等非保险类子公司的管理制度，建立必要的防火墙。保险公司通过互联网销售保险产品，不得进行不实陈述、片面或夸大宣传过往业绩、违规承诺收益或者承担损失等误导性描述。互联网保险业务由保监会负责监管。

（十二）互联网信托和互联网消费金融。信托公司、消费金融公司通过互联网开展业务的，要严格遵循监管规定，加强风险管理，确保交易合法合规，并保守客户信息。信托公司通过互联网进行产品销售及开展其他信托业务的，要遵守合格投资者等监管规定，审慎甄别客户身份和评估客户风险承受能力，不能将产品销售给予风险承受能力不相匹配的客户。信托公司与消费金融公司要制定完善产品文件签署制度，保证交易过程合法合规，安全规范。互联网信托业务、互联网消费金融业务由银监会负责监管。

三、健全制度，规范互联网金融市场秩序

发展互联网金融要以市场为导向，遵循服务实体经济、服从宏观调控和维护金融稳定的总体目标，切实保障消费者合法权益，维护公平竞争的市场秩序。要细化管理制度，为互联网金融健康发展营造良好环境。

（十三）互联网行业管理。任何组织和个人开设网站从事互联网金融业务的，除应按规定履行相关金融监管程序外，还应依法向电信主管部门履行网站备案手续，否则不得开展互联网金融业务。工业和信息化部负责对互联网金融业务涉及的电信业务进行监管，国家互联网信息办公室负责对金融信息服务、互联网信息内容等业务进行监管，两部门按职责制定相关监管细则。

（十四）客户资金第三方存管制度。除另有规定外，从业机构应当选择符合条件的银行业金融机构作为资金存管机构，对客户资金进行管理和监督，实现客户资金与从业机构自身资金分账管理。客户资金存管账户应接受独立审计并向客户公开审计结果。人民银行会同金融监管部门按照职责分工实施监管，并制定相关监管细则。

（十五）信息披露、风险提示和合格投资者制度。从业机构应当对客户进行充分的信息披露，及时向投资者公布其经营活动和财务状况的相关信息，以便投资者充分了解从业机构运作状况，促使从业机构稳健经营和控制风险。从业机构应当向各参与方详细说明交易模式、参与方的权利和义务，并进行充分的风险提示。要研究建立互联网金融的合格投资者制度，提升投资者保护水平。有关部门按照职责分工负责监管。

（十六）消费者权益保护。研究制定互联网金融消费者教育规划，及时发布维权提示。加强互联网金融产品合同内容、免责条款规定等与消费者利益相关的信息披露工作，依法监督处理经营者利用合同格式条款侵害消费者合法权益的违法、违规行为。构建在线争议解决、现场接待受理、监管部门受理投诉、第三方调解以及仲裁、诉讼等多元化纠纷解决机制。细化完善互联网金融个人信息保护的原则、标准和操作流程。严禁网络销售金融产品过程中的不实宣传、强制捆绑销售。人民银行、银监会、证监会、保监会会同有关行政执法部门，根据职责分工依法开展互联网金融领域消费者和投资者权益保护工作。

（十七）网络与信息安全。从业机构应当切实提升技术安全水平，妥善保管客户资料和交易信息，不得非法买卖、泄露客户个人信息。人民银行、银监会、证监会、保监会、工业和信息化部、公安部、国家互联网信息办公室分别负责对相关从业机构的网络与信息安全保障进行监管，并制定相关监管细则和技术安全标准。

（十八）反洗钱和防范金融犯罪。从业机构应当采取有效措施识别客户身份，主动监测并报告可疑交易，妥善保存客户资料和交易记录。从业机构有义务按照有关规定，建立健全有关协助查询、冻结的规章制度，协助公安机关和司法机关依法、及时查询、冻结涉案财产，配合公安机关和司法机关做好取证和执行工作。坚决打击涉及非法集资等互联网金融犯罪，防范金融风险，维护金融秩序。金融机构在和互联网企业开展合作、代理时应根据有关法律和规定签订包括反洗钱和防范金融犯罪要求的合作、代理协议，并确保不因合作、代理关系而降低反洗钱和金融犯罪执行标准。人民银行牵头负责对从业机构履行反洗钱义务进行监管，并制定相关监管细则。打击互联网金融犯罪工作由公安部牵头负责。

（十九）加强互联网金融行业自律。充分发挥行业自律机制在规范从业机构市场行为和保护行业合法权益等方面的积极作用。人民银行会同有关部门，组建中国互联网金融协会。协会要按业务类型，制订经营管理规则和行业标准，推动机构之间的业务交流和信息共享。协会要明确自律惩戒机制，提高行业规则和标准的约束力。强化守法、诚信、自律意识，树立从业机构服务经济社会发展的正面形象，营造诚信规范发展的良好氛围。

（二十）监管协调与数据统计监测。各监管部门要相互协作、形成合力，充分发挥金融监管协调部际联席会议制度的作用。人民银行、银监会、证监会、保监会应当密切关注互联网金融业务发展及相关风险，对监管政策进行跟踪评估，适时提出调整建议，不断总结监管经验。财政部负责互联网金融从业机构财务监管政策。人民银行会同有关部门，负责建立和完善互联网金融数据统计监测体系，相关部门按照监管职责分工负责相关互联网金融数据统计和监测工作，并实现统计数据和信息共享。

（资料来源：（中国政府网 http://www.gov.cn/xinwen/2015-07/18/content_2899360.htm））

11.2.2 我国第三方支付的监管现状

1999 年北京首信易支付成立，标志着我国第一家第三方支付平台成立，2000 年上海环迅支付成立，2002 年银联电子支付服务公司成立，借由第三方支付的快速发展，我国的传统线下交易开始逐步向网上交易模式转变。尤其是 2004 年阿里巴巴推出“支付宝”，进一步推动了第三方支付在我国的快速发展。在我国，规模比较大的第三方支付企业有支付宝、财付通、银联在线、拉卡拉等。

1. 监管现状

电子商务的发展进一步带动了第三方支付的发展，我国开始逐步探索第三方支付的监管。近几年来，我国颁布的适用于第三方支付的法律法规主要有如下几部。

（1）《电子支付指引（第一号）》

2005 年 10 月 26 日，中国人民银行发布的《电子支付指引（第一号）》，发布该文件的目的：一方面，是给电子支付业务的发展提供较为宽松的发展环境；另一方面，也是保障电子支付的资金安全，规范和引导电子支付的发展。其规范的主体涵盖了银行及接受其电子支付服务的客户，适用范围包括网络支付及移动支付、自动柜员机交易和其他电子支付方式，主要内容是对银行从事电子支付业务的指导性要求，包括电子支付业务的申请、电子支付指令的发起和接受、安全控制及差错处理几部分内容。

直到 2010 年，我国仍缺少专门针对第三方支付行业的系统的法律法规。这一时期第三方企业已经展露出其巨大的发展前景，但要是不闻不问，不完善相关的法律监管，可能会阻碍该市场的健康发展，进而影响电子商务的发展。由于国家对电子商务领域高度关注，全社会也开始热烈讨论对于第三方支付监管的立法问题，为之后各项法律办法的出台奠定了舆论基础。

（2）《非金融机构支付服务管理办法》

2010 年 6 月 14 日，中国人民银行颁布了《非金融机构支付服务管理办法》。该办法为促进支付服务市场健康发展、规范非金融机构的支付服务行为、防范支付风险、保护当事人的合法权益，规定了非金融机构开展支付服务的要求，包括企业注册资本的最低限额、高管任职资格、反洗钱措施、组织架构、内控制度和风险管理制度，并且要求企业必须通过央行的审核才能获得支付服务资格。

《非金融机构支付服务管理办法》对非金融支付服务进行了定义，其主体不仅包括第三方支付从事的网络支付，还包括预付卡的发行与受理、银行卡收单及中国人民银行确定的其他支付服务。

（3）《非金融机构支付服务管理办法实施细则》

《非金融机构支付服务管理办法》出台半年后，即 2010 年 12 月，中国人民银行又出台了《非金融机构支付服务管理办法实施细则》。该实施细则主要解释和补充了《非金融机构支付服务管理办法》中不够细致和比较模糊的条款，包括明确预付卡的范围、细化高管认职的资质、具体规定反洗钱措施等。

（4）《支付机构网络支付业务管理办法（征求意见稿）》

2014 年 3 月 13 日，中国人民银行发布《关于暂停支付宝公司线下条码（二维码）支付等业务意见的函》，该文件叫停了支付宝、腾讯的虚拟信用卡产品，同时也叫停了条码（二维码）支付等面对面服务。随后，2014 年 3 月 14 日，央行发布了《支付机构网络支付业务管理办法（征求意见稿）》。该意见稿主要针对以下部分进行了规范：业务开通与客户管理、业务管理、风险管理与客户权益保护、监督管理与相关惩罚等方面的内容。

（5）《非银行支付机构网络支付业务管理办法》

2015 年 12 月 28 日，人民银行发布《非银行支付机构网络支付业务管理办法》，明确了监管思路和支付机构的法律责任，具体规范了非银行支付机构进行客户管理、业务管理的措施，如为保证账户所有人的资金安全，防范和遏制金融犯罪，严格要求支付账户实名制；为了兼顾支付的安全和效率，满足不同客户的需求，对个人账户进行分类；为加强客户资金安全保护，规定了支付账户的交易限额；等等。该文件还重点关注了网络支付业务的风险管理及客户权益保护方面。

2. 监管不足

虽然我国陆续颁布了《非金融机构支付服务管理办法》及其实施细则等一系列重要规范，初步规范了第三方支付市场，但是这些方法仍不尽完善，无法完全覆盖第三方支付在发展过程中遇到的问题。主要体现在以下几个方面。

（1）监管模式落后

目前对第三方支付平台的监管模式，主要分为功能性监管模式、机构性监管模式和目标性监管模式。

功能性监管模式主要关注的是第三方支付平台发挥的功能，在监管过程中强调监管的连续性及一致性；机构性监管模式主要根据第三方支付平台的性质不同而设置不同的监管机构，不同的监管机构职权范围不同，彼此互不干涉；目标性监管从计划实现的目标出发，明确不同的目标后设置不同的监管机构，对金融机构实施统一监管以达到目标。

我国对第三方支付机构的监管采用的是以央行为核心的机构性监管模式，第三方支付作为互联网时代的新兴事物，其业务一直在不断的创新和扩展中，部分业务甚至跨越多个行业，一旦发生业务风险，就很容易波及其他行业，然而央行的监管职权有限，无法全面覆盖，因此容易形成监管漏洞，从而引发犯罪。而且，第三方支付为了吸引消费者的眼球、提高其竞争力，其创新速度会不断加快，央行为了控制金融风险，往往会采取限制创新产品使用的举措，此举打击了金融创新的积极性，阻碍了金融业的进步和发展。

（2）监管机构单一

在我国，由央行负责对第三方支付行业的监管，然而第三方支付是金融和网络相结合而诞生的新兴产物，仅仅依靠中国人民银行对第三方支付进行监管是远远不够的。第三方支付借由网络平台完成交易，其网络性与计算机技术、公共网络等息息相关，支付业务又属于金融领域的核心业务之一，由此可以看出第三方支付业务涉及了几个截然不同的领域，央行的监管职责不能完全覆盖。除此之外，《非金融机构支付服务管理办法》中第二十九条规定：备付金的存管银行有义务对第三方支付平台存放在该行的客户备付金进行监督管理，并向中国人民银行的分支机构报告客户备付金有关情况。说明第三方支付平台接受商业银行监督，然而，商业银行受银监会监督，这在一定程度上削弱了央行对第三方支付的监管地位。

由此上分析可以发现，仅仅依靠央行对第三方支付进行监管往往会造成监管不力的局面，不利于监管的全面性和有效性。

（3）法律法规不够健全

《电子支付指引（第一号）》和《中华人民共和国电子签名法》等法律的颁布，在一定程度上促进了我国的网络支付和电子商务的发展，但并没有涉及对第三方支付进行监管的具体规定，没有明确规定支付企业的监管部门。《非金融机构支付服务管理办法》及其实施细则的颁布在一定程度上规范了第三方支付的发展，但是仍有不全面的地方。

（4）行业自律水平低

虽然早在 2011 年 5 月，我国就设立了中国支付清算协会，并在该协会下设立了第三方支付行业的自律机构——网络支付委员会，而且还分别在 2012 年、2013 年修订了《网络支付行业自律公约》和《支付机构互联网支付业务风险防范指引》两部行业自律规范。然而，该委员会是作为一级协会中国支付清算协会下的二级协会存在的，较低的层次等级限制了该协会的自律作用，其所使用的自律性惩戒措施有限，无法对行业内的成员起到良好的规范作用。

11.2.3　我国 P2P 网络借贷的监管现状

1．监管现状

伴随着 P2P 网络借贷的发展，我国对 P2P 网络借贷行业的监管也在逐步加强，地方政策的扶持有助于 P2P 网络借贷行业的发展，一系列法律政策的陆续出台，使得整个 P2P 网贷行业走向阳光化。

（1）部门政策

2011 年 8 月，中国银监会办公厅发布了《关于人人贷有关风险提示的通知》，该文正式通知使用“人人贷”这一名称作为 P2P 的中文译名，提示了该模式存在的风险，要求各金融机构注意防范。银监会发文对 P2P 模式做出风险提示，表示行业的合法性得到了监管部门的承认。

2013 年 6 月，中国人民银行首次对网络信贷表态，发布了《支付业务风险提示——加大审核力度提高管理水平防范网络信贷平台风险》，警示商业银行和第三方支付平台注意网络信贷业务风险。

2014 年，中国人民银行发布了《中国金融稳定报告（2014）》，提及 P2P 和众筹融资要坚持平台功能，不得变相搞资金池，不得以互联网金融名义进行非法吸收存款、非法集资、非法从事证券业务等非法金融活动。

2014 年 12 月 18 日，中国证券业协会发布《私募股权众筹融资管理办法（试行）（征求意见稿）》，向社会公开征求意见。规定股权众筹平台不得兼营个人网络借贷，即 P2P 网络借贷或小额贷款业务，不得提供股权或其他形式的有价证券的转让服务，不得对众筹项目提供对外担保或进行股权代持。

2015 年 7 月，中国人民银行等十部委发布的《关于促进互联网金融健康发展的指导意见》中说明了个体网络借贷的具体内容、法律依据，并且要求个体网络借贷机构明确信息中介性质，主要为借贷双方的直接借贷提供信息服务，不得非法集资。

2015 年 8 月，最高人民法院发布《最高人民法院关于审理民间借贷案件适用法律若干问题的规定》，主要说明：承担信息中介的 P2P 网贷平台无须承担担保责任，若有直接或间接声明为借贷提供担保的平台，人民法院可依法判决平台承担担保责任。明确划分出 P2P 平台的利率红线。自此开始，P2P 的高息时代一去不返，超过 24%以上的年化收益率不为法律保护。

2015 年 9 月，国务院发文《关于加快构建大众创业、万众创新支撑平台的指导意见》，鼓励互联网企业依法合规设立网络借贷平台，积极运用互联网技术优势构建风险控制体系，缓解信息不对称问题，防范风险。

2015 年 12 月 28 日，银监会会同工业和信息化部、公安部、国家互联网信息办公室等部门研究起草的《网络借贷信息中介机构业务活动管理暂行办法（征求意见稿）》正式发布，并向社会公开征求意见，重申了从业机构作为信息中介的法律地位，明确了网贷活动基本原则、网贷监管体系及各相关方主体责任、网贷业务规则和风险管理要求，同时注重加强对消费者的权益保护，强调信息披露制度。

（2）地方扶持和监管政策

2013 年 5 月，重庆市金融办打非小组发布首个地方政府发布的关于人人贷的风险提示，解释人人贷及其衍生模式的风险，明确要求全市涉嫌违规的投资公司做出整改，并提醒市民不要盲目参与此类违规经营活动。

2014 年，北京、上海、深圳、天津、南京、贵阳等地纷纷出台互联网金融扶持政策：天津开发区发布《推进互联网金融发展行动方案》，将设立专项资金用于支持互联网金融的发展。南京设立了互联网金融中心，并在秦淮区设立了互联网金融产业发展专项资金鼓励互联网金融发展。上海市出台《关于促进本市互联网金融产业健康发展的若干意见》，提出支持 P2P 企业申领增值电信业务经营许可证（ICP 证）。

不同于往年，2015 年，各地区在支持互联网金融发展的同时也对 P2P 网贷平台的运营提出了要求，浙江、吉林、山东、安徽、福建、广东、河南等地都推出了相关政策。浙江省金融办推出《浙江省促进互联网金融持续健康发展暂行办法》中说明：P2P 网络借贷平台应当明确为借贷双方通过互联网渠道提供小额借贷信息服务，从事信息中介业务，不得从事贷款或受托投资业务；不得非法吸收公众资金，不得接受、归集和管理投资者资金；不得自身为投资者提供担保，不得出具借款本金或收益的承诺保证；建立信息披露制度；等等。

（3）行业自律规章

自 2013 年以来，各种互联网金融的协会组织纷纷成立，也相继出台了自律公约，希望能够通过自律规范这个新兴行业。

2013 年 8 月，中国小额信贷联盟发布《个人对个人（P2P）小额信贷信息咨询服务机构行业自律公约》。

2013 年 12 月 3 日，由中国人民银行领导的中国支付清算协会牵头，在京发起成立互联网金融专业委员会，审议通过了《互联网金融自律公约》。

2013 年 12 月 18 日，上海网络信贷服务业企业联盟联合拍拍贷、陆金所等机构，在“2013 上海金融信息服务业年度峰会暨上海互联网金融高峰论坛”上发布全国首个《网络借贷行业准入标准》。

（4）其他规范性文件

P2P 网络借贷相关规范性文件如表 11-1 所示。

表 11-1　P2P 网络借贷相关规范性文件

颁布时间	规范性文件名称	颁布单位
2001 年 4 月 26 日	中国人民银行办公厅关于以高利贷形式向社会不特定对象出借资金行为法律性质问题的批复	中国人民银行
2011 年 4 月 12 日	第三方电子商务交易平台服务规范	商务部
2011 年 12 月 2 日	最高人民法院关于依法妥善审理民间借贷纠纷案件促进经济发展维护社会稳定的通知	最高人民法院

2．监管不足

（1）未设置市场准入门槛

P2P 在我国兴起时，设立的准入门槛过低，只需到工商部门注册领取营业执照，到工信部申请《IC 许可证》，再到工商部门申请增加“互联网信息服务”经营范围，就可以开展网贷业务，导致大量平台涌入，平台经营呈现良莠不齐的状况。

2015 年 12 月 28 日，银监会会同工业和信息化部、公安部、国家互联网信息办公室等部门发布的《网络借贷信息中介机构业务活动管理暂行办法（征求意见稿）》对平台也未设置准入门槛，而是采用备案制管理。P2P 平台在领取营业执照后，需要向地方金融监管部门和通信主管部门进行备案登记，规定“地方金融监管部门有权根据本办法和相关监管规则对备案后的机构进行评估分类，并及时将备案信息及分类结果在官方网站上公示”“未按规定申请电信业务经营许可的，不得开展网络借贷信息中介业务”。但是并未具体规定平台的注册资本或者运营资金，这样无法确保平台有足够的偿债能力。

（2）客户资金管理制度不健全

为了交易结算的需要，我国 P2P 网贷平台通常在银行或第三方支付平台开设中间账户。出借人的资金汇入该账户，再由平台转给借款人，网贷平台可以独立支配账户内的资金。目前，该账户基本不受监督，客观上也加大了平台非法集资的可能性，而且也存在客户资金被网贷平台挪作他用、卷款跑路的道德风险，近年来的多起案例已反复证明了这一点。

《网络借贷信息中介机构业务活动管理暂行办法（征求意见稿）》中再次声明 P2P 网贷平台需要与银行建立合作关系，借由银行存管借贷资金，但是目前尚未规定资金存款的门槛、托管账户的监管方式，客户资金管理制度还不健全。

（3）没有设立统计指标监管机制

目前 P2P 网贷相关交易数据由网贷平台发布，第三方信息平台整理后展现给用户，没有特定部门对网贷相关数据指标进行监督和管理，P2P 网贷相关交易数据也未纳入央行金融统计监测管理系统或地方经济金融各指标体系，统计指标监管机制缺失。第三方信息平台发布平台的交易数据时，往往容易受到干扰，难以保证信息的真实性、全面性和有效性，缺乏完善的统计指标监管机制，不能充分了解 P2P 网贷风险状况，难以实现对流动性、违约情况、杠杆率及信用风险等情况的有效监管，就难以从宏观层面上把握其个体及整体风险，并对网贷平台的发展情况进行预测和分析。

（4）征信监管主体缺失

随着P2P网络借贷的发展，P2P网贷行业对征信系统的构建越发重视，目前较为人熟知的有网络金融信息系统（NFCS）、小额信贷行业信用信息共享服务平台（MSP），中国人民银行征信中心旗下的上海资信还推出了全国首个基于互联网的专业化信息系统，用于收集P2P网贷业务中产生的贷款和偿还等信用交易信息，并向P2P机构提供查询服务。但是以上征信系统大多为行业内的征信系统，涵盖面有限，还存在数据内容、格式不统一等问题，而且，由于P2P网络借贷在我国出现以来，行业定位一直很模糊，因为P2P网贷平台不属于传统金融机构，因此P2P网贷平台无法接入中国人民银行的金融信用信息基础数据库，央行无法实现对P2P网络融资平台进行直接的征信情况监管，缺乏明确的征信监管主体。

（5）缺乏反洗钱监管

由于P2P网络借贷的交易是借由互联网平台发生的，因此存在进入门槛低、借贷资金来源及用途不明、客户身份识别存在缺陷等问题，再加上平台对出借人的资金来源和资金用途审核力度小，这些往往为犯罪分子将犯罪资金通过放贷或捏造虚假借贷信息进行资金清洗提供了便利，从而使网络信贷公司极易成为新的洗钱通道。洗钱犯罪分子只需要通过伪造虚假身份信息，利用多个身份和多个账户在多个平台上进行交易，即可把自己非法获取的钱财通过网络平台分批次出借给借款人，将大额资金分散化，再通过资金收回使钱财由非法变为合法，达到洗钱的目的。我国《中华人民共和国反洗钱法》还未涉及互联网金融领域，P2P网络借贷平台可能发展成为法律漏洞下洗钱的新场所。由于缺少对交易记录保存和上报可疑交易报告等履行反洗钱的义务约束，有些平台受利益驱使，罔顾风险，相继推出了概念模糊的理财、债权转让、信托等存在较大洗钱风险的准金融业务，更加大了风险，给投资者造成了损失。

11.2.4 我国众筹融资的监管现状

1. 监管现状

众筹行业在我国发展的初期，没有专门的法律法规作为其监管依据，只能参照现有的法律规范，如《证券法》《公司法》等。《证券法》主要规定了对于公司人数的限制，《公司法》则规定了公司对公开发行股票的有关要求。

（1）《私募股权众筹融资管理办法》

2014年12月18日，为规范私募股权众筹融资业务，保护投资者的合法权益，制定了《私募股权众筹融资管理办法》，该管理办法对私募股权的定义为："私募股权众筹融资是指融资者通过股权众筹融资互联网平台以非公开发行方式进行的股权融资活动。"规定由中国证券业协会对股权众筹融资行业进行自律管理，而股权众筹融资业务的备案和后续监测管理由证券业协会委托中证资本市场监测中心有限责任公司负责。除此之外，该管理办法涉及的内容还包括投资者的门槛、众筹平台的门槛、众筹平台的义务、限制行为等。

（2）《关于对通过互联网开展股权融资活动的机构进行专项检查的通知》

2015 年 8 月 3 日，证监会发布了《关于对通过互联网开展股权融资活动的机构进行专项检查的通知》，该通知发布后，证监会逐步开展对当前股权众筹行业的摸底调查，对监管细则的出台做前提调研。

（3）《场外证券市场业务备案管理办法》

2015 年 8 月 10 日，中国证券业协会发布了关于调整《场外证券市场业务备案管理办法》个别条款的通知，这次修改中，将“私募股权众筹”修改为“互联网非公开股权融资”，这个通知的发布，明确了对股权众筹业态的界定。开展股权众筹活动的平台中，阿里巴巴、京东和平安已经取得了股权众筹试点资质，其他大部分的互联网股权融资平台因此被归属到“互联网非公开股权融资”的范畴。

（4）其他规范性文件

众筹相关规范性文件如表 11-2 所示。

表 11-2　众筹相关规范性文件

颁布时间	规范性文件名称	颁布单位
2006 年 12 月 12 日	国务院办公厅关于严厉打击非法发行股票和非法经营证券业务有关问题的通知	国务院
2015 年 7 月 18 日	关于促进互联网金融健康发展的指导意见	中国人民银行
2015 年 7 月 29 日	场外证券业务备案管理办法	中国证券业协会

2. 监管不足

美国的 JOBS 法案诞生于金融危机后经济下滑、市场活力不足、失业率居高不下及 IPO 逐年下降的背景下，该法案的颁布，不仅明确了众筹的合法性地位，还在一定程度上刺激了美国的经济发展。众筹具有灵活、高效、低成本等特点，因此，在我国也受到了投资者的欢迎。然而，我国尚未出台明确的众筹监管法律，目前我国的众筹融资发展还游走在非法集资的边缘，尚未得到相关法律的认可，众筹服务的对象是不特定的广大小微投资者，实质上是证券的公开发行，《证券法》中将非法集资定义为：“承诺在一定期限内以货币、实物、股权等方式还本付息或者给付回报”及“向社会公众即非特定对象吸收资金”，众筹融资模式与非法集资模式之间的差别仅一线之隔，这种模式很难符合《证券法》关于公开发行的监管要求。我国的《公司法》规定公司若公开发行股票，股东应该限制在 50 人以内，而众筹融资模式的参与者往往远远大于 50 人，也使得股权融资不能合法化，有可能被认定为《刑法》第一百七十六条规定中的“非法吸收公众存款或者变相吸收公众存款”，以及《刑法》第一百七十九条规定中的“擅自发行股票、公司、企业债券罪”。

在我国，众筹模式还属于新生事物，尤其是股权型众筹模式，尚处法律规范的灰色地带，在处理开展业务、相关纠纷时，还存在很大的法律障碍，由于现有的规章制度法律层级较低，使众筹融资方式的运作不能得到法律保护，使监管无法可依，容易与非法集资混淆，由此引发法律风险。

① 监管主体不明确，我国金融市场采取的是分业监管模式，主要由“一行三会”（中国人民银行、银监会、证监会、保监会）负责监管。众筹模式主要分为捐赠型众筹、借贷型众筹、股权型众筹等，其中借贷型众筹的运作原理与P2P网络借贷相类似，而P2P网络借贷由银监会负责监管，《私募股权众筹融资管理办法》中规定，由证监会主管私募股权众筹，并将权力下放至中国证券业协会，因此股权众筹应归证监会监管。但由于尚未具体明确众筹性质，而各监管部门在监管过程中又未就此问题有明确的协商规定，因此，难以明确监管主体，形成有效的监督体系。

② 投资者门槛过高，不利于行业发展。中国证券业协会网站于2014年12月18日发布了《私募股权众筹融资管理办法（试行）（征求意见稿）》，该办法划定了投资者范围，基本将投资者限定为高净值人权，将绝大多数净资产较低、期望通过小额投资收取回报的投资者排除在外。这与众筹融资模式的“普惠金融”性质不相符合，可能不利于中小微企业的融资以及投资人的投资。

11.3 国外互联网金融监管概况

从世界范围看，互联网金融正处在起步发展中，美国、欧盟等发达国家和地区已开始不断加强和完善对互联网金融的监管，主要通过补充新的监管法律法规，使得原有的金融监管规则适应互联网金融迅速发展的需求。从总体上来看，各国家和地区对互联网金融的发展均采取了谨慎宽松的监管态度。

11.3.1 美国互联网金融监管概况与法律法规

1. 美国互联网金融监管概况

美国互联网金融起步较早，在发展之初并没有出现专门的针对互联网金融监管的法律法规与监管部门，但伴随着该新兴领域的发展，美国将互联网金融纳入监管范围，并逐步调整、出台了一系列法律措施和成立了相应的监管部门，明确了各类互联网金融业务的监管职责。

从监管体系来说，美国对互联网金融行业行使监管权限的机构众多。如果不属于金融机构，主要由联邦通信委员会和联邦贸易委员会负责监管；如果属于金融机构，因美国联邦和州的双层金融监管体系的存在，属于联邦管辖的，则消费者金融保护局、美联储、联邦存款保险公司、货币监理署、美国证券交易委员会等都可能从不同角度对其施加管辖权；属于州政府管辖的，则在美国绝大多数州，互联网金融机构的运作都需提前取得许可，并按牌照规定范围经营。

美国对各类互联网金融业务的大致监管情况如下。

（1）对第三方支付的监管

美国对第三方支付实行功能性监管。在立法层面，并无专门针对第三方网络支付的法律法规，仅将其视为传统支付服务的延伸；在监管体制上，实行联邦和州分管制，在联邦层面由联邦存款保险公司（FDIC）负责监管，而各州监管部门可在不违背本州上位法的基础上，对第三方网络支付平台做出规定；在平台沉淀资金管理方面，明确将平台沉淀资金定义为负债，必须存放于联邦存款保险公司在商业银行开立的无息账户中，产生的利息用于支付保险费。

（2）对 P2P 网络借贷的监管

美国将 P2P 网络借贷纳入证券业监管，强调其市场准入和信息披露，对这两方面比较严苛。美国证券交易委员会（SEC）将 P2P 网络借贷平台发行的票据纳入《1933 年证券法案》中“证券”的范畴，从而要求 P2P 平台必须在 SEC 和各州证券监管部门进行双重注册。美国证券交易委员会要求，P2P 平台必须注册成为证券经纪商，在注册文件中载明平台的运营模式、经营现状、潜在风险、管理团队的薪酬、公司财务等信息，并提交每天的贷款列表，持续披露贷款细节和风险提示。

（3）对互联网货币的监管

在对互联网货币监管方面，美联储表示没有把比特币看作一种货币，美国财政部下属的金融犯罪执法网络（Financial Crime Enforcement Network）则在其发布的《关于个人申请、交换和使用虚拟货币的规定》中，将比特币等虚拟货币纳入反洗钱监管范围。根据美国财政部 2013 年 3 月制定的政策指引，虚拟货币交易所及管理公司被视作货币服务提供商，须向美国金融犯罪执法网络注册，并履行记录和报告义务。美国州政府层面也在探讨如何将虚拟货币纳入现有的法律框架，并制定更具体的规则。

（4）对众筹的监管

美国 2012 年通过的《初创期企业推动法案》（即 JOBS 法案），承认了股权众筹的合法性。随后，美国证券交易委员会与 2013 年 10 月 23 日发布了关于众筹融资的指导规则，就众筹企业的年度可融资金额、投资者的年度可投资额、众筹企业的信息披露、众筹融资平台的行为规范等，进一步做出了详细的规定，力求在资本形成与投资者保护之间达成合理的平衡。

2．众筹监管——JOBS 法案与众筹新规

（1）JOBS 法案

2012 年美国国会通过了《初创期企业推动法案》，解除了对众筹的法律限制，正式将众筹融资合法化，大力推动众筹的发展，有效缓解了小微企业的融资困境。

JOBS 法案在传统“公募”和“私募”两分层次的基础上，出现了“小公募”和“大私募”这两个层次的创新。JOBS 法案主要包含两大部分内容：

一是 IPO“减负”：JOBS 法案中有大量新的条款，这些条款旨在为“发展阶段的成长型公司”（Emerging Growth Companies，EGC）首次公开发行（Initial Public Offerings，IPO）过程“减负”，并减轻其公开披露负担，同时使 EGC 公司得到更多的关注。

二是非公开融资改革：JOBS 法案的一系列改革措施旨在降低私人公司融资的规则限制，同时提高了私人公司成为上市公司、需要强制公开披露的门槛，并提出了新的公众小额集资

方案。

① EGC公司的IPO“减负”。JOBS法案定义了“发展阶段的成长型公司”，简化和降低了这类公司实施IPO和公开披露的相关要求和标准。JOBS法案对EGC公司的定义是在最近一个财政年度的总收入不超过10亿美元的公司。公司可以保持EGC资格，直到满足某些特定条件（如公司年收入超过10亿美元后的第一个财政年度）时，视为EGC资格的丧失。

主要改革内容为：

a. 申请材料的时间要求缩短。在JOBS法案出台之前，拟上市公司需要向美国证券交易委员会提交公司在IPO之前3年的经审计的财务报告和之前5年的经审计的特定财务指标报告，改革之后，只需提供发行前2年的财务报告和当年的特定财务指标报告，这样一方面减少了公司准备申请材料的难度，另一方面节省了大量的审计费用。

b. EGC公司被允许向美国证券交易委员会秘密递交IPO注册报告书。根据美国证券法的规定，美国公司向证监会递交IPO申请材料和注册报告必须以公开形式进行。原来只有外国公司可以实施秘密递交。EGC公司可以充分利用秘密递交程序，延迟公开对公司竞争不利或者对上市造成不利影响的信息，并在秘密递交到公开递交的这段时间内，有计划地对各种事情做出一定安排。

c. 允许拟上市公司与潜在投资者在IPO之前进行沟通。JOBS法案规定，在向证监会递交招股书之前或之后，EGC公司或其授权代表可以与合格机构购买方（QIB）或被作为合格投资者的机构进行口头或书面交流，以判断此类投资者是否对拟议中的证券发行感兴趣。这一规定有助于EGC公司上市的承销与定价。

d. 放松投行对EGC公司研究报告的限制。JOBS法案推出后主要从三个方面对现有的规则进行了修正，放松了投行对EGC公司进行研究和发布研究报告的限制：允许投行在EGC公司IPO和其他形式的发行前发布研究报告；要求美国金融业监管局（FINRA）废除关于禁止研究员、投行工作人员与EGC公司就IPO进行的三方会议的规定；要求FINRA废除关于禁止特定时期（包括EGC公司的IPO和其他形式的发行前后，以及IPO股份解锁期前后）发布研究报告的规定。

e. EGC公司无需提交审计师对公司内部控制的证明报告。为防止上市公司舞弊欺诈，提高资本市场财务信息质量，2002年出台的《萨班斯-奥克斯利法案》第404（b）节要求上市公司管理层在年报中对财务报告的内部控制进行报告，并要求这些公司的审计师对管理层的评估进行认证和评价。而JOBS法案则免除了发展阶段的成长型公司履行这一条款的义务。

f. 降低信息披露标准。JOBS法案降低了EGC公司高管薪酬披露标准，主要包括两大部分内容：一是降低了S-K条例中对上市公司高管薪酬的披露要求；二是豁免了《多德-弗兰克法案》中要求上市公司召开股东大会就高管薪酬进行投票的义务。

JOBS法案推出之前，美国上市公司需要按照GAAP会计准则进行信息披露，鉴于GAAP会计准则的烦琐和财务报告编制的难度，此项改革措施减轻了EGC公司的信息披露负担。

根据 JOBS 法案第 104 节的规定，美国上市公司会计监督委员会（PCAOB）要求强制轮换审计师事务所，或者要求在审计报告中提供关于发行人审计和财务报表的补充信息的任何规定，将不适用于 EGC 公司。该委员会在 JOBS 法案制定日之后通过的任何额外规定将不适用于 EGC 公司，除非证监会有特殊决定。无论对于审计师事务所还是被审计公司来说，强制轮换都意味着承担更多的财务报表审计成本，尤其对于一个成长期的小型公司，审计师的轮换意味着公司要重新花费大量的时间和成本让新的审计师熟悉公司的业务流程和适用的审计模型，JOBS 法案的这项修订将极大地减轻企业负担。

综上所述，在 JOBS 法案发布后，市场上认为对 EGC 公司最为利好的消息就是关于信息披露要求的降低。据测算，在 JOBS 法案执行后，一个 EGC 公司年均合规和信息披露费用将比改革前降低 40% ~ 50%，其中还不包括对公司时间和人力成本的节省。因此，从现有信息来看，JOBS 法案将会大大促进和鼓励符合 EGC 标准的公司实施 IPO，重新实现与资本市场的高效对接。

② 非公开融资改革。JOBS 法案是一系列促进小企业和初创企业融资的法案组合。除了放松 EGC 公司进行 IPO 的条件外，法案同样也包含了一系列旨在促进私人公司融资的改革措施，主要是通过修改现行法律法规，放松对网上小额融资、小额公开发行的限制条件。另外，JOBS 法案放松了部分私募发行注册豁免的限制条件，扩大了中介参与范围，降低了企业的融资成本。

a. 免除中介登记注册为经纪交易商的要求。JOBS 法案降低了 D 条例的非公开发行的限制，中介在交易平台上可以免除注册登记为经纪交易商，降低了中介参与私募发行的门槛，鼓励中介推动私募发行。

该项法案可能会首先应用于在线平台以简化初创公司和投资者之间的私人交易，并且无需缴纳手续费。但是，法案并没有对“平台或机制”做出具体界定，有可能是电子系统，也有额能是面对面交流，因此其效果还有待检验。

b. 准许中介在特定条件的私募发行中进行一般劝诱和广泛宣传。JOBS 法案放松了对私募发行宣传的限制，对任何投资者进行的 D 条例私募发行和对合格机构投资者进行的 144A 私募发行允许广泛宣传和一般劝诱。这意味着，将来发行者或中介机构可能通过报纸、网络或电视进行公开宣传，只要购买者为认可投资者和合格机构投资者。而且，这使得公司在公开发行的同时可以进行私募发行，而不必担心公开性的限制，可以更为灵活地选择融资方式，扩大了中介的经营范围。

c. 拓宽网上小额融资的中介渠道。JOBS 法案拓宽了网上小额融资交易的中介渠道，定义了一个新的网上小额融资交易的中介机构集资门户，并对中介的资格和限制行为做出了明确规定，以便更好地规范融资行为，防止不当交易损害公众和投资者利益。

JOBS 法案虽然简化了 100 万美元以下的网上小额集资交易的注册程序，鼓励网上小额融资交易，降低了中介机构参与交易的门槛，减少了发行公司的交易成本和融资成本，但同时也加强了对参与交易的中介机构的监管，并向中介渠道分散了部分监管职责，要求中介渠道提高对投资者的透明度和从事中介活动的规范化，以保护投资者和公众利益。

总而言之，美国推出的 JOBS 法案虽然放松了对小公司融资以及小额公开发行的限制条件，但并没有放松对其的监管，而是采取收放结合的方式，一方面降低了小公司和初创公司进入资本市场的门槛，允许私募发行的中介机构在特定投资者范围内进行宣传；另一方面则控制了融资总量的上限，并加强了对个人投资者的保护。此外，美国的监管机构不断调整监管要求，以保持与时俱进，更好地免除了企业小额融资的要求。

（2）众筹新规

JOBS 法案只有第一部分即关于 EGC 公司的相关规定在签署时已正式生效，其余部分仍需要证监会进一步完善细则后才正式生效。因此，2013 年 10 月，美国证券交易委员会根据 JOBS 法案第三篇正式发布了针对众筹的新规提案。美国众筹新规提案的出台旨在用新的规则和形式来进一步完善证券法和证券交易法的相关条款，在允许投资创新与保护投资者之间达到一个平衡。

① 众筹新规内容。

a. 允许股权众筹。JOBS 法案第三篇明确了创业公司和创业家未来只要满足一定豁免注册的条件，就可以通过互联网向公众进行股权融资。众筹新规提案则进一步提出了这些条件的修正建议，以便为发行人融资和投资者投资提供更为适用的限制条件。

b. 对发行人的要求。对于发行人的监管，提案提出三点要求：

第一，需要在美国证券交易委员会备案，并向美国证券交易委员会、投资者和中介机构披露包括发行人、管理人员和董事的一般性信息、商业情况描述、所得款用途、发行目标总额和期限、发行价格、所有权和资本结构、证券发行数量、证券投票权以及证券转让限制等信息。发行人还需披露额外的财务信息，应对不同融资总额给予了不同的披露要求。此外，完成一轮众筹融资的发行人至少一年必须向美国证券交易委员会和投资者、中介机构提交关于企业运行和财务情况的年度报告。

第二，不允许通过广告进行宣传发行。众筹融资不允许做广告，除非只对合适的经济交易商或者资金门户的直接投资者做广告。不过，提案提议发行人可以公开宣传符合条件的发行条件，只要公告有能够找到发行人和发行证券信息的中介平台的地址信息。

第三，不能补偿促销者。提案规定，发行人不能直接或间接补偿任何通过经纪商或资金门户提供的交流渠道进行促销的人员，除非发行人确保促销者在与投资者沟通时都披露了从发行人处获得的补偿收据。提案还提议即使中介机构之外的交流渠道，发行人也不能直接或间接地补偿促销者，除非是在提案限制要求下进行促销。

c. 对中介机构的要求。为保护投资者，新规提案要求众筹交易必须通过中介机构进行，但中介机构必须遵守如下要求：

第一，注册要求。参与众筹的中介机构必须在美国证券交易委员会注册为经纪人或资金门户，并加入美国金融业监管局或其他全国性证券组织，禁止中介机构及其董事、高管或合伙人与发行人有财务利益关系。

第二，减少欺诈风险要求。必须采取措施减少交易相关的欺诈风险。

第三，开户与投资者教育要求。必须给参与众筹的投资者开设账户，并提供包括证券和相关交易信息在内的投资者教育资料。

第四，与交易相关的要求。提案要求中介机构在交易过程中要公开披露发行人信息，确定投资者资格，为投资者和发行人提供交流渠道，遵守众筹基金维持和转让规定，并为给出投资承诺的投资者确认交易信息。

第五，发行完成、取消和确认的要求。提案提议投资者或发行人在最后期限之前可无条件取消出资承诺或结束发行。一旦与发行相关的材料或信息发生变动，中介机构必须向投资者发送变动通知，通知其重新确认投资。若发行人取消发行，则要告知投资者相关信息和资金退回方式，并劝阻投资者对这个发行项目进行投资。

第六，第三方支付的要求。禁止中介机构对任何为其提供投资者或潜在投资者个人身份信息的人给予补偿。

d. 对资金门户的额外要求。除对中介机构的一般规定外，众筹新规还增加了对资金门户的额外要求。

第一，注册要求。JOBS 法案规定，参与众筹的资金门户必须在美国证券交易委员会注册为经纪人或交易商。提案对于具体的注册形式和内容做了进一步说明，提议为资金门户建立一个简化的注册程序。提案还提议作为注册的条件，资金门户在注册期间需要留备一定保证金以防止投资者遭受来自资金门户的可能损失。

第二，特定活动的安全港。提案提议，对资金门户从事交易法特定限制条款相关活动提供非排他性的、有条件的安全港，并分别对资金门户可以获得的从事这些限制活动的安全港条件进行了阐述。

第三，合规要求。提案对资金门户还提出了合规监管条例，要求资金门户需要就其相关业务实施书面政策和程序、遵守联邦法规的反洗钱规定、采取措施保护投资者信息隐私、接受美国证券交易委员会及其入会的行业组织的检查，并进行信息记录。

② 众筹新规的影响。从整体来看，众筹新规提案积极跟进了互联网金融的发展，为美国初创企业和小企业通过互联网众筹发行证券募集资金构建了监管基础。该项提案一旦获批，将会在很大程度上改变目前美国未上市小企业在私募证券市场中的融资方式，对美国乃至全球资本市场都将产生重大影响。

a. 放宽投资者门槛。之前的众筹项目都是面向经认可的合格投资者，也就是符合美国证券交易委员会规定的年收入 20 万元（家庭收入 30 万美元）或资产大于 100 万美元等要求的人。现在新规提案放开了限制，允许未经认可的投资者参与投资，使得传统投资概念之外的“普通人”能够参与进来，让投资变成一种大众行为，也使得融资的来源不再局限于风投等机构，而可以来源于大众。

b. 化解中小企业融资难的问题。众筹模式在搭建了民间资本投资便利平台的同时，消除了传统投资者和机构融资无法解决的小额、快速、无抵押物的投资障碍，大大简化了小型企业的融资程序，减少了发行公司的交易成本和融资成本，是解决中小企业尤其是初创期中小企业融资难问题的一种重要的金融创新。尤其是，允许通过众筹进行股权融资，不再局限于实物回报，这意味着股权众筹权益得到了合法化保护，有助于吸引更多投资。

c. 加速众筹中介机构发展。作为法案重点内容的一部分，现有用众筹方式筹资的企业仍然需要通过规定的交易中间商或资金门户中介进行融资，这会大大增加这些众筹中介机构的机会。尤其是众筹领域将诞生更多面向发行人和非认可投资人相关需求的互联网投融资平台，将成为互联网金融领域里一个新的突破方向。

当然，这一法案也存在一些不足，比如可能会增加发行企业的成本、不利于保护投资者、增加监管成本等。但总体来说，美国众筹新规提案为众筹发展框定了边界，提供了土壤，这项提案一旦获批，将在很大程度上改变目前美国未上市小企业在私募证券市场中的融资方式，进一步加速众筹的发展。

11.3.2　欧盟互联网金融监管概况与法律法规

1. 欧盟互联网金融监管概况

（1）对第三方支付的监管

欧盟对第三方支付实行机构监管。如在法国，就由法国金融审慎监管局（ACPR）进行监管。在立法层面，欧盟明确要求电子支付服务商必须是银行，如果电子支付服务商是非银行金融机构，只有取得与银行机构有关的牌照后方可开展第三方支付服务，并明确将第三方支付平台界定为金融类企业；在沉淀资金管理方面，欧盟明确要求第三方支付平台将沉淀资金存放于其在中央银行开设的专门账户中，不得挪作他用。

（2）对 P2P 网络借贷的监管

与美国的监管相比，英国对 P2P 网络借贷的监管比较宽松。英国更多强调通过 P2P 金融委员会进行行业自律；在立法层面则主要通过《消费者信贷法》进行监管，侧重对借贷双方行为的合规性审查（如要求借贷双方履行严格的信息披露制度），对 P2P 平台的规制则较少，仅要求其申领信贷牌照，且无最低资本金要求。

（3）对网络虚拟货币的监管

由于互联网货币的法律地位不确定，交易平台比较脆弱，价格波动大，与庞氏骗局相似，因此，各国多对比特币为代表的互联网货币的合法性持审慎态度。德国承认比特币的合法地位，将其归为“货币单位”和“私人资金”；而法国央行则于 2013 年 12 月 6 日发表对比特币的备忘录，认为比特币不是合法货币，具有高投机性，可能为洗钱等非法活动提供便利，要求对比特币与法定货币的兑换平台进行监管。

（4）对众筹融资的监管

欧盟各国对众筹监管的进程和态度存在较大差别。

意大利、法国等国家迅速出台或修改法律文件，实行积极监管，尽量减少规则的模糊性；德国等国家没有进行主动监管，主要依靠现有规则进行调整；奥地利、比利时和丹麦等国倾向于对涉及核心服务的股权众筹平台严格采取牌照制度。

整体而言，各国基本都在欧盟现行金融和投资法律框架下，对众筹活动和服务所涉及的问题分模式进行监管。从股权众筹角度来说，金融服务监管由各国金融服务主管部门依据欧盟《投资服务指令》《金融工具市场指令》《说明书指令》及各国转化后相应的国内法负责。

2. 欧盟众筹监管

目前欧盟并没有针对众筹进行专项立法，只是通过《众筹在欧盟——发掘欧盟行动的潜在附加值》《释放众筹在欧盟的潜能》等文件向各成员国及有关参与者征求监管意见，今后可能将出台关于众筹的专门立法。因此目前对众筹的监管主要依靠存量法律实现，其中绝大部分体现为指令，也有少量体现为其他法律形式。其中的指令是通过规定成员国必须遵守的最低限度的标准来间接指引成员国在国内法层面进行落实或制定更高标准的立法。

（1）对知识产权的保护

项目发起人为了在众筹平台筹集资金，往往要对潜在的投资者简要披露创意雏形，这在实物回报型、捐赠型、股权投资型众筹中较为常见。由于专利申请的国别性，较早披露创意有可能会阻碍发起人今后在尚未申请专利的欧盟国家申请专利的进程。对此，欧盟将要落实《统一专利协定》（Unitary Patent Package），将使得发起人向欧洲专利办公室提交的专利申请可在 25 个欧盟国家同时获得认可，不仅降低了专利申请的成本，也使得在众筹融资过程中所涉及的知识产权得到了有力保护。

（2）对电子商务的规范

众筹属于电子商务的范畴，须受到欧盟《电子商务指令》的约束。例如，《电子商务指令》第 9 条要求成员国制定有关电子合同、电子签名的法规，以保证在众筹平台上资金供需双方订立契约的合规性、有效性；第 5、6 条规定，平台作为信息服务提供者，与项目发起人一道都需要提供足够的指定信息进行身份认真，以减少欺诈用户的可能。

（3）对招股说明书的要求

股权投资型众筹项目的发起人，须受到欧盟《招股说明书指令》的规制。该指令试图在欧盟层面对证券发行所涉及的招股说明书中的有关问题，如起草、内容、语言、成员国互认等进行统一规定，以实现指令“单一通行证”的目标，使得通过众筹平台发行股份的公司在某些成员国被批准的招股说明书及相关文件在其他任何成员国同样有效。

（4）对金融中介的规范

股权投资型众筹平台还可能受到《金融工具市场指令》（*Markets in Financial Instruments Directive*）的规制。根据该指令第 4 条及附件 1 的规定，提供金融服务的金融中介机构须在成员国对其提供的投资服务和进行的投资活动进行登记，且该登记将被告知给欧洲证券和市场管理局；如果该众筹平台允许股权投资者通过平台交易所持有股权，则将被该指令第 4 条认定为“多边交易设施”（Multilateral Trading Facility，MTF），从而需要遵守对 MTF 的规定。对于股权投资型众筹在《金融工具市场指令》规范下的运作情况，欧盟委员会还将继续评估，以便根据行业发展情况、成员国反馈意见做出调整。

（5）对 P2P 平台的规范

在欧盟法规框架下，还有一些关于借贷型众筹，即 P2P 平台的指令。首先，由于 P2P 网贷平台并不具有吸储放贷等传统银行的功能，因而不能适用包括《欧盟支付服务指令》在内的欧盟银行法规范，这部分需要成员国自行规制。其次，《消费者信贷指令》将对涉及信贷的 P2P 平台产生规制效力。尽管该规定原先主要针对金融机构的借贷行为，但欧盟委员会已确认其可被推广应用于众筹。最后，尽管担保型众筹并非欧盟区域内的主流模式，但如果借贷过程中涉及抵押担保，则自然将落入《抵押贷款指令》的规范范围（该指令主要适用于抵押贷款和住房贷款），以确保交易公正、透明、无误导。

（6）其他规范

除了上面介绍的欧盟法，还有其他涉及部分问题的规范。例如，众筹平台交易的便捷性及其电子支付形式容易被不法分子用于洗钱，因而须适用《第三版反洗钱指令》的规定；由于众筹平台上双方以远距离的方式订立合同，须受到《金融服务远程销售指令》的约束。值得注意的是，《金融服务远程销售指令》第 6 条赋予消费者在特定情形下（如被不公正地诱使签订合约），在不超过 14 天的冷却期内可行使撤销权；众筹平台及项目发起公司（特别是发行股份的公司）须满足欧盟法关于公司资本规则的要求，不公平合同条款还会涉及《不公平合同条款指令》。此外，根据商业模式的不同，欧盟委员会认为还可能涉及《另类投资基金经理指令》《信贷机构活动准入和信贷机构、投资公司审慎监管指令》《关于欧盟风险投资基金的条例》等。

11.3.3 英国 P2P 网络借贷与众筹监管概况与法律法规

2013 年 10 月 24 日，为保护金融消费者的权益，推动众筹行业有效竞争，英国金融行为监管局（FCA）发布了《关于众筹平台和其他相似活动的规范行为征求意见报告》，对规范众筹业务提出了若干监管建议。FCA 充分肯定了众筹这一新型融资方式，认为众筹为公司融资提供了除银行、风险投资之外的更多选择发挥了积极作用。FCA 的基本态度是：投资类众筹平台应该拥有比现在更加广泛的客户群，但是应当确保投资者能够理解并承担其中的风险；寻找合适的保护投资者权益的方法，并不会制造更多的限制条件或障碍从而阻止众筹平台进入这一领域。

《关于众筹平台和其他相似活动的规范行为征求意见报告》共得到了 98 条反馈意见，FCA 采纳了反馈的相关意见，并于 2014 年 3 月 6 日发布了《关于网络众筹和通过其他方式发行不易变现证券的监管规则》（以下简称《众筹监管规则》），该规则于 2014 年 4 月 1 日起正式施行。FCA 在 2016 年对监管规则实施情况进行评估，并视情况决定是否对其进行修订。

《众筹监管规则》认为需要纳入监管的众筹分为两类，即 P2P 网络借贷型众筹和股权投资型众筹，并制定了不同的监管标准，从事以上两类业务的公司需要取得 FCA 的授权；捐赠类众筹、预付或产品类众筹则不在监管范围内，无需 FCA 授权。

1．P2P 网络借贷

（1）最低资本要求

《众筹监管规则》规定根据静态最低资本和动态最低资本孰高法确定最低资本。静态最低资本在 2017 年 4 月 1 日前为 2 万英镑，在 2017 年 4 月 1 日后为 5 万英镑。动态最低资本是指 P2P 网络借贷企业要根据平台借贷资产总规模的情况，采取差额累计制，达到最低资本限额的要求。

（2）客户资金

网络借贷平台如果破产，应当继续对已存续的借贷合同进行管理，对贷款管理作出合理安排。

（3）争议解决及补偿

如果网络借贷平台没有二级转让市场，投资者可以有 14 天的冷静期，14 天内可以取消投资而不受任何限制或承担任何违约责任。投资者在向公司投诉无法解决的情况下，可以通过金融申诉专员投诉解决纠纷。

（4）信息披露

网络借贷平台必须用通俗易懂的语言告知消费者其从事的业务，在与存款利率作对比说明时，必须公平、清晰、无误导，在平台上任何投资建议都将被视为金融销售行为，需要同时遵守金融销售的相关规定。

（5）报告

网络借贷平台要定期向 FCA 报告相关审慎数据、客户资金情况、客户投诉情况、上一季度贷款信息等。

2．投资型众筹

对于投资型众筹，FCA 已经有相应的监管规则，此次增加了一些新的规定。

（1）投资者限制

投资者必须是高资产投资者，指年收入超过 10 万英镑或净资产超过 25 万英镑（不含常住房产、养老保险金）；或者是经过 FCA 授权的机构认证的成熟投资者。

（2）投资额度限制

非成熟投资者（投资众筹项目 2 个以下的投资人）的投资额不得超过其净资产（不含常住房产、养老保险金）的 10%，成熟投资者不受此限制。

（3）投资咨询要求

众筹平台需要对项目提供简单的说明，但是如果说明构成投资建议，如星级评价、每周最佳投资等，则需要再向 FCA 申请投资咨询机构的授权。

FCA 颁布的《众筹监管规则》得到了英国业界的普遍认可。该规则为行业发展奠定了坚实的基础，重视保护消费者的权益，也使投资者得到更高层次的保护。

总体而言，新规则表明有专门的机构负责对众筹行业进行监管，可以更好地保护消费者权益，同时新规则扩大了目前实践中的众筹投资者范围，有利于行业扩大规模，促进互联网金融的进一步发展。

11.4 我国互联网金融监管发展趋势

合理有效的监管是我国互联网金融健康发展的必要条件。当前国内互联网金融监管的前瞻性研究较为缺乏，也不存在严格意义上的应急机制和监管体系。同时，鉴于金融是互联网金融的本质属性，这就意味着互联网金融这个新兴产业和传统金融行业一样，存在着一定的风险。在互联网金融行业日新月异的同时，我国需要把合理有效的风险控制作为监管的重中之重。

总体而言，为了保证我国互联网金融的可持续发展，中国人民银行和有关部门将按照“鼓励创新、防范风险、趋利避害、健康发展”的十六字方针进一步探索和完善我国互联网金融的监管方针和政策。未来我国的互联网金融行业将发展得更加迅猛，针对互联网金融的监管也必须与时俱进，跟上互联网金融创新的步伐。一方面，从互联网金融企业的角度出发，各大企业需要不懈地探索挖掘企业的内部控制机制，整个互联网金融行业也急需建立起一套完善的行业自律体系，用以规范行业内企业的行为并将整体风险控制在合理的范围之内；另一方面，从政府的角度出发，也需要尽快出台相应的法律法规加上监管机构的规范引导来促进我国互联网金融行业的健康发展。对于互联网金融这个充满活力与创新性的新兴产业，对其的金融监管总体上应当体现出开放性、包容性与适应性，鼓励互联网金融的健康发展，规范其行业行为准则，保证行业内良性的竞争秩序，促进互联网金融企业间的公平竞争。

从整体监管框架来看，我国应该构建包括市场自律、司法干预和外部监管三位一体的多层次监管体系，维护互联网金融市场的健康运行，积极防范可能存在的系统性风险。

11.4.1 互联网金融监管应具备风险容忍度

与传统意义上的金融衍生品创新不同，互联网金融从本质上来看还是一种适应供给变化的金融创新。正是由于现代互联网技术的飞速发展，带来了互联网金融这个新兴产业。我国互联网金融可以更好地服务于实体经济和为数众多的中小企业。对于这样一种新兴的金融业态，国家在金融监管方面需要保留一定程度的容错空间。如果过早、过严地对互联网金融加以强行监管必然会抑制互联网金融行业的创新和发展，妨碍金融市场整体效率的提高。任何一种社会制度安排都需要权衡“无序”和“专制”这两种社会成本的利弊，新兴的互联网金融业也不例外。“无序”是指社会中的个体侵害他人的利益从而带来的整体社会成本增加，而“专制”是指政府损害社会中独立个体的利益而带来的整体社会成本增加。

从互联网金融具体业务模式上来看，如果 P2P 网络借贷和众筹融资的业务模式能够保证单笔金额较小、参与人数较少，那么就可以采用个体企业秩序、行业整体自律加上司法手段来加以规范监管。我国 P2P 市场上各网贷平台系统性地自然进入和退出，是一种典型的市场自我淘汰和约束机制，这种机制可以保证整个互联网金融产业长期可持续发展。但是，对互联网金融的风险容忍并不代表可以完全的自由放任。互联网金融市场的整体风险必须要在可控范围之内，整个行业在不断地摸索中寻找发展和创新，但是基本原则是这种创新不能引发系统性的金融风险，犯致命性的错误。因此总体来看，互联网金融监管的最佳模式应当是：鼓励创新，适当引导，避免过度性监管，防范系统性风险。

11.4.2　原则性监管与规则性监管结合

原则性监管是指，监管机构对监管对象以引导为主，主要为实现最终监管的目标，一般不对被监管对象加以过多过细的约束，较少地干预被监管方的具体业务流程。反观规则性监管模式，监管机构则主要依据现有的成文法律法规，对行业内企业的各项业务内容和流程做出具体的规定，强制要求每个被监管方严格依据规定来执行。由此可见，规则性监管属于过程控制式监管，要求监管方对不同类型的企业、企业经营的不同阶段、不同的最终产品以及差异化的细分市场依次制定相应的差异化监管规则。原则性监管与规则性监管在监管实践中各有利弊：原则性监管可以促进行业发展和创新，但是容易导致自由放任；而规则性监管能够严格控制总体风险，但很大程度上限制了企业的创新动力。

在我国互联网金融监管的实践中，应当做到原则性监管与规则性监管的紧密结合，两者互为补充，相得益彰。互联网金融监管首先明确监管的具体目标，实现“原则”先行。监管的原则需要充分反映互联网金融这个新兴产业运行的特点，为互联网金融行业提供广阔的创新空间和动力。此外，监管方还需要指导和约束市场参与主体承担必要的责任和义务，保护消费者的合法权益，积极防范系统性风险。同时，在防范互联网金融风险的问题上，监管方要对互联网金融中风险高发的部门业务制定相应的监管规则，重点进行监督管理。原则性监管与规则性监管的结合，可以有效地保证我国互联网金融市场的活力，实现良好的风险控制，在收益和风险之间达到良好的平衡，促进我国互联网金融产业的可持续发展。

11.4.3　积极防范系统性风险

互联网金融的发展对于金融市场系统性风险的影响包含两个方面，既有积极的影响，也有消极的作用。因此，金融监管机构需要对互联网金融系统性风险的作用给予高度的关注和重视。

具体而言，从积极的角度来看，互联网金融的发展有助于降低系统性金融风险：互联网金融可以通过增加金融市场上服务的供给，减少实体经济尤其是大量的中小企业对传统以银行为主导的金融体系的融资依赖；在互联网金融中资金供需双方可以直接交易，传统意义上的金融交易和组织形式会发生改变。互联网金融本质上是一种新型的金融模式，凭借其较低的交易成本可以减轻金融市场信息不对称的程度。金融交易与组织形式的变化和金融市场信息不对称的降低带来的是交易可能性集合的拓展，金融的去中介化可能会在交易可能性集合拓展到一定程度时得以实现。互联网金融通过采用和推广先进的互联网技术与计算机技术，立足于大数据分析，能够显著地提高风险管理的整体有效性；互联网金融可以提高资源配置效率，推进实体经济的可持续发展。

从消极的方面来看，互联网金融的出现降低了金融业务的准入门槛，可能会使市场中的非金融机构在短时间内大量从事其不擅长的金融业务，这样就降低了传统金融机构的特许权价值，提升了传统金融机构进行冒险经营的动机，也激发了部分金融机构进行高风险投资，其中的潜在风险巨大。互联网金融的信息安全风险不容忽视。网络安全是互联网金融企业得以长久运营的关键和核心因素，但是信息技术漏洞、企业管理缺陷、人为的操作风险等因素都可能危及网络及数据的安全性和完整性。互联网金融依附于互联网技术，拥有远快于传统金融机构的数据加工和处理能力，在为消费者提供方便快捷的金融服务的同时，也潜移默化地增加了相关风险集聚的速度，极易带来系统性风险。互联网金融风险具有显著的传染性，可能蔓延至传统金融机构。此外，我国互联网金融企业的风控制度建设尚不完善，有待于进一步优化升级。

11.4.4 促进监管一致，维护公平竞争

从互联网金融具体的业务模式来看，互联网金融企业提供的支付、借贷等金融服务和以银行为代表的传统金融机构十分类似。假设监管当局采取差异化的监管策略，将互联网金融区别对待，对互联网金融的服务和产品执行与传统金融业不同的监管标准，那么监管套利和不公平竞争的现象难以避免。从我国互联网金融监管的实际操作来看，以阿里巴巴为代表的互联网金融企业为市场上的消费者提供支付服务或贷款服务，但是实际上并没有受到传统金融业那样严格的金融监管，以银行为首的金融机构已经表示出对这种监管不一致的不满。为了确保监管有效性，维护金融市场的公平竞争，国家在制定互联网金融产业监管条例时，应注意以下两点：互联网金融企业和传统的持牌金融机构应当一视同仁，只要其从事的金融业务类型相同，就应该适用于同样的监管政策；对互联网金融企业的线上、线下业务的监管同样应当具有一致性。一旦发生监管不一致，市场秩序将会受到破坏，进而导致金融监管的无效。互联网金融企业间接从事支付清算、资金融通等与传统金融相类似的金融服务时，监管部门需要按照统一的监管标准来进行监管，避免出现监管套利和不公平竞争等妨碍金融市场有效性和稳定性的因素。

11.4.5 建立行业自律

行业自律是指，处于同一行业的从业人员，为了保护和提升全行业的共同利益，在完全自愿基础上依法组织起来，共同制定行业的准则和规范，依据公认的规则来约束自身的经营业务并实现行业内部的自我管理。行业自律的基本特点包括：行业自律源于共同的行业利益，行业规则的制定者同时也是规则遵守实践者。和政府的监管相比较，行业自律作用的范围和影响更大、实践效果更加明显、行业内企业的自觉性更高。

对互联网金融这一新兴的金融业态来说，尽快建立起行业自律非常关键。行业自律的程度与实际效果、互联网金融行业未来的发展在很大程度上左右着监管部门的态度。有鉴于此，行业内的龙头企业需要发挥其主动性，在制定自律标准上起到带头和表率效应，积极推进行业自律标准的出台，并随着互联网金融的发展不断修订行业规范，同时还应建立起行业内部投资机制，从行业内部入手防微杜渐，而不是由政府出面进行强制性干预。近期相继成立的互联网金融协会已经在积极地制定互联网金融行业发展的规则和标准，引导整个行业的平稳

发展。互联网金融协会尤其要注重在全行业内推广合法合规的经营意识，增强整个行业对各类风险的控制、防范能力。从国际上各国互联网金融建设的经验来看，行业自律对于规范互联网金融发展发挥着不容忽视的作用。因此，我国的互联网金融企业也在行业自律方面进行多项尝试，包括推进“中国互联网金融协会”的建立。互联网金融协会有利于统一的行业标准和行业规则的构建，继而保证互联网金融企业规范化、合法化的发展。

11.4.6　加强监管协调

由于我国互联网金融包含的范围非常广泛，互联网金融横跨诸多行业和细分市场，其交易方式广泛、市场参与者众多，有效的监管协调必不可少。鉴于互联网金融行业具有跨行业经营的特点，而我国在较长的时间内依然是采用分业监管，因此监管部门间的沟通协调至关重要，亟需在各个监管部门之间建立起常态化的监管协调机制，形成信息共享和监管共享机制。具体而言，一是可以通过已有的金融监管协调机制，加强跨部门的互联网金融运营、风险等方面的信息共享，沟通和协调监管立场；二是以打击互联网金融违法犯罪为重点，加强司法部门与金融监管部门之间的协调合作；三是以维护金融稳定，守住不发生区域性、系统性金融风险底线为目标，加强金融监管部门与地方政府之间的协调与合作。当前，加大信息共享力度和立场协调是加强上述各层次监管协调机制的重要内容。

对监管机构而言，“一行三会”等金融监管部门需加强与其他部门之间的监管协调，保证监管信息的一致性和共享性；而工信部、公安部、地方政府等其他监管部门应当利用大数据等高新技术对互联网金融企业经营情况和网络安全性保持实时监测，并将监测的数据和信息上报至“一行三会”，保证信息沟通渠道的畅通无阻。此外，互联网金融企业与监管机构之间同样需要建立良好、顺畅的沟通渠道，这样可以增进监管方和被监管方之间的相互理解，促进双方达成监管共识，从而推动行业整体的发展。通过和互联网金融企业的充分交流，监管当局可以清晰地认识到互联网金融企业在日常运营和内部风险控制等方面的独特性，从而提高监管规则制定的针对性和有效性，极大程度上降低互联网金融企业合规所需要的成本。

11.4.7　加强消费者教育和消费者保护

普惠性是互联网金融的内在要求和本质属性，虽然互联网金融能够缓解金融市场的信息不对称，但是其实并没有也不可能完全消除信息不对称的问题。例如，P2P 网贷平台上信息的真实性和完整性无法得到保障，众筹领域同样存在着信息不透明的现象。金融监管的本质要求是要充分保护金融市场参与者的合法权益，监管当局必须要求互联网金融服务平台充分披露产品和服务的信息，严格审核市场参与者的信誉状况，增加交易双方信息的透明度。注重对金融市场参与者的保护是我国互联网金融行业能够持续发展的必备条件。金融消费者保护的重点是，加强对消费者的信息安全保护，依法加大对侵害互联网金融消费者各类权益行为的打击力度。具体而言，在第三方支付方面，互联网金融消费者普遍会面临交易欺诈、资金被挪用和被盗、个人信息泄露等安全问题，监管机构应有针对性地加强对第三方支付的风险提示，对资金的托管方需要采取强制性监管措施，保证市场参与者资金的安全和使用的透明。

重视对消费者的保护是现代金融监管的重要目标，世界各国都已经把对消费者保护作为互联网金融监管的重中之重。在保护互联网金融消费者的同时，监管当局还应该加强对互联网金融消费者的宣传和教育，这样有利于广大群众深入了解互联网金融产品的特效和风险，提升消费者的互联网金融风险意识，并且能够增强国内消费者对互联网金融这个新兴产业的信心，保证互联网金融的长期稳定发展。针对我国特殊的国情和金融市场发展的相对滞后，当前我国互联网金融行业消费者教育的首要目标应当是尽快提升互联网金融消费者加强对互联网金融行业和产品的理解，使消费者清晰地认识到互联网金融与传统金融的区别与联系，深入地了解互联网金融产品独有的性质和风险。在完成了这些对消费者的教育工作的基础上，监管当局还要更进一步切实维护消费者在购买互联网金融产品和业务办理中的合法权益。

11.4.8 打击互联网金融违法犯罪行为

互联网金融的创新精神及其普惠金融的特性都表明互联网金融代表着一种先进的金融业态，必然是未来我国金融业发展的大趋势。在互联网金融发展的浪潮中，国家必须严厉打击各类互联网金融违法犯罪行为，以维护我国金融的稳定。从近几年互联网金融市场的发展状况来看，我国互联网金融的发展良莠不齐，有一些互联网企业打着互联网金融的幌子，在其运营中并没有建立数据采集和分析机制，也没有有效的风控体系，甚至有些网贷平台挑战了法律的底线。例如，一部分 P2P 平台以平台的名义获取资金，随后再进行资金的支配甚至挪作他用。由于贷款人与借款人并不直接进行接触，所以 P2P 平台的这种行为难以被发现，这显然已经不是传统意义上的 P2P 网络贷款，而是非法集资。因此，监管方一方面必须不断跟踪互联网金融模式的演变，划清合法的互联网金融模式与非法集资、非法吸收公众存款以及网络诈骗等违法犯罪行为的界限，明确法律和监管的底线，依法坚决打击披着互联网金融外衣的金融违法犯罪行为，保证我国互联网金融健康、可持续的发展；另一方面，监管机构也应当考虑与时俱进地修改现有的法律法规，以实现动态监管。

本章小结

互联网金融的风险包括法律风险、信用风险、运营风险、业务风险、货币风险等。

互联网金融自进入我国之后，就取得了飞速的发展。在发展初期，各个监管部门对互联网金融这一新生事物持有支持肯定的态度，我国对互联网金融的监管也开始了摸索。

从世界范围看，互联网金融正处在起步发展中，美国、英国、欧盟等发达国家和地区已开始不断加强和完善对互联网金融的监管，主要通过补充新的监管法律法规，使得原有的金融监管规则适应互联网金融迅速发展的需求。从总体上来看，各国家和地区对互联网金融的发展均采取了谨慎宽松的监管态度。

合理有效的监管是我国互联网金融健康发展的必要条件。为了保证我国互联网金融的可持续发展，中国人民银行和有关部门将按照“鼓励创新、防范风险、趋利避害、健康发展”的十六字方针进一步探索和完善我国互联网金融的监管方针和政策。未来我国的互联网金融行业将发展得更加迅猛，针对互联网金融的监管也必须与时俱进，跟上互联网金融创新的步伐。

思考与练习

1. 互联网金融面临的风险有哪些？
2. 互联网金融行业的发展过程中主要存在的问题有哪些？
3. 我国第三方支付监管不足表现在哪些方面？
4. 我国 P2P 网络借贷监管不足表现在哪些方面？
5. 我国众筹融资监管不足表现在哪些方面？
6. 我国互联网金融监管发展趋势有哪些？

参考文献

[1] 许伟，王明明，李倩.互联网金融概论[M]. 北京：中国人民大学出版社，2016.
[2] 范小云，刘澜飚，袁梦怡. 互联网金融[M]. 北京：人民邮电出版社，2016.
[3] 赵永新，陈晓华. 互联网金融概论[M]. 北京：人民邮电出版社，2016.
[4] 唐勇，赵涤非，陈江城. 互联网金融概论[M]. 北京：清华大学出版社，2017.
[5] 周光友. 互联网金融[M]. 北京：北京大学出版社，2017.
[6] 果怀恩. 互联网金融概念体系案例[M]. 北京：人民邮电出版社，2017.
[7] 胡玫艳. 电子商务概论（双语）[M]. 北京：清华大学出版社，2012.
[8] 刘丽华，潘伟强.电子商务概论[M]. 2版. 长沙：湖南师范大学出版社，2017.
[9] 钟雪梅. 电子商务基础[M]. 重庆：重庆大学出版社，2016.
[10] 韩林. 电子商务基础[M]. 2版. 北京：机械工业出版社，2016.
[11] 杨坚争，杨立钒. 电子商务基础与应用[M]. 10版. 西安：西安电子科技大学出版社，2017.
[12] 胡宏力. 电子商务理论与实务[M]. 2版. 北京：中国人民大学出版社，2016.
[13] 杨彪. 中国第三方支付有效监管研究[M]. 厦门：厦门大学出版社，2013.
[14] 付佳. 互联网金融弄潮儿：第三方支付[M]. 北京：电子工业出版社，2015.
[15] 欧阳卫民. 支付与金融[M]. 北京：中国金融出版社，2011.
[16] 梁娟娟，郑绮萍. 电子支付与网络安全[M]. 大连：大连理工大学出版社，2016.
[17] 秦成德. 移动支付[M]. 北京：经济管理出版社，2017.
[18] 史浩. 互联网金融支付[M]. 北京：中国金融出版社，2016.
[19] 帅青红. 电子支付[M]. 重庆：重庆大学出版社，2016.
[20] 艾瑞网. 2017年中国第三方移动支付行业研究报告[R]. 2017.
[21] 艾瑞网. 2017年中国第三方支付市场监测报告[R]. 2017.
[22] 中国电子商务研究中心. 2017年（上）中国电子商务市场数据监测报告[R]. 2017.
[23] 张波. 网上支付与电子银行[M]. 上海：华东理工大学出版社，2009.
[24] 周光友. 互联网金融[M]. 北京：北京大学出版社，2017.
[25] 帅青红，李忠俊.互联网金融[M]. 长春：东北财经大学出版社. 2016.
[26] 张丽. “互联网+保险”背景下我国寿险企业营销模式转型研究[D]. 河南大学，2016.
[27] 张卿萌. H证券公司互联网证券业务案例研究[D]. 广东财经大学. 2013.
[28] 余小雪.互联网银行法律问题研究[D]. 延边大学. 2016.
[29] 赵科乐.互联网银行经营风险研究[D]. 首都经济贸易大学. 2016.
[30] 翟聪聪.网络证券交易风险问题研究[D]. 广西大学. 2005.
[31] 曹炜.中共互联网证券发展研究[D]. 上海交通大学. 2015.
[32] 谷来丰，陈颖，张云峰.互联网金融[M]. 上海：上海交通大学出版社. 2015.

[33] 清科研究中心．互联网金融[M]．北京：机械工业出版社，2016.
[34] 帅青红，李忠俊，彭岚．互联网金融[M]，长春：东北财经大学出版社，2016.
[35] 范小云，刘澜飚，袁梦怡.互联网金融[M]，北京：人民邮电出版社，2016.
[36] 陈予，赵映珍．第三方支付对商业银行影响和挑战[J]．金融视点，2013(3).
[37] 陈跃平．互联网金融助力传统融资模式并缓解中小企业融资困境[J]．金融经济，2014，(6):146－148.
[38] 余丰慧．银行的好日子快到头了[J]．商周刊，2014(4).
[39] 杨剑．互联网金融对商业银行的影响[D]．厦门大学，2014.
[40] 刘彬，吴志国．2013 年互联网金融发展报告[R]．北京证券期货研究院，2014.
[41] 邱勋．互联网基金对商业银行的挑战及其应对策略[J]．上海金融学院学报，2013(4):75－83.
[42] 贾楠．基于货币市场基金的互联网金融理财创新探究：以余额宝为例[J]．中国商贸，2014(4):68－69.
[43] 刘颖，李强强. 从蚂蚁金服看大数据背景下互联网金融征信的兴起[J]. 河北金融，2016(2).
[44] 吴可．中国个人信用体系建设[D]．西南财经大学，2010.
[45] 王亚娜．基于消费信贷的个人信用体系研究[D]．湖南大学，2003.
[46] 张晓东．建立个人信用制度 促进消费信贷发展[J]．常熟理工学院学报，2000(1):40-42.
[47] 严先溥．对中国居民消费群体的分析与研究[J]．经济研究参考，2002，18(72):6-11.
[48] 胡国华．我国个人征信体系存在的问题和对策研究[D]．上海交通大学，2008.
[49] 钟菊．论我国个人信用征信体系的建立[D]．西南财经大学，2005.
[50] 岳品莹．互联网会带来全民信用的时代吗?[J]．互联网周刊，2014(20):16-18.
[51] 苗苗．互联网背景下征信业的发展路径分析[J]．金融发展研究，2014(9):86-88.
[52] 纪媛媛．互联网个人征信业发展研究[D]．安徽大学，2017.
[53] 杜晓峰．我国互联网金融征信体系建设研究[D]．厦门大学，2014.
[54] 侯国帅．中国互联网金融征信体系建设研究[D]．中共中央党校，2016.
[55] 陈小林，杜若华，刘永锋. 我国互联网金融征信体系建设路径思考[J]. 西部金融，2015(2):87-90.
[56] 植凤寅．大数据征信与小微金融服务[J]．中国金融，2014(24).
[57] 郑欣艳. 小微企业在经济发展中的作用及发展策略研究[J]. 江苏商论，2015(12):155-156.
[58] 钟曜璘，彭大衡. 阿里征信模式对我国金融征信体系建设的启示[J]. 征信，2014，32(2):36-40.
[59] 袁新峰．关于当前互联网金融征信发展的思考[J]．征信，2014，32(1):39-42.
[60] 叶湘榕．互联网金融背景下的征信体系完善研究[J]．华北金融，2015(6):48-53.
[61] 冉禹．我国互联网金融征信体系建设研究[D]．安徽大学，2017.

[62] 马欣欣，王波，朱本行．各国征信业发展模式和我国信用体系建设探析[J]．价值工程，2014(36):139-141.
[63] 熊学萍．美欧征信的制度框架与我国个人征信制度的选择[J]．华中农业大学学报（社会科学版），2011(3):84-88.
[64] 陆宇生．对我国征信产品开发及创新的思考[J]．海南金融，2010(5):77-80.
[65] 李博，董亮．互联网金融的模式与发展[J]．中国金融，2013(10):19-21.
[66] 吕斌，互联网金融监管寻路[J]．法人，2013(7):72-73.
[67] 宋华．供应链金融[M]．2 版．北京：中国人民大学出版社，2016.
[68] 郑晓炜．供应链金融的模式及风险研究[D]．河北经贸大学，2014.
[69] 马佳．供应链金融融资模分析及风险控制[D]．天津大学. 2008.
[70] 郑果．电子货币对货币政策的影响[D]．河南大学. 2008.
[71] 王燕，周光友.比特币的货币属性分析[J]．金融教育研究. 2014（27）.
[72] 任浩．互联网+供应链金融[D]．电子工业，2017.
[73] 陈予，赵映珍．第三方支付对商业银行影响和挑战[J]．金融视点，2013(3)
[74] 陈跃平．互联网金融助力传统融资模式并缓解中小企业融资困境[J]．金融经济，2014，(6):146-148.
[75] 余丰慧．银行的好日子快到头了[J]．商周刊，2014，(4)．
[76] 刘彬，吴志国．2013 年互联网金融发展报告[R]，北京：北京证券期货研究院，2014-2-28.
[77] 邱勋．互联网基金对商业银行的挑战及其应对策略[J]．上海金融学院学报，2013，(4): 75 – 83.
[78] 贾楠．基于货币市场基金的互联网金融理财创新探究：以余额宝为例[J]．中国商贸，2014(4):68-69.